Walter Schumann
Der neue
BLV Steine- und
Mineralienführer

Prof. Dr. Walter Schumann

Der neue BLV Steine- und Mineralien- führer

Über 600 Einzelstücke in Farbe

BLV Verlagsgesellschaft
München · Wien · Zürich

CIP-Kurztitelaufnahme der Deutschen Bibliothek

Schumann, Walter:
Der neue BLV Steine- und Mineralienführer:
über 600 Einzelstücke in Farbe / Walter Schumann.
Farbtaf.: Hermann Eisenbeiss. – München; Wien;
Zürich: BLV Verlagsgesellschaft, 1985.
ISBN 3-405-13122-7

Umschlagfotos

Vorderseite:
Links: Calcit, Kalifornien/USA
Rechts oben: Smithsonit, Tsumeb/Namibia
Rechts unten: Krokoit, Tasmanien/Australien

Rücken:
Quarz-Doppelender, Warstein/Westfalen

Rückseite:
Rechts: Malachit, Ural/UdSSR
Links oben: Kupferkies, Siegen/Westfalen
Links unten: Azurit auf Malachit, Arizona/USA

Foto Innentitel
Verwitterungsstrukturen
im Bryce Canyon/Utah/USA

© 1985 BLV Verlagsgesellschaft mbH, München

Satz und Druck: Appl, Wemding
Bindung: R. Oldenbourg, München

Printed in Germany · ISBN 3-405-13122-7

Vorwort

Steine sammeln ist ein beliebtes Hobby geworden, das immer mehr Freunde gewinnt. Es hat alle Volksschichten und alle Altersklassen erfaßt. Die zunehmende Ausweitung der Freizeit wird diesen Trend noch verstärken. Urlaub und Steine sammeln gehen heute oft Hand in Hand, ja manchmal bestimmt die Zielvorstellung des Steine-Klopfens den Urlaubsort und den Ferienablauf.

Das vorliegende Buch »Der neue BLV Steine- und Mineralienführer« will hier Helfer und Mittler sein. Der Text, auf dem neuesten Stand wissenschaftlicher Erkenntnisse, ist so gehalten, daß er den fachlich Vorgebildeten wie auch den Laien ansprechen kann.

Über 600 Einzelstücke, farbig und in natürlicher Größe abgebildet, wurden mit Sorgfalt als typische Vertreter aus der Welt der Mineralien und Gesteine ausgewählt. Text und Abbildung stehen sich gegenüber. So ist eine optimale Information möglich.

Zum Gelingen dieses Buches haben viele beigetragen. Ich sage allen Dank. Herrn Dipl. Geophys. Christian Weise meinen herzlichen Dank für die Überlassung so manch wertvoller Steine als Foto-Vorlage.

Besonders verpflichtet bin ich Herrn Hermann Eisenbeiss für das große Engagement und die angenehme Zusammenarbeit bei der fotografischen Aufnahme der Farbtafeln.

Walter Schumann

Inhaltsverzeichnis

Einleitung 8

Mineralien **11 Einführung in die Mineralienkunde**

Geschichte der Mineralienkunde 11
Entstehung und Aufbau der Mineralien 12
Eigenschaften der Mineralien 20
Klassifikation der Mineralien 32

35 Gesteinsbildende Mineralien

Mineralien der Magmatite 35
Quarze 36, Feldspäte 40, Foide 42, Glimmer 46,
Pyroxene 48, Amphibole 52, Olivin 52, Apatit 54,
Fluorit 54, Rutil 56, Zeolithe 58
Mineralien der Sedimentite 62
Tonmineralien 62, Salzmineralien 62,
Karbonatmineralien 70, Coelestin 74, Baryt 74
Mineralien der Metamorphite 76
Andalusit 76, Sillimanit 76, Staurolith 78, Kyanit 78,
Granate 80, Zoisit 82, Epidot 82, Chlorit 84, Talk 84,
Aktinolith 86, Serpentin 88, Graphit 88,
Cordierit 90, Wollastonit 92

95 Erzbildende Mineralien
Erzlagerstätten 96
Mineralien der Edelmetall-Erze 100
Mineralien der Eisenmetall-Erze 104
Erzmineralien von Eisen 104, Mangan 108,
Molybdän 112, Nickel 114, Wolfram 116,
Chrom 116, Kobalt 118, Vanadium 120,
Titan 122, Tantal 122
Mineralien der Nichteisenmetall-Erze 124
Erzmineralien von Kupfer 124, Blei 128, Zink 132,
Zinn 134, Wismut 136, Quecksilber 138, Arsen 140,
Antimon 144, Leichtmetall-Rohstoffe 148,
Radioaktive Mineralien 150, Schwefelhaltige
Mineralien 152

157 Mineralien als Schmuck- und Edelsteine
Diamant 162, Korund 162, Beryll 164, Spinell 166,
Topas 166, Zirkon 166, Turmalin 168, Jadeit 168,
Tansanit 170, Amazonit 170, Rhodonit 172,
Lapislazuli 172, Türkis 172, Malachit 172,
Amethyst 174, Rosenquarz 174, Tigerauge 176,
Chalcedon 178, Opal 180, Azurit 182, Dioptas 182,
Koralle 184, Bernstein 184, Perlen 184

Gesteine

187 Einführung in die Gesteinskunde

190 Magmatite

Plutonite 195
Familie der Quarzolithe 198, Granite 200,
Syenite 216, Diorite/Gabbros 220, Peridotite 224

Vulkanite 228
Pyroklastite 232, Gesteinsgläser 236, Familie der
Rhyolithe 240, Trachyte 242, Andesite/Basalte 244,
Pikrite 252

Ganggesteine 256

260 Sedimentite

Klastische Sedimentite 264
Familie der Psephite 266, Psammite 272, Pelite 276

Chemisch-biogene Sedimentite 280
Familie der Kalkgesteine 280, Kieselgesteine 292,
Phosphatgesteine 294, Eisengesteine 294,
Salzgesteine 296, Rückstandsgesteine 300,
Kohlegesteine 300

304 Metamorphite

Familie der Gneise 308, Schiefer 312, Felse 318

Meteorite

331 Steine aus dem Weltall
Impaktite 331, Eisenmeteorite 332,
Steinmeteorite 332, Stein-Eisen-Meteorite 332,
Tektite 334, Fulgurite 334

Anhang

Hinweise für Sammler 336
Tabelle der chemischen Elemente 337
DIN-Vorschriften 338
Gliederung der Erdgeschichte 339
Literatur 340
Mineral-Bestimmungstabellen 342
Bestimmungshilfe für Gesteine 366
Sachwortverzeichnis 371

Einleitung

Begriffsbestimmungen

Stein Stein ist der im Volksmund gebräuchliche Sammelbegriff für alle festen Bestandteile der Erdkruste außer Eis. Der Juwelier dagegen versteht unter Stein nur Edel- und Schmucksteine, der Mann der Bauwirtschaft wiederum das Material, mit dem er Bauten errichten kann. In der Geologie aber, der Wissenschaft von der Erde, spricht man nicht von Steinen, sondern nur von Gesteinen und Mineralien.

Gestein Ein Gestein ist ein natürliches Gemenge von Mineralien. Es bildet selbständige geologische Körper von größerer Ausdehnung. – Die Gesteinswissenschaft heißt Petrologie oder Petrographie.

Mineral Ein Mineral (Mehrzahl Mineralien oder Minerale) ist ein in sich einheitlicher, natürlich entstandener Teil der Erdkruste oder der Mondschale. Die meisten Mineralien haben bestimmte Kristallformen. – Die Wissenschaft von den Mineralien heißt Mineralogie.

Micromounts Micromounts sind mineralische Kleinststufen bis etwa Fingernagelgröße. Der Begriff Micromounts wird nur in Sammlerkreisen verwendet. Ein Micromounter ist ein Sammler von Kleinststufen. Diese Art, Mineralien zu sammeln, hat sich in den letzten Jahren über die ganze Welt verbreitet.

Kristall Ein Kristall ist ein stofflich einheitlicher Körper mit gesetzmäßigem Innenbau, einer strengen Ordnung der kleinsten Bauteilchen (der Atome, Ionen oder Moleküle) in einem Kristallgitter. – Die Wissenschaft von den Kristallen heißt Kristallographie.

Edelstein Es gibt keine allgemeingültige Definition für den Edelstein. Die meisten Edelsteine sind Mineralien, selten Mineralaggregate, vereinzelt auch organische Materialien und sogar synthetische Produkte.
Allen ist das Besondere, das Schöne gemeinsam. Eine wirkliche Unterscheidung zwischen echten Edelsteinen, Halbedelsteinen und Schmucksteinen, wie im Volksmund verbreitet, ist nicht möglich, weil es keine entsprechenden Kriterien gibt. Der Begriff Halbedelstein ist sehr unzweckmäßig; man sollte ihn nicht verwenden. – Die Wissenschaft von den Edelsteinen heißt im deutschen Sprachbereich gewöhnlich Edelsteinkunde, international aber meist Gemmologie.

Erz In der Lagerstättenkunde versteht man unter Erz im allgemeinen ein Mineralgemenge mit nutzbarem Metallgehalt. Es hat gefügemäßig den Charakter eines Gesteins. Vereinzelt werden aber auch andere, in der Technik benötigte Rohstoffe als Erz bezeichnet, selbst, wenn ihnen der metallische Charakter fehlt. – Die Wissenschaft von den Erzen heißt Erzkunde.
In der Gesteinskunde dagegen nennt man alle metallischen Gemengteile, d. h. alle metallischen Mineralien, Erz.

Meteorit Meteorite sind feste Bruchstücke, aus dem Weltraum der Erde zugeführt. Man kann sie als außerirdische Gesteine bezeichnen.

Tektit Tektite sind gerundete, glasartige Steine. Entstanden durch Kondensation aus Verdampfungsprodukten beim Einschlag von Riesenmeteoriten. Es ist falsch, sie als Glasmeteorite zu bezeichnen.

Zum Aufbau des Buches

Gliederung Der Stoff ist in drei Großkapitel gegliedert. Diese umfassen Mineralien, Gesteine und Meteorite. Die Darstellung wurde so gewählt, daß jeder der drei Teile sowohl für sich allein als auch im Zusammenhang mit den anderen Kapiteln verstanden werden kann.

Ein umfangreicher Bestimmungsschlüssel für Mineralien (S. 342–365) und eine Bestimmungshilfe für Gesteine (S. 366–370) dienen zum Nachschlagen, zur Identifizierung von Einzelobjekten.

Mondgesteine werden nicht abgehandelt, sie stellen im genetischen System der Gesteine keine eigene Gruppe dar. Mondgesteine sind Magmatite, vorwiegend basaltischer und doleritischer Zusammensetzung.

Abbildungen Zahlreiche großmaßstäbige Abbildungen ergänzen den Text. Dadurch konnten die schriftlichen Darlegungen kurz gehalten und manchmal bis auf ein Mindestmaß reduziert werden.

Vorlagen für die Fotos waren keine einzigartigen Museumsstücke und auch keine Micromounts, sondern Mineralien und Aggregate, wie sie der Sammler finden oder, z. B. auf Mineralienbörsen, erwerben kann. Die Einzelobjekte sind, bis auf ganz wenige Ausnahmen (wo dann ein entsprechender Hinweis erfolgt), in etwa natürlicher Größe abgebildet. Dadurch kann der Betrachter ein Mineral bzw. ein Gestein mit bloßem Auge, wie in der Natur, mit vielen Einzelheiten kennenlernen.

Zur Darstellung

Text Der Text ist kurz gehalten, um Platz für viele Abbildungen zu gewinnen. Manchmal war Telegrammstil notwendig. Vielfältige Untergliederungen und zahlreiche Definitionen sollen den Stoff aufbereiten und, insbesondere für den Eiligen, lesbarer machen. Ausschweifende Erzählungen wie aber auch die in mineralogischer Fachliteratur üblichen Abkürzungen für Spezialbegriffe wurden vermieden.

Die Textgestaltung dieses Buches wurde, dem gewünschten Leserkreis entsprechend, möglichst einfach, verständlich gehalten. Auf die für Fachleute so wichtige Themen, wie Symmetrieklassen, Silikatstrukturen oder atomare Bausteine der Kristalle wurde bewußt verzichtet. Über die Problematik solcher Vereinfachung wissenschaftlicher Kenntnisse und Erkenntnisse ist sich der Autor bewußt.

Auswahl der Einzelobjekte Jede Auswahl von Mineralien und Gesteinen für eine Abhandlung ist immer irgendwie subjektiv. Kriterien für die Auslese der Einzelobjekte in diesem Buch waren wissenschaftliche Gesichtspunkte, aber auch Rücksichtnahme auf Hobbysammler.

Chemische Formeln Die chemischen Formeln wurden, als Zugeständnis für die in Chemie weniger Vorgebildeten, in der Schreibweise teilweise vereinfacht. In dem tabellarischen Datenkomplex bei den einzelnen Mineralien wird der Begriff »chemische Formel« aus Platzgründen durch »Chemie« ersetzt.

Kristallskizzen Die neben den Text gestellten Kristallskizzen der Mineralien sind naturgemäß nur Einzelbeispiele aus einer meist größeren Gruppe. Sie sollen dem Betrachter einen allgemeinen Eindruck von möglichen Mineralgestalten vermitteln. Die Vorlagen wurden verschiedenen Werken entnommen.

Fundorte Die Angaben über Fundorte und Fundregionen (zusammenfassend kurz Fundorte genannt) sind nur beispielhaft zu verstehen. Vollständigkeit wurde nie angestrebt.

Mineralien

Einführung in die Mineralienkunde

Geschichte der Mineralienkunde

Schon in vorgeschichtlicher Zeit weiß der Mensch die verschiedene Qualität von Mineralien und Mineralgemengen zu nutzen. Kupfer und Zinn, Gold und Silber sowie zahlreiche Edelsteine (Malachit, Türkis, Lapislazuli, Opal, Achat) sind um 3500 v.Chr. in Mesopotamien für Schmuck, Waffen und Gerät im Gebrauch. Die Fähigkeit, metallische Elemente im Gestein zu finden und aus ihm zu schmelzen, beruht in der frühen Antike auf Beobachtung und Erfahrung. Eine wissenschaftliche Betrachtungsweise mineralogischer Zusammenhänge existiert nicht. Die erste wissenschaftliche Publikation über die damals bekannte Welt der Mineralien schreibt der griechische Philosoph Aristoteles (384–322 v.Chr.). Sein Mineralsystem hat bis ins 16.Jahrhundert Gültigkeit.

Während des ganzen Mittelalters gibt es in Europa keinen Fortschritt in der Mineralienkunde. Alchimie, Astrologie, Spekulation und die vermeintlich okkultischen Kräfte der Steine beherrschen das Feld der Naturkunde. Die in dieser Zeit publizierten Steinebücher, die Lapidarien, vermitteln keine neuen Erkenntnisse, sondern geben nur eine unkritische Zusammenfassung antiker und mittelalterlicher Vorstellungen.

Anfang des 16.Jahrhunderts setzt während der Renaissance eine Neubelebung der Naturwissenschaften ein. Der in Sachsen geborene Arzt Georgius Agricola (1494–1555) schreibt die erste wissenschaftliche Darstellung über das Montanwesen und über Mineralien. Er wendet sich von der alchimistischen Betrachtungsweise ab und vermittelt eigene Beobachtungen. Agricola entwickelt eine systematische Gliederung der Mineralien, die bis Anfang des 19.Jahrhunderts gültig ist. Von Agricola gehen derart viele Denkanstöße aus, daß er als Vater der Mineralwissenschaft bezeichnet wird.

Mit dem Einsetzen der industriellen Revolution im 18.Jahrhundert wirkt ein neuer Impuls auf die Naturwissenschaften. Die erhöhte Nachfrage nach mineralischen Rohstoffen verlangt eine wissenschaftliche Fundierung für die Ausweitung der Erzförderung und die Erschließung neuer Lagerstätten. Der sächsische Mineraloge A.G.Werner (1749–1817) entwirft eine neue Systematik der Mineralien, die in den Ansatzpunkten bis heute gültig ist.

Durch Zusammenwirken der Disziplinen Physik und Chemie mit der Mineralienkunde entwickelt sich schließlich die Wissenschaft, die wir heute als Mineralogie bezeichnen, die Wissenschaft von den Mineralien.

Die Namen der Mineralien

Die Namen der Mineralien entstammen keinem einheitlichen System. Die einen wurden der Bergmannssprache oder dem Volksmund entlehnt, die anderen sind reine Kunstschöpfungen. Sie nehmen Bezug auf Ortsnamen, auf Personen, auf hervorstechende Eigenschaften oder auch auf vermeintlich okkultisch-mystische Kräfte. Da die Mineralnamen auf verschiedene Sprachkreise (insbesondere lateinisch, griechisch, germanisch, orientalisch) zurückgehen, ist die Schreibweise nicht immer einheitlich.

Kristallstufe mit stalaktitischem Quarz, dipyramidalem Apophyllit und kugligem Gyrolith, Poonah/Indien

Entstehung und Aufbau der Mineralien

Entstehung der Mineralien

Mineralien entstehen auf verschiedene Weise. Selbst die gleiche Mineralart kann sich unter ganz unterschiedlichen Bedingungen bilden. Die meisten Mineralien benötigen viele tausend Jahre für ihr Werden, andere dagegen brauchen nur etliche Jahre, ja sogar nur wenige Stunden.

Die Mineralbildung vollzieht sich entweder im Bereich der glutflüssigen Gesteinsschmelze, dem Magma, oder an bzw. in Nähe der Erdoberfläche wie auch in der Tiefe der Erdkruste infolge umwandelnder, d.h. metamorpher Kräfte. Der Fachmann spricht demgemäß von der magmatischen Folge oder Abfolge, der sedimentären sowie der metamorphen Abfolge.

Magmatische Abfolge Viele Mineralien entstehen unmittelbar aus dem Magma. Feldspat, Glimmer und Quarz z.B. bilden sich beim Abkühlen der Gesteinsschmelze tief in der Erdkruste bei Temperaturen von 1100–550°C.

Andere Mineralien entstehen aus Magma-Gasaushauchungen, den Exhalationen. Durch Abkühlung dieser Gase und Reaktion mit dem Nebengestein entwickeln sich Chlorid-, Fluorid- und Sulfat-Mineralien, aber auch Gold und Silber.

Bei weiterer Abkühlung des Magmas unter 400°C führen Substanzabscheidungen und Stoffzufuhr aus dem Nebengestein zu Mineralbildungen. Auf diese Art sind die Mineralien der alpinen Klüfte entstanden.

Sedimentäre Abfolge An oder nahe der Erdoberfläche entstehen Mineralien durch Zerstörung (Verwitterung) und Neubildung von Gestein. Hauptakteure sind hier Wasser, Kohlendioxid und der Sauerstoff der Luft. Dabei werden Substanzen in den oberen Bodenschichten gelöst, sickern tiefer ein und führen im Zusammenwirken mit dem Grundwasser zu Mineralneubildungen in Anreicherungszonen, z.B. zu Silber- und Kupfer-Lagerstätten.

In niederschlagsarmen und gleichzeitig warmen Gegenden entstehen in Salzseen, Salzsümpfen oder abgegliederten Meeresbuchten infolge der hohen Verdunstung durch chemische Fällung Salzmineralien.

Auch zahlreiche Organismen haben direkt oder indirekt Anteil an der Mineralbildung, so z.B. durch Sauerstoffzuführung oder Kohlensäureentzug, durch Fäulnisvorgänge und beim Aufbau von kalkigen Schalen oder kieseligen Skeletten aus gelösten Substanzen.

Metamorphe Abfolge Wenn Gesteine in tiefere Teile der Erdkruste als Folge zunehmender Überdeckung oder gebirgsbildender Vorgänge verlagert werden, entstehen wegen der dort herrschenden hohen Temperaturen im Verein mit großen Drucken neue Mineralien durch Umbildung schon vorhandener.

Eine ähnliche, wenn auch viel kleinräumigere metamorphe Wirkung wird erzielt, wo glühendflüssiges Magma in Schloten oder entlang von Spalten aufdringt und hier das Nachbargestein kontaktiert.

Paragenese Zahlreiche Mineralien treten wegen gleicher oder ähnlicher Entstehung in gesetzmäßigen Gemeinschaften, Paragenese genannt, auf. Andere Mineralien wiederum schließen einander in natürlicher Gemeinschaft aus.

Die Kenntnis der Paragenese ist bei der Mineraliensuche wie auch beim Identifizieren von Mineralien und besonders in der Lagerstättenkunde eine wichtige Stütze. So kommen beispielsweise Baryt, Fluorit und Bleiglanz in bestimmten Gesteinen stets gemeinsam vor. Andererseits können z.B. Feldspäte und Halit niemals auf gleicher Kristallstufe erscheinen.

Aufbau der Mineralien

Mineral Ein Mineral (Mehrzahl Mineralien oder Minerale) ist ein in sich einheitlicher, natürlich entstandener Teil der Erdkruste oder der Mondschale. Die meisten Mineralien haben bestimmte Kristallformen.

Chemische Zusammensetzung Die Mineralien haben eine ganz bestimmte stoffliche Zusammensetzung. Sie wird durch eine chemische Formel dargestellt (Tabelle der chemischen Elemente S. 337). Diese Formel ist idealisiert, d. h. sie nennt nur die Hauptbestandteile des Minerals. Kleinste natürliche Beimengungen und Verunreinigungen, die Verfärbungen oder sogar Farbänderungen hervorrufen können, bleiben unberücksichtigt.

Modifikationen Es gibt Mineralien, die mit anderen eine gleiche chemische Zusammensetzung aufweisen und doch eigenständig sind. Die Ursache hierfür liegt in einem verschiedenartigen Kristallgitter begründet. Diese Erscheinung, daß die gleiche chemische Substanz also in verschiedener Kristallgestalt auftritt und damit auch unterschiedliche Mineralien bildet, nennt man Polymorphie, die Einzelstrukturen Modifikationen. Kohlenstoff z. B. erscheint in den Modifikationen Graphit und Diamant. Quarz, Cristobalit, Coesit, Stishovit und Tridymit sowie Opal sind Modifikationen der Kieselsäure.

Kristallgitter Maßgebend für die äußere Erscheinung und die physikalischen Eigenschaften eines Minerals ist sein innerer Aufbau, d. h. die Anordnung der kleinsten Bauteilchen, der Atome, Ionen oder Moleküle. Ist die Packung dieser Bauteilchen gesetzmäßig geordnet, sprechen wir von einem Raum- oder Kristallgitter.

kristallin, amorph Mineralien mit einem Kristallgitter werden kristallin genannt, solche ohne Kristallstruktur, also ohne innere gesetzmäßige Ordnung der kleinsten Bauteilchen, sind amorph. Die weitaus meisten Mineralien sind kristallin. Amorph ist z. B. Opal.

Mischkristalle Bei einigen Mineralien können einzelne elementare Bauteilchen durch verwandte Stoffe ersetzt werden, ohne daß sich dadurch die Kristall- und die chemische Grundstruktur ändern. Da der Austausch in verschiedenem Umfang erfolgt, ergibt sich eine größere Zahl sog. Mischkristalle in einer Mischungsreihe. Die Plagioklase stellen solch eine Mischungsreihe dar (S. 40).

Varietäten Mineral-Varietäten sind Abarten innerhalb einer Mineralart mit typischen Merkmalen. Farbvarietäten dienen als Schmuck- und Edelsteine. Kristalleinschlüsse, ungewöhnliche Kristall- und Aggregatausbildung können ebenso zu Varietäten führen, wenn diese Besonderheiten nicht einmalig auftreten, sondern bei einer größeren Anzahl von Mineral-Individuen vorhanden sind. Die chemische und kristalline Grundstruktur bleibt gemäß der normalen Mineral-Ausbildung weitgehend erhalten.

Schematische Darstellung des Kristallgitters von Halit; rot: Natriumion, weiß: Chlorion

Kristallsysteme und Kristallformen

kubisch

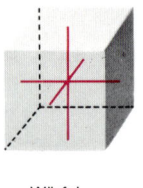

Würfel

Oktaeder

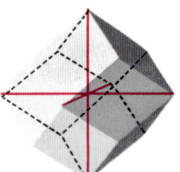

Rhombendodekaeder

tetragonal

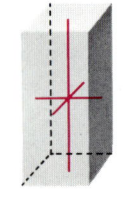

quadratisches Prisma

Doppelpyramide

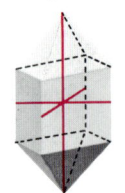

Prisma mit Pyramiden

hexagonal

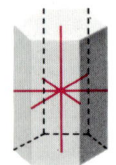

hexagonales Prisma

hexagonales Prisma

hexagonale Doppelpyramide

Kristallsysteme und Kristallformen

trigonal

Doppelpyramide

Rhomboeder

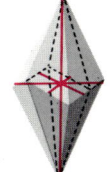

Skalenoeder

rhombisch

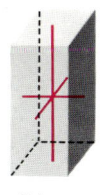

Prisma

Doppelpyramide

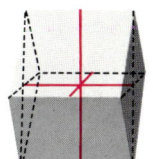

Prisma

monoklin

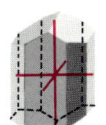

Prisma

Prisma   Prisma   Klinopinakoid

triklin

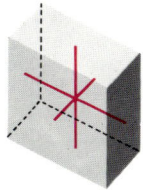

Prisma

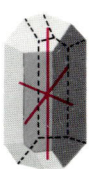

Prisma

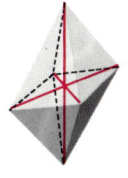

Doppelpyramide

Erscheinungsform der Mineralien

Kristallsysteme Die meisten Mineralien sind kristallin. Sie bilden bestimmte, für sie typische geometrische Körper, die Kristallformen. Alle Kristallformen lassen sich auf 7 Kristallsysteme (kubisch, tetragonal, hexagonal, trigonal, rhombisch, monoklin, triklin) zurückführen. Die Unterscheidung dieser Systeme erfolgt nach den Kristallachsen und den Winkeln, unter denen sich die Achsen schneiden. Auf S. 14 und 15 sind die Kristallsysteme mit typischen Kristallformen dargestellt.

Kubisches System (Reguläres System) Alle drei Achsen sind gleich lang und stehen senkrecht aufeinander. Typische Kristallformen sind Würfel, Oktaeder, Rhombendodekaeder, Pentagondodekaeder, Ikositetraeder, Hexakisoktaeder.

Tetragonales System Die drei Achsen stehen senkrecht aufeinander; zwei sind gleich lang und liegen in einer Ebene, die dritte (Hauptachse) ist länger oder kürzer. Typische Kristallformen sind vierseitige Prismen und Pyramiden, Trapezoeder und achtseitige Pyramiden wie auch Doppelpyramiden.

Hexagonales System Drei von vier Achsen liegen in einer Ebene, sind gleich lang und schneiden sich in Winkeln von 120°, die vierte, ungleichwertige Achse steht senkrecht dazu. Typische Kristallformen sind sechsseitige Prismen und Pyramiden sowie zwölfseitige Pyramiden und Doppelpyramiden.

Trigonales System (Rhomboedrisches System) Drei von vier Achsen liegen in einer Ebene, sind gleich lang und schneiden sich in Winkeln von 120°, die vierte, ungleichwertige Achse steht senkrecht dazu. Achsen und Winkel entsprechen denen des vorgenannten Systems, daher faßt man die beiden Kristallsysteme gelegentlich auch als hexagonal zusammen. Der Unterschied liegt in den Symmetrieelementen. Beim hexagonalen System ist der Querschnitt der prismatischen Grundform sechseckig, beim trigonalen dreieckig. Durch Abschrägen der Dreiecks-Enden entsteht die sechseckige hexagonale Form. Typische Kristallformen des trigonalen Systems sind dreiseitige Prismen und Pyramiden, Rhomboeder und Skalenoeder.

Rhombisches System (Orthorhombisches System) Drei verschieden lange Achsen stehen senkrecht zueinander. Typische Kristallformen sind Basispinakoide, rhombische Prismen und Pyramiden sowie rhombische Doppelpyramiden.

Monoklines System Von drei verschieden langen Achsen stehen zwei senkrecht zueinander, die dritte liegt schief dazu. Typische Kristallformen sind Basispinakoide und Prismen mit geneigten Endflächen.

Triklines System Alle drei Achsen sind ungleich lang und gegeneinander geneigt. Typische Kristallformen sind Flächenpaare.

Verzerrungen Jeder Kristall – selbst der gleichen Mineralart – sieht etwas anders aus. Es gibt große und kleine, schmale und dicke, gerade und schiefe Kristalle. Die Idealform (Idealkristall), wie sie in Lehr- und Bestimmungsbüchern stets abgebildet ist, wird fast nie erreicht. Der gewachsene Kristall ist in der Natur (als Realkristall) gewöhnlich etwas verunstaltet, d. h. verzerrt. Die Flächengrößen und Flächenverhältnisse zueinander sind bei jedem Kristall anders. Aber trotz des verschiedenen Aussehens bleiben bei den Kristallen klar erkennbare Gesetzmäßigkeiten bestehen. Die Kantenwinkel (das sind die Winkel, die von jeweils zwei Flächen gebildet werden) sind bei derselben Kristallart in allen Fällen gleich.

Tracht Die Gesamtheit der bei einem Kristall auftretenden Formen heißt Tracht. Es gibt einfache Formen (z. B. Würfel, Rhombendodekaeder) und Kombinationen aus zwei oder mehreren Kristallformen.

Habitus Bezeichnung für die Gestalt der Kristallausbildung. Sie kann u. a. taflig, nadlig, spießig, säulig, gedrungen sein.

Pseudomorphose Mineralgebilde in atypischer, fremder Kristallgestalt nennt man Pseudomorphosen. Entstehung dadurch, daß unter einer Überdeckung Kristalle weggelöst und deren Raum dann durch andere Substanz wieder aufgefüllt wird, wobei die ursprüngliche Kristallform teilweise oder ganz erhalten bleibt. So kann die äußere Form z. B. einem Baryt entsprechen, während der mineralische Inhalt Quarz darstellt. Man spricht dann von einer Pseudomorphose von Quarz nach (der Kristallgestalt) Baryt. Die sog. Holzversteinerungen sind ebenfalls Pseudomorphosen (Holzstein S. 38).

derb Bezeichnung für Mineral oder Mineral-Aggregat ohne Kristallflächen, d. h. ohne regelmäßige Begrenzung.

Stufe (Kristallstufe) Mineral-Aggregat mit mehreren einzeln stehenden Kristallen (z. B. Bergkristall, S. 37).

Druse Eine Höhlung im Gestein (bis etwa 1 m Durchmesser) mit Kristallansammlung auf den Wänden. Siehe auch Geode.

Geode Eine ehemalige Höhlung im Gestein (Druse), die durch Mineralsubstanz völlig oder nahezu ausgefüllt ist [Nr. 3, S. 179]. Vielfach werden die Begriffe Geode und Druse aber synonym gebraucht für eine mehr oder weniger intensive Mineral-Ausfüllung eines Hohlraumes.

Amethystdruse mit dichtem Kristallbesatz, Minas Gerais/Brasilien

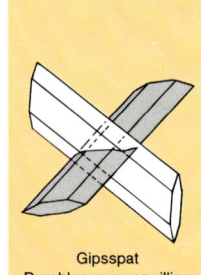

Gipsspat
Durchkreuzungszwilling

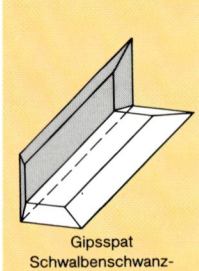

Gipsspat
Schwalbenschwanz-
Zwilling

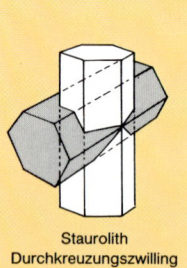

Staurolith
Durchkreuzungszwilling

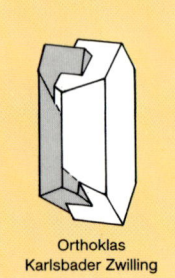

Orthoklas
Karlsbader Zwilling

Zwillinge

Gelegentlich können Kristalle der gleichen Art und der gleichen Form gesetzmäßig, symmetrisch miteinander verwachsen. Wir sprechen dann von Zwillingen, Drillingen usw., je nachdem, wieviel Individuen beteiligt sind.

Je nach Lage der Kristalle zueinander unterscheiden wir Berührungszwillinge (Kontaktzwillinge) und Durchdringungszwillinge (Penetrationszwillinge). Eine Abart der letzteren sind die Durchkreuzungszwillinge mit mehr oder weniger streng sich kreuzenden Kristallen. Manchmal wird Durchdringungs- und Durchkreuzungszwilling auch als Synonym gebraucht.

Durch Wiederholung der Zwillingsbildung in einer Gruppe können sich auch Drillinge, Vierlinge, Achtlinge usw. entwickeln. Zwillingsvereinigungen von mehreren Individuen nennt man auch Viellinge.

Zwillinge sind oft daran zu erkennen, daß sie einspringende Winkel, d.h. Winkel, deren Spitze zum Kristallinnern zeigt, aufweisen. Bei Einzelkristallen gibt es niemals solche Winkel.

Die Zwillingsgestalten tragen oft eigene Namen: Brasilianer, Dauphinéer (Alpine oder Schweizer), Japaner Zwillinge beim Quarz, Schwalbenschwanz-, Montmartre-Zwillinge beim Gipsspat, Karlsbader, Bavenoer, Manebacher Zwillinge beim Orthoklas, Zwillinge des Eisernen Kreuzes beim Pyrit, Visiergraupen beim Kassiterit.

Weitere Abbildungen von Zwillingen und Viellingen: Japaner Zwilling/Quarz [Nr.3, S.37] – Staurolith [Nr.3, S.79] – Alexandrit [Nr.9, S.165].

Zwillingsbildungen bei Gipsspat, Staurolith und Orthoklas-Feldspat

Mineral-Aggregat

Zusammengefügtes Mineralgemenge im Zentimeter- bis Meterbereich. Großkristalline Aggregate, sog. Stufen (S. 17), selten, gewöhnlich kleinkristalline Bildungen.

Ausbildung des Innenbaus

spätig Viele glatte, glitzernde kleine Spaltflächen auf Bruchebene eines Aggregats, das aus Mineralien mit vollkommener Spaltbarkeit besteht.

körnig Mit bloßem Auge erkennbare, zusammengefügte Körner.

dicht Einzelindividuen so klein, daß mit bloßem Auge nicht zu erkennen.

oolithisch Stecknadelkopf- bis erbsengroße Kügelchen. Ähnlich: pisolithisch, rogenartig, schalig.

stenglig Langgestreckte Anordnung der Aggregat-Individuen. Ähnlich: strahlig, radialstrahlig, fasrig.

blättrig Flachplattiges Gefüge. Ähnlich: schuppig.

Ausbildung der Erscheinungsform

glaskopfig Oberfläche aus halbkugelartigen, glatten, oftmals glänzenden Gebilden. Innenbau gewöhnlich radialstrahlig. Ähnlich: wulstig, traubig, kuglig, nierig, knollig, warzig.

stalaktitisch Länglich-wulstige, tropfsteinartige Oberfläche.

rosettenartig Blättrige, rosenähnlich angeordnete Individuen.

büschlig Gruppenartige Anordnung länglicher Individuen. Ähnlich: garbenförmig.

skelettartig Eisblumenähnliche, flache Gebilde. Ähnlich: dendritisch, moosartig, drahtförmig, gestrickt.

krustig Dünne Überdeckung eines anderen Aggregats. Ähnlich: anflugartig, ausblühartig, beschlagartig.

erdig Wenig feste, formlose, meist krümlige Masse. Ähnlich: pulvrig, mehlig.

1 Oolithisches Mineral-Aggregat (Aragonit)
2 Radialstrahliges Mineral-Aggregat (Pyrit)
3 Glaskopfiges Mineral-Aggregat (Hämatit)
4 Rosettenartiges Mineral-Aggregat (Gipsspat)
5 Skelettartiges Mineral-Aggregat (Kupfer)

Eigenschaften der Mineralien

Nur selten gelingt es, Mineralien nach der Kristallform oder anderen typischen Erscheinungen sicher zu identifizieren. Meist muß man weitere Eigenschaften der Mineralien untersuchen. Der Nichtfachmann sollte mit Strichfarbe, Mohshärte, Dichte, Glanz, Bruch und Spaltbarkeit die Bestimmung eines Minerals zunächst beginnen.
Auf den Seiten 342–365 dieses Buches gibt es umfangreiche Mineral-Bestimmungstabellen.

Farbe und Strich

Nur sehr wenige Mineralien haben eine einzige, charakteristische Farbe, wie der stets grüne Malachit, der rote Zinnober, der blaue Azurit und der gelbe Schwefel. Viele Mineralien treten dagegen in verschiedenen, einige sogar in allen Farben des Spektrums auf. Die Farbe ist daher kaum eine Bestimmungshilfe zum Erkennen von Mineralien.
Die Strichfarbe, auch Pulverfarbe oder kurz Strich genannt, dagegen ist ein objektives Bestimmungsmittel für Mineralien. Während nämlich die bei einem Mineral bzw. einer Varietät erkennbare Farbgebung im allgemeinen durch geringe Spuren von Fremdmaterial oder durch Störungen im Kristallgitter verursacht wird, also demnach eine Fremdfarbe darstellt, gibt die Strichfarbe die stets gleiche, einmalige und konstante Eigenfarbe der ganzen Mineralart wieder. Beim Fluorit z. B. ist die Strichfarbe immer weiß, ganz gleich, ob er gelb, blau, grün oder schwarz aussieht. Um die Strichfarbe zu erhalten, reibt man mit einer Ecke des Probierstückes auf einem rauhen Porzellantäfelchen, der Strichtafel. Notfalls

Strichfarben. Oben v. l.: Auripigment, Pyrit, Zinnober. Unten v. l.: Hämatit, Azurit, Malachit.

Strichprobe auf einer Strichtafel.
Der messinggelbe Pyrit liefert eine
grünlich-schwarze Strichfarbe.

genügt als Reibfläche auch der unglasierte Unterrand einer Porzellanschüssel, einer Blumenvase oder die Oberfläche einer elektrischen Sicherung, auch die weiße Rückseite einer Kachel. Da zeigt sich beim Reiben gegebenenfalls ein farbiger, pulvriger Strich. Diese feinsten Pulverkörner wirken wie dünnste durchschimmernde Plättchen, wodurch die Fremdfärbung des Minerals abstrahiert wird. Wenn beim Reiben auf der Strichtafel kein Farbstrich erkennbar ist, sagt man, der Strich ist farblos oder weiß.

Bei Mineralien, die härter als die Strichtafel sind, also über Mohshärte 6 liegen, muß zunächst ein kleines Stück des zu bestimmenden Minerals durch Stampfen pulverisiert und dann auf der Strichplatte verrieben werden.

Für die Strichprobe immer nur frische Bruchstellen verwenden, Oxidationsüberzüge, Verwitterungsschichten und Anlauffarben meiden.

Flächenschiller und Lichtfiguren

Der bei einigen Mineralien zu erkennende flächenhafte Schiller und die streifenartigen Lichtfiguren sind weder von der Eigenfarbe noch von Verunreinigungen oder gar der chemischen Zusammensetzung abhängig. Die Ursache beruht vielmehr auf Reflexions-, Interferenz- und Beugungserscheinungen des Lichts.

Adularisieren Der beim Mondstein [Nr. 7, S. 171] flächenhaft auftretende bläulichweiße Schimmer.

Aventurisieren Buntes Farbenspiel glänzender Reflexe an eingelagerten Blättchen auf meist undurchsichtigem Grund [Aventurin Nr. 1 und 4, S. 177 – Sonnenstein Nr. 10, S. 171].

Labradorisieren Farbenspiel in metallisch glänzenden Tönen, insbesondere beim Labradorit [Nr. 3, S. 43].

Opaleszieren Milchig bläuliches oder perlglanzartiges Aussehen der Gemeinen Opale [Nr. 5, S. 39].

Opalisieren Buntfleckiges Farbenspiel des Edelopals [Nr. 8 und 9, S. 181].

Katzenauge (Chatoyieren) Lichterscheinung, die an das schlitzartige Auge einer Katze erinnert. Entsteht durch Reflexion des Lichts an parallel gelagerten Fasern, Nadeln und Hohlräumen. Am wirkungsvollsten bei mugligem Schliff [Tigerauge Nr. 2, S. 177 – Mondstein Nr. 7, S. 171].

Asterismus Sternförmige Lichtstreifen, die sich in einem Punkt schneiden. Entsteht wie Katzenauge, nur daß die reflektierenden Fasern in verschiedenen Richtungen angehäuft liegen [Synthetischer Saphir Nr. 1, S. 163 – Synthetischer Rubin Nr. 4, S. 163].

Mohshärte

Der Mineraliensammler versteht unter der Härte eines Minerals immer die Ritzhärte. Das ist der Widerstand, den ein Mineral beim Ritzen mit einem scharfkantigen Material entgegenbringt.

Den Begriff der Ritzhärte führte vor über 150 Jahren der Wiener Mineraloge
Friedrich Mohs (1773–1839) ein, indem er aus 10 verschieden harten Mineralien
eine Vergleichsskala (Mohssche Härteskala) erstellte, die bis heute in der ganzen
Welt gültig ist. Nummer 1 ist der weichste, Nummer 10 der härteste Grad. Die
Mineralien mit den dazwischenliegenden Stufen ritzen das mit geringerer Härte
bezeichnete Mineral und werden von dem nachfolgend härteren geritzt. Gleich
harte Mineralien ritzen sich nicht. Mittlerweile werden in der Praxis die Härte-
stufen noch in Halbgrade unterteilt.

Alle uns heute bekannten Mineralien sind dieser Mohsschen Härteskala zugeordnet. In jedem Mineralienbuch wird bei der Beschreibung der Mineralien stets
die Mohshärte (kurz Härte) genannt.

Mineralien der Mohshärte 1 und 2 gelten als weich, jene der Grade 3–6 als mit-
telhart und die über 6 werden als hart bezeichnet. Früher sprach man bei den
Stufen 8–10 auch von Edelsteinhärte. Heute wird das abgelehnt, denn es gibt
wertvolle Edelsteine, die nicht Mohshärte 8 besitzen.

Die Härte der Mineralien ist nicht auf allen Kristallflächen gleich. Im allgemeinen sind aber die Unterschiede so gering, daß der Sammler darauf keine Rück-
sicht zu nehmen braucht. Bei großen Differenzen muß man solche flächenge-
bundenen Härteunterschiede berücksichtigen. Beim Kyanit z. B. ist die Mohshärte in der Vertikalrichtung der stengligen Kristalle 4–4½, quer dazu aber 6–7.

Relative und absolute Härteskala

Mohshärte	Vergleichsmineral	Einfache Härteprüfmittel	Absoluthärte
1	Talk	Mit Fingernagel schabbar	0,03
2	Gipsspat	Mit Fingernagel ritzbar	1,25
3	Calcit	Mit Kupfermünze ritzbar	4,5
4	Fluorit	Mit Messer leicht ritzbar	5,0
5	Apatit	Mit Messer noch ritzbar	6,5
6	Orthoklas	Mit Stahlfeile ritzbar	37
7	Quarz	Ritzt Fensterglas	120
8	Topas		175
9	Korund		1 000
10	Diamant		140 000

Diese Tatsache der Härteunterschiede am gleichen Kristall macht es möglich,
Diamant mit Diamant zu schleifen, denn gleich harte Materialien ritzen und
schleifen einander normalerweise nicht. Diamant, bekanntlich das Härteste
überhaupt, was es gibt, kann nur deshalb mit Diamantpulver geschliffen werden,
weil er erhebliche Härteunterschiede auf den einzelnen Kristallflächen und dazu
nach verschiedenen Richtungen aufweist (s. Skizze S. 23). Diamantpulver enthält
nach statistischer Wahrscheinlichkeit auch immer ganz harte Splitter und kann
damit die weniger harten Flächen eines Diamantkristalls abschleifen. Die ganz
harten Kristallflächen lassen sich also niemals schleifen.

Die Mohssche Härteskala ist eine relative Härteskala. Mit ihr kann nur festge-
stellt werden, welches Mineral welches ritzt. Über das absolute Maß der Härte-
zunahme innerhalb der Skala wird keine Aussage gemacht.

Für eine wissenschaftlich-fachkundige Härteprüfung ist die Mohssche Härteskala nicht zu verwenden, da nur relativ und auch zu ungenau. Deshalb werden dort mit großem technischem Aufwand Absoluthärtewerte ermittelt. In der Tabelle S. 22 sind die Absoluthärten (Schleifhärte nach Rosiwal) den Mohswerten gegenübergestellt. Man erkennt dabei sehr eindrucksvoll, wie ungleich die Spanne innerhalb der einzelnen Mohshärte-Stufen ist. Dennoch hat die Mohssche Härteskala gerade für den Sammler einen hohen Wert. Eine Bestimmung der Absoluthärte ist für den Sammler kaum möglich.

Härteprüfmittel Im Handel werden Probierstücke und Ritzbestecke zur Härteprüfung angeboten (Abb. S. 24). Stehen Belegstücke der Härteskala nicht zur Verfügung, kann man auch mit einfachen Hilfsmitteln einige Härtegrade erkennen. So ritzt der Fingernagel bis Mohshärte 2, eine Kupfermünze bis Härte 3, das Taschenmesser etwa bis 5, ein Messer mit sehr guter Stahlqualität sogar bis 5½ Mohshärte. Stahlfeilen sind noch härter, sie ritzen bis Härte 6. Mit Quarz, Nr. 7 der Mohsschen Härteskala, läßt sich Fensterglas deutlich ritzen.

Wegen dieser einfachen Anwendung ist die Mohssche Härteskala bei Sammlern sehr beliebt. Ohne großen Aufwand kann man eine Grobbestimmung von Mineralien schon im Gelände, bei Wanderungen oder Touren, bequem und schnell vornehmen.

Bei der Ritzprobe darauf achten, daß die Untersuchung nur mit scharfkantigen Stücken auf unzersetzten, glatten Flächen erfolgt. Geriffelte, blättrige Ausbildung oder angewitterte Kristallflächen der Versuchsobjekte täuschen eine geringere Härte vor.

Nach dem Ritzen bleibt ein pulvriger Strich auf dem unbekannten Mineral zurück. Der kann sowohl vom Prüfmaterial als auch vom Prüfobjekt stammen. Deshalb mit dem Finger abschließend über die Ritzfläche fahren. Läßt sich der Strich wegwischen, war das Prüfmaterial weicher als das unbekannte Mineral. Andernfalls war es härter und hat eine Ritzung in das Prüfobjekt eingegraben. Bei undeutlicher Ritzung eine Lupe zu Hilfe nehmen.

Die Mohssche Härteskala dient eigentlich nur der Bestimmung von Mineralien, nicht von Gesteinen. Bei monomineralischen Gesteinen, d. h. bei solchen, die nur aus einer einzigen Mineralart bestehen wie Steinsalz, Kalkstein und Marmor, kann man mit der Härteprüfung nach Mohs Näherungswerte erzielen, die einer Bestimmung der Gesteine und damit der Mineralien dienlich sein können.

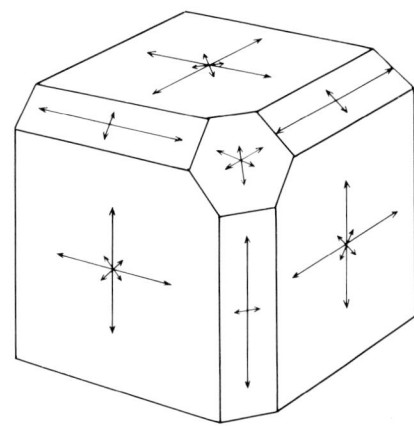

Härteunterschiede beim
Diamantkristall
(nach E. M. und J. Wilks).
Je kürzer die Pfeile, desto
größer die Schleifhärte
in dieser Richtung.

Ritzbesteck mit Metallstiften, in denen Mineralsplitter gefaßt sind.

Probierstücke der Mohsschen Härteskala; dazu Stahlstift, Messer und Feile als einfache Prüfmittel.

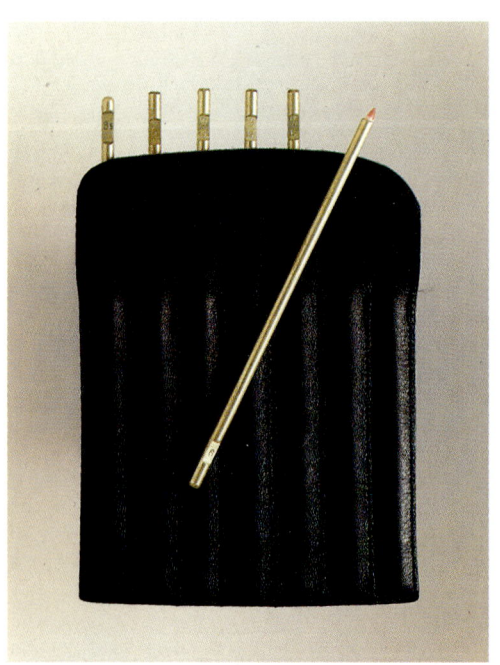

Glanz

Nicht nur geschliffene Edelsteine zeigen glänzende Flächen, auch viele Mineralien haben einen charakteristischen Glanz. Er entsteht durch das reflektierte Licht an der Steinoberfläche und ist vom Brechungsindex eines Minerals und von dessen Oberflächenbeschaffenheit abhängig, nicht aber von der Farbe.
Bei der Beschreibung der Mineralien und in den Bestimmungstabellen dieses Buches (S. 342–365) werden Glas- und Harzglanz, Seiden- und Perlmuttglanz, Diamantglanz, Fett- und Wachsglanz sowie Metallglanz berücksichtigt. Mineralien ohne Glanz sind matt.
Glasglanz ist in der Mineralienwelt am meisten verbreitet, etwa bei zwei Dritteln aller Mineralien. Metallglanz gibt es nur bei undurchsichtigen Mineralien, insbesondere bei gediegenen Metallen, Sulfiden und einigen Oxiden. Seidenglanz tritt bei fasrigen Mineralien oder Mineral-Aggregaten auf. Perlmutt- und Fettglanz zeigen sich vornehmlich auf Spaltflächen.
Beschläge, Anlauffarben und oberflächliche Verwitterungserscheinungen können den Glanz eines Minerals beeinträchtigen. Deshalb Bestimmung am unveränderten Objekt vornehmen. Stets klares, helles Licht suchen. Der Glanz kann, je nach Richtung, auf Kristall und Spaltflächen verschieden sein.

Transparenz

Unter Transparenz oder Durchsichtigkeit versteht man die Lichtdurchlässigkeit eines Mediums. Es gibt durchsichtige, durchscheinende (halbdurchsichtige) und undurchsichtige (fachsprachlich opak genannt) Mineralien.
In sehr dünnen Schichten sind viele sonst undurchsichtige Mineralien durchsichtig oder durchscheinend. Alle Metalle sind auch in dünnen Lagen undurchsichtig. Körnige, fasrige oder stenglige Mineralien sowie Aggregate sind stets undurchsichtig, weil sich an den vielen Grenzflächen das Licht immer wieder bricht, bis es schließlich vollends reflektiert oder absorbiert wird. Für die meisten Edelsteine ist die Transparenz ein Wertfaktor.

Doppelbrechung

Legt man einen Rhomboeder-Calcitkristall auf eine markante Unterlage, z. B. ein Linienkreuz, so erscheinen die Linien, durch den Kristall betrachtet, doppelt. Das bewirkt die sog. Doppelbrechung. Sie entsteht dadurch, daß ein Lichtstrahl beim Gang durch den Kristall gebrochen und in zwei Teile zerlegt wird.

Alle nicht kubischen, lichtdurchlässigen Mineralien zeigen eine mehr oder weniger große Doppelbrechung. Beim isländischen Calcit ist die Doppelbrechung besonders deutlich, er heißt daher auch Doppelspat. Für Edelsteine ist die Doppelbrechung eine außerordentlich wichtige Bestimmungshilfe.

Doppelbrechung beim
isländischen Calcit

Dichte

Unter Dichte (auch spezifisches Gewicht genannt) versteht man das Gewicht eines Stoffes in bezug auf das Gewicht des gleichen Volumens Wasser. Quarz mit der Dichte 2,65 ist also 2,65 mal so schwer wie das gleiche Volumen Wasser.

Die Dichte der Mineralien schwankt zwischen 1 und 20. Werte unter 2 werden als leicht empfunden (Bernstein etwa 1,0), solche von 2–4 als normal (Calcit etwa 2,7) und jene über 4 als schwer (Bleiglanz etwa 7,5). In der Wissenschaft und der Bergbaupraxis gelten alle Mineralien mit einer Dichte über 2,9 als Schwermineralien.

Die wertvolleren Edelsteine und die Edelmetalle haben eine Dichte, die deutlich über der von Sand (aus Quarz und Feldspat) liegt. Sie werden daher in bewegtem Wasser der Flüsse und an der Küste vor den leichteren Sandmineralien abgelagert und in sog. Seifenlagerstätten angereichert.

Die Dichte wird wie folgt berechnet:

$$\text{Dichte} = \frac{\text{Gewicht des Minerals}}{\text{Volumen des Minerals}}$$

Das Gewicht eines Minerals wird mit einer Waage gemessen. Je genauer die Wägung, desto sicherer eine Identifizierung des unbekannten Minerals. Der Anfänger kann mit einer Briefwaage beginnen. Besser ist eine Gewichtsbestimmung auf $\frac{1}{10}$ Gramm. Der Fachmann arbeitet mit Wägegenauigkeiten von $\frac{1}{100}$ Gramm, d.h. mit zwei Stellen nach dem Komma.

Das Volumen kann man auf verschiedene Weise finden, durch Wasserverdrängung in einem Meßzylinder oder nach dem Auftriebsverfahren mit einer hydrostatischen Waage. Die letztere Methode ist genauer und auch für kleine Proben geeignet. Sie beruht auf dem Archimedischen Prinzip: Der Auftrieb ist gleich dem Gewicht der durch das Mineral verdrängten Wassermenge.

Das unbekannte Mineral wird zunächst an der Luft und dann in Wasser gewo-

Schematische Darstellung der hydrostatischen Waage

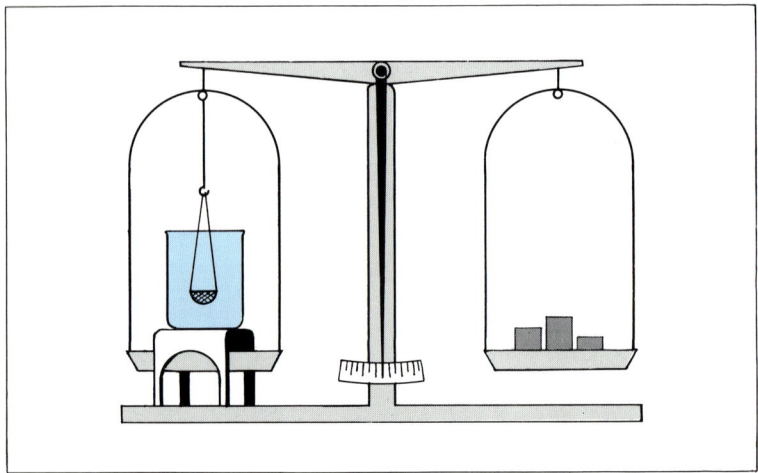

26

gen. Der Wiegeunterschied entspricht dem Gewicht des verdrängten Wassers und damit ziffernmäßig dem Volumen des Minerals.

Beispiel:

Gewicht in Luft	5,2 g
Gewicht in Wasser	3,3 g
Unterschied = Volumen	1,9

$$\text{Dichte} = \frac{\text{Gewicht}}{\text{Volumen}} = \frac{5,2}{1,9} = 2,7$$

Die Dichte dieser Probe beträgt 2,7. Nach dem Gewicht könnte es Calcit sein. Wichtig ist zu beachten, daß das zu bestimmende Mineral bei der Wägung an der Luft trocken ist und keine Fremdsubstanz enthält. Einige Mineralien haben aber naturgemäß immer geringe Verunreinigungen oder Schwankungen in der Zusammensetzung. Dann sind die Dichtewerte ebenso schwankend und können nur annähernd bezeichnet werden.

Eine hydrostatische Waage kann sich jeder nach dem Schema der beigefügten Abbildung selbst basteln. Für den Anfänger genügt eine umgebaute Briefwaage. Der fortgeschrittene Sammler sollte eine Präzisionswaage verwenden, damit Messungen auf $\frac{1}{100}$ Gramm möglich sind.

In der Edelsteinkunde wird neben der Messung mit der hydrostatischen Waage die sog. Schwebemethode zur Bestimmung der Dichte eingesetzt. Sie beruht auf dem Grundgedanken, daß Gegenstände in einer Flüssigkeit mit gleicher Dichte schweben, also weder auf den Boden sinken noch an der Oberfläche schwimmen. Mit genormten Flüssigkeiten von bekannter Dichte bzw. durch Verdünnen von schweren Flüssigkeiten bis zum Schwebezustand des Probesteins kann die Dichte des unbekannten Edelsteins ermittelt werden.

Die Schwebemethode empfiehlt sich dann, wenn gezielt Edelsteine aus einer Partie unbekannter Steine aussortiert werden sollen oder wenn es gilt, Synthesen und Imitationen gegenüber echten Edelsteinen zu identifizieren.

Bruch

Wenn Mineralien als Folge einer Gewaltanwendung (Schlag, Druck) mit unregelmäßigen Flächen auseinanderfallen, nennen wir das Bruch, stellen sich dagegen ebene Flächen ein, sprechen wir von Spaltbarkeit (S. 28). Eine Trennung von Zwillingen heißt Absonderung. Ob sich ein Mineral spalten oder brechen läßt, hängt vom Gitterbau des Kristalls ab. Sind die Bauteilchen des Gitters derart verteilt, daß sich keine Ebene durch dieses Gitter hindurchschieben läßt, dann erfolgt das Auseinanderfallen des Minerals mit unregelmäßigen Flächen, es entsteht ein Bruch. Siehe dazu die Kristallgitter-Darstellungen S. 28.

Der Bruch kann muschlig (wie der gerundete Abdruck einer Muschel aussehend), uneben, glatt, fasrig, hakig, splittrig oder erdig sein.

Muschliger Bruch beim
Gesteinsglas Obsidian

Spaltbarkeit

Spaltbarkeit heißt Abgliederung von Mineralteilen mit glatten Flächen. Ob sich ein Mineral spalten läßt oder nicht, hängt vom Gitterbau des Kristalls ab. Liegen die Atome, Ionen oder Moleküle derart zueinander, daß man ebene Flächen durch das Kristallgitter schieben könnte, dann läßt sich das Mineral spalten, andernfalls entsteht ein Bruch, eine Abgliederung mit unregelmäßigen Flächen (S. 27).

Je nach Stärke der Kohäsionskräfte zwischen den Bauteilchen des Kristalls ist die Güte der Spaltbarkeit verschieden. Ihre Gradeinteilung wird in der Mineralienkunde nicht einheitlich gehandhabt. Bei der Beschreibung der Mineralien in diesem Buch werden folgende Spaltbarkeitsstufen verwendet:

sehr vollkommen – vollkommen – unvollkommen – keine

Einige Mineralien lassen sich nur in einer Richtung spalten, andere kann man nach zwei oder mehr Richtungen teilen. Die Bergleute früherer Zeiten haben jene Mineralien mit sehr guten Spaltbarkeiten nach verschiedenen Richtungen als »-spat« (d. h. spalt/spalten) bezeichnet: z. B. Feldspat, Flußspat, Kalkspat, Schwerspat.

Die Spaltebenen haben mit der äußeren Form des Minerals nichts zu tun. Sie sind ausschließlich von der Gitterstruktur des Kristalls abhängig. Auch bei Mineralien mit verschiedenen Ausbildungsformen können die gleichen Spaltfiguren entstehen. Bei Bleiglanz und Halit erhält man immer Würfel, bei Calcit Rhomboeder. Der Spaltwinkel (Winkel, den zwei Spaltebenen einschließen) ist für viele Mineralien typisches Bestimmungsmerkmal. Die im Erscheinungsbild ähnlichen Mineralien Hornblende und Augit z. B. sind beim Fehlen von Kristallbegrenzungen durch die Spaltwinkel zu unterscheiden: Hornblende 124°, Augit 87° (s. Skizze S. 52).

Kristallflächen sind niemals so glatt und meist auch nicht so glänzend wie Spaltflächen. Sie zeigen vielmehr Streifen, kleine Figuren, Eintiefungen oder andere winzige Unebenheiten.

In der Fachliteratur der Mineralienkunde wird der Begriff Spaltbarkeit häufig durch das Symbol # ersetzt.

Die Kenntis über Spaltbarkeit und die Richtung des Spaltens ist für den Edelsteinfachmann beim Schleifen und Fassen von größter Bedeutung.

Kristallgitter von Halit   Kristallgitter von Quarz

Lumineszenz

Lumineszenz ist ein Sammelbegriff für die verschiedenen Arten des Aufleuchtens einer Substanz unter Einwirkung irgendwelcher Strahlen, mit Ausnahme der reinen Wärmestrahlung. Für den Mineraliensammler ist vornehmlich die Lumineszenz im ultravioletten Licht (UV), die sog. Fluoreszenz, von Interesse, denn viele Mineralien leuchten nicht nur in Weiß, sondern in einzelnen Farben des Spektrums. Der Begriff Fluoreszenz stammt von dem Mineral Fluorit, weil hier das Leuchtphänomen erstmals erkannt wurde. Wenn die Substanz über das Ende der Bestrahlung nachleuchtet, sprechen wir von Phosphoreszenz, benannt nach dem bekannten Leuchten von Phosphor.

Ursache für die Fluoreszenz sind gewisse Störfaktoren (Verunreinigungen oder Baufehler) im Kristallgitter. Die meisten Mineralien sprechen auf kurzwelliges UV (254 Nanometer) an. Es gibt Mineralien, die ausschließlich auf kurzwelliges, andere, die nur auf langwelliges (366 Nanometer) und wieder andere, die sowohl auf kurzwelliges als auch auf langwelliges UV reagieren. Der Handel bietet ein reiches Sortiment verschiedenster Ultraviolettstrahler an.

Für die Bestimmung von Mineralien ist die Fluoreszenz im allgemeinen nicht geeignet, denn Glieder einer Mineralart können in ganz verschiedenen Farben fluoreszieren, während andere der gleichen Mineralart unter UV überhaupt nicht aufleuchten.

Gelegentlich ist die Fluoreszenz Hilfsmittel zum Erkennen eines Fundortes, denn manchmal zeigt sie für eine Lokalität oder Lagerstätte typische Erscheinungsbilder.

Für den Sammler hat die Fluoreszenz insofern praktische Bedeutung, als er durch sie gewisse Fälschungen erkennen kann. Bei geklebten Mineralien zeigt der Kitt manchmal ganz allein Fluoreszenz oder fluoresziert anders als der übrige Stein. Auch bei der Diagnostik von Edelsteinen hat sich die Fluoreszenz bewährt, insbesondere beim Identifizieren von synthetischen Steinen.

Lumineszenzerscheinungen von Röntgenstrahlen ermöglichen, echte Perlen von Zuchtperlen zu unterscheiden. Das Perlmutt von Meerwasserperlen luminesziert nämlich nicht, während jenes von Süßwasserperlen stark aufleuchtet. Da der künstliche Kern der Zuchtperle jedoch aus Süßwasserperlmutt besteht, zeigen Zuchtperlen im Gegensatz zu echten Perlen dementsprechend eine Lumineszenz.

Fluoreszierende Mineralien in weißem Licht (links) und unter UV-Strahlen (rechts)

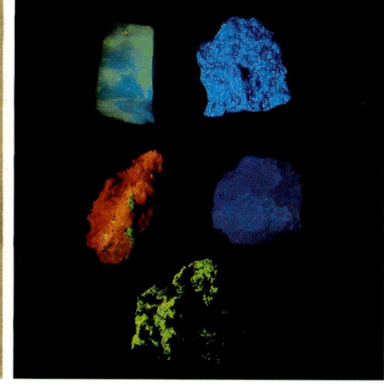

Weitere Eigenschaften

Manchmal können einfache Tests nach Geruch, Geschmack, Anfühlen und Wasserlöslichkeit wichtige Bestimmungshilfe zur Identifizierung eines Minerals sein. Der Fachmann muß unter Umständen sehr spezielle Untersuchungen anstellen, wenn es z. B. gilt, Edelsteine und Synthesen zu diagnostizieren oder Erzmineralien einer Lagerstätte zu erkennen. Die optischen Erscheinungen der Dispersion (Zerlegung des weißen Lichts in die Regenbogenfarben), der Absorption und Absorptionsspektren (Lichtauslöschung), mikroskopische Studien im auffallenden Licht bei Anschliffen wie im durchfallenden Licht bei Dünnschliffen (Scheibchen von 0,03 mm Stärke) und manch andere arbeits- und gerätaufwendige Untersuchung können oftmals erst letzte Sicherheit über ein Mineral oder ein Mineralaggregat bringen.

Der fortgeschrittene Sammler sollte für seine Mineralbestimmung die weiteren, im folgenden kurz gestreiften Eigenschaften einiger Mineralien in seine Betrachtung mit einbeziehen.

Magnetismus Das magnetische Verhalten ist bei Mineralien verschieden. Es gibt Mineralien (z. B. Magnetit), die selbst anziehend wirken, und andere (z. B. Magnetkies), die von Magneten angezogen werden, und schließlich solche, die magnetisch überhaupt nicht reagieren.

Mit der Kompaßnadel lassen sich beide magnetische Verhaltensweisen sicher bestimmen. Die locker aufgehängte Magnetnadel reagiert sehr feinfühlig auf jede magnetische Beeinflussung. Prüfstücke neben die ruhende Magnetnadel legen und Ablenkung der Nadel beobachten. Kleine Mineralteile wegen des schwächeren Magnetismus so nahe wie möglich über der Magnetnadel hin und her schwenken.

Bei einigen Mineralien ist der Magnetismus nach Örtlichkeit und nach Eisengehalt verschieden. Deshalb gehen in der Literatur die Angaben über den Magnetismus auch gelegentlich auseinander.

Zähigkeit Unter Zähigkeit (in der Fachsprache Tenazität genannt) versteht man bei Mineralien die Sprödigkeit (spröde, mild, schneidbar), Dehnbarkeit (schmiedbar, geschmeidig, dehnbar) und Elastizität (elastisch biegsam, unelastisch biegsam oder plastisch).

Die Eigenschaften der Zähigkeit können für einzelne Mineralien Bestimmungshilfe sein. Im allgemeinen sind sie mehr dem Spezialisten vorbehalten. Bei der Beschreibung der Mineralien in diesem Buch werden vereinzelt Zähigkeitsmerkmale beim Bruch mit erwähnt.

Pleochroismus Bei einigen durchsichtigen Mineralien sind die Farben und Farbtiefen in verschiedenen Richtungen unterschiedlich. Ursache dafür ist eine ungleiche Absorption des Lichts doppelbrechender Kristalle in den verschiedenen Richtungen.

Wenn zwei Hauptfarben erscheinen, spricht man von Dichroismus, bei drei Farben von Trichroismus oder Pleochroismus. Dichroismus ist nur beim tetragonalen, hexagonalen und trigonalen Kristallsystem möglich, Trichroismus nur im rhombischen, monoklinen und triklinen Kristallsystem. Der Begriff Pleochroismus wird auch als Sammelbezeichnung für beide Arten der Mehrfarbigkeit verwandt. Amorphe Mineralien und die des kubischen Kristallsystems haben keinen Pleochroismus.

Die Erscheinungen des Pleochroismus können schwach, deutlich oder stark sein. Sie müssen beim Schleifen von Edelsteinen berücksichtigt werden, um Fehlfarben, d. h. zu helle oder zu dunkle Töne, zu vermeiden und möglichst große Farbtiefe der Steine zu erreichen.

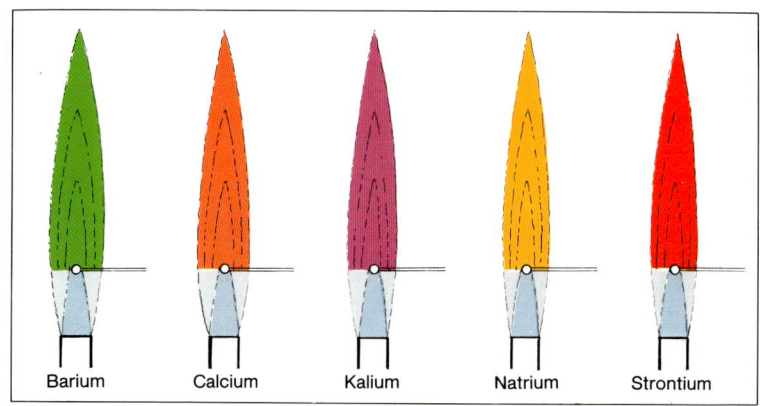

| Barium | Calcium | Kalium | Natrium | Strontium |

Flammenfärbung als Hilfsmittel zur Bestimmung von Mineralien

Flammenfärbung   Da einige Elemente eine Flamme verfärben, kann man mit solcher Flammenprobe auf die chemische Zusammensetzung eines Minerals schließen. Gasbrenner sind als Flammenquelle gegenüber Kerzen zu bevorzugen, denn sie können so reguliert werden, daß sie ohne eigene Flammenfarbe brennen. In abgedunkelten Räumen ist die Flammenfärbung am besten sichtbar. Strontium bewirkt purpurrot, Lithium karminrot, Calcium ziegelrot, Natrium gelb, Barium gelblichgrün, Bor grün, Kupfer blau und grün, Kalium violett. Ein kleiner Mineralsplitter genügt als Probe. Diesen mit Pinzette oder der Öse eines Platindrahts in die Flamme halten, bis er glüht.

Verhalten vor dem Lötrohr   Schmelzreaktionen und Flammenfärbung mit Hilfe eines Lötrohrs dienen der Mineralbestimmung, in Fachkreisen Lötrohrprobierkunde genannt. Solch ein Lötrohr besteht aus Messing, hat ein hölzernes Mundstück und eine haarfeine Öffnung am anderen Ende. Durch Blasen mit dem Lötrohr kann die Flamme eines Bunsenbrenners, einer Kerze oder eines Spiritusbrenners stark aufgeheizt und stichflammenartig auf eine Mineralprobe gezielt werden. Die dadurch entstehenden Reduktions- und Oxidationsvorgänge bewirken Schmelz-, Zersetzungs- und Sublimationserscheinungen sowie Gasbildungen und Flammenfärbung. All dies erlaubt Schlüsse auf die chemische Zusammensetzung der Mineralprobe.

Radioaktivität   Die Eigenschaft, Strahlen ohne Energiezufuhr auszusenden, nennt man Radioaktivität. Es gibt drei Arten von Strahlen: Alphastrahlen, Betastrahlen und Gammastrahlen. Die Alphastrahlung ist am unscheinbarsten. Sie wird schnell abgeschwächt. Die Betastrahlung ist etwas stärker, Reichweite und Durchdringungskraft aber gering. Am intensivsten ist die Gammastrahlung. Sie vermag Eisen und dicke Wände zu durchdringen.
Die Strahlenmessung erfolgt mit einem sog. Geiger-Zähler. Für den Sammler zu empfehlen, ist ein Gerät mit optisch-akustischer Anzeige. Bei Annäherung an die Strahlquelle vereinigen sich einzelne Knacklaute zu einem immer stärker werdenden Rasselton.
Vorsicht beim Umgang mit radioaktiven Mineralien, ihre Strahlung kann gesundheitsschädlich sein. Radioaktive Substanz niemals in Wohn- und Schlafräumen lagern, größere Stücke in Bleigefäße einschließen, nach der Berührung Hände sorgfältig waschen, von Kindern fernhalten.

Klassifikation der Mineralien

Etwa 3000 Mineralarten sind bekannt, und jedes Jahr werden neue Mineralien entdeckt. Außerdem gibt es mehrere tausend Abarten, Varietäten. Eine solch große Zahl kann man kaum übersehen. Deshalb ist es notwendig, die Mineralien zu gruppieren, d. h. sie nach gleichen oder ähnlichen Eigenschaften in Gruppen zusammenzufassen.

Dazu bieten sich verschiedene Möglichkeiten an. So lassen sich die Mineralien nach der Art ihrer Entstehung, nach Verteilung in den Gesteinen wie auch nach äußeren Kennzeichen, z. B. nach Kristallform, Härte, Glanz oder Dichte, sortieren. Je nach Ziel und Zweck kann die eine oder andere Gruppenbildung mehr oder weniger sinnvoll sein.

In der wissenschaftlichen Mineralienkunde ist es im allgemeinen üblich, die Mineralien nach ihrer chemischen Zusammensetzung und dann weiter nach dem strukturellen Aufbau zu klassifizieren. Wenn heutzutage in der Wissenschaft vom »Mineralsystem« gesprochen wird, meint man immer dieses System der chemischen Zuordnung. Wir kennen auch hier Modelle mit unterschiedlicher Gruppenbildung, aber in der Wissenschaft hat sich überwiegend eine Ordnung von neun Mineralklassen durchgesetzt. Ein Mineralienfreund, der nach diesem System sammelt, wird schlechthin als »Systematiker« bezeichnet.

Für den wissenschaftlich in Mineralogie nicht Vorgebildeten und für die meisten, die beruflich mit Gesteinen zu tun haben (wie Steinmetze, Bildhauer und Baufachleute), ist das chemische System der Mineralklassifizierung im allgemeinen nicht akzeptabel. Deshalb werden hier in dem vorliegenden Buch die Mineralien so vorgeführt, wie sie für den Nichtfachmann am besten begreiflich sind, nämlich als Gesteinsbildner, als Bestandteil der Erze und als Edelstein.

Natürlich sind bei diesem Ordnungssystem Überschneidungen bei der Zuweisung der Mineralien nicht zu vermeiden. Großzügige Kompromisse waren notwendig. Sie werden bewußt in Kauf genommen.

Für den nach dem wissenschaftlichen System sammelnden Steinefreund gilt die tabellarische Zusammenstellung weiter unten. Die zugehörigen Abbildungen und Texte lassen sich über das Register am Ende dieses Buches erfassen.

Die Auswahl der Mineralien für die folgenden Darstellungen erfolgte nach der Bedeutung für die Gesteinskunde und als Erz, nach der Verwendung als Edelstein wie auch nach der Beliebtheit als Sammelobjekt für den Hobbymineralogen. Naturgemäß ist solche Auswahl nicht frei von subjektiver Beurteilung.

Das wissenschaftliche Mineralsystem

Die Gruppierung der Mineralien erfolgt nach neun Klassen. Die letzte Klasse umfaßt organische Verbindungen, die den übrigen Mineralien ähnlich sind.

I. Klasse	Elemente
II. Klasse	Sulfide und verwandte Verbindungen
III. Klasse	Halogenide
IV. Klasse	Oxide und Hydroxide
V. Klasse	Nitrate, Carbonate, Borate
VI. Klasse	Sulfate, Chromate, Molybdate, Wolframate
VII. Klasse	Phosphate, Arsenate, Vanadate
VIII. Klasse	Silikate (Neso- oder Inselsilikate, Soro- oder Gruppensilikate, Cyclo- oder Ringsilikate, Ino- oder Ketten- und Bandsilikate, Phyllo- oder Schichtsilikate, Tekto- oder Gerüstsilikate)
IX. Klasse	Organische Verbindungen

Mineralien im wissenschaftlichen Klassifikationsschema (Auswahl)

I. Klasse: Elemente
Amalgam, Antimon, Arsen, Diamant, Gold, Graphit, Kupfer, Platin, Quecksilber, Schwefel, Silber, Tellur, Wismut

II. Klasse: Sulfide und verwandte Verbindungen
Akanthit, Antimonit, Argentit, Arsenkies, Auripigment, Berthierit, Bleiglanz, Bornit, Boulangerit, Bournonit, Chloanthit, Covellin, Cubanit, Enargit, Freibergit, Gersdorffit, Jamesonit, Jordanit, Kobaltglanz, Kupferglanz, Kupferkies, Linneit, Löllingit, Magnetkies, Markasit, Millerit, Molybdänglanz, Nickelin, Patronit, Pentlandit, Petzit, Polybasit, Proustit, Pyrargyrit, Pyrit, Realgar, Safflorit, Schapbachit, Schwazit, Sperrylith, Skutterudit, Stannin, Stephanit, Stibiopalladinit, Sylvanit, Tennantit, Tetraedrit, Wismutglanz, Wurtzit, Zinkblende, Zinnober

III. Klasse: Halogenide
Atacamit, Carnallit, Chlorargyrit, Fluorit, Halit, Kalomel, Kryolith, Salmiak, Sylvin

IV. Klasse: Oxide und Hydroxide
Alumogel, Anatas, Arsenolith, Asbolan, Bismit, Bixbyit, Böhmit, Brannerit, Braunit, Brookit, Chromit, Chrysoberyll, Coesit, Columbit, Coronadit, Cristobalit, Cuprit, Diaspor, Eis, Franklinit, Gahnit, Gibbsit, Goethit, Hämatit, Hausmannit, Heterogenit, Hollandit, Ilmenit, Kassiterit, Korund, Kryptomelan, Lepidokrokit, Magnetit, Manganit, Molybdit, Niobit, Opal, Pechblende, Perowskit, Psilomelan, Pyrochlor, Pyrolusit, Quarz, Rutil, Sassolin, Senarmontit, Spinell, Stishovit, Tantalit, Tenorit, Thorianit, Tridymit, Uraninit, Uranpecherz, Valentinit, Wolframit, Zinkit

V. Klasse: Nitrate, Carbonate, Borate
Ankerit, Aragonit, Aurichalcit, Boracit, Azurit, Bismutit, Boracit, Borax, Calcit, Cerussit, Colemanit, Dolomitspat, Gaylussit, Hambergit, Hydrozinkit, Kalisalpeter, Kernit, Kurnakovit, Leadhillit, Magnesit, Malachit, Natronsalpeter, Phosgenit, Rhodochrosit, Siderit, Sinhalit, Smithsonit, Soda, Strontianit, Ulexit, Witherit

VI. Klasse: Sulfate, Chromate, Molybdate, Wolframate
Alunit, Anglesit, Anhydritspat, Baryt, Brochantit, Chalkanthit, Coelestin, Epsomit, Gipsspat, Halotrichit, Jarosit, Kainit, Kieserit, Krokoit, Linarit, Polyhalit, Powellit, Scheelit, Schönit, Thenardit, Wulfenit

VII. Klasse: Phosphate, Arsenate, Vanadate
Adamin, Amblygonit, Annabergit, Apatit, Autunit, Beryllonit, Brasilianit, Carnotit, Descloizit, Erythrin, Kakoxen, Lazulith, Mimetesit, Monazit, Mottramit, Olivenit, Pharmakolith, Purpurit, Pyromorphit, Scholzit, Stolzit, Strengit, Torbernit, Türkis, Uranocircit, Vanadinit, Variscit, Vivianit, Wardit, Wavellit

VIII. Klasse: Silikate
Ägirin, Aktinolith, Allanit, Analcim, Andalusit, Anthophyllit, Apophyllit, Arfvedsonit, Augit, Axinit, Benitoit, Bertrandit, Beryll, Bronzit, Cancrinit, Chabasit, Chamosit, Chlorit, Chrysokoll, Cordierit, Danburit, Daphnit, Datolith, Delessit, Diopsid, Dioptas, Dumortierit, Enstatit, Epidot, Euklas, Fassait, Fayalit, Feldspäte, Forsterit, Garnierit, Glaukophan, Glimmer, Granate, Gyrolith, Harmotom, Hauyn, Hedenbergit, Hemimorphit, Heulandit, Hornblende, Hypersthen, Illit, Ilvait, Jadeit, Kaliophilit, Kaolinit, Klinochlor, Kornerupin, Kyanit, Lapislazuli, Laumontit, Leucit, Melilith, Mesolith, Milarit, Montmorillonit, Natrolith, Nephelin, Neptunit, Nosean, Okenit, Olivin, Omphacit, Pektolith, Pennin, Petalit, Phenakit, Phillipsit, Piemontit, Prehnit, Pyrophyllit, Rhipidolith, Rhodonit, Riebeckit, Sepiolith, Serpentin, Sillimanit, Skapolith, Skolezit, Sodalith, Spodumen, Staurolith, Stilbit, Talk, Thomsonit, Thorit, Thuringit, Titanit, Topas, Tremolit, Turmalin, Uranophan, Vesuvian, Willemit, Wollastonit, Zoisit, Zirkon

IX. Klasse: Organische Verbindungen
Bernstein, Mellit, Ozokerit, Whewellit

Gesteinsbildende Mineralien

Von den 3000 bekannten Mineralien sind nur einige Dutzend am Aufbau der Gesteine wesentlich beteiligt.
Je nach Mengenanteil unterscheidet man Hauptgemengteile, Nebengemengteile und Übergemengteile.

Hauptgemengteile Mineralien, die im Gestein in großer Menge auftreten.
Nebengemengteile Mineralien, die im Gestein untergeordnet vorhanden sind. Sie werden auch Akzessorien genannt.
Übergemengteile Mineralien, die normalerweise im Gestein mengenmäßig nur untergeordnet erscheinen, gelegentlich aber lokal in hohem Prozentsatz auftreten und dadurch für ein Gestein charakteristisch sein können.

Es existiert zwar keine verbindliche prozentuelle Abgrenzung der Gemengteile gegeneinander, aber Hauptgemengteile sollten in etwa 10% nicht unterschreiten.

Im folgenden werden die Mineralien danach vorgeführt, wie sie in den drei Gesteinsgruppen, den Magmatiten, den Sedimentiten und den Metamorphiten vorzugsweise erscheinen. Ein gewisser Kompromiß in der Abhandlung ist dabei allerdings unabdingbar. Denn die Mineralien entstehen zwar entweder magmatisch, sedimentär oder metamorph (S. 12), doch heißt das nicht, daß solche Mineralien dann auch auf die jeweilige Gruppe beschränkt bleiben. Es gibt eine Reihe von Mineralien, die in zwei oder sogar in allen drei der oben genannten Gesteinsgruppen vorkommen. Um Wiederholungen bei der Darstellung zu vermeiden, werden die Mineralien nur bei einer einzigen Gesteinsgruppe beschrieben und abgebildet.
Mineralien der Erze und Edelsteine, die an sich ebenso Gemengteil der Gesteine sind, werden entsprechend ihrer wirtschaftlichen Bedeutung als jeweils eigene Gruppe behandelt.

Mineralien der Magmatite

Hauptgemengteile der Magmatite sind Quarz, Feldspäte, Foide, Glimmer, Augit, Hornblende und Olivin. Nebengemengteile sind Apatit, Hämatit, Ilmenit, Magnetit, Natrolith, Nephelin, Titanit, Zirkon und andere mehr.

Bei Vulkaneruptionen können Aschen und Lavafetzen Hunderte von Metern hochgeschleudert werden.
Vulkan Stromboli, Liparische Inseln/Italien, Juli 1977.

Quarz-Gruppe

Zur Quarz-Gruppe gehören Quarz und Opal sowie die seltenen Mineralien Tridymit, Cristobalit, Coesit und Stishovit. Alle bestehen aus Kieselsäure.

Quarz [1–6]

Chemie: Si O$_2$	Farbe: farblos, weiß, alle Farben
Mohshärte: 7	Strichfarbe: weiß
Dichte: 2,65	Glanz: Glas-, Fettglanz
Spaltbarkeit: keine	Transparenz: durchsichtig bis undurchsichtig
Bruch: muschlig	Kristallsystem: trigonal

Die Kristalle zeigen im allgemeinen ein sechsseitiges Prisma mit pyramidalem Abschluß. Die auf den Längsflächen sichtbare Querstreifung ist wesentliches Erkennungsmerkmal. Gelegentlich sind andere Mineralien, häufig Gase und Flüssigkeiten eingeschlossen. Große, mannshohe Kristalle bekannt. Quarz-Pseudomorphosen nach sehr verschiedenartigen Mineralien möglich.

Durchdringungszwillinge (Dauphinéer und Brasilianer) meist derart innig miteinander verwachsen, daß die Einzelindividuen nur schwer zu erkennen sind. Berührungszwillinge (Japaner [3]) haben markant einspringende Winkel. Im allgemeinen treten Quarzkristalle in Gruppen auf [4]. Aggregate können körnig dicht [6], stenglig oder fasrig sein.

Da Quarz mechanisch sehr widerstandsfähig und chemisch schwer angreifbar (nur in Flußsäure löslich), ist er weit verbreitet, nach den Feldspäten das häufigste Mineral in der oberen Erdkruste. Er ist Hauptbestandteil der kieselsäurereichen Magmatite und Metamorphite sowie der meisten Sande. Als Gemengteil erscheint Quarz im allgemeinen farblos oder milchig trüb. Fundorte: Fichtelgebirge, Pfalz, Alpen, Brasilien.

Quarz ist Rohstoff für Glas- und Keramikindustrie. In der Technik dient er (wegen seines piezoelektrischen Effekts) zum Steuern von Sendern und Uhren. Schönfarbige Quarze sind beliebte Schmuck- und Edelsteine (S. 174/176).

Der Name Quarz stammt aus der deutschen, mittelalterlichen Bergmannssprache. Die ursprüngliche Bedeutung ist nicht mehr zu ermitteln.

Doppelender [2]   Beidseitig mit Abschlußpyramiden versehener Quarzkristall. »Schwebend« (z. B. in Karbonatgestein) entstanden.

Zepterquarz [1]   Auf schmalem Stil aufsitzender bauchiger Kristall, eine Kristallanomalie.

Eisenkiesel [5]   Durch Eisenoxid gelb, braun oder rot gefärbtes Quarz-Aggregat. Vorkommen in Klüften von Sedimentgesteinen.

Makrokristalline Farbvarietäten   Amethyst [1], Aventurin, Bergkristall [4], Blauquarz, Citrin, Eisenkiesel [5], Gangquarz (S. 198), Gemeiner Quarz [6], Milchquarz [2], Morion, Prasem, Rauchquarz, Rosenquarz. Siehe auch S. 174.

Makrokristalline Formvarietäten   Faserquarz, Phantomquarz, Prismenquarz [4], Skelettquarz, Sternquarz, Zepterquarz [1].

Mikrokristalline Varietäten   Chalcedon im weiteren Sinn (S. 38).

Pseudomorphose-Varietäten   Falkenauge, Holzstein, Quarz-Katzenauge, Tigerauge (S. 176).

---

1 Zepterquarz (Amethyst), Mexiko
2 Doppelender, Warstein/Westfalen
3 Japaner Zwilling, Arizona/USA

4 Bergkristall mit Pyrit, Trepča/Jugoslawien
5 Eisenkiesel, Warstein/Westfalen
6 Gemeiner Quarz, Geröllstück, Rheinland

Chalcedon (Chalzedon)
Chalcedon im weiteren Sinn umfaßt die mikrokristallinen Quarze (Achat, Eigentlicher Chalcedon, Chrysopras, Dendritenachat, Heliotrop, Holzstein, Jaspis, Karneol, Moosachat, Onyx, Sarder), im engeren Sinn nur die graublaue Varietät.

Eigentlicher Chalcedon (Chalzedon) [1]

Chemie: SiO_2	Farbe: bläulich, weißgrau
Mohshärte: 6½–7	Strichfarbe: weiß
Dichte: 2,58–2,64	Glanz: Wachsglanz, matt
Spaltbarkeit: keine	Transparenz: durchscheinend
Bruch: uneben, schalig	Kristallsystem: trigonal

Chalcedon besteht aus kleinsten, parallel gerichteten Fasern. Aggregate radialstrahlig, stalaktitisch, traubig oder nierig. Stets porös, daher färbbar. Vorkommen in Krusten und Hohlraumfüllungen. Fundorte: Brasilien, Indien, Madagaskar, Namibia. Verwendung als Schmuckstein (S. 178).

Polyedrischer Quarz [2] Pseudoachat
Diese geometrischen Formen sind Drusen aus Chalcedon, manchmal Lagen abwechselnd mit grobkristallinem Quarz. Viele Phantasienamen. Entstanden als Zwickelfüllung später weggelöster, tafliger Kristalle. Fundorte: Brasilien.

Moosachat [3]
Moosachat ist farbloser, durchscheinender Chalcedon (kein Achat!) mit grüner, moosähnlich aussehender Hornblende. Vorkommen als Spaltenfüllung oder sekundär als Geröll. Fundorte: Indien, China, USA. Schmuckstein.

Holzstein [4] Versteinertes oder verkieseltes Holz
Holzstein entsteht dadurch, daß zirkulierende Wasser die von Sediment überdeckten organischen Bestandteile lösen und durch mineralische Stoffe (insbesondere Chalcedon) ersetzen. Holzstein ist demnach Pseudomorphose von Chalcedon nach Holz. Fundorte: Arizona/USA, Ägypten, Patagonien/Argentinien.

Opal [5]

Chemie: $SiO_2 \cdot nH_2O$	Farbe: weiß, alle Farben, teilweise Opalisieren
Mohshärte: 5½–6½	Strichfarbe: weiß
Dichte: 1,98–2,50	Glanz: Glas-, Wachsglanz
Spaltbarkeit: keine	Transparenz: undurchsichtig bis durchscheinend
Bruch: muschlig, splittrig, spröde	

Opal ist amorph, hat geringen Anteil von feinstkristallinem Cristobalit und Tridymit, die den regenbogenartigen Schiller, das Opalisieren, bewirken. Wassergehalt 1–30%. Vorkommen als Krusten, Knollen. Fundorte weltweit.
Drei Gruppen von Varietäten: Der undurchsichtige Gemeine Opal [5] (Glas-, Honig-, Leber-, Milch-, Pras-, Wachs-, Wasser-Opal), der opalisierende Edelopal und der orangerote Feueropal. Schmuck- und Edelsteine (S. 180).

---

1 Chalcedon in natürlichen Farben, anpoliert, Minas Gerais/Brasilien
2 Polyedrischer Quarz, Brasilien
3 Moosachat, geschliffen, Kathiavar/Indien
4 Holzstein, Schnittfläche poliert, Oregon/USA
5 Gemeiner Opal (Leberopal), Ungarn

Feldspat-Gruppe

Die Feldspat-Gruppe umfaßt Silikat-Mineralien mit mehreren gleichen Eigenschaften. Sie haben über 60% Anteil an der äußeren Erdkruste. Name wegen großer Verbreitung (auf jedem »Feld« oder von »Fels« zu erklären.

Kalifeldspat = Orthoklas i. w. Sinn	Kalknatronfeldspat = Plagioklas			
Eigentlicher Orthoklas (d. h. i. e. Sinn)		% Na	% Albit = Ab	% Anorthit = An
Adular Mondstein	Albit Periklin	100	100–90	0– 10
Sanidin Mikroklin	Oligoklas Sonnenstein	80	90–70	10– 30
Amazonit	Andesin	60	70–50	30– 50
	Labradorit	40	50–30	50– 70
	Bytownit	20	30–10	70– 90
	Anorthit	0	10– 0	90–100

Alkalifeldspäte   Mischkristalle zwischen Kalifeldspat und Natronfeldspat, z. B. Anorthoklas, Perthit, auch natriumhaltiger Orthoklas und Mikroklin.

Eigentlicher Orthoklas [5] Gemeiner Orthoklas, Orthoklas i. e. S.

Chemie: K[AlSi$_3$O$_8$]	Farbe: weiß, gelb, fleischrot, auch andere Farben
Mohshärte: 6	Strichfarbe: weiß
Dichte: 2,53–2,56	Glanz: Glas-, Perlmuttglanz
Spaltbarkeit: vollkommen	Transparenz: durchsichtig bis undurchsichtig
Bruch: muschlig, uneben, spröde	Kristallsystem: monoklin

Kristallausbildung taflig, prismatisch. Spaltwinkel 90°. Durchdringungszwillinge (Karlsbader Zw. [2], Bavenoer Zw., Manebacher Zw.). Derbe spätige Massen. Vorkommen in Pegmatiten [Nr. 3, S. 257] und anderen kieselsäurereichen Gesteinen. Verwendung als Rohstoff für Keramik- und Glasindustrie. Fundorte: Fichtelgebirge, Tauern/Österreich, Tessin/Schweiz, Schweden.
Adular [6]   Durchsichtige Orthoklas-Varietät in alpinen Zerrklüften.
Sanidin [1]   Durchsichtige bis undurchsichtige, häufig rissige Orthoklas-Varietät in jungvulkanischen, sauren Gesteinen.

Mikroklin [4]

Chemie: K[AlSi$_3$O$_8$]	Farbe: weiß, gelb, rötlich, auch andere Farben
Mohshärte: 6	Strichfarbe: weiß
Dichte: 2,53–2,56	Glanz: Glas-, Perlmuttglanz
Spaltbarkeit: vollkommen	Transparenz: trüb bis undurchsichtig
Bruch: muschlig, uneben, spröde	Kristallsystem: triklin

Kristalle taflig, häufig Zwillinge. Derbe spätige, grobkristalline Massen. Vorkommen in sauren Gesteinen. Fundorte u. a. Oberpfalz, Skandinavien. Verwendung als Rohstoff für keramische Industrie, die grünfarbige Varietät Amazonit [3] als Schmuckstein (s. auch S. 170).

---

1 Sanidin, Vetralla/Latium/Mittelitalien
2 Karlsbader Zwilling, Colorado/USA
3 Amazonit, Pikes Peak/Colorado/USA
4 Mikroklin, Setesdalen/Norwegen
5 Orthoklas, Arendal/Norwegen
6 Adular, Wallis/Schweiz

Plagioklas [1, 3, 4]

Plagioklase stellen eine Mischungsreihe zwischen Albit ($Na[AlSi_3O_8]$) und Anorthit ($Ca[Al_2Si_2O_8]$) dar, s. Tab. S. 40. Die mit eigenen Namen belegten Zwischenglieder (Oligoklas, Andesin, Labradorit und Bytownit) werden neuerdings nach dem %-Gehalt an Albit- (= Ab) und Anorthitanteil (= An) bezeichnet, z. B. $Ab_{32}An_{68}$ = Labradorit.

Chemie: $nNa[AlSi_3O_8] + nCa[Al_2Si_2O_8]$	Farbe: farblos, weiß, grau, grünlich, bläulich,
Mohshärte: 6–6½	rötlich, z. T. Farbenschiller (Labradorisieren)
Dichte: 2,61–2,77	Strichfarbe: weiß
Spaltbarkeit: vollkommen	Glanz: Glas-, Perlmuttglanz
Bruch: muschlig, uneben, spröde	Transparenz: durchscheinend bis undurchsichtig

Einzelkristalle (triklines System) selten, taflig, prismatisch, in der Regel Zwillingslamellierung. Aggregate dicht, körnig. Vorkommen überwiegend in Magmatiten und Metamorphiten. Fundorte weltweit. Keine technische Verwendung. Labradorit (Labradorstein, Labrador [3]) Dekorstein, die Varietät Sonnenstein gelegentlich Schmuckstein [Nr. 10, S. 171].

Foide Feldspatoide, Feldspatvertreter

In kieselsäureärmeren Gesteinen treten an Stelle der Feldspäte kieselsäurearme Mineralien. Sie werden als Feldspatvertreter, Feldspatoide oder kurz als Foide bezeichnet. Dazu gehören Leucit, Analcim, Nephelin, Sodalith, Nosean, Hauyn, Melilith u. a. In ihrer Gesellschaft kann niemals Quarz auftreten.

Leucit (Leuzit) [2]

Chemie: $K[AlSi_2O_6]$	Farbe: weißlich, grau
Mohshärte: 5½–6	Strichfarbe: weiß
Dichte: 2,45–2,50	Glanz: matt, Glas-, Fettglanz
Spaltbarkeit: keine	Transparenz: durchscheinend bis undurchsichtig
Bruch: muschlig, spröde	Kristallsystem: tetragonal

Kristalle gewöhnlich Ikositetraeder (Leucitoeder genannt), meist eingewachsen. Körnige Aggregate. Vorkommen in jungvulkanischen Gesteinen. Fundorte: Kaiserstuhl/Baden, Vesuv und Albaner Berge/Italien, Arkansas/USA. Örtlich als Kalidünger verwendet.

Analcim [5]

Chemie: $Na[AlSi_2O_6] \cdot H_2O$	Farbe: farblos, weiß, grau, gelb, rötlich
Mohshärte: 5–5½	Strichfarbe: weiß
Dichte: 2,24–2,31	Glanz: Glasglanz
Spaltbarkeit: keine	Transparenz: durchsichtig bis trüb
Bruch: muschlig, uneben, spröde	Kristallsystem: kubisch

Aufgewachsene Einzelkristalle bilden Ikositetraeder. Körnige und krustige Aggregate. Vorkommen in basaltischen und phonolithischen Gesteinen, auf Erzgängen. Fundorte: Fassatal/Dolomiten, Sizilien, Böhmen, Irland, Oberer See/USA.

---

1 Albit, Habachtal/Tirol
2 Leucit, Rocca Monfina/Italien
3 Labradorit, Labrador/Kanada

4 Periklin mit Chlorit-Überzug,
  Tauern/Österreich
5 Analcim, Farmsen/Niedersachsen

Hauyn [1]

Chemie: $(Na,Ca)_{8-4}[(SO_4)_{2-1}|(AlSiO_4)_6]$
Mohshärte: 5½
Dichte: 2,44–2,50
Spaltbarkeit: vollkommen
Bruch: muschlig

Farbe: blau, selten gelb oder rot
Strichfarbe: weiß
Glanz: Glas-, Fett-, Perlmuttglanz
Transparenz: durchsichtig bis undurchsichtig
Kristallsystem: kubisch

Kristalle, Aggregate und Vorkommen wie Nosean und Sodalith.

Nosean [2]

Chemie: $Na_8[SO_4|(AlSiO_4)_6]$
Mohshärte: 5½
Dichte: 2,28–2,40
Spaltbarkeit: vollkommen
Bruch: muschlig

Farbe: grau, gelblich, grün, bläulich, weiß
Strichfarbe: weiß
Glanz: Glas-, Fettglanz
Transparenz: durchsichtig bis undurchsichtig
Kristallsystem: kubisch

Kristalle und Aggregate wie Sodalith. Vorkommen in Vulkaniten.

Nephelin [3]

Chemie: $KNa_3[AlSiO_4]_4$
Mohshärte: 5½–6
Dichte: 2,60–2,65
Spaltbarkeit: unvollkommen
Bruch: muschlig, uneben, spröde

Farbe: weißgrau, leicht getönt, selten farblos
Strichfarbe: weiß
Glanz: Glas-, Fettglanz
Transparenz: durchsichtig bis undurchsichtig
Kristallsystem: hexagonal

Kristalle kurzsäulig. Derbe, dichte Aggregate. Vorkommen in Magmatiten.
Eläolith   Trübe Nephelin-Varietät.

Melilith [4]

Chemie: $(Ca,Na)_2(Al,Mg)[(Si,Al)_2O_7]$
Mohshärte: 5–5½
Dichte: 2,95–3,05
Spaltbarkeit: unvollkommen
Bruch: uneben, muschlig, spröde

Farbe: gelb bis braun, grau, weiß, farblos
Strichfarbe: weiß, grau
Glanz: Glas-, Fettglanz
Transparenz: durchsichtig bis durchscheinend
Kristallsystem: tetragonal

Kurzsäulige Kristalle. Körnige Aggregate. Vorkommen in basischen Vulkaniten.

Sodalith [5]

Chemie: $Na_8[Cl_2|(AlSiO_4)_6]$
Mohshärte: 5–6
Dichte: 2,13–2,29
Spaltbarkeit: vollkommen
Bruch: uneben, muschlig

Farbe: blau, grau, weiß, gelblich
Strichfarbe: weiß
Glanz: Glas-, Fettglanz
Transparenz: durchsichtig bis undurchsichtig
Kristallsystem: kubisch

Eingewachsene Rhombendodekaeder. Körnige Aggregate. In Magmatiten.

Kaliophilit [6] $(K[AlSiO_4])$
Dem Nephelin ähnlich, dünne weiße Nadeln. Vorkommen in Vulkaniten.

---

1 Hauyn, Mendig/Eifel
2 Nosean, Mendig/Eifel
3 Nephelin, Vesuv/Italien

4 Melilith, Capo di Bove/Italien
5 Sodalith, Hastings Co./Ontario/Kanada
6 Kaliophilit, Latium/Italien

Glimmer-Gruppe

Alle Glimmer zeigen auf Grund ihrer ausgezeichneten Spaltbarkeit ein Glitzern, ein Glimmern (daher Name) auf glatten Flächen. Muskovit, Biotit und Phlogopit sind wichtige gesteinsbildende Mineralien, vor allem der Magmatite und Metamorphite. Serizit, Paragonit und Margarit treten bevorzugt in Metamorphiten auf (S. 92), Glaukonit ausschließlich in Sedimentiten, Zinnwaldit und Lepidolith gewöhnlich in Pegmatiten.

Biotit [1]

Chemie: $K(Mg,Fe)_3[(OH,F)_2|AlSi_3O_{10}]$	Farbe: dunkelbraun, dunkelgrün, schwarz
Mohshärte: 2½–3	Strichfarbe: weiß
Dichte: 2,70–3,30	Glanz: Perlmutt-, Glas-, Metallglanz
Spaltbarkeit: sehr vollkommen	Transparenz: durchscheinend bis undurchsichtig
Bruch: blättrig, elastisch biegsam	Kristallsystem: monoklin

Taflige Kristalle ein- und aufgewachsen, hexagonaler Umriß. Aggregate blättrig, schuppig, dicht-körnig. Gemengteil in Magmatiten und Metamorphiten.
Katzengold Volkstümliche Bezeichnung für ausgebleichten, bronzefarbenen Biotit.

Muskovit [2] Moskauer Glas

Chemie: $K Al_2[(OH,F)_2|Al Si_3O_{10}]$	Farbe: farblos, leicht getönt
Mohshärte: 2–3	Strichfarbe: weiß
Dichte: 2,78–2,88	Glanz: Glas-, Perlmutt-, Metallglanz
Spaltbarkeit: sehr vollkommen	Transparenz: durchsichtig bis durchscheinend
Bruch: blättrig, biegsam	Kristallsystem: monoklin

Taflig plattige Kristalle mit hexagonalem Umriß, ein- und aufgewachsen, selten gut ausgebildet. Aggregate blättrig, dicht. Vorkommen in Plutoniten, Pegmatiten und Metamorphiten; da säurefest und verwitterungsbeständig, auch in Sanden. Fundorte: Ural/UdSSR, Norwegen, Kanada, Nord-Carolina/USA, Tansania, Simbabwe, Indien. Verwendung zur Elektro- und Wärmeisolation.
Katzensilber Volkstümliche Bezeichnung für silbrig glänzenden Muskovit.
Fuchsit (Chromglimmer) [3] Grün gefärbte, chromhaltige Muskovit-Varietät.
Serizit [Nr. 2, S. 313] Feinschuppige, seidenglänzende Muskovit-Varietät in Metamorphiten.

Phlogopit [4]

Chemie: $KMg_3[(F,OH)_2|AlSi_3O_{10}]$	Farbe: grau, gelb, grünlich, braun, farblos
Mohshärte: 2–2½	Strichfarbe: weiß
Dichte: 2,75–2,97	Glanz: Perlmutt-, Metallglanz
Spaltbarkeit: sehr vollkommen	Transparenz: durchsichtig bis durchscheinend
Bruch: blättrig, biegsam	Kristallsystem: monoklin

Taflige Kristalle. Aggregate schuppig, derb blättrig. Vorkommen in Pegmatiten und Metamorphiten. Fundorte: Baikalgebiet/UdSSR, Ontario/Kanada, Madagaskar, Colorado/USA, Schweden, Finnland. Verwendung zur Elektroisolation.

---

1 Biotit, Miask/Ural
2 Muskovit, Moss/Norwegen

3 Fuchsit, Tirol/Österreich
4 Phlogopit, Templeton/Ontario/Kanada

Zinnwaldit [1] Lithiumeisenglimmer

Chemie: K Li Fe^{2+} Al [(F,OH)$_2$|AlSi$_3$O$_{10}$]	Farbe: grau, braun; selten violett, grün, schwarz
Mohshärte: 2–3	Strichfarbe: weiß
Dichte: 2,90–3,20	Glanz: Perlmutt-, Glas-, Metallglanz
Spaltbarkeit: sehr vollkommen	Transparenz: undurchsichtig bis durchscheinend
Bruch: blättrig, elastisch biegsam	Kristallsystem: monoklin

Blättrige Kristalle, aufgewachsen oder miteinander verwachsen. Aggregate blättrig, schuppig. Vorkommen in Graniten, Pegmatiten und Greisen.

Lepidolith [2]

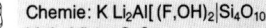

Chemie: K Li$_2$Al[(F,OH)$_2$|Si$_4$O$_{10}$]	Farbe: rosa, violett, weiß, grau, grünlich
Mohshärte: 2–3	Strichfarbe: weiß
Dichte: 2,80–2,90	Glanz: Perlmutt-, Glasglanz
Spaltbarkeit: sehr vollkommen	Transparenz: durchsichtig bis durchscheinend
Bruch: blättrig, elastisch biegsam	Kristallsystem: monoklin

Kristalle mit sechsseitigem Umriß. Schuppige oder feinkörnige Aggregate. Vorkommen in Graniten und Granitpegmatiten. Rohstoff für Lithiumsalze.

Pyroxen-Gruppe

Dazu gehören Augit, Ägirin, Bronzit, Diopsid mit Diallag und Chromdiopsid, Enstatit, Fassait, Hedenbergit, Hypersthen, Omphacit und Spodumen.

Augit [3, 4]

Chemie: (Ca,Mg,Fe) [(Si,Al)$_2$O$_6$]	Farbe: schwarz, grünlich, bräunlich
Mohshärte: 5–6	Strichfarbe: weiß, graugrün
Dichte: 3,2–3,6	Glanz: Glasglanz
Spaltbarkeit: unvollkommen	Transparenz: undurchsichtig
Bruch: muschlig, uneben, spröde	Kristallsystem: monoklin

Kristalle ein- und aufgewachsen, kurzprismatisch, achteckiger Umriß (vgl. S. 52). Aggregate körnig. Vorwiegend in basischen Vulkaniten, daneben in vielen anderen Magmatiten wie in Metamorphiten. Fundorte: Eifel, Böhmen, Frankreich.
Gemeiner Augit Stark eisenhaltiger Augit.
Basaltischer Augit Titanhaltiger Augit.

Ägirin (Aegirin) [5] Akmit

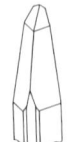

Chemie: Na Fe [Si$_2$O$_6$]	Farbe: dunkelgrün, grünschwarz, bräunlich
Mohshärte: 6–6½	Strichfarbe: gelblich bis bräunlich, grün
Dichte: 3,43–3,60	Glanz: Glas-, Harzglanz
Spaltbarkeit: vollkommen	Transparenz: undurchsichtig
Bruch: uneben	Kristallsystem: monoklin

Kristalle eingewachsen, langprismatisch. Aggregate fasrig. Vorkommen in hellen Magmatiten, auch in Metamorphiten. Fundorte: Norwegen, Kola/UdSSR, Rumänien.

---

1 Zinnwaldit, Zinnwald/Erzgebirge/Sachsen
2 Lepidolith, Minas Gerais/Brasilien
3 Augit, Lochkov/Böhmen/CSSR
4 Augitkristalle eingesprengt in vulkanischen Tuff, Vesuv/Italien
5 Ägirin, Eker/Norwegen

Enstatit [1]

Chemie: $Mg_2 [SiO_6]$	Farbe: grau, grün, bräunlich, farblos
Mohshärte: 5½	Strichfarbe: weiß
Dichte: 3,26–3,28	Glanz: Glasglanz
Spaltbarkeit: unvollkommen	Transparenz: durchsichtig bis undurchsichtig
Bruch: uneben, spröde	Kristallsystem: rhombisch

Kristalle meist klein und selten, kurzprismatisch, taflig, oft Lamellierung. Aggregate derb körnig, spätig. Vorkommen überwiegend in intermediären und basischen Magmatiten, daneben in Metamorphiten. Fundorte: Harz, Norwegen, Kaukasus, Ural/UdSSR.

Hypersthen [2]

Chemie: $(Fe, Mg)_2 [Si_2O_6]$	Farbe: grünschwarz, schwarzbraun, rötlich
Mohshärte: 5–6	Strichfarbe: weiß
Dichte: 3,35–3,84	Glanz: Glas-, Metallglanz
Spaltbarkeit: unvollkommen	Transparenz: undurchsichtig
Bruch: uneben, spröde	Kristallsystem: rhombisch

Flächenreiche Kristalle, säulig, taflig. Meist derbe, körnig-blättrige Aggregate. Vorkommen in basischen Magmatiten und Gneisen. Fundorte: Zentralmassiv/Frankreich, Baikalgebiet/UdSSR, Labrador/Kanada.

Bronzit [3]

Chemie: $(Mg, Fe)_2 [Si_2O_6]$	Farbe: braun, grün, bronzefarbig
Mohshärte: 5–6	Strichfarbe: weiß
Dichte: 3,25–3,35	Glanz: Seiden-, Metall-, Glasglanz
Spaltbarkeit: unvollkommen	Transparenz: durchscheinend bis undurchsichtig
Bruch: uneben	Kristallsystem: rhombisch

Selten gut ausgebildete, kurze prismatische Kristalle. Aggregate körnig, spätig. Vorkommen in basischen bis intermediären Magmatiten und Metamorphiten. Fundorte: Harzburg/Harz, Südtirol/Italien, Südafrika, Ural/UdSSR, Grönland.

Diopsid [4]

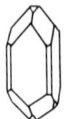

Chemie: $CaMg [Si_2O_6]$	Farbe: grün, grau, gelb, farblos
Mohshärte: 5–6	Strichfarbe: weiß
Dichte: 3,27–3,31	Glanz: Glasglanz
Spaltbarkeit: unvollkommen	Transparenz: durchscheinend
Bruch: rauh, spröde	Kristallsystem: monoklin

Ein- und aufgewachsene Kristalle, kurzsäulig, taflig. Aggregate körnig, stenglig. Vorkommen in Magmatiten und Metamorphiten. Fundorte: Zillertal/Österreich, Erzgebirge/DDR, Vesuv/Italien, Ural/UdSSR.

Diallag [4] Bronzeartig metallisch aussehende Varietät mit sehr vollkommener Spaltbarkeit.

Violan Blaue Varietät aus Piemont/Italien.

Chromdiopsid [Nr. 3, S. 91] Hellsmaragdgrüne Varietät, Schmuckstein.

---

1 Enstatit, Kragerö/Norwegen
2 Hypersthen, Quebec/Kanada

3 Bronzit, Kraubath/Steiermark/Österreich
4 Diallag, Bad Harzburg/Harz

Amphibol-Gruppe

Hierzu gehören die vorzugsweise in Magmatiten vorkommenden Amphibole Arfvedsonit und Hornblende sowie die in Metamorphiten auftretenden Mineralien Aktinolith, Tremolit, Riebeckit, Glaukophan und Anthophyllit.

Arfvedsonit [1]

Chemie: $Na_3(Mg, Fe)_4 (Fe, Al)$
$[Si_4O_{11}]_2 [OH, F]_2$
Mohshärte: 5½–6
Dichte: 3,44–3,46
Spaltbarkeit: vollkommen

Bruch: uneben, spröde
Farbe: dunkelblau, schwarz
Strichfarbe: blaugrau, farblos
Glanz: Glasglanz
Transparenz: durchscheinend bis undurchsichtig

Kristalle (monoklines System) prismatisch, taflig, selten. Eingewachsene Körner, stenglige Aggregate. Vorkommen in hellen Alkalimagmatiten, selten in Metamorphiten. Fundorte: Ukraine/UdSSR, Langesundfjord/Norwegen, Grönland.

Hornblende [4, 6] Gemeine Hornblende

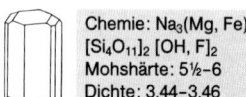

Chemie: $Ca_2Na (Mg, Fe^2)_4 (Al, Fe^3)$
$[(Si,Al)_4O_{11}]_2[OH]_2$
Mohshärte: 5–6
Dichte: 3,02–3,27
Spaltbarkeit vollkommen

Bruch: uneben, spröde
Farbe: grün bis schwarz
Strichfarbe: graugrün, graubraun
Glanz: Glas-, gelegentlich Seidenglanz
Transparenz: durchscheinend bis undurchsichtig

Kurzsäulige Kristalle (monoklines System) mit sechsseitigem Umriß, ein- und aufgewachsen. Der ähnliche Augit hat achtseitigen Umriß (s. unten). Aggregate derb, stenglig, fasrig, selten körnig. Vorkommen in intermediären und basischen Magmatiten, seltener in Metamorphiten, insbesondere in Amphiboliten.

Hornblendekristall:
Querschnitt sechseckig,
Spaltrisse schneiden
sich unter 124°

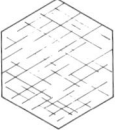

Augitkristall:
Querschnitt achteckig,
Spaltrisse schneiden
sich unter 87°

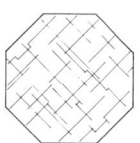

Olivin [5] Peridot, Chrysolith

Chemie: $(Mg, Fe)_2[SiO_4]$
Mohshärte: 6½–7
Dichte: 3,27–4,20
Spaltbarkeit: unvollkommen
Bruch: muschlig, spröde

Farbe: grün, gelb, braun, grau, farblos
Strichfarbe: weiß
Glanz: Glas-, Fettglanz
Transparenz: durchsichtig bis durchscheinend
Kristallsystem: rhombisch

Olivin ist ein Mischkristall aus den Mineralien Forsterit [2, 3] und Fayalit. Meist eingewachsene prismatische oder dicktaflige Kristalle. Aggregate körnig. Vorkommen in basischen Magmatiten und Metamorphiten. Fundorte: Eifel, Ural/UdSSR, Transvaal/Südafrika, Arizona/USA. – Schmuckstein-Olivin S. 170.

---

1 Arfvedsonit in Syenit, Berkum/Rheinland
2 Forsterit, gelbgrüner Anflug, USA
3 Forsterit, Washington/USA
4 Hornblende, Schima/Böhmen/CSSR
5 Olivin, Dreiser Weiher/Eifel
6 Hornblende, Kragerö/Norwegen

Apophyllit [1]

Chemie: KCa$_4$[F|(Si$_4$O$_{10}$)$_2$] · 8 H$_2$O	Farbe: farblos, verschieden getönt
Mohshärte: 4½–5	Strichfarbe: weiß
Dichte: 2,3–2,4	Glanz: Perlmutt-, Glasglanz
Spaltbarkeit: sehr vollkommen	Transparenz: durchsichtig bis durchscheinend
Bruch: uneben, spröde	Kristallsystem: tetragonal

Kristalle stets aufgewachsen, prismatisch, dipyramidal, würflig, taflig. Aggregate körnig, blättrig. Vorkommen in Basalten, auf Erzgängen. Fundorte: St. Andreasberg/Harz, Böhmen/CSSR, Kongsberg/Norwegen, Poonah/Indien.

Datolith [2]

Chemie: CaB [OH|SiO$_4$]	Farbe: farblos, weiß, gelb, grün, rot, grau
Mohshärte: 5–5½	Strichfarbe: weiß
Dichte: 2,9–3,0	Glanz: Glas-, Fettglanz
Spaltbarkeit: keine	Transparenz: durchsichtig bis durchscheinend
Bruch: muschlig, uneben, spröde	Kristallsystem: monoklin

Aufgewachsene, kurzprismatische oder dicktaflige Kristalle. Aggregate derb körnig, dicht, fasrig. Vorkommen in basischen Magmatiten, in Metamorphiten, gelegentlich auf Erzgängen. Fundorte: Schwarzwald, Harz, Norwegen.

Apatit [3, 4]

Chemie: Ca$_5$[F|(PO$_4$)$_3$]	Farbe: farblos, weiß, auch alle anderen Farben
Mohshärte: 5	Strichfarbe: weiß
Dichte: 3,16–3,22	Glanz: Fett-, Glasglanz
Spaltbarkeit: unvollkommen	Transparenz: durchsichtig bis undurchsichtig
Bruch: muschlig, uneben, spröde	Kristallsystem: hexagonal

Flächenreiche, säulige oder taflige Kristalle, ein- oder aufgewachsen. Aggregate derb körnig, dicht, fasrig oder strahlig. Vorkommen in Magmatiten und Metamorphiten, in Phosphorit (S. 294) auch sedimentär. Fundorte: Kola/UdSSR, Alnö/Schweden, Mexiko, Südafrika. Wichtigster Phosphatdünger.
Spargelstein Gelblichgrüne Apatit-Varietät.
Moroxit Bläulichgrüne Apatit-Varietät.

Fluorit [5] Flußspat

Chemie: CaF$_2$	Farbe: selten farblos, alle Farbtönungen
Mohshärte: 4	Strichfarbe: weiß
Dichte: 3,18	Glanz: Glasglanz
Spaltbarkeit: vollkommen	Transparenz: durchsichtig bis durchscheinend
Bruch: muschlig, splittrig, spröde	Kristallsystem: kubisch

Kristalle vorzugsweise würflig, meist aufgewachsen. Durchdringungszwillinge verbreitet. Aggregate körnig, spätig, dicht. Häufig Fluoreszenz. Vorkommen in Magmatiten, auf Erzlagerstätten, in Sedimentiten. Fundorte: Wölsendorf/Oberpfalz, Harz, Mexiko, Illinois/USA. Verwendung als Flußmittel (d. h. Flüssigmachen, Name!) in Metallindustrie, zur Herstellung von Flußsäure.

---

1 Apophyllit, Poonah/Indien
2 Datolith mit kleiner weißer Kristallgruppe von Danburit, Charcas/Mexiko
3 Derber Apatit, Kragerö/Norwegen
4 Apatit mit Bergkristall/Mexiko
5 Fluorit, Pöhla/Erzgebirge/DDR

Skapolith [1]

Chemie: Na$_8$ [(Cl$_2$,SO$_4$, CO$_3$) |	Bruch: muschlig, spröde
(Al Si$_3$O$_8$)$_6$] = Marialith	Farbe: farblos, weiß, grau, grün, rot
Ca$_8$ [(Cl$_2$,SO$_4$,CO$_3$)$_2$|(AlSi$_3$O$_8$)$_6$] = Mejonit	Strichfarbe: weiß
Mohshärte: 5-6½	Glanz: Glas-, Fettglanz
Dichte: 2,54-2,77	Transparenz: durchsichtig bis undurchsichtig

Skapolith ist Sammelbegriff für eine Mischkristallreihe. Prismatische Kristalle (tetragonales System) meist aufgewachsen, Spaltbarkeit vollkommen. Aggregate derb körnig, stenglig, dicht. Vorkommen in Magmatiten und Metamorphiten, auch in Nachbarschaft von Eisen-Erzlagerstätten. Fundorte: Bodenmais/Bayerischer Wald, Saualpe/Kärnten, Kiruna/Schweden, am Oberen See/USA.

Rutil [2, 3]

Chemie: TiO$_2$	Farbe: farblos, gelb, rot, braun, schwarz
Mohshärte: 6-6½	Strichfarbe: gelblichbraun
Dichte: 4,2-4,3	Glanz: Diamant-, Metallglanz
Spaltbarkeit: vollkommen	Transparenz: durchsichtig bis undurchsichtig
Bruch: muschlig, uneben, spröde	Kristallsystem: tetragonal

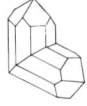

Meist langprismatische bis nadlige Kristalle, ein- und aufgewachsen, Zwillinge und Viellinge häufig. Aggregate körnig derb. Vorkommen in vielen Gesteinsarten, auf Seifenlagerstätten. Fundorte: Kragerö/Norwegen, Virginia/USA, Oaxaca/Mexiko, Australien, Südafrika, Wichtiger Titanrohstoff.
Sagenit Netzartige Verwachsung von Rutilzwillingen.
Nigrin Schwarze Rutil-Varietät.

Kryolith [4] Eisstein

Chemie: Na$_3$Al F$_6$	Farbe: weiß, grau, braun, schwarz, rot
Mohshärte: 2½-3	Strichfarbe: weiß
Dichte: 2,95	Glanz: Glas-, Perlmuttglanz
Spaltbarkeit: keine	Transparenz: durchscheinend
Bruch, uneben, spröde	Kristallsystem: monoklin

Kristalle würflig, häufig verzwillingt. Meist derbe, spätige Aggregate. Vorkommen in Pegmatiten. Fundorte: Ivigtut/Westgrönland, Miask/Ural/UdSSR, Colorado/USA. Verwendung bei der Aluminiumfabrikation und Emailherstellung.

Witherit [5]

Chemie: Ba CO$_3$	Farbe: farblos, weiß, grau, gelblich
Mohshärte: 3-3½	Strichfarbe: weiß
Dichte: 4,28	Glanz: Glas-, Fettglanz, matt
Spaltbarkeit: unvollkommen	Transparenz: durchsichtig bis durchscheinend
Bruch: uneben, spröde	Kristallsystem: rhombisch

Kristalle säulig, dipyramidal, Durchdringungszwillinge. Aggregate derb, traubig, krustig, fasrig. Giftig! Vorkommen auf Gängen. Fundorte: Harz, Nordengland, Kalifornien/USA. Verwendung in Glas- und Keramikindustrie.

---

1 Skapolith, Baikalseegebiet/UdSSR
2 Goldrutil in Bergkristall, Brasilien
3 Aufgewachsene Rutilkristalle, Namibia
4 Weißer Kryolith mit schwarzgrauem Bleiglanz und braunem Siderit, Ivigtut/Westgrönland
5 Witherit, Alston Moore/Nordengland

Zeolith-Gruppe

Vertreter: Chabasit, Harmotom, Heulandit, Laumontit, Mesolith, Natrolith, Phillipsit, Skolezit, Stilbit, Thomsonit. In der Technik große Bedeutung, da das Kristallwasser gegen andere Flüssigkeiten und Gase ausgetauscht werden kann.

Chabasit [1]

Chemie: $(Ca, Na_2) [Al_2Si_4O_{12}] \cdot 6 H_2O$
Mohshärte: 4–5
Dichte: 2,08–2,16
Spaltbarkeit: unvollkommen
Bruch: uneben, spröde

Farbe: farblos, weiß, rötlich, bräunlich
Strichfarbe: weiß
Glanz: Glasglanz
Transparenz: durchsichtig bis durchscheinend
Kristallsystem: trigonal

Würfelähnliche Kristalle, meist aufgewachsen. Aggregate derb, krustig. Vorkommen in Vulkaniten, auch Absatz heißer Quellen. Fundorte: Vogelsberg/Hessen, Westerwald/Rheinland, CSSR, Irland, Neuseeland, Yellowstone Park/USA.

Mesolith [2]

Chemie: $Na_2Ca_2 [Al_2Si_3O_{10}]_3 \cdot 8 H_2O$
Mohshärte: 5–5½
Dichte: 2,2–2,4
Spaltbarkeit: vollkommen
Bruch: muschlig, spröde

Farbe: farblos, weiß
Strichfarbe: weiß
Glanz: Glas-, Seidenglanz
Transparenz: durchsichtig bis durchscheinend
Kristallsystem: monoklin

Kristalle langprismatisch, nadlig. Aggregate fasrig, dicht, auch erdig. Vorkommen in Blasenhohlräumen von Vulkaniten. Fundorte: Irland, Faröer, Island.

Laumontit [3]

Chemie: $Ca [Al Si_2O_6]_2 \cdot 4 H_2O$
Mohshärte: 3–3½
Dichte: 2,25–2,35
Spaltbarkeit: vollkommen
Bruch: uneben, spröde

Farbe: farblos, weiß, gelblich, rötlich
Strichfarbe: weiß
Glanz: Glas-, Perlmuttglanz, matt
Transparenz: durchsichtig bis undurchsichtig
Kristallsystem: monoklin

Langsäulige Kristalle. Aggregate feinfasrig, stenglig, erdig. Laumontit wird an der Luft trüb, matt und zerbröckelt. Vorkommen in Blasenhohlräumen und Klüften von Magmatiten und Metamorphiten, auch auf Erzgängen. Fundorte: Sarntal/Südtirol, Harzburg/Harz, New Jersey/USA.

Natrolith [4]

Chemie: $Na_2[Al_2Si_3O_{10}] \cdot 2 H_2O$
Mohshärte: 5–5½
Dichte: 2,20–2,26
Spaltbarkeit: vollkommen
Bruch: muschlig, spröde

Farbe: farblos, weiß, gelblich, rötlich, bräunlich
Strichfarbe: weiß
Glanz: Glas-, Seiden-, Perlmuttglanz
Transparenz: durchsichtig bis durchscheinend
Kristallsystem: rhombisch

Kristalle langprismatisch, nadlig. Aggregate radialstrahlig, fasrig, auch mehlig dicht. Vorkommen in Hohlräumen von Vulkaniten, auch auf Erzgängen. Fundorte: Hohentwiel/Hegau, Auvergne/Frankreich, Island, New Jersey/USA.

---

1 Chabasit, Neuschottland/Kanada
2 Mesolith mit wäßrigem Skolezit, Indien
3 Laumontit mit Chlorit überstäubt, Österreich
4 Natrolith, Westerwald/Hessen

Harmotom [1]

Chemie: Ba [Al$_2$Si$_6$O$_{16}$] · 6 H$_2$O
Mohshärte: 4½
Dichte: 2,44–2,50
Spaltbarkeit: unvollkommen
Bruch: uneben, spröde

Farbe: weiß, grau, licht gefärbt
Strichfarbe: weiß
Glanz: Glasglanz
Transparenz: durchscheinend, milchig-trüb
Kristallsystem: monoklin

Kristalle säulig, meist Durchkreuzungszwillinge. Keine Aggregate. Vorkommen insbesondere auf Erzgängen, seltener in Hohlräumen von Vulkaniten. Fundorte: Idar-Oberstein/Pfalz, St. Andreasberg/Harz, Bodenmais/Bayerischer Wald, Kongsberg/Norwegen, Strontian/Schottland.

Stilbit [2] Desmin

Chemie: Ca [Al$_2$Si$_7$O$_{18}$] · 7 H$_2$O
Mohshärte: 3½–4
Dichte: 2,09–2,20
Spaltbarkeit: vollkommen
Bruch: muschlig, spröde

Farbe: farblos, weiß, gelblich, grau, rötlich
Strichfarbe: weiß
Glanz: Glas-, Perlmuttglanz
Transparenz: durchsichtig bis durchscheinend
Kristallsystem: monoklin

Selten säulige oder taflige Einzelkristalle. Gewöhnlich zu garbenartigen Bündeln vereinigte Durchdringungszwillinge. Aggregate stenglig, strahlig, blättrig. Vorkommen in Hohlräumen von Magmatiten, auf Erzgängen wie in Metamorphiten, auch in alpinen Klüften. Fundorte: St. Andreasberg/Harz, Fassatal/Dolomiten, Kongsberg/Norwegen, Faröer, Island.

Phillipsit [3]

Chemie: K Ca [Al$_3$Si$_5$O$_{16}$] · 6 H$_2$O
Mohshärte: 4–4½
Dichte: 2,2
Spaltbarkeit: unvollkommen
Bruch: uneben, spröde

Farbe: farblos, weiß, gelblich, grau, rötlich
Strichfarbe: weiß
Glanz: Glasglanz
Transparenz: durchsichtig bis durchscheinend
Kristallsystem: monoklin

Einzelkristalle taflig, säulig, selten. Meist Durchkreuzungszwillinge, klein, aufgewachsen. Vorkommen in Hohlräumen von Vulkaniten, insbesondere von Basalten, gelegentlich in Salzseen. Fundorte: Kaiserstuhl/Baden, Vogelsberg/Hessen, Vesuv/Italien, Nordirland, Island.

Heulandit [4]

Chemie: Ca[Al$_2$Si$_7$O$_{18}$] · 6 H$_2$O
Mohshärte: 3½–4
Dichte: 2,18–2,22
Spaltbarkeit: sehr vollkommen
Bruch: uneben, spröde

Farbe: farblos, weiß, gelb, rot
Strichfarbe: weiß
Glanz: Glas-, Perlmuttglanz
Transparenz: durchsichtig bis durchscheinend
Kristallsystem: monoklin

Dünn- und dicktaflige Kristalle, vielfach einzeln aufgewachsen. Aggregate blättrig, strahlig, spätig. Vorkommen in Hohlräumen der Vulkanite, insbesondere von Basalten, auch in Metamorphiten, in alpinen Klüften und auf Erzgängen. Fundorte: Idar-Oberstein/Pfalz, St. Andreasberg/Harz, Kongsberg/Norwegen, Faröer, Island, Indien.

1 Harmotom, Strontian/Schottland
2 Stilbit, St. Andreasberg/Harz
3 Phillipsit, Toskana/Italien
4 Heulandit, Poonah/Indien

Mineralien der Sedimentite

Eine Reihe von Mineralien tritt ausschließlich oder überwiegend in Sedimentiten auf. Dazu gehören Salzmineralien, viele Karbonatmineralien, einige Sulfat- und Phosphatmineralien sowie die meisten Tonmineralien. Auch Eis zählt zu den Sedimentit-Mineralien. Das interessiert aber nur den Wissenschaftler. Weitere Mineralien, wie z. B. Quarz, Chalcedon, Opal, Feldspäte, Glimmer, sind wohl auch in Sedimentiten vorhanden, im allgemeinen aber überwiegend in Magmatiten. Sie werden daher auch dort besprochen.

Gruppe der Tonmineralien

Tonmineralien sind die Gemenge der Tongesteine und wichtige Bestandteile der Böden. Dazu zählen Chlorit, Illit, Kaolinit und Montmorillonit. Da die meisten Tonmineralien nur unter dem Mikroskop oder gar erst röntgenographisch zu erkennen sind, werden sie kaum gesammelt. Nur Chlorit bildet größere Kristalle (S. 84).

Gruppe der Salzmineralien

Der Begriff Salz wird in Chemie und Geologie verschieden definiert. In der Geologie versteht man unter Salzen Ausscheidungsprodukte aus Lösungen infolge Verdunstung der Flüssigkeit, d. h. im allgemeinen des Wassers.
Die Mineralien dieser Salze sind
Chloride (Carnallit, Halit, Sylvin),
Sulfate (Anhydritspat, Gipsspat, Kainit, Kieserit, Polyhalit, Schönit, Thenardit),
Borate (Boracit, Borax, Colemanit, Ulexit),
Nitrate (Kalisalpeter, Natronsalpeter).

Gipsspat [1–4] Gips, Selenit

Chemie: $CaSO_4 \cdot 2\,H_2O$	Farbe: farblos, weiß, viele Farbtöne
Mohshärte: 1½–2	Strichfarbe: weiß
Dichte: 2,2–2,4	Glanz: Glas-, Perlmutt-, Seidenglanz
Spaltbarkeit: sehr vollkommen	Transparenz: durchsichtig bis undurchsichtig
Bruch: muschlig, fasrig, spröde	Kristallsystem: monoklin

Prismatische und taflige Kristalle, ein- oder aufgewachsen. Zwillinge häufig (Schwalbenschwanzzw., Montmartrezw.). Aggregate derb körnig, parallelfasrig, rosettenartig, dicht. Vorkommen in Salzlagerstätten, auf Erzlagerstätten, als Konkretion in Tongestein. Fundorte weltweit. Verwendung als Baumaterial und Rohstoff in Keramikindustrie. Durchsichtige Spaltstücke früher als Schutzglas für Marienbilder verwendet, daher Name Marienglas oder Fraueneis.

Wüstenrose [4] (Gips-, Sandrose) Volkstümliche Bezeichnung für rosettenartige Gipsaggregate; entstanden in Wüstengebieten durch Verdunstung aufsteigender Bodenwasser. Wenn viele Sandkörner eingeschlossen sind, bilden sich »grobkristalline« Formen, Sandkristalle genannt.

---

1 Gipsspat-Aggregat, Eisleben/Thüringen
2 Gipsspatkristall, Carthagena/Spanien
3 Gipsspatkristall, Valencia/Spanien
4 Sandrose, Sahara/Tunesien

Thenardit [1]

Chemie: $Na_2 SO_4$	Farbe: farblos, weißgrau
Mohshärte: 2½–3	Strichfarbe: weiß
Dichte: 2,66–2,67	Glanz: Glas-, Harzglanz
Spaltbarkeit: vollkommen	Transparenz: durchsichtig bis durchscheinend
Bruch: uneben, spröde	Kristallsystem: rhombisch

Kristalle dipyramidal, taflig. Aggregate körnig, krustig, Ausblühungen. Salziger Geschmack. Vorkommen in terrestrischen Salzlagerstätten. Fundorte: Kasachstan/UdSSR, Arizona/USA, Kanada. Verwendung zur Sodaproduktion.

Schönit [2] Pikromerit

Chemie: $K_2Mg [SO_4]_2 \cdot 6 H_2O$	Farbe: farblos, weiß, schwach getönt
Mohshärte: 2½	Strichfarbe: weiß
Dichte: 2,03	Glanz: Glasglanz
Spaltbarkeit: sehr vollkommen	Transparenz: durchsichtig bis undurchsichtig
Bruch: muschlig	Kristallsystem: monoklin

Kristalle kurzprismatisch, selten. Aggregate derb, krustig, erdig, dicht. Bitterer Geschmack. Wird in trockener Luft trüb und zu Langbeinit. Vorkommen in marinen Salzlagerstätten. Fundorte: Staßfurt/DDR, Galizien/Polen.

Anhydritspat [3] Anhydrit

Chemie: $CaSO_4$	Farbe: farblos, weiß, grau, bläulich, violett
Mohshärte: 3½	Strichfarbe: weiß
Dichte: 2,9–3,0	Glanz: Glas-, Perlmuttglanz
Spaltbarkeit: vollkommen	Transparenz: durchsichtig
Bruch: muschlig, splittrig, spröde	Kristallsystem: rhombisch

Kristalle prismatisch, taflig, würfelähnlich, meist eingesprengt. Aggregate derb körnig, spätig, fasrig, dicht. Wandelt sich bei Feuchtigkeitsangebot langsam zu Gipsspat um. Vorkommen in Salzlagerstätten, gelegentlich auf Gängen, in Pegmatiten und alpinen Klüften, vereinzelt in Metamorphiten und Laven. Fundorte: Nordheim/Niedersachsen, östliches Harzvorland/DDR.

Halit [4] Steinsalz

Chemie: $NaCl$	Farbe: farblos, weiß, grau, braun, rot, schwarz
Mohshärte: 2	Strichfarbe: weiß
Dichte: 2,1–2,2	Glanz: Glasglanz
Spaltbarkeit: vollkommen	Transparenz: durchsichtig bis durchscheinend
Bruch: muschlig, spröde	Kristallsystem: kubisch

Kristalle überwiegend würflig, aufgewachsen in Hohlräumen, selten eingewachsen. Aggregate grob- und feinkörnig, fasrig. Salziger Geschmack. Beimengungen von $CaCl_2$ und $MgCl_2$ machen Halit hygroskopisch. Vorkommen in Salzlagerstätten. Fundorte: bei Hannover, Staßfurt/DDR, Salzkammergut/Österreich, Galizien/Polen, Elsaß/Frankreich, Südstaaten/USA. Verwendung als Speisesalz, genannt Kochsalz. Wichtiger Rohstoff für die chemische Industrie, u.a. zur Gewinnung bzw. Herstellung von Ätznatron, Chlor, Natrium, Salzsäure.

---

1 Thenardit, San Luis/Kalifornien/USA
2 Schönit (weiß) auf Halit (wäßrig), Hessen
3 Anhydritspat (bläulich) mit Halit, Mexiko
4 Halit, Heringen/Hessen

Sylvin [1]

Chemie: K Cl	Farbe: farblos, viele Farbtöne
Mohshärte: 1½–2	Strichfarbe: weiß
Dichte: 1,99	Glanz: Glas-, Fettglanz
Spaltbarkeit: vollkommen	Transparenz: durchsichtig, trüb
Bruch: uneben, spröde	Kristallsystem: kubisch

Kristalle würflig. Aggregate körnig, spätig. Bitter salzig schmeckend. Bei Verunreinigung hygroskopisch. Vorkommen auf Kalisalzlagerstätten. Kalidünger.

Kieserit [2]

Chemie: Mg $SO_4 \cdot H_2O$	Farbe: weiß, gelblich, farblos
Mohshärte: 3½	Strichfarbe: weiß
Dichte: 2,57	Glanz: Glasglanz
Spaltbarkeit: vollkommen	Transparenz: durchscheinend, trüb
Bruch: uneben, spröde	Kristallsystem: monoklin

Kristalle selten. Körnige Aggregate. Geht an der Luft in Epsomit (Bittersalz) über. Vorkommen auf Kalisalzlagerstätten. Als Magnesiumsalz gewonnen.

Carnallit [3]

Chemie: K Mg $Cl_3 \cdot 6 H_2O$	Farbe: farblos, weiß, rot, gelb, braun
Mohshärte: 1–2	Strichfarbe: weiß
Dichte: 1,60	Glanz: Glas-, Fettglanz, Metallschimmer
Spaltbarkeit: keine	Transparenz: durchsichtig bis durchscheinend
Bruch: muschlig, spröde	Kristallsystem: rhombisch

Kristalle taflig, selten. Körnige Aggregate. Bitterer Geschmack, stark hygroskopisch. Vorkommen auf Kalisalzlagerstätten. Kalidünger.

Kainit [4]

Chemie: K Mg [Cl |SO_4] $\cdot 3 H_2O$	Farbe: farblos, weiß, grau, gelb, rot
Mohshärte: 2½–3	Strichfarbe: weiß
Dichte: 2,1–2,2	Glanz: Glasglanz
Spaltbarkeit: vollkommen	Transparenz: durchscheinend
Bruch: splittrig	Kristallsystem: monoklin

Kristalle taflig, prismatisch, selten. Zuckerkörnige Aggregate. Salzig bitter schmeckend. Vorkommen auf Kalisalzlagerstätten. Kalidünger.

Polyhalit [5]

Chemie: K_2Ca_2Mg [SO_4]$_4 \cdot 2 H_2O$	Farbe: farblos, weiß, grau, rot, gelb
Mohshärte: 3–3½	Strichfarbe: weiß
Dichte: 2,77–2,78	Glanz: Fett- Glas-, Harzglanz
Spaltbarkeit: vollkommen	Transparenz: durchscheinend
Bruch: fasrig, spröde	Kristallsystem: triklin

Kristalle prismatisch, selten. Fasrige, blättrige, körnige Aggregate.

---

1 Weißlich trüber Sylvin mit gelblichem Halit, Kern County/Kalifornien/USA

2 Kieserit, Hattorf/Philippsthal/Hessen

3 Carnallit, Hattorf/Philippsthal/Hessen

4 Kainit, Hattorf/Philippsthal/Hessen

5 Polyhalit, Hallein/Österreich

Boracit [1]

Chemie: Mg [Cl|B_7O_{13}]	Farbe: farblos, blasse Färbungen
Mohshärte: 7–7½	Strichfarbe: weiß, hellgrau
Dichte: 2,9–3,0	Glanz: Glas-, Diamantglanz
Spaltbarkeit: keine	Transparenz: durchsichtig bis durchscheinend
Bruch: muschlig, spröde	Kristallsystem: kubisch

Würflige, oktaedrische oder kombinierte Kristalle, stets eingewachsen. Aggregate dicht, körnig, knollig. Vorkommen in marinen Salzlagerstätten. Fundorte: Staßfurt/DDR, Lüneburg, Hildesheim/Niedersachsen, Yorkshire/England, Louisiana/USA, Bolivien. Dient der Gewinnung von Borsäure und Boraten.

Staßfurtit Fasrige Boracit-Varietät.

Colemanit [2]

Chemie: Ca [$B_3O_4(OH)_3$] · H_2O	Farbe: farblos, weiß, grau, gelblich
Mohshärte: 4–4½	Strichfarbe: weiß
Dichte: 2,44	Glanz: Glas-, Diamantglanz
Spaltbarkeit: vollkommen	Transparenz: durchsichtig bis durchscheinend
Bruch: uneben, muschlig	Kristallsystem: monoklin

Kristalle kurzsäulig, flächenreich. Aggregate körnig, dicht. Vorkommen in ausgetrockneten Salzseen. Fundorte: Death Valley/Kalifornien/USA, Panderma/Türkei, Chile. Wichtiger Rohstoff zur Bor-Gewinnung.

Ulexit [3] Boronatrocalcit

Chemie: NaCa [$B_5O_6(OH)_6$] · 5 H_2O	Farbe: farblos, weiß
Mohshärte: 2	Strichfarbe: weiß
Dichte: 1,96	Glanz: Glas-, Seidenglanz
Spaltbarkeit: vollkommen	Tranparenz: durchsichtig bis durchscheinend
Bruch: fasrig	Kristallsystem: triklin

Kristalle sehr selten und sehr klein. Knollige Aggregate mit feinsten Fasern, auch erdige Massen. Parallelfasrige Aggregate zeigen Lichtleiter-Effekt (daher Fernsehstein oder Televisionsstein genannt). Vorkommen in Boraxseen Nord- und Südamerikas, Kaspisee-Region. Wichtiger Rohstoff zur Bor-Gewinnung.

Borax [4] Tinkal

Chemie: Na_2 [$B_4O_5(OH)_4$] · 8 H_2O	Farbe: farblos, weiß, grau, gelb
Mohshärte: 2–2½	Strichfarbe: weiß bis grau
Dichte: 1,7–1,8	Glanz: Glas-, Fett-, Harzglanz
Spaltbarkeit: vollkommen	Transparenz: durchscheinend, trüb
Bruch: muschlig, spröde	Kristallsystem: monoklin

Dicksäulige Kristalle. Aggregate körnig, fasrig, erdig. Süßlich-salzig schmeckend. An der Luft trüb werdend. Vorkommen in und am Rande terrestrischer Salzseen, sog. Boraxseen. Fundorte: Kalifornien, Nevada/USA, Kasachstan/UdSSR, Tarapaca/Chile. Wichtigstes Bor-Mineral. Verwendung in chemischer, Glas- und Stahlindustrie, in Pharmazie sowie für Raketentreibstoffe.

---

1 Boracit, Lüneburg/Niedersachsen
2 Colemanit, Boron/Kalifornien/USA
3 Ulexit, Boron/Kalifornien/USA
4 Borax, Boron/Kalifornien/USA

1

2

3

4

Gruppe der Karbonatmineralien

Die bekanntesten Karbonatmineralien, mehr oder weniger wichtig als Gesteinsbildner, sind Ankerit, Aragonit, Calcit, Dolomitspat und Strontianit. Dazu kommen weitere, die als Erzmineral Bedeutung haben: Azurit, Cerussit, Hydrozinkit,
Magnesit, Rhodochrosit, Siderit, Smithsonit.

Aragonit [1,2]

Chemie: CaCO$_3$	Farbe: farblos, weiß, verschiedenfarbig
Mohshärte: 3½–4	Strichfarbe: weiß
Dichte: 2,95	Glanz: Glas-, Fettglanz
Spaltbarkeit: unvollkommen	Transparenz: durchsichtig bis durchscheinend
Bruch: muschlig	Kristallsystem: rhombisch

Kristalle ein- und aufgewachsen, prismatisch, nadlig, taflig. Häufig Zwillinge.
Aggregate derb, krustig, strahlig, fasrig, stalaktitisch. Erkennungsmerkmal: Kräf-
tiges Schäumen beim Auftropfen mit kalter, unverdünnter Salzsäure.
Vorkommen als Sinterbildung an heißen Quellen, gelegentlich auf Erzgängen, in
Klüften und Hohlräumen von jüngeren Vulkaniten, eingewachsen in Ton- und
Gipsstein. Die Schalen mancher Mollusken (u. a. Muscheln, Schnecken) und
Perlen bestehen zum großen Teil aus Aragonit.
Fundorte: Kaiserstuhl/Baden, Erzberg/Steiermark, Hüttenberg/Kärnten, Leo-
gang/Salzburg, Karlsbad/CSSR, Sizilien/Italien, Aragonien/Spanien.
Eisenblüte [1]   Verästeltes, knolliges oder stalaktitisches Argonit-Aggregat als
Auslaugungsprodukt auf Eisen-Erzlagerstätten.

Calcit [3,4] Kalkspat

Chemie: CaCO$_3$	Farbe: farblos, weiß, verschiedene Färbungen
Mohshärte: 3	Strichfarbe: weiß
Dichte: 2,6–2,8	Glanz: Glasglanz
Spaltbarkeit: sehr vollkommen	Transparenz: durchsichtig bis undurchsichtig
Bruch: muschlig, spröde	Kristallsystem: trigonal

Kristalle fast immer aufgewachsen, bilden mehrere hundert verschiedene Formen und mehr als 1000 Kombinationen. Calcit ist das formenreichste Mineral
überhaupt. Grundformen sind Rhomboeder, Prismen und Skalenoeder. Häufig
Zwillinge. Gut ausgebildete Kristalle in Drusen und anderen Hohlräumen.
Aggregate körnig, stenglig, fasrig, dicht, pulvrig, erdig, oolithisch, stalaktitisch. In
Konkretionen und als Versteinerungsmaterial. Gesteinsbildend als Hauptge-
mengteil in Kalkstein, Sintergestein und Marmor, Nebengemengteil (Bindemit-
tel) in vielen Sedimentiten, auch in Magmatiten und Metamorphiten.
Erkennungsmerkmal: Kräftiges Schäumen beim Auftropfen mit kalter, verdünn-
ter Salzsäure.
Fundorte: Nördliche und südliche Kalkalpen, Juragebirge in Frankreich, der
Schweiz und Süddeutschland, Champagne/Frankreich.
Verwendung in Bauindustrie, als Rohstoff für chemische, Glas- und Zellstoff-
industrie, bei Verhüttung von Eisen-Erzen.
Doppelspat   Klare, farblose, rhomboedrische Calcit-Varietät mit ausgeprägter
doppelter Lichtbrechung. Verwendung für optische Instrumente.

1 Eisenblüte, Arizona/USA	3 Calcit, Chihuahua/Mexiko
2 Aragonit-Zwillinge, Marokko	4 Calcit, Namibia

Ankerit [1] Braunspat, Eisendolomit

Chemie: CaFe [CO₃]₂	Farbe: weiß, gelblich, grau, braun
Mohshärte: 3½–4	Strichfarbe: weiß, hellgrau
Dichte: 2,9–3,8	Glanz: Glas-, Perlmutt-, Wachsglanz
Spaltbarkeit: vollkommen	Transparenz: durchscheinend bis undurchsichtig
Bruch: muschlig, spröde	Kristallsystem: trigonal

Kristalle meist rhomboedrisch. Aggregate sattelförmig gekrümmt, körnig derb, stenglig, spätig, dicht. Vorkommen auf Erzgängen, besonders auf Siderit-Lagerstätten. Fundorte: Hüttenberg/Kärnten, Eisenerz/Steiermark, Freiberg/Sachsen, Muzo/Kolumbien.

Braunspat Teils Synonym zu Ankerit, teils eine infolge Oxidation von Eisen und Mangan braun gewordene Varietät von Ankerit.

Dolomitspat [2] Dolomit, Bitterspat

Chemie: Ca Mg [CO₃]₂	Farbe: farblos, weißgrau, verschieden gefärbt
Mohshärte: 3½–4	Strichfarbe: weiß, hellgrau
Dichte: 2,85–2,95	Glanz: Glasglanz
Spaltbarkeit: vollkommen	Transparenz: durchsichtig bis durchscheinend
Bruch: muschlig, spröde	Kristallsystem: trigonal

Flächenreiche Kristalle ein- oder aufgewachsen, häufig gekrümmt, bilden meist rhomboedrische Formen, gelegentlich Berührungszwillinge. Aggregate körnig, stenglig, spätig, porös. Vorkommen auf Erz- und Mineralgängen. Gesteinsbildend in Dolomitstein, Dolomitmarmor, zusammen mit Calcit in Kalkstein. Erkennungsmerkmal: Kräftiges Schäumen beim Auftropfen mit warmer Salzsäure, mit kalter verdünnter Salzsäure nur, wenn Probe vorher pulverisiert. Fundorte: Pfitsch/Tirol, Leogang/Salzburg, Trieben/Steiermark, Wölsendorf/Oberpfalz, Wallis/Schweiz.
Verwendung in Bauindustrie, für feuerfeste Steine, insbesondere als Futter für Hochöfen.
Name nach dem französischen Mineralogen D. de Dolomieu, der das Mineral 1791 erstmals beschrieb. Die Dolomiten in den südlichen Kalkalpen wiederum wurden nach dem Mineral benannt. Das heute kaum noch verwendete Synonym Bitterspat wurde in Anlehnung an andere Mg-Mineralien (z. B. Epsomit) geprägt, die tatsächlich bitter schmecken. Dolomitspat selbst schmeckt nicht bitter.

Strontianit [3]

Chemie: SrCO₃	Farbe: farblos, grau, weiß, licht gefärbt
Mohshärte: 3½	Strichfarbe: weiß
Dichte: 3,76	Glanz: Glas-, Fettglanz
Spaltbarkeit: unvollkommen	Transparenz: durchsichtig bis undurchsichtig
Bruch: muschlig, spröde	Kristallsystem: rhombisch

Kristalle prismatisch, nadlig, spießig, dipyramidal, taflig. Aggregate büschlig verwachsen, strahlig, fasrig, derb körnig, nierig. Vorkommen auf Erzgängen, in Kalkstein und Mergeln, gelegentlich als Konkretion in Kalkstein. Fundorte: Münsterland/Westfalen, Clausthal-Zellerfeld/Harz, Ostafrika, San Bernardino/Kalifornien/USA. Rohstoff zur Gewinnung von Strontium.

---

1 Ankerit, Sunk/Steiermark/Österreich
2 Dolomitspat, Arkansas/USA

3 Strontianit auf Baryt, spießig und büschlig, Könitz bei Saalfeld/Thüringen/DDR

Coelestin (Cölestin, Zölestin) [1]

Chemie: Sr SO$_4$	Farbe: farblos, weiß, bläulich, licht getönt
Mohshärte: 3–3½	Strichfarbe: weiß
Dichte: 3,9–4,0	Glanz: Glas-, Perlmutt-, Fettglanz
Spaltbarkeit: vollkommen	Transparenz: durchsichtig bis durchscheinend
Bruch: muschlig, uneben, spröde	Kristallsystem: rhombisch

Kristalle taflig, aufgewachsen. Aggregate körnig, fasrig, dicht, knollig. Vorkommen in Lagen, als Kluftfüllung und Konkretion in Kalk- und Gipsstein. Gelegentlich auf Hohlräumen vulkanischer Gesteine. Fundorte: Giershagen/Westfalen, Bristol/England, Agrigento/Sizilien. Rohstoff zur Strontiumgewinnung.

Vivianit [2]

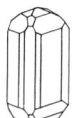

Chemie: Fe$_3$[PO$_4$]·8 H$_2$O	Farbe: frisch farblos bis weiß, an Luft blau
Mohshärte: 1½–2	Strichfarbe: weiß oder blau, auch braun
Dichte: 2,6–2,7	Glanz: Glas-, Perlmutt-, Metallglanz
Spaltbarkeit: sehr vollkommen	Transparenz: durchscheinend
Bruch: fasrig, spröde, dünn biegsam	Kristallsystem: monoklin

Kristalle nadlig, stenglig, taflig, aufgewachsen. Aggregate rosettenartig, kuglig, nierig. Wenn erdig, Blaueisenerde oder Blauerde genannt. Vorkommen in Tongestein, in Mooren, in Limonit- und Braunkohlelagerstätten. Auch (blau färbend) in fossilen Knochen und Zähnen (Odontolith oder Zahntürkis). Fundorte: Waldsassen/Oberpfalz, Thüringen/DDR, Cornwall/England, Colorado/USA.

Wavellit [3] Fischerit

Chemie: Al$_3$ [(OH)$_3$|(PO$_4$)$_2$]·5 H$_2$O	Farbe: farblos, grünlich, gelblich
Mohshärte: 3½–4	Strichfarbe: weiß
Dichte: 2,3–2,4	Glanz: Glasglanz
Spaltbarkeit: unvollkommen	Transparenz: durchscheinend
Bruch: muschlig, uneben, spröde	Kristallsystem: rhombisch

Kristalle prismatisch, dünnadlig, selten. Radialstrahlige, kuglige Aggregate, auch nierig, krustig. Vorkommen in Kieselschiefer, Sandstein, Phosphoritlagerstätten. Fundorte: Amberg/Oberpfalz, Lahn-Dill-Gebiet/Hessen, Langenstriegis/Sachsen, Arkansas/USA. Vereinzelt zur Phosphorgewinnung abgebaut.

Baryt [4] Schwerspat

Chemie: Ba SO$_4$	Farbe: farblos, weiß, vielfach auch gefärbt
Mohshärte: 3–3½	Strichfarbe: weiß
Dichte: 4,48	Glanz: Glas-, Perlmuttglanz
Spaltbarkeit: vollkommen	Transparenz: durchsichtig bis durchscheinend
Bruch: muschlig, uneben, spröde	Kristallsystem: rhombisch

Kristalle taflig, aufgewachsen. Aggregate blättrig, körnig, spätig, nierig. Vorkommen in Kalk- und Tongestein, als Konkretion in Sandstein, als Kluftfüllung. Fundorte: Meggen/Westfalen, Wölsendorf/Oberpfalz, Lauterberg/Harz, Alston Moor/England, Ardêche/Frankreich. Rohstoff für weiße Farbe, zum Beschweren von Bohrflüssigkeiten, für Pyrotechnik und Strahlenschutz.

---

1 Coelestin, Madagaskar	3 Wavellit, Arkansas/USA
2 Vivianit, Leadville/Colorado/USA	4 Baryt mit Kupferkies, Alston Moor/England

Mineralien der Metamorphite

Zahlreiche Mineralien treten ausschließlich oder überwiegend in Metamorphiten auf. Dazu gehören Aktinolith, Andalusit, Axinit, Chlorit, Cordierit, Epidot, Fassait, die Granat-Gruppe, Graphit, Hedenbergit, Kernit, Kyanit, Margarit, Omphacit, Prehnit, Pyrophyllit, Riebeckit, Sepiolith, Serpentin, Sillimanit, Staurolith, Talk, Tremolit, Vesuvian, Wollastonit, Zoisit.
Weitere Mineralien, wie z. B. Quarz, Feldspäte, Glimmer, Hornblende, Augit, Olivin sowie Calcit und Dolomitspat, sind wohl auch in Metamorphiten vorhanden, vorwiegend aber in Magmatiten und/oder in Sedimentiten anzutreffen. Sie werden daher auch jeweils dort besprochen.

Andalusit [2]

Chemie: $Al_2 [O|SiO_4]$	Farbe: farblos, verschieden gefärbt
Mohshärte: 7½	Strichfarbe: weiß
Dichte: 3,11–3,22	Glanz: Glasglanz, matt
Spaltbarkeit: unvollkomen	Transparenz: durchsichtig bis undurchsichtig
Bruch: uneben, splittrig, spröde	Kristallsystem: rhombisch

Eingewachsene Kristalle, dicksäulig. Aggregate strahlig-stenglig, körnig. Vorkommen in Gneis und Schiefern. Fundorte: Lisenzalpe/Kärnten, Mursinsk/Ural, White Mountain/Kalifornien. Verwendung für hochfeuerfeste Keramik.

Chiastolith [1] (Hohlspat)   Andalusitkristall mit kohlig-tonigen Einschlüssen in Kreuzform. Eingewachsen in Tonschiefer.

Sillimanit [3]

Chemie: $Al_2 [O|SiO_4]$	Farbe: grau, bräunlich, grünlich
Mohshärte: 6–7	Strichfarbe: weiß
Dichte: 3,22–3,25	Glanz: Glas-, Fett-, Seidenglanz
Spaltbarkeit: vollkommen	Transparenz: durchsichtig bis durchscheinend
Bruch: uneben	Kristallsystem: rhombisch

Einzelkristalle sehr selten, nadlig, ohne Endbegrenzung. Gewöhnlich strahlig-fasrige, verfilzte Aggregate. Vorkommen in Gneis, Glimmerschiefer, Granulit, Eklogit. Fundorte: Bodenmais/Oberpfalz, Freiberg/Sachsen, Sellrain/Tirol, Assam/Indien, Simbabwe. Verwendung für hochfeuerfeste Keramik.

Axinit [4]

Chemie: $Ca_2 (Fe,Mg,Mn) Al_2B$	Bruch: muschlig, spröde
$[OH|O|(Si_2O_7)_2]$	Farbe: braun, grau, violett, grün
Mohshärte: 6½–7	Strichfarbe: weiß
Dichte: 3,26–3,36	Glanz: Glasglanz
Spaltbarkeit: vollkommen	Transparenz: durchsichtig bis durchscheinend

Kristalle (triklines System) flächenreich, keilförmig bis taflig, ein- und aufgewachsen. Aggregate stenglig, spätig, dicht. Vorkommen in alpinen Klüften, in Kalksilikatgestein, in Drusen von Granitgestein. Fundorte: Harz, Fichtelgebirge, Schwarzenberg/Erzgebirge, Cornwall/England, Dauphiné/Frankreich.

---

1 Chiastolith, Chile
2 Andalusit in Quarz, CSSR

3 Sillimanit, Benson Mines/New York/USA
4 Axinit mit Chlorit, Dauphiné/Frankreich

Vesuvian [1] Idokras

Chemie: Ca_{10} $(Mg,Fe)_2Al_4$	Bruch: uneben, splittrig, spröde
$[(OH)_4|(SiO_4)_5|(Si_2O_7)_2]$	Farbe: bräunlich, grau, viele andere Farbtöne
Mohshärte: 6½	Strichfarbe: weiß
Dichte: 3,27–3,45	Glanz: Glas-, Fettglanz
Spaltbarkeit: unvollkommen	Transparenz: durchsichtig bis undurchsichtig

Kristalle (tetragonales System) ein- und aufgewachsen, häufig gut ausgebildet, gewöhnlich kurz- und dicksäulig, aber auch langsäulig und nadelförmig. Aggregate dicht, derb körnig, strahlig. Vorkommen in Metamorphiten wie Marmor, Kalksilikatgestein, Serpentin; ganz selten auch in Magmatiten. Fundorte: Pfitschtal/Tirol/Österreich, Zermatt/Wallis/Schweiz, Vesuv, Monzoni/Dolomiten/Italien, New Jersey/USA.

Egeran Lokalname für ein strahliges Vesuvian-Aggregat von Eger/CSSR und Göpfersgrün/Fichtelgebirge.

Wiluit Vesuvian-Varietät mit charakteristischer Streifung auf den Kristallflächen, Fundort am Wilui-Fluß/Ostsibirien/UdSSR.

Staurolith [2, 3, 4]

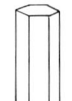

Chemie: Fe $[OH]_2 \cdot 2$ Al_2SiO_5	Farbe: rötlichbraun, bräunlichschwarz
Mohshärte: 7–7½	Strichfarbe: weiß
Dichte: 3,65–3,77	Glanz: Glas-, Fettglanz matt
Spaltbarkeit: unvollkommen	Transparenz: durchscheinend bis undurchsichtig
Bruch: muschlig, uneben	Kristallsystem: monoklin

Kristalle eingewachsen, kurz- oder langsäulig. Durchkreuzungszwillinge charakteristisch, mit rechtwinkligem Kreuz (90°) oder schiefwinkligem Kreuz (60°). Häufig mit Kyanit orientiert verwachsen.

Vorkommen in metamorphen Tongesteinen, in Gneis und Glimmerschiefer, gelegentlich als Verwitterungsrestbildung auch in Sanden. Fundorte: Steiermark/Österreich, Sterzing/Südtirol, Fannin County/Georgia/USA, Ducktown/Tennessee/USA, Namibia.

Kyanit (Cyanit) [4, 5] Disthen

Chemie: Al_2 $[O|SiO_4]$	Farbe: blau, auch andersfarbig möglich
Mohshärte: 4–4½ und 6–7	Strichfarbe: weiß
Dichte: 3,53–3,65	Glanz: Glas-, Perlmuttglanz
Spaltbarkeit: vollkommen	Transparenz: durchsichtig bis durchscheinend
Bruch: fasrig, spröde	Kristallsystem: triklin

Kristalle linealartig säulig, eingewachsen, oft quer gestreift. Berührungszwillinge. Große Härteunterschiede zwischen Längserstreckung (4 bis 4½) und quer dazu (6 bis 7). Aggreagate radialstrahlig, mit Staurolith orientiert verwachsen.

Vorkommen in Metamorphiten, so in Gneis, Glimmerschiefer, Eklogit, gelegentlich als Verwitterungsrestbildung auch in Sanden. Fundorte: Tessin/Schweiz, Serbien/Jugoslawien, Machakos/Kenia, Kalkutta/Indien, Virginia/USA. Verwendung für hochfeuerfeste Baustoffe.

---

1 Vesuvian, Kalifornien/USA
2 Staurolith-Zwilling, Minas Gerais/Brasilien
3 Staurolith-Zwilling, Georgia/USA

4 Kyanit und Staurolith in Paragonitschiefer, Monte Campione/Tessin/Schweiz
5 Kyanit, Monte Campione/Tessin/Schweiz

Granat-Gruppe

Silikatische Mineralien mit ähnlicher Kristallstruktur. Pyralspit-Reihe: P̲y̲rop,
A̲lmandin, S̲pessartin. Ugrandit-Reihe: U̲warowit, G̲rossular, A̲ndradit.

Chemie: Silikat	Farbe: farblos, auch alle Farbtöne außer blau
Mohshärte: 6½–7½	Strichfarbe: weiß
Dichte: 3,4–4,6	Glanz: Glas-, Fett-, Harzglanz
Spaltbarkeit: unvollkommen	Transparenz: durchsichtig bis undurchsichtig
Bruch: muschlig, splittrig, spröde	Kristallsystem: kubisch

Kristalle ein- und aufgewachsen, Rhombendodekaeder (= Granatoeder), Ikositetraeder. Große Kristalle von mehreren hundert Kilogramm bekannt. Aggregate derb körnig bis dicht. Vorkommen in Gneis, Glimmerschiefer, Eklogit, in kalkigen und dolomitischen Metamorphiten, häufig in Sanden. Selten in Magmatiten. Fundorte weltweit. Verwendung als Schleif- und Poliermittel sowie als Edelstein (S. 166).

Almandin [5] Gemeiner Granat $Fe_3Al_2[SiO_4]_3$
Farbe: braun, rot bis violett, fast schwarz. Im Volksmund ebenso wie Pyrop als Karfunkelstein bezeichnet. Fundorte: Ötztal und Zillertal/Tirol, Falun/Schweden, Swerdlowsk/Ural, Sri Lanka, Indien.

Andradit [2] $Ca_3Fe_2[SiO_4]_3$
Farbe: braun, schwarz, auch farblos, grün, gelb. Demantoid [3]: grüne Varietät. Melanit: grauschwarze Varietät. Topazolith [4]: grünlichgelbe Varietät.
Fundorte: Wurlitz/Fichtelgebirge, Kaiserstuhl/Baden, Zermatt/Schweiz, Pinzgau/Österreich.

Grossular $Ca_3Al_2[SiO_4]_3$
Farbe: farblos, grün, gelblich, braun, rot. Hessonit (Zimtstein, Kaneelstein) [1]: braunorange Varietät. Hydrogrossular: undurchsichtige, grünliche Varietät. Leukogranat: farblose Varietät. Tsavorit (Tsavolith): grüne Varietät.
Fundorte: Auerbach/Bergstraße/Hessen, Piemont/Italien, Sri Lanka, Kanada, Concepcion del Oro/Mexiko, Südafrika.

Pyrop Böhmischer Granat, Kaprubin $Mg_3Al_2[SiO_4]_3$
Farbe: rot, braunrot, rosenrot. Im Volksmund ebenso wie Almadin als Karfunkelstein bezeichnet. Rhodolith: rosenrote Varietät.
Fundorte: Zöblitz/Sachsen, Böhmen/CSSR, Transvaal/Südafrika, Nord-Carolina/USA, Australien.

Spessartin $Mn_3Al_2[SiO_4]_3$
Farbe: gelb, orange, rotbraun. Fundorte: Spessart/Unterfranken, Schweden, Madagaskar, Sri Lanka, Minas Gerais/Brasilien.

Uwarowit $Ca_3Cr_2[SiO_4]_3$
Farbe: smaragdgrün. Fundorte: Outukumpu/Finnland, Ural/UdSSR, Transvaal/Südafrika, Indien.

---

1 Hessonit, Italien
2 Andradit, Stanley Butte/Arizona/USA
3 Demantoid, Val Malenco/Bernina/Italien
4 Topazolith, Kalifornien/USA
5 Almandin in Glimmerschiefer eingewachsen, Zillertal/Tirol/Österreich

Prehnit [1]

Chemie: Ca$_2$Al$_2$ [(OH)$_2$|Si$_3$O$_{10}$]
Mohshärte: 6–6½
Dichte: 2,8–3,0
Spaltbarkeit: unvollkommen
Bruch: uneben

Farbe: farblos, weiß, grau, grünlich, gelblich
Strichfarbe: weiß
Glanz: Glas-, Perlmuttglanz
Transparenz: durchsichtig bis durchscheinend
Kristallsystem: rhombisch

Einzelkristalle selten, taflig, charakteristisch gekrümmt. Aggregate nierenförmig, kuglig, radialstrahlig. Vorkommen in Hohlräumen von Schiefern und Kalksilikatgesteinen sowie von basischen Magmatiten, selten auch in Granit. Fundorte: Idar-Oberstein/Pfalz, Harzburg/Harz, Fassatal/Südtirol, Dauphiné/Frankreich, Bergen Hill/New Jersey/USA.

Zoisit [2]

Chemie: Ca$_2$Al$_3$ (O|OH|SiO$_4$|Si$_2$O$_7$)
Mohshärte: 6–6½
Dichte: 3,15–3,36
Spaltbarkeit: vollkommen
Bruch: uneben

Farbe: grau, grün, gelblich, rosa, blau
Strichfarbe: weiß
Glanz: Glas-, Perlmuttglanz
Transparenz: undurchsichtig, trüb
Kristallsystem: rhombisch

Kristalle meist eingewachsen, prismatisch, vertikal gestreift, Endflächen selten gut entwickelt. Aggregate derb, spätig, breitstenglig mit grober Streifung. Vorkommen in Metamorphiten. Fundorte: Saualpe/Kärnten, Rauris/Salzburg, Zermatt/Wallis/Schweiz, Ducktown/Tennessee/USA, Tansania. Schönfarbige Varietäten als Schmuckstein verwendet.
Thulit Rosenrote Zoisit-Varietät (Abb. S. 171).
Tansanit Blaue Zoisit-Varietät (Abb. S. 171).
Anyolith Grüne Zoisit-Varietät oder Zoisit-Amphibolit aus Tansania, ein grünes Gestein mit schwarzen Hornblendeeinschlüssen und großen Rubinen. Ornamentstein.

Epidot [3]

Chemie: Ca$_2$(Fe,Al) Al$_2$ [O|OH|SiO$_4$|Si$_2$O$_7$]
Moshärte: 6–7
Dichte: 3,35–3,38
Spaltbarkeit: vollkommen
Bruch: muschlig, uneben, splittrig

Farbe: grün, gelb, schwarz, grau
Strichfarbe: grau
Glanz: Glasglanz
Transparenz: durchsichtig bis undurchsichtig
Kristallsystem: monoklin

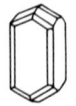

Kristalle prismatisch, flächenreich, gestreift, Zwillinge. Aggregate derb, strahlig, spätig, dicht. Vorkommen in Metamorphiten und Magmatiten. Gut ausgebildete Kristalle in Hohlräumen dieser Gesteine. Fundorte: Knappenwand/Untersulzbachtal/Salzburg, bei Bourg D' Oisons/Dauphiné/Frankreich. Gelegentlich als Schmuckstein verwendet.
Piemontit [4] Rote bis dunkelrote Epidot-Varietät. Kristalle selten, Strichfarbe kirschrot. Gewöhnlich strahlige Aggregate auf Mangan-Lagerstätten.
Pistazit Pistaziengrüne, eisenreiche Epidot-Varietät. Gelegentlich auch als Synonym zu Epidot verstanden.
Klinozoisit Eisenarme oder eisenfreie Epidot-Varietät.
Tawmawit Chromhaltige Epidot-Varietät. Tawmaw/Birma, Finnland.

---

1 Prehnit, Radautal bei Bad Harzburg/Harz
2 Zoisit, Jaurez/Baja California/Mexiko
3 Epidot, Baja California/Mexiko
4 Piemontit, Aostatal/Italien

1
2
3
4

Pyrophyllit [1]

Chemie: $Al_2 [(OH)_2|Si_4O_{10}]$	Farbe: weiß, grau, gelblich, grünlich
Mohshärte: 1–1½	Strichfarbe: weiß
Dichte: 2,66–2,90	Glanz: Glas-, Perlmuttglanz
Spaltbarkeit: vollkommen	Transparenz: durchscheinend bis undurchsichtig
Bruch: uneben, biegsam	Kristallsystem: monoklin

Taflige Kristalle stets verwachsen. Feinschuppige oder strahlige Aggregate, auch dichte Massen. Fühlt sich fettig an. Vorkommen lagig oder in Klüften von Schiefern, auch auf Erzgängen. Fundorte: Eifel, Belgien, Luxemburg, Hirvivaara/Finnland. Verwendung für Elektrokeramik und als Füllstoff für Papier- und Gummiindustrie. – Agalmatolith s. u. bei Talk.

Chlorit [2, 3]

Sammelname für eine Mischungsreihe ähnlich zusammengesetzter Mineralien. Wichtigste Vertreter: Chamosit [Nr. 5, S. 107], Daphnit, Delessit, Klinochlor [2], Pennin, Rhipidolith (Prochlorit), Thuringit.

Chemie: $(Fe,Mg,Al)_6 [(OH)_2|(Si,Al)_4O_{10}]$	Farbe: grün, schwarz, braun, rot, weiß, farblos
Mohshärte: 2–3	Strichfarbe: graugrün, braun
Dichte: 2,6–3,4	Glanz: Glas-, Perlmuttglanz, matt
Spaltbarkeit: vollkommen	Transparenz: durchsichtig bis undurchsichtig
Bruch: blättrig, unelastisch biegsam	Kristallsystem: monoklin

Einzelkristalle taflig, tonnenförmig, eingesprengt und aufgewachsen. Aggregate schuppig, plattig, feinkörnig, dicht. Vorkommen in Metamorphiten (insbesondere Chloritschiefer) und auf alpinen Klüften, oft andere Mineralien überstaubend. **Kämmererit** [3] Chromhaltige Pennin-Varietät mit pfirsichblütenroten Kristallen oder rosarotem Anflug. Vorkommen auf Chromit-Lagerstätten.

Talk [4]

Chemie: $Mg_3 [(OH)_2|Si_4O_{10}]$	Farbe: farblos, weiß, grünlich, gelblich, rötlich
Mohshärte: 1	Strichfarbe: weiß
Dichte: 2,7–2,8	Glanz: Perlmutt-, Fettglanz
Spaltbarkeit: sehr vollkommen	Transparenz: durchsichtig bis undurchsichtig
Bruch: uneben, splittrig, biegsam	Kristallsystem: monoklin

Gut entwickelte größere Kristalle unbekannt. Aggregate schuppig, blättrig, dicht, schalig, nierenförmig. Fühlt sich fettig an. Vorkommen lagig sowie als Kluftfüllung in kristallinen Schiefern, auch in Kalk- und Dolomitstein.
Fundorte: Göpfersgrün/Fichtelgebirge, Kärnten, Zillertal/Tirol, Barberton/Transvaal/Südafrika. Verwendung für lichtbeständige Farben, feingemahlen (Talkum genannt) als Grundlage für Salben und Puder, für Hochspannungsisolatoren, für feuerfeste Baustoffe.
Speckstein Synonym für Talk allgemein oder nur dichte Talk-Aggregate.
Steatit Synonym für Speckstein wie für Talk. In Technik gebrannter Speckstein.
Topfstein Synonym für Speckstein oder Bezeichnung nur für einen chlorithaltigen Speckstein.
Agalmatolith (Bildstein, Pagodit) Dichte Talk-Varietät, auch dichte Pyrophyllit-Varietät oder Gemenge von Talk mit Pyrophyllit. Für Schnitzfiguren.

---

1 Pyrophyllit, Indian Gulch/Kalifornien/USA 3 Kämmererit, Guleman/Türkei
2 Klinochlor, Bayerischer Wald 4 Talk, Futa-Paß/Prov. Florenz/Italien

Aktinolith [1] Strahlstein
Mineral der Amphibol-Gruppe (S. 52)

Chemie: $Ca_2(Mg, Fe)_5 [(OH, F)|Si_4O_{11}]_2$	Farbe: grün, weiß, grau, farblos
Mohshärte: 5½–6	Strichfarbe: weiß
Dichte: 2,9–3,3	Glanz: Glas-, Seidenglanz
Spaltbarkeit: vollkommen	Transparenz: durchscheinend bis undurchsichtig
Bruch: splittrig, uneben, spröde/biegsam	Kristallsystem: monoklin

Kristalle prismatisch, stenglig. Aggregate langstenglig, wirrstrahlig, ebenso derb grobkörnig. Vorkommen in Metamorphiten. Verwendung als Asbest.
Amiant (Amianth) [4] (Byssolith, Aktinolithasbest)   Fasriger Aktinolith. Asbest.
Bergleder (Bergkork, Bergholz)   Nadligfilziger Aktinolith oder Chrysotil (S. 88).
Nephrit (Beilstein)   Mikrokristallines, verfilztes Aktinolith-Aggregat. Sehr zäh. Vorkommen als Rollstein und in Aktinolithschiefer. Fundorte: Jordansmühl/ Schlesien, Baikalseegebiet/UdSSR, China, Neuseeland. Prähistorisch für Werkzeuge, Waffen und Gerät verwendet; als Jade (S. 168) verschliffen.

Tremolit [2] Grammatit
Mineral der Amphibol-Gruppe (S. 52)

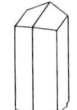

Chemie: $Ca_2Mg_5[OH|Si_4O_{11}]_2$	Farbe: weiß, grau, grünlich
Mohshärte: 5½–6	Strichfarbe: weiß
Dichte: 2,9–3,1	Glanz: Glas-, Seidenglanz
Spaltbarkeit: vollkommen	Transparenz: durchscheinend
Bruch: fasrig, spröde	Kristallsystem: monoklin

Kristalle langprismatisch, nadlig, stenglig, meist eingewachsen. Aggregate strahlig, fasrig, filzartig. Vorkommen in Metamorphiten. Fundorte: Tessin/Schweiz, Paakila/Finnland, bei Turin/Italien, Namibia. Verwendung als Asbest.

Riebeckit
Mineral der Amphibol-Gruppe (S. 52)

Chemie: $Na_2Fe_4 [OH|Si_4O_{11}]_2$	Farbe: blau, blauschwarz
Mohshärte: 5–6	Strichfarbe: blaugrau
Dichte: 3,0–3,4	Glanz: Glas-, Seidenglanz
Spaltbarkeit: vollkommen	Transparenz: durchscheinend bis undurchsichtig
Bruch: uneben, spröde	Kristallsystem: monoklin

Kristalle langprismatisch, sehr selten. Gewöhnlich körnige oder fasrige Aggregate. Vorkommen in Quarziten und anderen metamorph überprägten Gesteinen, häufig in saurem Magmatiten. Fundorte: Schirmeck/Vogesen, Langesund/Norwegen, Krivoy Rog/UdSSR, Transvaal/Südafrika, Rhode Island/USA.
Krokydolith [3] (Blauasbest, Riebeckitasbest)   Feinfasrige Riebeckit-Varietät. Elastisch biegsam, gut zu verspinnen. Verkieselter Krokydolith (Falkenauge, Tigerauge) für Schmuckzwecke (S. 176).

Asbest   Bezeichnung für feinstfasrige Mineralien der Amphibol-Gruppe (Amiant, Anthophyllit, Krokydolith, Tremolit) und der Serpentin-Gruppe. Wirtschaftlich wichtiger ist Serpentin-Asbest Chrysotil (S. 88). Asbeste sind feuerfest und säurebeständig. Neuerdings ist Asbeststaub als krebserregend erkannt.

---

1 Aktinolith in Talkschiefer, Stubachtal/Tirol   3 Krokydolith, Transvaal/Südafrika
2 Tremolit, Campolungo/Tessin/Schweiz   4 Amiant, Piemont/Italien

Serpentin [1, 2]

Chemie: Mg_6 $[(OH)_8|Si_4O_{10}]$	Farbe: grün, grau, weiß, gelb
Mohshärte: 2½–4	Strichfarbe: weiß
Dichte: 2,0–2,6	Glanz: Harz-, Fett-, Seidenglanz, matt
Spaltbarkeit: vollkommen, fasrig teilbar	Transparenz: durchscheinend bis undurchsichtig
Bruch: muschlig, splittrig	Kristallsystem: monoklin

Keine Kristalle bekannt. Aggregate feinkörnig bis dicht. Vorkommen in Lagen, auf Gängen und Klüften von Serpentingestein und Marmor.

Zwei Strukturvarietäten sind zu unterscheiden: Antigorit und Chrysotil.

Antigorit [1] (Blätterserpentin)   Dichte, feinschuppige Serpentin-Varietät.
Chrysotil [2] (Faserserpentin)   Fein- bis grobfasrige Varietät. Wirrfasrig-filzige Aggregate heißen (ebenso wie Aktinolith-Filze, S. 86) Bergleder, Bergkork, Bergholz, parallelfasrige Aggregate Chrysotilasbest.

Nach dem wirtschaftlichen Nutzen werden mehrere Varietäten unterschieden:
Gemeiner Serpentin [1]   Dicht, trüb, fleckig. Ohne wirtschaftlichen Wert.
Edler Serpentin (Abb. S. 323)   Dicht, grün bis gelblich. Dekorstein.
Chrysotilasbest [2] (Serpentinasbest, Asbest)   Seidenglänzender, parallelfasriger Chrysotil. Für feuerfeste Geräte und Kleidung, als Bremsbelag, Asbestzement. Fundorte: UdSSR, Kanada, Südafrika, Simbabwe.

Sepiolith [3] Meerschaum

Chemie: Mg_4 $[(OH)_2|Si_6O_{15}] \cdot 2\,H_2O + 4\,H_2O$	Farbe: weiß, gelb, grau
Mohshärte: 2–2½	Strichfarbe: weiß
Dichte: 2,0	Glanz: matt
Spaltbarkeit: nicht bestimmbar	Transparenz: undurchsichtig
Bruch: muschlig	Kristallsystem: rhombisch

Keine Kristalle. Aggregate erdig, knollig, porös. Im bergfeuchten Zustand seifig und weich, getrocknet hart. An der Zunge klebend. Vorkommen als Konkretion in Serpentingestein. Einzige wirtschaftlich wichtige Lagerstätte in Eskishehir/ Türkei. Verwendung zur Wärme- und Schallisolierung, für Rauchwaren.

Graphit [4]

Chemie: C	Farbe: dunkel- bis hellgrau, schwarz
Mohshärte: 1	Strichfarbe: grau bis schwarz
Dichte: 2,1–2,3	Glanz: Metallglanz, matt
Spaltbarkeit: sehr vollkommen	Transparenz: undurchsichtig
Bruch: uneben, biegsam	Kristallsystem: hexagonal

Gut ausgebildete Kristalle selten, hexagonale Tafeln. Aggregate körnig, schuppig, auch stenglig, erdig bis dicht. Graphit fühlt sich fettig an, färbt beim Anfassen ab. Bei Luftabschluß feuerbeständig. Vorkommen in Gneisen, Schiefern, Marmoren. Fundorte: Kropfmühl und Pfaffenreuth/Bayerischer Wald, Böhmen/CSSR, Pargas/Finnland, New Jersey/USA, Quebec/Kanada, Sonora/Mexiko, Madagaskar. Verwendung für Elektroden, Schmelztiegel, Schmiermittel, Bleistifte, als Bremssubstanz in Atomreaktoren.

---

1 Antigorit-Serpentin, Snarum/Norwegen
2 Chrysotil-Serpentin, Quebec/Kanada
3 Sepiolith, Eskishehir/Türkei
4 Graphit, Trieben/Steiermark/Österreich

Hedenbergit [1]
Mineral der Pyroxen-Gruppe (S. 48)

Chemie: CaFe [Si_2O_6]	Farbe: schwarz, grünschwarz, braunschwarz
Mohshärte: 5½–6	Strichfarbe: graugrün
Dichte: 3,5–3,6	Glanz: Glasglanz
Spaltbarkeit: unvollkommen	Transparenz: durchscheinend bis undurchsichtig
Bruch: uneben, muschlig, spröde	Kristallsystem: monoklin

Gute Kristalle selten, prismatisch, nadlig. Aggregate derb körnig, stenglig, radial-strahlig. Vorkommen in Kalksilikatgestein, besonders in Skarnen und auf Magnetit-Lagerstätten. Fundorte: Nordmarken/Schweden, Elba und Toskana/ Italien, Kasachstan/UdSSR, Franklin/New Jersey/USA.

Chromdiopsid [3]
Hellsmaragdgrüne Varietät von Diopsid (S. 50). Vorkommen in kalkreichen Metamorphiten. Fundorte: Outukumpu/Finnland, Oberbirma, Madagaskar, Namibia. Wenn durchsichtig, Schmuckstein.

Fassait [4]
Mineral der Pyroxen-Gruppe (S. 48). In der Wissenschaft auch als aluminiumreiche oder eisenarme Varietät von Augit betrachtet.

Chemie: Ca (Mg, Fe, Al) [(Si, Al)$_2O_6$]	Farbe: grün
Mohshärte: 6	Strichfarbe: weiß
Dichte: 2,96–3,34	Glanz: Glasglanz
Spaltbarkeit: unvollkommen	Transparenz: durchscheinend bis undurchsichtig
Bruch: uneben, muschlig, spröde	Kristallsystem: monoklin

Flächenreiche, kurzprismatische Kristalle, ein- und aufgewachsen. Aggregate körnig und dicht. Vorkommen in Calcit- und Dolomitmarmor. Fundorte: Fassatal/Südtirol, Vesuv und Adamello/Italien, Helena/Montana/USA.

Omphacit Ca(Mg, Fe, Al) [(Si, Al)$_2$ O_6]
Mineral der Pyroxen-Gruppe. Mischkristall aus Diopsid, Jadeit, Hedenbergit und Ägirin. Chemisch und in der grünen Farbe dem Fassait gleich, in den optischen Daten dem Diopsid ähnlich. Kristalle sehr selten. Körner in Eklogit eingesprengt. Fundorte: Saualpe/Kärnten, Aostatal/Italien, Kalifornien/USA.

Cordierit [2] Dichroit, Iolith

Chemie: Mg_2Al_3 [$AlSi_5O_{18}$]	Farbe: blau, violett, grau, bräunlich, farblos
Mohshärte: 7–7½	Strichfarbe: weiß
Dichte: 2,50–2,75	Glanz: Glas-, Fettglanz
Spaltbarkeit: unvollkommen	Transparenz: durchsichtig bis durchscheinend
Bruch: muschlig, uneben, spröde	Kristallsystem: rhombisch

Kristalle selten, ein- oder aufgewachsen, gewöhnlich prismatisch. Aggregate derb, eingesprengte Körner, dicht. Starker Dichroismus. Vorkommen meist in Metamorphiten, gelegentlich in Magmatiten, vereinzelt in Sedimentiten. Fundorte: Bodenmais/Bayerischer Wald, Kragerö/Norwegen, Falun/Schweden, Orijärvi/Finnland. Verwendung als Keramik-Rohstoff.

---

1 Hedenbergit, Neu-Süd-Wales/Australien   3 Chromdiopsid, Outukumpu/Finnland
2 Cordierit, Kisko/Finnland   4 Fassait, aus Calcit geätzt, Fassatal/Südtirol

---

1
2
3
4

Margarit [1] Kalkglimmer, Perlglimmer
Mineral der Glimmer-Gruppe (Sprödglimmer)

Chemie: Ca Al$_2$ [(OH)$_2$|AL$_2$Si$_2$O$_{10}$]	Farbe: weiß, grau, rosa, gelblich
Mohshärte: 4–4½	Strichfarbe: weiß
Dichte: 2,99–3,08	Glanz: Perlmuttglanz
Spaltbarkeit: sehr vollkommen	Transparenz: durchscheinend
Bruch: blättrig, spröde	Kristallsystem: monoklin

Gut ausgebildete Kristalle selten. Aggregate körnig, blättrig, schuppig. Vorkommen in Chlorit- und Glimmerschiefer. Fundorte: Zillertal/Tirol, Pfitschtal/Südtirol, St. Gotthard/Schweiz, Naxos/Griechenland, Izmir/Türkei.

Paragonit Natronglimmer
Mineral der Glimmer-Gruppe. Ähnlich dem Margarit. Weiße bis grünliche Aggregate, Vorkommen in Schiefern.

Kernit [2]

Chemie: Na$_2$[B$_4$O$_6$ (OH)$_2$] · 3 H$_2$O	Farbe: farblos, weiß
Mohshärte: 2½	Strichfarbe: weiß
Dichte: 1,91	Glanz: Glasglanz
Spaltbarkeit: vollkommen	Transparenz: durchsichtig bis undurchsichtig
Bruch: fasrig, splittrig, spröde	Kristallsystem: monoklin

Kristalle pyramidal, keilförmig. Aggregate derb, spätig, fasrig. Vorkommen in Gängen als kontaktmetamorphes Umwandlungsprodukt. Fundorte: Kern County/Kalifornien, Tincalayu/Argentinien, Türkei. Wichtiges Bor-Mineral.

Wollastonit [3]

Chemie: Ca$_3$ [Si$_3$O$_9$]	Farbe: farblos, weiß, grau, leicht gefärbt
Mohshärte: 4½–5	Strichfarbe: weiß
Dichte: 2,78–2,91	Glanz: Glas-, Perlmutt-, Seidenglanz
Spaltbarkeit: vollkommen	Transparenz: durchsichtig bis durchscheinend
Bruch: splittrig	Kristallsystem: triklin und monoklin

Gute Kristalle selten, meist dicktaflig, eingewachsen. Aggregate radialstrahlig, blättrig, taflig. Vorkommen in Kalk- und Kalksilikatgestein. Fundorte: Auerbach/Hessen, Pargas/Finnland, Santa Fé/Mexiko, Kalifornien/USA. Verwendung für Schweißstäbe, feuerfeste Keramik, Mineralfasern (Bergwolle).

Okenit [4]

Chemie: CaH$_2$ [Si$_2$O$_6$] . H$_2$O	Farbe: weiß, gelblich, bläulich
Mohshärte: 5	Strichfarbe: weiß
Dichte: 2,28 bis 2,33	Glanz: Perlmuttglanz
Spaltbarkeit: vollkommen	Transparenz: durchsichtig bis durchscheinend
Bruch: uneben	Kristallsystem: triklin

Kristalle selten, blattförmig-flach. Gewöhnlich derbe, feinstfasrige Aggregate. Vorkommen (als Kontaktmineral) in Basalten. Fundorte: Antrim/Irland, Faröer, Insel Disko/Grönland, Poonah/Indien, Montana/USA.

---

1 Margarit, Chester/Massachusetts/USA   3 Wollastonit, Auerbach a. d. Bergstraße/Hessen
2 Kernit, Kern County/Kalifornien/USA   4 Nadliger Okenit auf Gyrolith, Poonah/Indien

1

2

3

4

Erzbildende Mineralien

Erzbildende Mineralien sind Mineralien, aus denen durch Verhüttungsprozeß Metalle gewonnen werden können. Wirtschaftlich nur von Nutzen, wenn sie gehäuft als Erz in Lagerstätten auftreten.

Erz In der Lagerstättenkunde versteht man unter einem Erz ein Mineralgemenge mit nutzbarem Metallgehalt. Es hat gefügemäßig den Charakter eines Gesteins. Vereinzelt werden auch andere, in der Technik benötigte Rohstoffe als Erz bezeichnet, selbst wenn ihnen der metallische Charakter fehlt.
In der Gesteinskunde dagegen nennt man alle metallischen Gemengteile eines Gesteins Erz.
Die Wissenschaft der Erzkunde unterscheidet streng die Erzmineralien (d. h. erzbildende Mineralien) von den stets aus mehreren Mineralarten zusammengesetzten eigentlichen Erzen.
Viele alte deutsche, von Bergleuten geprägte Mineralnamen führen die Endung -erz, z. B. Chromeisenerz, Federerz, Rotbleierz, Zinnerz. Diese keineswegs konsequente Namengebung bewirkt oft irrige Vorstellungen, weil nicht alle solche Mineralien der heutigen Definition gemäß tatsächlich Bestandteil der Erze und damit von wirtschaftlichem Nutzen sind.

Lagerstätte Natürliche Anhäufung nutzbarer und abbauwürdiger Mineralien bzw. Mineralaggregate.

Namen der Erzmineralien Die Namen der Erzmineralien nehmen Bezug auf den Metallinhalt, auf Farbe, hervorstechende Eigenschaften und anderes. Viele Bezeichnungen wurden vor Jahrhunderten von Bergleuten geprägt. Auch die Einteilung sulfidischer Mineralien in Blenden (Silberblende, Zinkblende), Fahle (Antimonfahlerz, Quecksilberfahlerz), Glanze (Bleiglanz, Kupferglanz) und Kiese (Magnetkies, Schwefelkies) geht auf alten Bergbau zurück.

Schreibweise der Erze Die Schreibweise der Erze, der Erzmineralien und anderer metallischer Mineralien ist of irreführend. Um Verwechslung der Erze mit deutschen Mineralnamen, die auf -erz (z. B. Zinnerz) enden, zu vermeiden, werden bei den folgenden Ausführungen die eigentlichen Erze, d. h. die Mineralansammlungen, durch Bindestrich kenntlich gemacht, z. B. Zinn-Erz. Ohne Bindestrich geschrieben, ist Zinnerz demnach das auch Zinnstein oder Kassiterit genannte Erzmineral. Zinn-Erz dagegen ist ein zinnhaltiges Gestein, ein Erz im lagerstättenkundlichen Sinn.

Klassifizierung der Erzmineralien Die gruppenmäßige Ordnung, eine Klassifizierung der Erzmineralien erfolgt gewöhnlich nach dem Metallgehalt. Wenn ein Mineral in seinem chemischen Aufbau mehrere Metalle umschließt, kann es demgemäß auch verschiedenen Metallarten zugeordnet werden.
Eine Gruppenbildung der Metalle und Metallverbindungen wird in Technik, Industrie und Wirtschaft sehr verschieden gehandhabt.
Im vorliegenden Buch werden die Erzmineralien folgenden Metallgruppen zugeordnet: Edelmetalle, Eisenmetalle (als Oberbegriff für Eisen und Stahlveredler) und Nichteisenmetalle (z. B. Bunt- und Leichtmetalle). Schwefelhaltige Mineralien werden hintangefügt.

Terrassenartiger Erzabbau am Erzberg in Eisenerz/Steiermark/Österreich

Erzlagerstätten

Viele Elemente, so auch die Metalle, sind bei gleichmäßiger Verteilung in der Erdkruste nicht nutzbar. Erst durch Anreicherung in bestimmten Zonen oder Komplexen werden sie gewinnungswürdig. Solch eine abbauwürdige Anhäufung von metallhaltigen Mineralien bzw. Mineralaggregaten nennt man Erz, ihr Vorkommen in der Erdkruste Erzlagerstätte. Nach der Entstehung unterscheiden wir magmatische, sedimentäre und metamorphe Lagerstätten.

Magmatische Lagerstätten

Magmatisch entstandene Lagerstätten sind aus der Gesteinsschmelze der Erdtiefe, dem Magma, hervorgegangen. Beim Erkalten dieser Gesteinsschmelze erfolgt in Abhängigkeit von der Temperatur eine Entmischung und Auskristallisierung des ursprünglich homogenen Materials. Wir unterscheiden liquidmagmatische, pegmatitische, pneumatolytische und hydrothermale Lagerstättenbildung.

Liquidmagmatische Lagerstätten In der Anfangsphase der Abkühlung entstehen bei Temperaturen von 1200–600 °C und vornehmlich basischen Schmelzen die liquidmagmatischen Lagerstätten. Die zuerst auskristallisierten Mineralien wie auch entmischte Teilschmelzen sinken infolge einer schwerebedingten Differentiation durch die übrige Schmelze zum Boden des Magmakörpers.
An Erzmineralien bilden sich gediegene Metalle (Platin), Sulfide (Magnetkies, Kupferkies, Pentlandit) und Oxide (Magnetit, Chromit, Ilmenit).
Bedeutende liquidmagmatische Lagerstätten gibt es in Kiruna/Schweden, bei Nižnij Tagil/Ural/UdSSR, in Sudbury/Ontario/Kanada, im Bushveld/Transvaal/Südafrika.

Pegmatitische Lagerstätten Bei Temperaturen von 600–500 °C bilden sich aus kieselsäurereichen Restschmelzen im Zusammenwirken mit angereicherten, gasartigen, leicht flüchtigen Bestandteilen grobkristalline Gesteinskörper, die Pegmatite. Man findet sie am Rand oder in Hohlräumen des Plutons sowie als Spaltenfüllung in Gängen.
Typische Erzmineralien sind Beryll, Lepidolith und Zinnwaldit, Zirkon und Titanit, Kassiterit, Wolframit und Molybdänglanz.
Der Pegmatit-Körper von Hagendorf/Oberpfalz gehört zu den größten Bildungen seiner Art in ganz Europa.

Pneumatolytische Lagerstätten Verbleibende Gasgemische eines sonst schon weitgehend auskristallisierten Magmenkörpers (vornehmlich eines Granitplutons) dringen bei Temperaturen von 500–400 °C in Spalten des Nachbargesteins wie auch in Klüfte des schon stark abgekühlten Plutons, kristallisieren aus und bilden Gänge, bei porenreichem Nebengestein auch Imprägnationen.
Charakteristische Erzvertreter sind Kassiterit, Zinnwaldit und Wolframit sowie Molybdänglanz und Pyrit.
Zu diesem Bildungstyp gehören die Zinn-Erzlagerstätten aus dem sächsisch-böhmischen Erzgebirge, von Malaysia und Bolivien, dann die Wolfram-Lagerstätten von Korea, Birma und Indonesien, schließlich die Molybdän-Lagerstätte von Climax/Colorado/USA.
Kontaktpneumatolytische Verdrängungslagerstätten, eine Abart pneumatolytischer Lagerstätten, entstehen durch Reaktion der heißen Gase mit dem Nebengestein, wobei dort vorhandene Mineralien verdrängt, d.h. durch andere (z.B. Wolframit und Scheelit) ersetzt werden.

Hydrothermale Lagerstätten Bei Temperaturen von 400–0 °C scheiden sich infolge Temperatur- und Druckerniedrigung in Warmwassern gelöste Substanzen ab und bilden Metallanreicherungen, hydrothermale Lagerstätten. Nach der Art der Entstehung werden hydrothermale Erzgänge, hydrothermale Verdrängungslagerstätten (durch Austausch von Mineralien, sog. Metasomatose) und hydrothermale Imprägnationen unterschieden.

Die Anzahl der hydrothermal entstandenen Lagerstätten, der Erzmineralien und der Paragenesen ist sehr groß. Charakteristisch sind Metallanreicherungen von Antimon, Blei, Gold, Kobalt, Kupfer, Quecksilber, Silber, Zink.

Zu den hydrothermal gebildeten Lagerstätten gehören die Siderit-Erze des Siegerlandes in Nordrhein-Westfalen, der Erzberg in der Steiermark, Bingham/Utah/USA wie auch Tsumeb/Namibia und Trepča/Jugoslawien.

Vulkanische Lagerstätten Die magmatisch genannten Lagerstätten sind überwiegend plutonisch, d. h. auf den in der Tiefe liegenden Magmenkörper bezogen. Ihnen stehen die vulkanisch bedingten Bildungen gegenüber. Gelegentlich stellen diese aber auch Übergänge sowohl zu den plutonischen als auch zu den sedimentären Lagerstätten dar.

Zu den vulkanischen Lagerstätten zählen subvulkanische, d. h. tiefvulkanische Bildungen, untermeerisch und oberirdisch vulkanische Exhalationen sowie die postvulkanischen Thermen, die heißen Quellen.

Charakteristische Erzmineralien sind Gold- und Silbermineralien, Hämatit und Pyrit wie auch Schwefel. Eine der bedeutendsten Erzlagerstätten der Welt, der Comstock-Lode in Nevada/USA ist subvulkanischer, die Eisen-Erzlagerstätte des Lahn-Dill-Reviers in Hessen submarin-vulkanischer Entstehung.

Sedimentäre Lagerstätten

Sedimentäre Lagerstätten entstehen bei der Verwitterung von Gesteinen, durch Vermittlung des Wassers oder durch chemische Vorgänge unter bestimmten Klimabedingungen. Der Temperaturbereich der sedimentären Erzbildung beginnt bei einigen Grad unter dem Gefrierpunkt und reicht bis etwa 70 °C.

Seifen- und Trümmererz-Lagerstätten Unter Mitwirkung von Wasser und Wind werden metallische Mineralien auf Grund ihrer Verwitterungsbeständigkeit und ihrer hohen Dichte in Sanden und Kiesen zu Metallkonzentrationen, den Seifen, angereichert. Nach Mineralführung unterscheiden wir Chromit-, Gold-, Ilmenit-, Kassiterit-, Magnetit-, Monazit- und Platinseifen.

Bedeutende Goldseifen gibt es an der oberen Lena/UdSSR. Verfestigte Seifen sind die Gold-Lagerstätten von Witwatersrand bei Johannesburg/Südafrika. Strandseifen, durch Strömung und Wellenschlag verursacht, finden sich in Indien, Brasilien, Carolina/USA. Auch die Trümmererz-Lagerstätte von Peine-Ilsede/Niedersachsen ist (vor 100 Millionen Jahren) im Bereich einer Brandungszone entstanden. Goldseifen wurden bis vor 100 Jahren auch in Flüssen Europas ausgebeutet.

Lagerstätten der Oxidations- und Zementationszone Zutage tretende Erzkörper unterliegen im obersten Bereich der Verwitterung. Hier bildet sich eine mit Eisen stark angereicherte, an Edelmetallen verarmte Oxidationszone, von den Bergleuten »Eiserner Hut« genannt. Die Hut-Erze sind porös, oberflächlich zerfressen und von brauner bis schwarzer Farbe. Manchmal deuten grüner Malachit und tiefblauer Azurit auf die Oxidationszone hin. Wegen der leichten Zugänglichkeit wurden diese Lagerstätten früher bevorzugt abgebaut. Sie sind daher fast restlos verschwunden.

Die in der Oxidationszone gelösten Verbindungen werden mit dem Sickerwasser bis zum Grundwasser geführt und hier ausgefällt. Diese Mineralanreicherung, Zementationszone genannt, enthält insbesondere sulfidische Erze des Kupfers (Kupferglanz, Covellin, Kupferkies, Bornit) und des Silbers (Akanthit), aber auch gediegen Kupfer, Silber und Gold.

Verwitterungslagerstätten Obwohl alle sedimentären Lagerstätten irgendeine Beziehung zu Verwitterungsvorgängen haben, versteht man unter Verwitterungslagerstätten (im engeren Sinne) nur jene Mineralanreicherungen, die eine deutliche Abhängigkeit von bestimmten Klimaten aufweisen.

In Trockenzonen (arides Klima) werden Schwermetallverbindungen von Kupfer, Kobalt, Blei, Vanadium und Uran ausgeschieden. Im feuchten, humiden Klimabereich entstehen Bauxite und Limonite, letztere gelegentlich in der Form der Bohnerze und als Raseneisenerz.

Marine Lagerstätten Hierunter sind nicht etwa die heutzutage in den Ozeanen vorhandenen Lagerstätten gemeint, sondern die im Meer gebildeten Metallanhäufungen.

Oolithische Eisen-Erze entstehen im Flachmeerbereich durch festländische eisenhaltige Lösungen. Die durch das Meerwasser elektrolytisch ausgefällten Eisenverbindungen legen sich schalenförmig um irgendwelche Kerne und bauen Kügelchen von einem halben Millimeter bis zu Erbsengröße auf, die sich schließlich am Meeresboden ansammeln. Die Minette-Erze von Lothringen-Luxemburg sind solche Oolith-Bildungen [Nr. 4, S. 295]. Bedeutende Lagerstätten gibt es auf Neufundland/Kanada, in Alabama/USA, auf der Halbinsel Kertsch/UdSSR. Oolithische Mangan-Erze finden sich in der Ukraine und im Kaukasus/UdSSR.

Durch Ausfällung von Schwermetallverbindungen ebenso im Meer sind die mineralreichen Mansfelder Kupferschiefer im Harzvorland/DDR entstanden.

Metamorphe Lagerstätten

Durch Metamorphose (S. 304) entwickeln sich keine neuen Lagerstätten. Es werden lediglich schon vorhandene magmatische oder sedimentäre Erzansammlungen durch Mineralneubildungen, Auflösung und Vergröberung von Gemengteilen wie auch das Gefüge der Erze selbst verändert.

Solch metamorphe Umbildung haben erfahren: die Kupfer-Erzlagerstätten von Outukumpu/Finnland, die Skarn-Erze in Mittelschweden, die Erzlager von Kriwoi Rog/Ukraine, die Itabirit-Erze von Brasilien, die Taconit-Erze vom Oberen See/USA.

Formen der Erzkörper

Die Erzkörper haben nach Art der Entstehung, nach Aufbau und Gesteinsgefüge verschiedenartigste Formen.

Flöz Plattige Erzansammlung mit geringer Dicke (Mächtigkeit), großer Längen- und Breitenausdehnung. Sind immer sedimentären Ursprungs und den Schichten der Erdkruste meist parallel (konkordant) eingelagert. Die ursprünglich horizontale Schichtung kann durch gebirgsbildende Vorgänge verändert (gestört) werden.

Lager Ein Erzkörper, der im Verhältnis zur Flächenausdehnung eine relativ große Mächtigkeit besitzt.

Gang Tektonisch aufgebrochene und mit Erzen ausgefüllte Spalte. Der Ganginhalt ist stets jünger als das Nebengestein. Der im Volksmund synonym gebrauchte Ausdruck Ader gilt in der Bergmannsprache nur für sehr kleine Gänge. Bei einer Ansammlung von Gängen spricht man von Gangsystem.

Linse Linsenartig nach außen abflachender Erzkörper.

Schliere Länglich gestreckter, nicht sehr großer Erzkörper mit erkennbarem Fließgefüge.

Nest Kleiner, unregelmäßig geformter Erzkörper in fremder Umgebung.

Stock Kurzer, mächtiger und unregelmäßig begrenzter Erzgang.

Stockwerk Massiger Erzkörper mit netzartig durchzogenen, kleinen Erzgängen, ohne scharfe Abgrenzung gegen das Nebengestein.

Imprägnation Diffus verteiltes Erz in den Poren eines Gesteins.

Seife Anhäufung von schwereren und widerstandsfähigeren Mineralien in Sanden und Kiesmaterial. Je nach dem Ort oder der Art der Entstehung unterscheidet man fluviale, marine und Strandseifen.

Bauwürdigkeit der Erzlagerstätten

Die Bauwürdigkeit einer Erzlagerstätte ist von vielen Faktoren abhängig, wie Zusammensetzung des Erzes, Gesamtvorrat, Abbaumöglichkeit, Leistungsfähigkeit der Aufbereitung, Verkehrslage, Investitionskosten und Marktsituation. Sie kann sich im Laufe der Zeit ändern. So werden heutzutage alte Abraumhalden wegen neuer Aufbereitungsmethoden und der gestiegenen Rohstoff-Verkaufspreise teilweise wieder aufgearbeitet.

Ziel bei einem modernen Abbau ist es, möglichst viele der verschiedenen in einem Erz enthaltenen Mineralien nutzbringend zu gewinnen. Aus dem abgebauten Roh-Erz werden im allgemeinen Erzkonzentrate bereitet, die dann der Verhüttung zugeführt werden können.

Wie die Bauwürdigkeit einer Lagerstätte von der angereicherten Metallmenge abhängig ist, zeigt die folgende Tabelle (nach G. Wagner, 1960). Naturgemäß kann eine solche Zusammenstellung nur ein grober, schematischer Überblick sein.

Bauwürdigkeit von Erzlagerstätten

Metall	Durchschnitt in der Erdrinde		Mindestgehalt		Anreicherungsfaktor
	g/t	%			
Aluminium	81 300	8,13	30	%	3,7 mal
Eisen	50 000	5,00	25	%	5 mal
Mangan	1 000	0,10	35	%	350 mal
Chrom	200	0,02	30	%	1500 mal
Nickel	80	0,008	1,5	%	188 mal
Zink	80	0,008	4	%	500 mal
Kupfer	70	0,007	1	%	140 mal
Zinn	40	0,004	1	%	250 mal
Blei	16	0,0016	4	%	2500 mal
Silber	0,1	0,00001	500	g/t	5000 mal
Gold	0,005	0,0000005	5	g/t	1000 mal

Mineralien der Edelmetall-Erze

Zu dieser Gruppe gehören Silber-, Gold- und Platin-Erzmineralien.

Silber gediegen [2]

Chemie: Ag	Farbe: weiß, grau, bräunlich, schwarz anlaufend
Mohshärte: 2½–3	Strichfarbe: weiß
Dichte: 9,6–12,0	Glanz: Metallglanz
Spaltbarkeit: keine	Transparenz: durchscheinend bis undurchsichtig
Bruch: hakig, dehnbar	Kristallsystem: kubisch

Kristalle würflig, selten. Meist derbe Massen, Klumpen, dendritisch, drahtförmig. Vorkommen in Klüften und Drusen, gelegentlich in Seifen. Fundorte: Kongsberg/Norwegen, Joachimsthal/CSSR, Colorado/USA, Cobalt/Kanada, Huanchaca/Bolivien, Broken Hill/Australien. Silber wird benötigt in Metallurgie, Elektrotechnik, Fotoindustrie, für Münzen und Schmuck.

Proustit [1] Lichtes Rotgültigerz

Chemie: $Ag_3 As S_3$	Farbe: zinnoberrot
Mohshärte: 2½	Strichfarbe: zinnoberrot
Dichte: 5,57	Glanz: Diamantglanz
Spaltbarkeit: vollkommen	Transparenz: durchscheinend bis undurchsichtig
Bruch: muschlig, spröde	Kristallsystem: trigonal

Kristalle prismatisch, pyramidal. Aggregate dendritisch, derb, als Anflug. Dunkelt bei Lichteinwirkung schnell nach. Vorkommen auf Erzlagerstätten. Fundorte: Wittichen/Schwarzwald, St. Marie aux Mines/Elsaß, Cobalt/Kanada, Chanarcillo/Chile, Colorade und Arizona/USA. Wichtiges Silber-Erz.

Pyrargyrit [3, 5] Dunkles Rotgültigerz $Ag_3Sb S_3$

Ähnlich Proustit. Unterschiede: Pyrargyrit härter (2½–3), Dichte höher (5,85), Spaltbarkeit unvollkommen, Farbe dunkelrot, Strichfarbe kirschrot.

Argentit [4, 6] Silberglanz

Chemie: AgS	Farbe: bleigrau bis schwarz
Mohshärte: 2–2½	Strichfarbe: grau
Dichte: 7,2–7,4	Glanz: Metallglanz, matt anlaufend
Spaltbarkeit: unvollkommen	Transparenz: undurchsichtig
Bruch: muschlig, uneben	Kristallsystem: kubisch und monoklin

Zwei Modifikationen: der kubische Argentit i.e.S. und der monokline Akanthit. Argentit-Kristalle sind würflig, Akanthit-Kristalle prismatisch, taflig. Aggregate beider Modifikationen derb, draht- und blechförmig. Vorkommen in Ganglagerstätten. Fundorte: Norwegen, Mexiko, Utah/USA. Wichtiges Silber-Erz.

Silberglanz   Oberbegriff von Argentit und Akanthit oder Synonym zu Argentit.
Silberschwärze   Rußartiger Anflug auf Argentit.

---

1 Proustit, Erzgebirge/Sachsen
2 Silber gediegen, Batopilas/Mexiko
3 Pyrargyrit, Quiruvilca/Peru

4 Argentit, Oberschlema/Erzgebirge/Sachsen
5 Dunkles Rotgültigerz, Sonora/Mexiko
6 Argentit und Calcit, Příbram/Böhmen/CSSR

Die Abbildungen sind gegenüber den Originalen um etwa 50% vergrößert

Sperrylith [1]

Chemie: PtAs$_2$	Farbe: zinnweiß
Mohshärte: 6–7	Strichfarbe: grauschwarz
Dichte: 10,58	Glanz: Metallglanz
Spaltbarkeit: unvollkommen	Transparenz: undurchsichtig
Bruch: muschlig, spröde	Kristallsystem: kubisch

Nur kleine Kristalle, eingewachsen. Sehr wichtiges Platin-Mineral.

Platin gediegen [2] Pt

Kristalle sehr selten, meist unregelmäßige Körner. Farbe und Strichfarbe stahlgrau bis silberweiß. Dichte 14–19, Mohshärte 4–4½, Metallglanz.

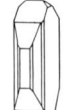

Sylvanit [3] Schrifterz AuAgTe$_4$

Kristalle klein, eingesprengt, flache gestrickte Skelette. Farbe und Strichfarbe grau mit gelblichem Stich. Dichte 8,0–8,3, Mohshärte 1½–2, Metallglanz. Wichtiges Gold-Silber-Tellurid.

Gold gediegen [4, 5] Au

Kristalle selten, meist derbe Massen, Körner, Klumpen, blechförmig. Farbe und Strichfarbe gold- bis messinggelb. Dichte 15,5–19,3 Mohshärte 2½–3. Wichtigstes Gold-Erz. Bedeutende Förderländer: Südafrika, UdSSR, Kanada.

Nugget [4, 2] Gold- oder Platinklumpen von Seifenlagerstätten.
Berggold Gold auf primärer Lagerstätte, gewöhnlich mit Silbergehalt.
Seifengold Gold auf Seifenlagerstätte, d. h. in sekundärer Lagerung.
Elektrum Gold mit einem Silberanteil von 15–50%.

Petzit [6] Ag$_3$Au Te$_2$

Keine Kristalle, stets derb. Farbe stahlgrau bis eisenschwarz, Strichfarbe grau. Dichte 8,7–9,2, Mohshärte 2½–3. Seltenes Silber- und Gold-Erz.

Stephanit [7] 5 Ag$_2$ S · Sb$_2$ S$_3$

Kurzprismatische oder dicktaflige Kristalle, selten derb. Farbe bleigrau bis schwarz, Strichfarbe schwarz. Dichte 6,2–6,4, Mohshärte 2–2½. Metallglanz; matt, wenn angelaufen. Örtlich wichtiges Silber-Erz.

Chlorargyrit [8] Kerargyrit, Chlorsilber, Hornsilber AgCl

Kristalle klein, selten. Meist hornartige Massen; farblos, am Licht bald bräunlich bis schwarz. Strichfarbe weiß. Frisch Diamantglanz, später wachsartig und matt. Dichte 5,5–5,6, Mohshärte 1½–2. Örtlich wichtiges Silber-Erz.

Polybasit [9] (Ag,Cu)$_{16}$ · Sb$_2$S$_{11}$

Kurzprismatische, taflige Kristalle, auch derbe Massen. Farbe grauschwarz, in dünnen Splittern tiefrot, Strichfarbe schwarz bis tiefrot. Dichte 6,0–6,2, Mohshärte 1½–2. Metallglanz. Lokal wichtiges Silber-Erz.

---

1 Sperrylith, zinnweiße Einsprenglinge, Sudbury/Ontario/Kanada	5 Gold auf Quarz, Simbabwe
2 Platin-Nugget, Ural	6 Petzit (grau) mit Gold, Colorado/USA
3 Sylvanit, grau und gelb angelaufen, USA	7 Stephanit mit gediegen Silber, Aue/Sachsen
4 Gold-Nugget, Tipuani/Bolivien	8 Chlorargyrit (braun) mit Malachit, USA
	9 Polybasit mit Pyrit, Sonora/Mexiko

Die Abbildungen sind gegenüber den Originalen um etwa 50% vergrößert

Mineralien der Eisenmetall-Erze

Zu dieser Gruppe gehören die Erzmineralien des Eisens. Darüber hinaus zählen alle jene Mineralien dazu, deren Legierungsmetalle die Qualität des Eisens verbessern, die sog. Stahlveredler.

Eisen-Erzmineralien

Hauptvertreter sind Chamosit, Goethit, Hämatit, Lepidokrokit, Magnetit, Siderit, Thuringit. – Die Verwendung des Eisens ist bekannt.

Magnetit [1] Magneteisenerz

Chemie: Fe_3O_4	Farbe: eisenschwarz
Mohshärte: 5½	Strichfarbe: schwarz
Dichte: 5,2	Glanz: Metallglanz, matt
Spaltbarkeit: unvollkommen	Transparenz: undurchsichtig
Bruch: muschlig, spröde	Kristallsystem: kubisch

Kristalle ein- und aufgewachsen, Oktaeder, Rhombendodekaeder. Derb eingesprengt, körnige bis dichte Aggregate. Stark magnetisch. Vorkommmen als Nebengemengteil in vielen Gesteinen. Selbständige intramagmatische und sedimentäre Lagerstätten. Fundorte: Lahn-Dill-Gebiet/Hessen, Lothringen/Frankreich, Kirunavaare, Gellivaara, Grängesberg, Taberg/Schweden, Otanmäki/Finnland, Transvaal/Südafrika, Minnesota, Wyoming/USA, Ural/UdSSR. Wichtiges und verbreitetstes Eisen-Erz.

Hämatit [2–4]

Chemie: Fe_2O_3	Farbe: grauschwarz, rotbraun, bunt anlaufend
Mohshärte: 6–6½	Strichfarbe: rot bis rotbraun
Dichte: 5,2–5,3	Glanz: Metallglanz, matt
Spaltbarkeit: keine	Transparenz: undurchsichtig
Bruch: muschlig, spröde	Kristallsystem: trigonal

Kristalle ein- und aufgewachsen, dipyramidal, würflig, rhomboedrisch, taflig. Aggregate körnig, dicht schuppig, radialstrahlig, erdig. Vorkommen als Nebengemengteil in vielen Gesteinen. Selbständige Lagerstätten intramagmatisch, sedimentär, metamorph. Oolithe [Nr. 4, S. 295], Itabirite und Eisenglimmerschiefer sind »Eisengesteine«. Fundorte: Lahn-Dill-Gebiet, Kirunavaare, Grängesberg/Schweden, Elba/Italien, Krivoi Rog, Ural/UdSSR, Minas Gerais/Brasilien, Minnesota/USA. Sehr wichtiges Eisen-Erz.

Eisenglanz [2] (Specularit)   Grobkristalliner Hämatit, grauschwarz, Metallglanz.
Eisenrose [3]   Eisenglanz-Varietät mit rosettenartigen Kristalltafeln.
Eisenglimmer   Eisenglanz-Varietät als dünnblättriges Aggregat.
Roteisenerz   Dichte Hämatit-Varietät, rot bis rotbraun, meist ohne Glanz.
Roter Glaskopf [4]   Roteisenerz mit glaskopfartiger, glatter Oberfläche.
Blutstein   Dichte Roteisenerz-Varietät. Gelegentlich Schmuckstein.
Rötel   Erdig-pulvrige Roteisenerz-Varietät. Farbrohstoff.

---

1 Magnetit in Chloritschiefer, Tirol/Österr.
2 Hämatit, Rio Marina/Elba/Italien
3 Eisenrose, Fibbia/Tessin/Schweiz
4 Roter Glaskopf, Cumberland/England

Limonit [1, 2] Brauneisenerz

Ein Gemenge verschiedener Mineralien, überwiegend Goethit. Vorkommen in fast allen Böden, in Oxidationszonen von Erzlagerstätten. Fundorte: Salzgitter/ Niedersachsen, Lothringen, Luxemburg. Wichtiges Eisen-Erz.

Brauneisenerz Synonym zu Limonit oder formlose pulvrige Ausbildung.
Brauner Glaskopf [1] Nierige Form des Limonits; schwarze glatte Oberfläche.
Brauneisenoolith Rogenartige Limonitkügelchen [Nr. 4, S. 295].
Bohnerz Bohnengroße Limonitkonkretionen in Vertiefungen von Kalkgestein.
Raseneisenerz Unförmige, oft zellige Limonitmasse mit Pflanzenumkrustungen.
See-Erz Limonitausscheidungen in flachen Seen, ähnlich dem Raseneisenerz.
Ocker Gelbbraune Limonitmasse mit unterschiedlichen Beimengungen.

Goethit [4] Nadeleisenerz

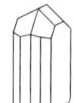

Chemie: Fe HO$_2$	Farbe: schwarz, braun, gelblich
Mohshärte: 5–5½	Strichfarbe: braun
Dichte: 3,8–4,3	Glanz: Diamant-, Seidenglanz, matt
Spaltbarkeit: vollkommen	Transparenz: durchscheinend bis undurchsichtig
Bruch: uneben, spröde	Kristallsystem: rhombisch

Kristalle klein, prismatisch, nadlig. Strahlige Aggregate, derb, dicht, pulvrig. Vorkommen in Limonit. Fundorte und Verwendung siehe bei Limonit.

Nadeleisenerz Synonym zu Goethit oder Name für aufgewachsenen Goethit.
Samtblende [4] Braune kuglige Aggregate mit kurzen Goethit-Nadeln.

Lepidokrokit Rubinglimmer

Eigenschaften ähnlich Goethit. Vorkommen auch gemeinsam in Limonit.

Siderit [3] Eisenspat, Spateisenstein

Chemie: Fe CO$_3$	Farbe: gelblich, braun, schwarz, bunt anlaufend
Mohshärte: 4–4½	Strichfarbe: weiß, braun, schwarz
Dichte: 3,7–3,9	Glanz: Glas-, Perlmuttglanz
Spaltbarkeit: vollkommen	Transparenz: durchscheinend bis undurchsichtig
Bruch: muschlig, spröde	Kristallsystem: trigonal

Rhomboedrische Kristalle. Aggregate derb spätig, feinkörnig, oolithisch. Vorkommen in Gängen und Lagen. Fundorte: Siegerland, Erzberg/Steiermark, Hüttenberg/Kärnten, Lothringen, Bilbao/Spanien. Wichtiges Eisen-Erz.

Chamosit [5]

Chemie: (Fe, Mg, Al)$_6$[(OH)$_2$|(Si, Al)$_4$O$_{10}$]	Farbe: grüngrau bis schwarz
Mohshärte: 2–3	Strichfarbe: grüngrau
Dichte: 3,0–3,4	Glanz: Glasglanz, matt
Spaltbarkeit: sehr vollkommen	Transparenz: undurchsichtig
Bruch: uneben	Kristallsystem: monoklin

Körnige, dichte, oolithische Massen. Vorkommen in Eisen-Erzen. Fundorte: Uri/Schweiz, CSSR, Lothringen, Bretagne/Frankreich. Wichtiges Eisen-Erz.

---

1 Brauner Glaskopf, Waldsassen/Oberpfalz
2 Limonit, Auerbach/Oberpfalz
3 Siderit, Eisenerz/Steiermark
4 Samtblende-Goethit, San Antonio/ Chihuahua/Mexiko
5 Chamosit, Nucic/Böhmen

Mangan-Erzmineralien

Hauptvertreter sind Hausmannit, Manganit, Psilomelan, Pyrolusit Rhodochrosit, Rhodonit. – Mangan wird für Ferromangan und Spiegeleisen benötigt.

Pyrolusit [1] Weichmanganerz

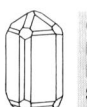

Chemie: Mn O_2	Farbe: eisengrau bis dunkelgrau
Mohshärte: Kristalle 6½, derb 2–6	Strichfarbe: schwarz
Dichte: 4,5–5,0	Glanz: Metallglanz, matt
Spaltbarkeit: vollkommen	Transparenz: undurchsichtig
Bruch: uneben, spröde	Kristallsystem: tetragonal

Kristalle prismatisch, selten und klein. Meist traubige, glaskopfig radialstrahlige Aggregate, auch erdige und oolithische Massen. Gewöhnlich leicht abfärbend. Vorkommen in selbständigen sedimentären Lagerstätten oder als Nebenprodukt auf anderen Mangan-Lagerstätten. Fundorte: Siegerland, Hunsrück, Ukraine/UdSSR, Minas Gerais/Brasilien, Arkansas/USA. Wichtiges Mangan-Erz.

Weichmanganerz Synonym zu Pyrolusit oder Bezeichnung für die erdige Ausbildung des Pyrolusits. Auch Name für pyrolusit-ähnliche Erzmineralien.
Polianit Veralteter Name für die Kristallbildungen des Pyrolusits.
Wad [2] Erdige bis pulvrige Varietät des Pyrolusits.

Manganknollen [3]
Konzentrisch um einen Kern gewachsene Knollen von 2–5 cm Durchmesser, verbreitet auf dem Meeresboden in 4000–6000 m Tiefe. Es sind Erzknollen mit einem Mangangehalt bis zu 40% (daher Name). Kupfer, Nickel, Kobalt und Zink sind mit 0,2–1% vertreten.

Psilomelan [4] Hartmanganerz

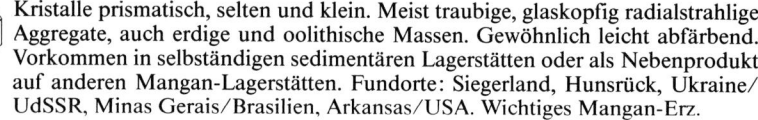

Chemie: $(Ba, H_2O)_2 Mn_5O_{10}$	Farbe: schwarz, schwarzbraun
Mohshärte: 4–6	Strichfarbe: schwarz, braun
Dichte: 4,7	Glanz: Metallglanz, matt
Spaltbarkeit: keine	Transparenz: undurchsichtig
Bruch: uneben, spröde	Kristallsystem: monoklin

Kristalle unbekannt. Feinkörnig-dichte Massen, strahlig, auch erdig. Vorkommen in der Oxidationszone manganhaltiger Erzlagerstätten. Fundorte: Schwarzwald, Sachsen/DDR, Kaukasus, Ukraine/UdSSR. Wichtiges Mangan-Erz. Die sog. Dendriten [Nr. 3, S. 281] sind feinstkristalliner Psilomelan.
Psilomelan ist seltener als bisher angenommen. Andere Mangan-Mineralien, wie Coronadit, Hollandit, Kryptomelan, sind neuerdings wichtiger als Psilomelan.

Schwarzer Glaskopf [4] Wulstig, traubig, nierig und radialstrahlig aufgebautes Aggregat aus Psilomelan. Glatte, wie poliert aussehende Oberfläche.
Hartmanganerz Synonym zu Psilomelan oder Sammelbegriff für ähnlich kompakte Mangan-Mineralien wie Psilomelan.
Manganomelan Gruppenname für mikrokristalline Mangan-Mineralien, die bisher im Bergbau als Hartmanganerz bezeichnet wurden. Gelegentlich auch als Synonym zu Psilomelan verwendet.

---

1 Pyrolusit, Kalifornien/USA
2 Wad, Bieber bei Gießen/Hessen

3 Manganknollen, Pazifik, 4000 m Tiefe
4 Psilomelan, Raubach/Westerwald

Rhodochrosit [1, 2] Manganspat, Himbeerspat

Chemie: Mn CO_3	Farbe: rosarot, braun, schwarz
Mohshärte: 3½–4	Strichfarbe: weiß
Dichte: 3,3–3,6	Glanz: Glasglanz
Spaltbarkeit: vollkommen	Transparenz: durchscheinend
Bruch: uneben, spröde	Kristallsystem: trigonal

Rhomboedrische Kristalle, selten und meist klein, häufig sattelförmig gekrümmt, in Drusen aufgewachsen. Aggregate derb körnig, spätig, dicht, radialstrahlig und glaskopfig, auch Krustenüberzüge und Rinden. Vorkommen auf Ganglagerstätten, in Stöcken und lagig-sedimentär. Fundorte: Elbingerode/Harz, Siebenbürgen/Rumänien, Las Cabesses/Pyrenäen/Frankreich, Huelva/Spanien, Cripple Creeck/Colorado/USA. Lokal wichtiges Mangan-Erz.
Schönfarbige rosarote Ausbildungen [1] mit Hell-Dunkel-Lagen und gezacktem Schichtenverlauf werden als Schmuck- und Ornamentstein verwendet. Wichtigstes Vorkommen in Argentinien bei San Luis, östlich von Mendoza. Hier hat sich in verlassenen Silberminen der Inkas seit dem 13. Jahrhundert der Rhodochrosit stalagmitisch entwickelt.

Manganit [3]

Chemie: MnO OH	Farbe: braunschwarz, grau
Mohshärte: 4	Strichfarbe: dunkelbraun, schwarz
Dichte: 4,3–4,4	Glanz: Metallglanz
Spaltbarkeit: vollkommen	Transparenz: durchscheinend bis undurchsichtig
Bruch: uneben, spröde	Kristallsystem: monoklin

Langprismatische Kristalle mit senkrechter Parallelstreifung, häufig Durchkreuzungszwillinge. Aggregate radial- und wirrstrahlig, auch oolithisch, selten körnig. In frischem Zustand sind Kristalle und Aggregate braunschwarz und zeigen dunkelbraune Strichfarbe. Angewittert (d.h. in Pyrolusit übergeführt) ist die Farbe stahlgrau und die Strichfarbe schwarz. Vorkommen auf Mangan-Erzgängen in Magmatiten und auch anderen Lagerstätten. Fundorte: Ilfeld/Harz, Cornwall/England, Nikopol/Ukraine/UdSSR.
Wegen seines hohen Mangangehalts von über 60% ist Manganit ein wichtiges Mangan-Erzmineral. Da die Vorkommen jedoch mengenmäßig beschränkt sind, hat Manganit heutzutage nurmehr eine untergeordnete Bedeutung.

Hausmannit [4]

Chemie: Mn_3O_4	Farbe: eisenschwarz, bräunlicher Stich
Mohshärte: 5½	Strichfarbe: rötlichbraun
Dichte: 4,7–4,8	Glanz: Metallglanz
Spaltbarkeit: vollkommen	Transparenz: undurchsichtig
Bruch: uneben, spröde	Kristallsystem: tetragonal

Kristalle dipyramidal, oft horizontal gestreift, häufig verzwillingt, gewöhnlich aufgewachsen. Aggregate derbkörnig bis feinkörnig-dicht, spätig. Vorkommen auf Manganlagerstätten als Nebenbestandteil, keine selbständigen Lagerstätten. Fundorte: Ilfeld/Harz, Langban/Schweden, Ural/UdSSR. Da nicht häufig verbreitet, wirtschaftlich ohne Bedeutung.

---

1 Rhodochrosit, San Luis/Argentinien   3 Manganit, Ilfeld/Harz
2 Rhodochrosit mit Bergkristall, Sachsen   4 Hausmannit, Langban/Schweden

Molybdän-Erzmineralien

Zu den Molybdän-Erzmineralien gehören Molybdänglanz, Molybdit, Ferrimolybdit, Powellit und Wulfenit. – Molybdän wird für Spezialstähle verwendet, um die Eigenschaften (insbesondere Korrosionsbeständigkeit, Zähigkeit und Festigkeit bei Erwärmung) zu verbessern. Daneben in chemischer Industrie, in Elektrotechnik und als Schmiermittel bei hohen Temperaturen eingesetzt.

Molybdänglanz [1, 3] Molybdänit

Chemie: Mo S_2	Farbe: bleigrau mit violettem Stich
Mohshärte: 1–1½	Strichfarbe: dunkelgrau, verrieben lauchgrün
Dichte: 4,7–4,8	Glanz: Metallglanz
Spaltbarkeit: sehr vollkommen	Transparenz: undurchsichtig
Bruch: unelastisch biegsam	Kristallsystem: hexagonal

Sechsseitige, flache Kristalle, selten und gewöhnlich nicht gut ausgebildet. Aggregate krummblättrig-schuppig, gelegentlich dicht. Fühlt sich fettig an, färbt ab. Vorkommen eingesprengt und in Gängen, häufig in Granitgestein. Nebengemengteil in vielen Lagerstätten. Kaum in größerer Menge. Fundorte: Moss/ Norwegen, Cornwall/England, Britisch Columbia/Kanada, Climax/Colorado/ USA, Queensland/Australien. Wichtigstes Molybdän-Erz.

Molybdänocker [2]

Molybdänocker wird teils als Synonym zu Molybdit verstanden, teils aber auch als Oberbegriff für eine Reihe von Verwitterungsprodukten der Molybdänmineralien, insbesondere von Molybdit und Ferrimolybdit.

Molybdit

Chemie: Mo O_3	Farbe: grüngelb, orange, braun
Mohshärte: 2	Strichfarbe: gelblich, bräunlich
Dichte: 4,0–4,5	Glanz: Seidenglanz, matt
Spaltbarkeit: unvollkommen	Transparenz: undurchsichtig
Bruch: uneben	Kristallsystem: rhombisch

Mikrokristalline Aggregate, eingesprengt, fasrig, Überzüge. Vorkommen in Quarz mit Molybdänglanz. Fundorte: Buena Vista, Climax/Colorado/USA.

Wulfenit [4] Gelbbleierz

Chemie: Pb Mo O_4	Farbe: gelborange, grau, farblos
Mohshärte: 3	Strichfarbe: weiß
Dichte: 6,7–6,9	Glanz: Harz-, Diamantglanz
Spaltbarkeit: unvollkommen	Transparenz: durchsichtig bis durchscheinend
Bruch: uneben, muschlig, spröde	Kristallsystem: tetragonal

Kristalle gewöhnlich taflig, daneben pyramidal und kurzsäulig, meist auf Blei-Erz aufgewachsen. Aggregate derb, dicht, selten, bilden kristalline Krusten, zellig-löchrige Massen. Vorkommen in Oxidationszonen von Blei-Erzlagerstätten. Fundorte: Bleiberg/Kärnten, Mežica/Jugoslawien, Příbram/ČSSR, Tsumeb/ Namibia, Utah, Arizona/USA. Örtlich als Molybdän-Erz von Bedeutung.

---

1 Molybdänglanz in Quarz, Nevada/USA   3 Molybdänglanz auf Quarz, Australien
2 Molybdänocker auf Quarz, Norwegen   4 Wulfenit, Mežica/Jugoslawien

Nickel-Erzmineralien

Die wichtigsten Mineralien sind Chloanthit, Garnierit, Nickelin und Pentlandit.
– Nickel wird zur Herstellung von rostfreiem Stahl, für Legierungen mit Eisen und Buntmetallen, zum Vernickeln und als Katalysator benötigt.

Chloanthit [1]

Chemie: (Ni, Co) As_3	Farbe: zinnweiß, stahlgrau, dunkelgrau
Mohshärte: 5½	Strichfarbe: grauschwarz
Dichte: 6,4–6,6	Glanz: Metallglanz
Spaltbarkeit: keine	Transparenz: undurchsichtig
Bruch: uneben, spröde	Kristallsystem: kubisch

Würflige Kristalle. Aggregate derb, dicht, eingesprengt, nierig, grüne Anflüge. Vorkommen auf Kupfer-Nickel-Lagerstätten. Fundorte: Erzgebirge, Wittichen/ Schwarzwald, Dauphiné/Frankreich, Marokko, Kanada. Wichtiges Nickel-Erz.

Pentlandit [2] Eisennickelkies

Chemie: (Ni, Fe)$_9$ S_8	Farbe: bronzegelb, tabakbraun
Mohshärte: 3½–4	Strichfarbe: schwarz
Dichte: 4,6–5,0	Glanz: Metallglanz
Spaltbarkeit: vollkommen	Transparenz: undurchsichtig
Bruch: muschlig, spröde	Kristallsystem: kubisch

Kristalle unbekannt. Kleine Körper auf Magnetkies-Lagerstätten als Nebengemengteil in basischen Plutoniten. Fundorte: Ontario/Kanada, Norilsk/Sibirien, Transvaal/Südafrika. Wichtigstes Nickel-Erz.

Nickelin [3] Rotnickelkies, Kupfernickel, Niccolit

Chemie: Ni As	Farbe: kupferrot
Mohshärte: 5–5½	Strichfarbe: braunschwarz
Dichte: 7,5–7,8	Glanz: Metallglanz, matt anlaufend
Spaltbarkeit: unvollkommen	Transparenz: undurchsichtig
Bruch: muschlig, spröde	Kristallsystem: hexagonal

Kristalle taflig, pyramidal. Derbe Massen, nierig-traubig. Häufig von grünlichem Annabergit (Nickelblüte) überkrustet. Vorkommen auf Ganglagerstätten. Fundorte: Schwarzwald, Erzgebirge, Kanada. Wichtiges Nickel-Erz.

Garnierit [4]

Chemie: (Ni, Mg)$_6$ [(OH)$_8$|Si_4O_{10}]	Farbe: gelbgrün, blaugrün
Mohshärte: 2–4	Strichfarbe: hellgrün
Dichte: 2,2–2,7	Glanz: Fettglanz
Spaltbarkeit: keine	Transparenz: undurchsichtig
Bruch: muschlig, scharfkantig	Kristallsystem: monoklin

Kristalle unbekannt. Dichte, amorphe Aggregate. Tropisches Verwitterungsprodukt von ultrabasischen Magmatiten und Serpentingestein. Fundorte: Kuba, Brasilien, Südostasien. Wichtiges Nickel-Erz.

---

1 Chloanthit, Schneeberg/Sachsen
2 Pentlandit, Sudbury/Ontario/Kanada
3 Nickelin, St.Joachimsthal/Erzgebirge/CSSR
4 Garnierit, Riddle/Oregon/USA

Wolfram-Erzmineralien

Hierzu gehören Wolframit und Scheelit. – Wichtiges Stahlveredlungsmetall.

Wolframit [1]

Chemie: (Fe, Mn) WO_4	Farbe: dunkelbraun bis schwarz
Mohshärte: 5–5½	Strichfarbe: dunkelbraun, schwarz
Dichte: 7,12–7,60	Glanz: Metall-, Fettglanz
Spaltbarkeit: vollkommen	Transparenz: undurchsichtig
Bruch: uneben, spröde	Kristallsystem: monoklin

Kristalle taflig, prismatisch, nadlig, mit Vertikalstreifung. Aggregate derb, blättrig, strahlig. Vorkommen in Gängen. Fundorte: Coruna/Spanien, Panasqueira/Portugal, Colorado/USA, Kanada. Wichtigstes Wolfram-Erz.

Scheelit [2] Tungstein

Chemie: Ca WO_4	Farbe: gelb, grau, bräunlich
Mohshärte: 4½–5	Strichfarbe: weiß
Dichte: 5,9–6,1	Glanz: Fett-, Diamantglanz
Spaltbarkeit: unvollkommen	Transparenz: durchscheinend
Bruch: muschlig, spröde	Kristallsystem: tetragonal

Kristalle dipyramidal, gelegentlich taflig, gewöhnlich aufgewachsen. Selten kompakte Massen. Vorkommen in Gängen, besonders in Pegmatiten und Skarnen, gelegentlich auch auf Seifen. Fundorte: Erzgebirge/Sachsen, Cornwall/England, Namibia, Nevada/USA. Wichtiges Wolfram-Erz.

Stolzit [3] Scheelbleierz $PbWO_4$

Selten deutlich ausgebildete dipyramidale oder auch dicktaflige Kristalle. Meist kuglige Aggregate. Mohshärte 2½–3, Dichte 7,9–8,2; Farbe rötlich, gelb, grün; Strichfarbe weiß. Fettiger Harzglanz. Vorkommen in Oxidationszonen von Wolfram-Lagerstätten. Als Wolfram-Erz fast keine Bedeutung.

Chrom-Erzmineralien

Nur Chromit als Chrom-Erz von Bedeutung. – Chrom zur Stahlveredlung.

Chromit [4, 5] Chromeisenstein, Chromeisenerz

Chemie: (Fe, Mg) Cr_2O_4	Farbe: schwarz
Mohshärte: 5½	Strichfarbe: braun
Dichte: 4,5–4,8	Glanz: Metall-, Fettglanz
Spaltbarkeit: keine	Transparenz: undurchsichtig
Bruch, uneben, muschlig	Kristallsystem: kubisch

Oktaedrische Kristalle, selten. Meist derbe Klumpen oder eingesprengte Körner. Vorkommen in Peridotit und in Serpentinit, auch auf Seifen. Fundorte: Guleman/Türkei, Ural/UdSSR, Simbabwe, Transvaal/Südafrika.

---

1 Wolframit auf Zinnwaldit, Erzgebirge/ Sachsen
2 Scheelit auf Quarz, Erzgebirge/Sachsen
3 Stolzit, Neusüdwales/Australien
4 Chromit, Guleman/Türkei
5 Chromit in Serpentinit, Guleman/Türkei

1
2
3
4
5

Kobalt-Erzmineralien

Hierzu gehören Asbolan, Heterogenit, Kobaltglanz, Linneit, Skutterudit. – Kobalt wird als Legierungsmetall für harte und zähe Stähle und für Magnete benötigt. Außerdem Verwendung bei Keramik- und Glasherstellung.

Erythrin [1] Kobaltblüte $Co_3[AsO_4]_2 \cdot 8H_2O$
Meist strahlig-blättrige Aggregate, kuglig, nierig, erdig und als Anflug. Mohshärte 2, Dichte 3,07, pfirsichblütenrot, bei Vermischung mit Annabergit grünlichgrau. Strichfarbe blaßrot. Perlmutt-, Glasglanz. Als Erz ohne Bedeutung, aber wichtiges Leitmineral für kobaltreiche Lagerstätten.

Kobaltglanz [2] Cobaltit, Cobaltin

Chemie: CoAs S	Farbe: silberweiß mit rötlichem Stich
Mohshärte: 5½	Strichfarbe: grauschwarz
Dichte: 6,0–6,4	Glanz: Metallglanz
Spaltbarkeit: unvollkommen	Transparenz: undurchsichtig
Bruch: muschlig-uneben, spröde	Kristallsystem: kubisch

Würflige Kristalle stets eingewachsen, gestreifte Flächen. Auch körnige Aggregate. Vorkommen in verschiedenartigen Ganglagerstätten, in Metamorphiten. Fundorte: Siegerland/Rheinland, Boliden/Schweden, Cobalt/Ontario/Kanada. Wichtiges, aber selten in größeren Mengen auftretendes Kobalt-Erz.

Skutterudit [3] Smaltin, Speiskobalt

Chemie: $(Co,Ni) As_3$	Farbe: zinnweiß, stahlgrau
Mohshärte: 6	Strichfarbe: schwarz
Dichte: 6,8	Glanz: Metallglanz
Spaltbarkeit: keine	Transparenz: undurchsichtig
Bruch: muschlig, spröde	Kristallsystem: kubisch

Kristalle oktaedrisch, klein, häufig derbe Aggregate. Vorkommen auf Gängen von Kobalt-Nickel-Lagerstätten. Fundorte: St. Andreasberg/Harz, Erzgebirge/Sachsen, Kongsberg/Norwegen, Ontario/Kanada. Wichtiges Kobalt-Erz.

Linneit [4] Kobaltkies

Chemie: Co_3S_4	Farbe: weiß, grau, mit rötlichem Stich
Mohshärte: 4½–5½	Strichfarbe: schwarz
Dichte: 4,8–5,8	Glanz: Metallglanz
Spaltbarkeit: unvollkommen	Transparenz: undurchsichtig
Bruch: uneben, spröde	Kristallsystem: kubisch

Oktaedrische Kristalle, häufig gut ausgebildet. Meist eingesprengt, selten derbe und körnige Aggregate. Vorkommen auf sulfidischen Erzlagerstätten. Wichtiges Kobalt-Erz, wenn in größerer Menge vorhanden, wie in Zaire und Sambia.

Asbolan (Kobaltschwärze) Kobalthaltiger Wad (S. 108). Erdiges, pulvriges Aggregat.

Heterogenit CoO OH Kobalthaltige, knollige, schwarze, erdige Masse.

---

1 Erythrin, Bou Azzer/Marokko
2 Kobaltglanz, Hakansboda/Schweden
3 Skutterudit, Schneeberg/Sachsen
4 Linneit, Littfeld/Siegerland

Vanadium-Erzmineralien

Die wichtigsten Vanadium-Erzmineralien sind Carnotit, Descloizit, Patronit und Vanadinit. – Vanadium wird überwiegend als Legierungsmetall für Spezialstähle verwendet, daneben auch für Herstellung von Dauermagneten.

Carnotit [1]

Chemie: $K_2 [(UO_2)_2|V_2O_8] \cdot 3 H_2O$	Farbe: gelb, grüngelb
Mohshärte: 4	Strichfarbe: gelb bis grün
Dichte: 4,5–4,6	Glanz: Perlmutt-, Seidenglanz, matt
Spaltbarkeit: vollkommen	Transparenz: durchscheinend bis undurchsichtig
Bruch: spröde	Kristallsystem: monoklin

Kristalle taflig und sehr klein. Feinkörnige bis dichte Aggregate, auch erdige und pulvrige Massen. Vorkommen in Sedimentiten. Fundorte: Colorado/USA, Turkistan/UdSSR, Australien, Marokko. Wichtiges Vanadium- und Uran-Erz.

Descloizit [2]

Chemie: $Pb (Zn, Cu) (OH|VO_4)$	Farbe: braun, braunrot, schwarz
Mohshärte: 3½	Strichfarbe: hellbraun, hellgrün
Dichte: 5,5–6,2	Glanz: Harz-, Diamantglanz
Spaltbarkeit: keine	Transparenz: durchsichtig bis undurchsichtig
Bruch: muschlig, spröde	Kristallsystem: rhombisch

Prismatische Kristalle pyramidal. Krustige, traubige, stalaktitische, auch erdige Massen. Vorkommen in Oxidationszonen von Buntmetall-Lagerstätten, in Sandstein und in Karsteintiefungen. Fundorte: Dahn/Rheinpfalz, Obir/Kärnten, Tsumeb/Namibia, Broken Hill/Sambia. Wichtiges Vanadium-Erz.

Patronit [3]

Chemie: $V S_4$	Farbe: bleigrau
Mohshärte: 1–2	Strichfarbe: grünschwarz
Dichte: 2,81	Glanz: matt
Spaltbarkeit: keine	Transparenz: undurchsichtig
Bruch: muschlig	Kristallsystem: monoklin

Kristalle unbekannt. Feinkörnige Massen, koksartig, erdig. Vorkommen in bituminösen Schiefern und Asphaltgemengen. Fundort: Minas Ragra/Peru.

Vanadinit [4]

Chemie: $Pb_5 [Cl|(VO_4)_3]$	Farbe: gelb, braun, orangerot
Mohshärte: 3	Strichfarbe: hellgelb
Dichte: 6,5–7,1	Glanz: Diamant-, Fettglanz
Spaltbarkeit: keine	Transparenz: undurchsichtig
Bruch: muschlig, spröde	Kristallsystem: hexagonal

Kristalle kurzsäulig oder pyramidal; selten derb, nierig, fasrig. Vorkommen in der Verwitterungszone von Blei-Lagerstätten. Fundorte: Tsumeb/Namibia, Broken Hill/Sambia, Arizona/USA. Örtlich wichtiges Vanadium-Erz.

---

1 Carnotit, Yavapai Co./Arizona/USA
2 Descloizit, Ankas/Namibia
3 Patronit, Minas Ragra/Peru
4 Vanadinit, Mibladen/Marokko

Titan- und Tantal-Niob-Erzmineralien

Zu den Titan-Mineralien gehören Ilmenit, Rutil (S. 56), Titanit, zu den Niob- und Tantal-Mineralien Columbit, Pyrochlor. – Titan, Tantal und Niob sind Stahlveredler, auch Bedeutung in Elektronik und Rüstungsindustrie.

Titanit [1] Sphen

Chemie: Ca Ti [O|SiO$_4$]	Farbe: gelb, braun, grün, schwarz
Mohshärte: 5–5½	Strichfarbe: weiß
Dichte: 3,4–3,6	Glanz: Diamant-, Fettglanz
Spaltbarkeit: unvollkommen	Transparenz: durchsichtig bis undurchsichtig
Bruch: muschlig, spröde	Kristallsystem: monoklin

Kristalle prismatisch, taflig. Häufig Zwillinge. Gelegentlich körnige Aggregate. Vorkommen als Nebengemengteil in vielen Gesteinsarten. Nur vereinzelt als Titan-Erz abbauwürdig: Kola/UdSSR, Minas Gerais/Brasilien.

Ilmenit [2] Titaneisen, Titaneisenerz

Chemie: Fe Ti O$_3$	Farbe: schwarz mit violettem Stich
Mohshärte: 5–6	Strichfarbe: braunschwarz
Dichte: 4,5–5,0	Glanz: Metallglanz, matt
Spaltbarkeit: keine	Transparenz: undurchsichtig
Bruch: muschlig, uneben, spröde	Kristallsystem: trigonal

Kristalle taflig oder rhomboedrisch. Derbe, körnige Aggregate; häufig eingesprengt. Vorkommen in Magmatiten und in Sanden. Fundorte: Norwegen, Schweden, Quebec/Kanada, Wyoming/USA. Wichtiger Titan-Rohstoff.

Columbit [3]
Sammelname für lückenlose Mischungsreihe von Niobit und Tantalit.

Chemie: Niobit: (Fe, Mn) (Nb, Ta)$_2$O$_6$	Bruch: muschlig, spröde
Tantalit: (Fe, Mn) (Ta, Nb)$_2$O$_6$	Farbe: schwarz, braun
Mohshärte: 6–6½	Strichfarbe: braunschwarz
Dichte: 5,2–8,1	Glanz: Metallglanz
Spaltbarkeit: unvollkommen	Transparenz: undurchsichtig

Kristalle (rhombisches System) taflig, prismatisch. Derbe Massen, eingesprengte Körner. Vorkommen in Granitpegmatiten und auf Seifen. Fundorte: Hagendorf/Oberpfalz, Moss/Norwegen, Varuträsk/Schweden, Nigeria, Brasilien.

Pyrochlor [4]

Chemie: (Na, Ca)$_2$ (Nb,Ti,Ta)$_2$ O$_6$(OH, F,O)	Farbe: braun, schwarz
Mohshärte: 5–5½	Strichfarbe: gelbbraun
Dichte: 3,5–4,6	Glanz: Diamant-, Fettglanz
Spaltbarkeit: keine	Transparenz: durchscheinend bis undurchsichtig
Bruch: muschlig, uneben, spröde	Kristallsystem: kubisch

Kristalle eingewachsen, Würfel, Oktaeder. Derbe Massen, eingesprengt. Vorkommen in Pegmatiten und Karbonatit. Fundorte: Schweden, Kola/UdSSR.

---

1 Titanit, Minas Gerais/Brasilien
2 Ilmenit, Norwegen
3 Columbit (schwarz), Hagendorf/Oberpfalz
4 Pyrochlor (braun), Brevik/Norwegen

Mineralien der Nichteisenmetall-Erze

Zu dieser Gruppe gehören Mineralien, aus denen sich Bunt-, Leicht- und Reaktormetalle, Wismut, Arsen, Antimon und Quecksilber gewinnen lassen.

Kupfer-Erzmineralien

Hierzu gehören Bornit, Chalkanthit (Kupfervitriol), Chrysokoll (S. 182), Covellin, Cuprit, Enargit, Kupfer gediegen, Kupferglanz, Kupferkies, Malachit (S. 172). - Kupfer wird überwiegend in der Elektroindustrie verarbeitet.

Kupfer gediegen [1]

Würflige Kristalle, gewöhnlich verzerrt. Meist derbe Massen, Körner, plattig, drahtförmig. Mohshärte 2½-3, Dichte 8,3-8,7. Vorkommen in basischen Magmatiten und in Oxidationszonen von Kupfer-Lagerstätten. Fundorte: Siegerland, am Oberen See/USA, Ural/UdSSR. Als Kupfer-Erz unbedeutend.

Kupferkies [2] Chalkopyrit

Chemie: $CuFeS_2$	Farbe: messinggelb mit Grünstich
Mohshärte: 3½-4	Strichfarbe: grünschwarz
Dichte: 4,1-4,3	Glanz: Metallglanz
Spaltbarkeit: unvollkommen	Transparenz: undurchsichtig
Bruch: muschlig, uneben, spröde	Kristallsystem: tetragonal

Kristalle klein. Meist derbe Massen. Vorkommen in Magmatiten, Kupferschiefer. Fundorte: Siegerland, Spanien, USA, Südafrika. Wichtiges Kupfer-Erz.

Covellin [3] Kupferindig

Chemie: CuS	Farbe: blauschwarz
Mohshärte: 1½-2	Strichfarbe: blauschwarz
Dichte: 4,68	Glanz: Metall-, Fettglanz, matt
Spaltbarkeit: sehr vollkommen	Transparenz: undurchsichtig
Bruch: muschlig	Kristallsystem: hexagonal

Taflige Kristalle, selten. Meist derbe, erdige Massen, auch als Anflug. Vorkommen im Verwitterungsbereich von Kupfer-Erzlagerstätten. Fundorte: Sangerhausen/Harz, Bor/Jugoslawien, Butte/Montana/USA. Wichtiges Kupfer-Erz.

Kupferglanz [4] Chalkosin

Chemie: Cu_2S	Farbe: bleigrau
Mohshärte: 2½-3	Strichfarbe: dunkelgrau
Dichte: 5,5-5,8	Glanz: Metallglanz, matt anlaufend
Spaltbarkeit: unvollkommen	Transparenz: undurchsichtig
Bruch: muschlig	Kristallsystem: rhombisch

Kristalle dicktaflig, kurzsäulig, selten. Meist derbe Massen, auch eingesprengt. Vorkommen in Ganglagerstätten und als Imprägnation. Fundorte: Butte/Montana/USA, Tsumeb/Namibia, Transvaal/Südafrika. Wichtiges Kupfer-Erz.

---

1 Kupfer gediegen, Ray Mine/Arizona/USA   3 Covellin, Bor/Jugoslawien
2 Kupferkies, Siegen/Westfalen   4 Kupferglanz, Butte/Montana/USA

Enargit [1]

Chemie: $Cu_3As\,S_4$	Farbe: grauschwarz mit violettem Stich
Mohshärte: 3½	Strichfarbe: schwarz
Dichte: 4,4	Glanz: Metallglanz
Spaltbarkeit: vollkommen	Transparenz: undurchsichtig
Bruch: uneben, spröde	Kristallsystem: rhombisch

Kristalle säulig, taflig, selten. Gewöhnlich derbe Massen, auch strahlig und eingesprengt. Vorkommen in eisenarmen Kupfer-Erzgängen. Fundorte: Bor/Jugoslawien, Butte/Montana/USA, Tsumeb/Namibia. Wichtiges Kupfer-Erz.

Bornit [2] Buntkupferkies

Chemie: $Cu_5Fe\,S_4$	Farbe: rötlich, bunt anlaufend
Mohshärte: 3	Strichfarbe: grauschwarz
Dichte: 4,9–5,3	Glanz: Metallglanz
Spaltbarkeit: unvollkommen	Transparenz: undurchsichtig
Bruch: muschlig	Kristallsystem: kubisch

Selten gut ausgebildete Kristalle, verzerrte Würfel. Gewöhnlich derbe Massen oder eingesprengt. Vorkommen in eisenarmen Kupfer-Lagerstätten, in Gängen und als Imprägnation. Fundorte: Siegerland/Rheinland, Mansfeld/DDR, Montana/USA, Tsumeb/Namibia, Transvaal/Südafrika. Wichtiges Kupfer-Erz.

Cuprit [3] Rotkupfererz

Chemie: Cu_2O	Farbe: braunrot, grau
Mohshärte: 3½–4	Strichfarbe: braunrot
Dichte: 5,8–6,2	Glanz: Metallglanz, matt
Spaltbarkeit: vollkommen	Transparenz: durchscheinend bis undurchsichtig
Bruch: muschlig, uneben, spröde	Kristallsystem: kubisch

Kristalle meist aufgewachsen, Oktaeder. Aggregate derb, körnig, dicht. Vorkommen in der Oxidationszone von sulfidischen Kupfer-Erzen. Fundorte: Lyon/Frankreich, Arizona/USA, Tsumeb/Namibia. Örtlich wichtiges Kupfer-Erz.

Kupferblüte (Chalkotrichit) Haarförmige Cuprit-Varietät.
Ziegelerz Gemenge von Cuprit mit pulvrigem Limonit.
Kupferpecherz Dichtes Gemenge von Cuprit, Limonit und Kieselsäure.

Aurichalcit [4] Messingblüte

Chemie: $(Zn,Cu)_5\,[(OH)_3|CO_3]_2$	Farbe: grün, blau
Mohshärte: 2	Strichfarbe: grünblau
Dichte: 3,6–4,2	Glanz: Perlmutt-, Seidenglanz
Spaltbarkeit: vollkommen	Transparenz: durchscheinend
Bruch: blättrig	Kristallsystem: rhombisch

Kristalle nadlig, taflig, meist klein, büschlige Aggregate, Rosetten, Krusten, auch erdig. Vorkommen in der Oxidationszone von Buntmetall-Lagerstätten. Fundorte: Laurion/Griechenland, Monteponi/Italien, Tsumeb/Namibia, Bisbee/Arizona/USA. Kein Kupfer-Erz, aber Leitmineral für Kupfer-Erze.

---

1 Enargit, Pasto Bueno/Peru
2 Bornit, Grube Neue Hardt/Siegerland
3 Cuprit auf Cerussit, Tsumeb/Namibia
4 Aurichalcit, Mapimi/Durango/Mexiko

Blei-Erzmineralien

Hierzu gehören Anglesit, Bleiglanz, Cerussit, Pyromorphit. – Blei wird benötigt für Kabel, Rohre, Akkumulatoren, im Strahlenschutz.

Krokoit [1] Rotbleierz

Chemie: Pb Cr O_4	Farbe: gelblichrot
Mohshärte: 2½–3	Strichfarbe: orange
Dichte: 5,9–6,1	Glanz: Fett-, Diamantglanz
Spaltbarkeit: vollkommen	Transparenz: durchscheinend
Bruch: muschlig, uneben	Kristallsystem: monoklin

Kristalle nadlig. Selten derbe Massen. Vorkommen in Bleiglanz-Lagerstätten. Fundorte: Tasmanien, Brasilien, UdSSR. Keine wirtschaftliche Bedeutung.

Anglesit [2]

Chemie: Pb SO_4	Farbe: farblos, weiß, grau, schwarz
Mohshärte: 3–3½	Strichfarbe: weiß
Dichte: 6,3–6,4	Glanz: Diamant-, Fettglanz
Spaltbarkeit: unvollkommen	Transparenz: durchsichtig bis durchscheinend
Bruch: muschlig, spröde	Kristallsystem: rhombisch

Kristalle meist klein, pyramidal, prismatisch, taflig. Aggregate körnig, erdig, krustig. Vorkommen in der Oxidationszone von Bleiglanz-Lagerstätten. Fundorte: Bleiberg/Kärnten, Spanien, Schottland, Missouri/USA. Örtlich Blei-Erz.

Cerussit [3] Weißbleierz

Chemie: Pb CO_3	Farbe: farblos, grau, bräunlich
Mohshärte: 3–3½	Strichfarbe: weiß
Dichte: 6,4–6,6	Glanz: Diamant-, Fett-, Glasglanz
Spaltbarkeit: unvollkommen	Transparenz: durchsichtig bis undurchsichtig
Bruch: muschlig, spröde	Kristallsystem: rhombisch

Kristalle taflig, prismatisch. Aggregate dicht, feinkörnig, büschlig. Vorkommen in der Verwitterungszone karbonathaltiger Bleiglanz-Lagerstätten. Fundorte: Colorado/USA, Sambia, Namibia. Örtlich wichtiges Blei-Erz.
Schwarzbleierz Durch Bleiglanz dunkel gefärbter, feinkristalliner Cerussit.
Bleierde Stark verunreinigte, erdige Cerussit-Varietät.

Bleiglanz [4] Galenit

Chemie: Pb S	Farbe: bleigrau, mit rötlichem Stich
Mohshärte: 2½–3	Strichfarbe: grauschwarz
Dichte: 7,2–7,6	Glanz: Metallglanz, matt
Spaltbarkeit: sehr vollkommen	Transparenz: undurchsichtig
Bruch: muschlig, spröde	Kristallsystem: kubisch

Würflige Kristalle, meist aufgewachsen. Aggregate derb, körnig. Fast stets mit Zinkblende verwachsen. Vorkommen in Gängen, Stöcken, Flözen. Fundorte: Harz, Bleiberg/Kärnten, Příbram/ČSSR, Sambia, USA. Wichtigstes Blei-Erz.

---

1 Krokoit, Tasmanien/Australien
2 Anglesit, Tsumeb/Namibia
3 Cerussit, Tsumeb/Namibia
4 Bleiglanz mit Calcit, Siegen/Westfalen

Mimetesit [1]

Chemie: $Pb_5 [Cl|(AsO_4)_3]$	Farbe: gelb, grün, braun, farblos
Mohshärte: 3½–4	Strichfarbe: weiß
Dichte: 7,1	Glanz: Diamant-, Fettglanz
Spaltbarkeit: keine	Transparenz: durchsichtig bis durchscheinend
Bruch: muschlig, uneben, spröde	Kristallsystem: hexagonal

Kristalle prismatisch, tonnenförmig, pyramidal, aufgewachsen. Aggregate kuglig, nierig, krustig, auch erdige Massen. Vorkommen in der Oxidationszone von Blei-Lagerstätten. Fundorte: Erzgebirge, Cornwall/England, Langban/Schweden, Tsumeb/Namibia. Selten, keine wirtschaftliche Bedeutung.

Pyromorphit [2, 5]

Chemie: $Pb [Cl|(PO_4)_3]$	Farbe: grün, braun, orange, weiß, farblos
Mohshärte: 3½–4	Strichfarbe: weiß
Dichte: 6,7–7,1	Glanz: Diamant-, Fettglanz
Spaltbarkeit: keine	Transparenz: durchsichtig bis durchscheinend
Bruch: muschlig, uneben, spröde	Kristallsystem: hexagonal

Kristalle aufgewachsen, prismatisch, tonnenförmig, auch nadlig, taflig. Aggregate traubig, eingesprengt, als Anflug, selten derb. Vorkommen in der Oxidationszone von Blei-Lagerstätten. Fundorte: Freiberg/Sachsen, Clausthal/Harz, Přibram/CSSR, Cornwall/England. Lokal wichtiges Blei-Erz.
Braunbleierz [5]   Braunfarbige Pyromorphit-Varietät.
Buntbleierz   Buntfarbige Pyromorphit-Varietät.
Grünbleierz   Grünfarbige Pyromorphit- [2] oder Mimetesit-Varietät.

Linarit [3]

Chemie: $Pb Cu [(OH)_2|SO_4]$	Farbe: azurblau
Mohshärte: 2½	Strichfarbe: hellblau
Dichte: 5,3–5,5	Glanz: Glas-, Diamantglanz
Spaltbarkeit: vollkommen	Transparenz: durchscheinend
Bruch: muschlig	Kristallsystem: monoklin

Kristalle klein, flächenreich, prismatisch, selten taflig. Kristalline Krusten, verfilzte Aggregate. Vorkommen in der Oxidationszone von Kupfer-Blei-Lagerstätten. Fundorte: Spanien, Kärnten, Namibia, USA. Nie in großer Menge.

Phosgenit [4] Bleihornerz

Chemie: $Pb [Cl_2|CO_3]$	Farbe: gelblich, weiß, grau, farblos, grün
Mohshärte: 2–3	Strichfarbe: weiß
Dichte: 6,0–6,3	Glanz: Diamant-, Fettglanz
Spaltbarkeit: vollkommen	Transparenz: durchsichtig bis durchscheinend
Bruch: muschlig	Kristallsystem: tetragonal

Kristalle kurzsäulig, oft flächenreich, auch dicktaflig. Aggregate derb, körnig. Vorkommen in der Oxidationszone von Blei-Erzlagerstätten. Fundorte: Sardinien, Laurion/Griechenland, Tsumeb/Namibia. Nie in größeren Mengen.

---

1 Mimetesit, Mexiko
2 Pyromorphit, Freihung/Oberpfalz
3 Linarit, Neu-Mexiko/USA

4 Phosgenit auf Bleiglanz, Monte Poni/Sardinien
5 Braunbleierz, Grube Friedrichssegen
  bei Bad Ems/Rheinland

Zink-Erzmineralien

Hierzu gehören Franklinit, Hemimorphit, Smithsonit, Willemit, Zinkblende, Zinkit. – Zink wird zum Verzinken und als Legierungsmetall verwendet.

Hemimorphit [1] Kieselzinkerz

Chemie: $Zn_4[(OH)_2|Si_2O_7] \cdot H_2O$	Farbe: farblos, weiß, grün, braun
Mohshärte: 5	Strichfarbe: weiß
Dichte: 3,3–3,5	Glanz: Glasglanz
Spaltbarkeit: vollkommen	Transparenz: durchsichtig bis durchscheinend
Bruch: muschlig, spröde	Kristallsystem: rhombisch

Kristalle gewöhnlich klein, meist taflig, aufgewachsen. Kristalline Krusten, auch kuglige und stalaktitische Massen. Vorkommen in der Oxidationszone von Blei-Zink-Lagerstätten. Fundorte: Bleiberg/Kärnten, Chihuahua/Mexiko, Transbaikalien/UdSSR, Arizona, Virginia/USA. Wichtiges Zink-Erz.

Galmei Sammelname für karbonatische und silikatische Zinkerze: Hemimorphit, Hydrozinkit, Smithsonit, Willemit.

Zinkit [2] Rotzinkerz

Chemie: ZnO	Farbe: rot
Mohshärte: 4½–5	Strichfarbe: orangegelb
Dichte: 5,4–5,7	Glanz: Fett-, Diamantglanz
Spaltbarkeit: vollkommen	Transparenz: durchscheinend
Bruch: muschlig, spröde	Kristallsystem: hexagonal

Kristalle taflig, sehr selten. Körnige und spätige Aggregate oder eingesprengt. Vorkommen in Marmor. Fundorte: New Jersey/USA, Olkusz/Polen, Toskana/Italien, Australien. Nur in New Jersey/USA wichtiges Zink-Erz.

Zinkblende [4] Sphalerit, Blende

Chemie: ZnS	Farbe: schwarz, braungelb, rot, weißlich
Mohshärte: 3½–4	Strichfarbe: braun, gelblichweiß
Dichte: 3,9–4,2	Glanz: Diamant-, Fettglanz
Spaltbarkeit: vollkommen	Transparenz: durchsichtig bis undurchsichtig
Bruch: uneben, spröde	Kristallsystem: kubisch

Kristalle tetraedrisch, dodekaedrisch. Aggregate körnig, spätig, krustig, eingesprengt. Vorkommen auf Gängen, in Kupferschiefer. Fundorte: Meggen/Westfalen, Bleiberg/Kärnten, Trepča/Jugoslawien. Wichtigstes Zink-Erz.

Farbvarietäten

Honigblende gelbbraun [4]	Marmatit schwarz
Rubinblende rot	Christophit schwarz, eisenreich
Cleiophan weißlich	

Schalenblende [3] Leberblende
Feinkörnig-fasriges Aggregat. Teils Wechsellagerung von Zinkblende, Wurtzit und Bleiglanz, teils Gemenge von Zinkblende mit Wurtzit.

---

1 Hemimorphit, Chihuahua/Mexiko
2 Zinkit (rot) mit Franklinit (schwarz), Franklin/New Jersey/USA
3 Schalenblende, Wiesloch/Baden
4 Zinkblende (Honigblende), Casapalca/Peru

Smithsonit [1, 2] Zinkspat

Chemie: Zn CO_3	Farbe: farblos, weißlich, viele Farben
Mohshärte: 5	Strichfarbe: weiß
Dichte: 4,3–4,5	Glanz: Glas-, Perlmuttglanz
Spaltbarkeit: vollkommen	Transparenz: durchscheinend bis undurchsichtig
Bruch: uneben, muschlig, spröde	Kristallsystem: trigonal

Kristalle selten und klein. Aggregate, nierig, stalaktitisch, krustig. Vorkommen in der Oxidationszone sulfidischer Blei-Zink-Lagerstätten. Fundorte: Bleiberg/ Kärnten, Griechenland, Australien, Namibia. Wichtiges Zink-Erz.

Hydrozinkit [3] Zinkblüte

Chemie: $Zn_5 [(OH)_3|CO_3]_2$	Farbe: weiß, gelblich, rosa, farblos
Mohshärte: 2–2½	Strichfarbe: weiß
Dichte: 3,5–3,8	Glanz: Seidenglanz, matt
Spaltbarkeit: vollkommen	Transparenz: durchscheinend bis undurchsichtig
Bruch: spröde	Kristallsystem: monoklin

Kleine, taflige Kristalle. Derbe, dichte Massen, gebändert, krustig, stalaktitisch. Vorkommen in der Oxidationszone von Zink-Lagerstätten. Fundorte: Bleiberg/ Kärnten, Spanien, Nevada/USA, Westaustralien. Gelegentlich lokal Zink-Erz.

Zinn-Erzmineralien

Nur Kassiterit und Stannin sind wichtig. – Zinn ist Legierungsmetall.

Stannin [4] Stannit, Zinnkies

Chemie: Cu_2Fe Sn S_4	Farbe: grau mit olivgrünem Stich
Mohshärte: 4	Strichfarbe: schwarz
Dichte: 4,3–4,5	Glanz: Metallglanz
Spaltbarkeit: unvollkommen	Transparenz: undurchsichtig
Bruch: uneben, spröde	Kristallsystem: tetragonal

Kristalle tetraedrisch und taflig, selten und klein. Körnige bis dichte Aggregate, Einsprenglinge. Vorkommen auf Zinn-Erzlagerstätten. Fundorte: Sachsen, England, Bolivien, Ostsibirien/UdSSR. Örtlich Zinn- und Kupfer-Erz.

Kassiterit (Cassiterit) [5] Zinnstein

Chemie: SnO_2	Farbe: braun, schwarz, gelb, rötlich
Mohshärte: 7	Strichfarbe: weiß, bräunlich
Dichte: 6,8–7,1	Glanz: Diamant-, Fettglanz
Spaltbarkeit: unvollkommen	Transparenz: durchscheinend bis undurchsichtig
Bruch: muschlig, spröde	Kristallsystem: tetragonal

Kristalle ein- und aufgewachsen, gedrungen, nadlig (Nadelzinn). Derbe Massen, feinfasrig, glaskopfig (Holzzinn). Vorkommen in Pegmatiten, Gängen, als Imprägnation (Bergzinn), als abgerollte Körner (Seifenzinn). Fundorte: Erzgebirge, England, Frankreich, Malaysia, Bolivien. Wichtigstes Zinn-Erz.

---

1 Smithsonit, Kelley Mine/Neu-Mexiko/USA
2 Smithsonit, Tsumeb/Namibia
3 Hydrozinkit (weiß), Yazd/Iran
4 Stannin, St. Agnes/Cornwall/England
5 Kassiterit (schwarze Kristalle), Ehren-friedersdorf/Erzgebirge/DDR

Wismut-Erzmineralien

Hierzu gehören gediegen Wismut, Wismutglanz und Wismutocker. – Wismut ist Legierungsmetall, auch in Pharmazie und Medizin verwendet.

Wismutglanz [1, 3] Bismuthinit, Bismuthin

Chemie: Bi_2S_3	Farbe: weiß, grau, gelblich anlaufend
Mohshärte: 2	Strichfarbe: grau
Dichte: 6,8–7,2	Glanz: Metallglanz
Spaltbarkeit: sehr vollkommen	Transparenz: undurchsichtig
Bruch: muschlig, spröde	Kristallsystem: rhombisch

Kristalle nadlig, säulig. Aggregate strahlig, blättrig, körnig, selten derbe Massen. Vorkommen in Zinn-, Silber-, Kobalt-, Wolfram-Lagerstätten. Fundorte: Erzgebirge, England, Bolivien, Australien. Wichtiges Wismut-Erz.

Wismut gediegen [4]

Chemie: Bi	Farbe: rötlichsilberweiß, bunt anlaufend
Mohshärte: 2–2½	Strichfarbe: grau
Dichte: 9,7–9,8	Glanz: Metallglanz
Spaltbarkeit: vollkommen	Transparenz: undurchsichtig
Bruch: spröde	Kristallsystem: trigonal

Kristalle sehr selten, würfelähnlich. Gewöhnlich gestrickte, dendritische Aggregate, auch körnig eingesprengt, selten in größeren Massen. Vorkommen in Kobalt-Nickel-Silber-Erzgängen, gelegentlich auf Seifen. Fundorte: Erzgebirge, England, Kanada, Bolivien. Örtlich wichtiges Wismut-Erz.

Wismutocker [2] Bi_2O_3

Wismutocker ist ein Gemenge verschiedener seltener Wismutmineralien (z. B. Bismit, Bismutit). Kanarien- bis zitronengelb oder grün, Strichfarbe grau. Mohshärte 2½–3½, Dichte 6,7–7,4, Glasglanz. Erdige Ausbildung, krustig, kuglig. Vorkommen als Verwitterungsprodukt auf Kobalt-Nickel-Silber-Erzgängen. Fundorte: Erzgebirge, England, USA, Bolivien. Als Erz ohne Bedeutung, aber charakteristischer Anzeiger für Wismutvorkommen.

Schapbachit [5] Matildit, Silberwismutglanz

Chemie: Ag Bi S_2	Farbe: grau bis schwarz
Mohshärte: 2½	Strichfarbe: hellgrau
Dichte: 6,9–7,2	Glanz: Metallglanz
Spaltbarkeit: keine	Transparenz: undurchsichtig
Bruch: uneben, spröde	Kristallsystem: rhombisch

Kristalle selten, prismatisch, gewöhnlich derbe oder körnige Aggregate, mit Bleiglanz verwachsen. Vorkommen auf Bleiglanz-Lagerstätten. Fundorte: Schapbachtal/Schwarzwald, Zinnwald/Erzgebirge, Peru, Tasmanien, Japan. Obwohl der Wismutgehalt über 50% beträgt, als Wismut-Erz keine wirtschaftliche Bedeutung. Örtlich wichtig als Silberträger.

---

1 Wismutglanz mit Pyrit, Vogtland/DDR
2 Wismutocker, San Domingo/Wickenburg/ Arizona/USA
3 Wismutglanz, Colorado/USA
4 Wismut gediegen, Schneckenstein/Vogtland
5 Schapbachit, Matilda/Morococha/Peru

1

2

3

4

5

Quecksilber-Erzmineralien

Das wichtigste Erzmineral ist Zinnober. Gediegen Quecksilber, Kalomel und Schwazit sind von geringerer Bedeutung. Natürliche Mischkristalle von Gold oder Silber mit Quecksilber heißen Amalgame. – Quecksilber wird in der Elektroindustrie, für Meßinstrumente, in Medizin und Rüstungsindustrie benötigt.

Zinnober [3, 5] Cinnabarit

Chemie: HgS	Farbe: rot, selten bläulich
Mohshärte: 2–2½	Strichfarbe: rot
Dichte: 8,0–8,2	Glanz: Diamant-, Metallglanz
Spaltbarkeit: vollkommen	Transparenz: durchscheinend
Bruch: splittrig, spröde	Kristallsystem: trigonal

Kristalle klein und selten, dicktaflig, rhomboedrisch, prismatisch, oft Durchkreuzungszwillinge. Meist körnige oder derbe Massen, auch eingesprengt und pulvrige Beschläge. Vorkommen auf Gängen in Sedimentiten, in vulkanischem Tuffgestein, gelegentlich auch in Seifen. Fundorte: Almadén/Spanien, Jugoslawien, Toskana/Italien, USA, UdSSR, Mexiko, Peru.

Quecksilber gediegen [5] Hg

Kleine zinnweiße Tröpfchen, häufig mit grauer Haut überzogen, haften nur leicht auf dem Muttergestein, namentlich auf Zinnober. Erstarrt bei −38,9 °C zu rhomboedrischen Kristallen im tetragonalen Kristallsystem. Dichte 13,55, Metallglanz. Sehr giftig. Vorkommen in der Verwitterungszone von Quecksilber-Lagerstätten. Fundorte wie Zinnober. Mit Zinnober als Erz abgebaut.

Kalomel (Calomel) [1] Quecksilberhornerz, Hornquecksilber

Chemie: Hg_2Cl_2	Farbe: gelblich, grau, braun, farblos
Mohshärte: 1–2	Strichfarbe: weiß
Dichte: 6,4–6,5	Glanz: Diamantglanz
Spaltbarkeit: unvollkommen	Transparenz: durchscheinend bis undurchsichtig
Bruch: muschlig	Kristallsystem: tetragonal

Kleine Kristalle, prismatisch, taflig, pyramidal. Aggregate derb hornartig, krustig, auch erdig. Vorkommen in der Verwitterungszone von Quecksilber-Lagerstätten. Fundorte wie Zinnober. Selten in größeren Mengen.

Schwazit [2, 4] Hermesit, Quecksilberfahlerz

Chemie: $(Cu, Hg)_3\ SbS_4$	Farbe: grau bis schwarz
Mohshärte: 3–4	Strichfarbe: grauschwarz
Dichte: 5,1	Glanz: Metallglanz, matt
Spaltbarkeit: keine	Transparenz: undurchsichtig
Bruch: muschlig, spröde	Kristallsystem: kubisch

Schwazit gehört zur Gruppe der Fahlerze (S. 142). Kristalle tetraedrisch, dodekaedrisch, würflig. Aggregate derb, körnig, dicht, auch eingesprengt. Vorkommen auf quecksilberhaltigen Erzgängen. Fundorte wie Zinnober.

---

1 Kalomel mit Zinnober, Nevada/USA
2 Schwazit, Schwaz/Tirol
3 Zinnober mit Quecksilber, Spanien

4 Schwazit, Rudňany/CSSR
5 Zinnober mit gediegenem Quecksilber, Almadén/Kastilien/Spanien

1

2

3

4

5

Arsen-Erzmineralien

Hierzu gehören Arsen, Arsenkies, Auripigment, Löllingit, Realgar, Tennantit. – Arsen wird verwendet zur Schädlingsbekämpfung, in Gerberei, in Pharmazie und Kosmetik. Einige Arsen-Verbindungen sind sehr giftig!

Arsen gediegen [5]

Chemie: As	Farbe: zinnweiß, schwarz anlaufend
Mohshärte: 3–4	Strichfarbe: schwarz
Dichte: 5,4–5,9	Glanz: Metallglanz, matt
Spaltbarkeit: vollkommen	Transparenz: undurchsichtig
Bruch: uneben, spröde	Kristallsystem: trigonal

Kristalle rhomboedrisch, würfelähnlich, nadlig, selten. Meist derbe, feinkörnige Massen, schalig-kuglige Aggregate, auch stalaktitisch. Vorkommen als Nebenbestandteil auf Gängen arsenhaltiger Erze. Fundorte: Erzgebirge, Wittichen/ Schwarzwald, Vogesen/Frankreich, Přibram/CSSR, Kongsberg/Norwegen, New Jersey/USA. Kaum wirtschaftliche Bedeutung.
Scherbenkobalt [5] Glaskopfig-schaliges Arsen-Aggregat.

Arsenkies [2] Arsenopyrit

Chemie: FeAsS	Farbe: zinnweiß, grau, gelblich anlaufend
Mohshärte: 5½–6	Strichfarbe: grauschwarz
Dichte: 5,9–6,2	Glanz: Metallglanz
Spaltbarkeit: unvollkommen	Transparenz: undurchsichtig
Bruch: uneben, spröde	Kristallsystem: rhombisch

Kristalle kurz- und langsäulig, oktaedrisch, ein- und aufgewachsen, häufig Durchkreuzungszwillinge. Aggregate derb-körnig, strahlig, eingesprengt. Vorkommen in Erzgängen. Fundorte: Fichtelgebirge, Erzgebirge, Mitterberg/Österreich, Cornwall/England, Boliden/Schweden. Wichtigstes Arsen-Erz.

Löllingit [1, 4]

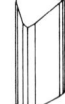

Chemie: FeAs$_2$	Farbe: silberweiß, grau anlaufend
Mohshärte: 5–5½	Strichfarbe: grauschwarz
Dichte: 7,1–7,5	Glanz: Metallglanz
Spaltbarkeit: vollkommen	Transparenz: undurchsichtig
Bruch: uneben, spröde	Kristallsystem: rhombisch

Kristalle prismatisch. Derbe Aggregate, eingesprengt. Vorkommen als Nebenbestandteil in Erzgängen. Fundorte: Lölling/Kärnten, Harz, Falun/Schweden, Ontario/Kanada. Mit anderen Arsen-Mineralien als Arsen-Erz abgebaut.

Gersdorffit [3] NiAsS

Farbe silberweiß bis stahlgrau, dunkelgrau anlaufend, Metallglanz bis matt. Strichfarbe grauschwarz. Mohshärte 5, Dichte 5,6–6,2. Kristalle würflig, oktaedrisch, körnige, selten derbe Aggregate. Häufig grüner Verwitterungsbeschlag (Annabergit). Wirtschaftlich ohne Bedeutung.

---

1 Löllingit in Rhodonit, Australien
2 Arsenkies, Hartmannsdorf, DDR
3 Gersdorffit, Montana/USA
4 Löllingit, Reichenstein/Schlesien/Polen
5 Arsen als Scherbenkobalt,
 St. Andreasberg/Harz

Auripigment [1, 4] Rauschgelb

Chemie: As_2S_3	Farbe: zitronengelb bis orangegelb
Mohshärte: 1½–2	Strichfarbe: lichtgelb bis orangegelb
Dichte: 3,48	Glanz: Perlmutt-, Fettglanz
Spaltbarkeit: sehr vollkommen	Transparenz: durchsichtig bis durchscheinend
Bruch: muschlig, biegsam	Kristallsystem: monoklin

Gut ausgebildete Kristalle selten, meist klein, kurzprismatisch. Gewöhnlich derbe unförmige oder nierige, stenglig blättrige, grobspätige Massen, auch erdige Anflüge. Vorkommen auf Ganglagerstätten arsenhaltiger Erze und in Tongestein. Fundorte: Makedonien/Jugoslawien, Kurdistan/Türkei, Rumänien, Ungarn, Utah/USA. Örtlich Arsen-Rohstoff. Früher häufig als gelber Farbstoff in der Malerei verwendet.

Realgar [2] Rauschrot

Chemie: As_4S_4	Farbe: rot, rotorange
Mohshärte: 1½–2	Strichfarbe: orangegelb
Dichte: 3,5–3,6	Glanz: Diamant-, Fettglanz
Spaltbarkeit: unvollkommen	Transparenz: durchscheinend
Bruch: muschlig	Kristallsystem: monoklin

Kristalle flächenreich, prismatisch, meist klein, aufgewachsen. Aggregate derb, feinkörnig, auch Anflug. Realgar zerfällt bei Tageslicht in erdigen Auripigment. Vorkommen auf Ganglagerstätten arsenhaltiger Erze, in Ton- und Kalkgestein. Fundorte: Wallis/Schweiz, Makedonien/Jugoslawien, Türkei, Siebenbürgen/Rumänien, Utah, Wyoming/USA, Mexiko. Örtlich Arsen-Rohstoff. Auch für rote (giftige!) Farbe verwendet.

Tennantit [3] Arsenfahlerz

Chemie: $Cu_{12}As_4S_{13}$	Farbe: grau mit olivfarbenem Stich
Mohshärte: 3–4½	Strichfarbe: schwarz bis braun bis dunkelrot
Dichte: 4,6–4,8	Glanz: Metallglanz, matt
Spaltbarkeit: keine	Transparenz: durchscheinend bis undurchsichtig
Bruch: muschlig, uneben, spröde	Kristallsystem: kubisch

Tennantit gehört zur Gruppe der Fahlerze. Kristalle aufgewachsen, gewöhnlich tetraedrisch, flächenreich, häufig Durchkreuzungszwillinge. Meist derbe, körnige bis dichte Aggregate, auch eingesprengt. Selten eigene Lagerstätten. Vorkommen in Kupfer- und Blei-Lagerstätten. Fundorte: Clausthal/Harz, Freiberg/Sachsen, Příbram/CSSR, St. Marie aux Mines/Elsaß/Frankreich, Butte/Montana/USA, Boliden/Schweden. Gelegentlich Arsen-Rohstoff.

Fahlerz-Gruppe

Unter Fahlerzen wird eine Gruppe sulfidischer Mineralien mit typisch »fahlem« Aussehen, d.h. mit oliv-grau-gelblichem Glanz verstanden. Dazu gehören u.a. der silberreiche Freibergit (Silberfahlerz), der quecksilberreiche Schwazit (Quecksilberfahlerz) [Nr. 2 und 4, S. 139], der arsenreiche Tennantit (Arsenfahlerz) [3], der antimonreiche Tetraedrit (Antimonfahlerz) [Nr. 1, S. 147]. Der Name Fahlerz ist eine alte deutsche Bergmannsbezeichnung.

---

1 Auripigment, Khorassan/Iran
2 Realgar, King Co./Washington/USA
3 Tennantit, Mandeln/Hessen
4 Auripigment, Goyaz/Brasilien

Antimon-Erzmineralien

Antimonträger sind gediegen Antimon, Antimonit, Berthierit, Boulangerit, Bournonit, Jamesonit, Senarmontit, Tetraedrit, Valentinit. Einzig wichtig ist Antimonit. – Antimon ist Legierungsmetall und Rohstoff für Farben.

Antimonit [1] Antimonglanz, Stibnit, Grauspießglanz

Chemie: Sb_2S_3	Farbe: bleigrau
Mohshärte: 2	Strichfarbe: bleigrau
Dichte: 4,6–4,7	Glanz: Metallglanz, matt
Spaltbarkeit: sehr vollkommen	Transparenz: undurchsichtig
Bruch: muschlig, biegsam	Kristallsystem: rhombisch

Kristalle nadlig. Kristall-Aggregate, auch körnige und dichte Massen. Vorkommen auf Antimonit-Quarzgängen oder auf Blei- und Silber-Lagerstätten. Fundorte: Frankreich, Japan, Südafrika, Bolivien. Wichtigstes Antimon-Erz.

Senarmontit [2]

Chemie: Sb_2O_3	Farbe: farblos, weiß, grau
Mohshärte: 2	Strichfarbe: weiß
Dichte: 5,50	Glanz: Diamant-, Fettglanz
Spaltbarkeit: unvollkommen	Transparenz: durchsichtig bis durchscheinend
Bruch: muschlig, spröde	Kristallsystem: kubisch

Kristalle oktaedrisch. Aggregate derb-körnig, dicht, krustig. Vorkommen in Oxidationszonen antimonführender Lagerstätten. Selten.

Boulangerit [3]

Chemie: $Pb_5Sb_4S_{11}$	Farbe: grauschwarz
Mohshärte: 2½–3	Strichfarbe: schwarz
Dichte: 5,8–6,2	Glanz: Metallglanz
Spaltbarkeit: vollkommen	Transparenz: undurchsichtig
Bruch: uneben, biegsam	Kristallsystem: monoklin

Kristalle sehr selten, prismatisch. Meist feinfasrige oder feinkörnige Aggregate, auch derbe Massen. Vorkommen in Blei-Zink-Lagerstätten. Fundorte: Harz, Příbram/CSSR, Jugoslawien, Schweden. Gelegentlich Blei-Erz.
Plumosit Haarförmiger Boulangerit. Galt früher als eigenständiges Mineral.

Bournonit [4] Rädelerz

Chemie: $PbCuSbS_3$	Farbe: grau bis schwarz
Mohshärte: 2½–3	Strichfarbe: grau
Dichte: 5,7–5,9	Glanz: Metallglanz, matt
Spaltbarkeit: unvollkommen	Transparenz: undurchsichtig
Bruch: muschlig	Kristallsystem: rhombisch

Kristalle dicktaflig. Aggregate derb, körnig, dicht, auch eingesprengt. Vorkommen als Nebengemengteil in Blei-Zink-Kupfer-Lagerstätten. Fundorte: Harz, Kärnten, England, Bolivien. Örtlich Blei- und Kupfer-Erz.

---

1 Antimonit mit Quarz, Wolfsberg/Harz
2 Senarmontit, Djebel Hamimat/Algerien
3 Boulangerit, Müsen/Westfalen
4 Bournonit mit Siderit, Horhausen/Siegerland

Tetraedrit [1] Antimonfahlerz

Chemie: $Cu_{12}Sb_4S_{13}$	Farbe: grau mit olivfarbenem Stich
Mohshärte: 3–4	Strichfarbe: schwarz bis braun
Dichte: 4,6–5,2	Glanz: Metallglanz, matt
Spaltbarkeit: keine	Transparenz: undurchsichtig
Bruch: muschlig, spröde	Kristallsystem: kubisch

Kristalle tetraedrisch, oft flächenreich, aufgewachsen. Derbe, körnige, dichte Aggregate, auch eingesprengt. Vorkommen in Kupfer- und Blei-Lagerstätten. Fundorte: Harz, England, Idaho/USA. Gelegentlich Kupfer-Erz.

Valentinit [2] Antimonblüte, Weißspießglanz

Chemie: Sb_2O_3	Farbe: farblos, weiß, grau, gelblich
Mohshärte: 2½–3	Strichfarbe: weiß
Dichte: 5,6–5,8	Glanz: Diamant-, Perlmuttglanz
Spaltbarkeit: vollkommen	Transparenz: durchscheinend
Bruch: spröde	Kristallsystem: rhombisch

Kristalle prismatisch, taflig, flächenreich. Stenglig-fasrige Büschel, auch derbe Aggregate. Vorkommen in der Oxidationszone antimonhaltiger Erzlagerstätten. Fundorte: Harz, Sachsen, Dauphiné/Frankreich, Algerien, Bolivien. Zusammen mit Antimonit als Antimon-Erz wirtschaftlich genutzt.

Berthierit [3]

Chemie: $Fe\,Sb_2S_4$	Farbe: stahlgrau, bunt anlaufend
Mohshärte: 2–3	Strichfarbe: braungrau
Dichte: 4,6	Glanz: Metallglanz
Spaltbarkeit: unvollkommen	Transparenz: undurchsichtig
Bruch: uneben, spröde	Kristallsystem: rhombisch

Kristalle prismatisch, nadlig. Strahlig-fasrige Aggregate, auch körnige bis dichte Massen. Vorkommen auf Antimon-Erzlagerstätten. Fundorte: Auvergne/Frankreich, Cornwall/England, Kalifornien/USA. Wirtschaftlich unbedeutend.

Jamesonit [4, 5]

Chemie: $Pb_4Fe\,Sb_6S_{14}$	Farbe: bleigrau, bunt anlaufend
Mohshärte: 2½	Strichfarbe: grauschwarz
Dichte: 5,63	Glanz: Metall-, Seidenglanz
Spaltbarkeit: vollkommen	Transparenz: undurchsichtig
Bruch: spröde	Kristallsystem: monoklin

Nadlige Kristalle. Aggregate strahlig, verfilzt. Vorkommen in Blei-Zink-Lagerstätten. Fundorte: Harz, Sachsen, England. Selten in bauwürdigen Massen.

Federerz Keine einheitliche Definition. Im allgemeinen ein verfilztes Aggregat von Jamesonit, Boulangerit, Antimonit und anderen Mineralien.
Antimon gediegen Zinnweiß, Mohshärte 3–3½, Dichte 6,7.
Antimonocker Gelbliches Verwitterungsprodukt von Antimonit.

---

1 Tetraedrit, Pasto Buno/Peru
2 Valentinit, Bösing/CSSR
3 Berthierit, Herja/Rumänien

4 Jamesonit (metallisch grau) in Quarz, Neumühle/Thüringen/DDR
5 Jamesonit mit Pyrit, Zacatecas/Mexiko

Leichtmetall-Rohstoffe

Hierzu gehören der Aluminium-Rohstoff Bauxit und der Magnesium-Rohstoff Magnesit. - Aluminium im Fahrzeugbau und in Elektrotechnik, Magnesium im Flugzeugbau, als Legierungsmetall und für Feuerwerkerei eingesetzt.

Bauxit [3]

Bauxit ist ein Gemenge, insbesondere aus den Mineralien Gibbsit, Diaspor, Böhmit und Alumogel. Weiß bis dunkelrot-braun, dicht, erdig, nierig. Entstanden als Verwitterungsrückstand auf Karbonatgestein (Kalkbauxit) oder im tropischen Klima aus Silikatgestein (Silikatbauxit). Fundorte: Vogelsberg/Hessen, Les Beaux/Frankreich, Gant/Ungarn, Guayana.

Gibbsit [1] Hydrargillit

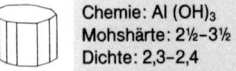

Chemie: Al (OH)$_3$	Farbe: farblos, weiß, verschieden getönt
Mohshärte: 2½–3½	Strichfarbe: weiß
Dichte: 2,3–2,4	Glanz: Glas-, Perlmuttglanz
Spaltbarkeit: sehr vollkommen	Transparenz: durchsichtig bis durchscheinend
Bruch: biegsam, zäh	Kristallsystem: monoklin

Kleine, taflige Kristalle. Gewöhnlich schuppige, radialfasrige, traubige Aggregate, warzige Krusten. Vorkommen als Gemengteil der Bauxite und tropischer Böden (Laterit, Terra rossa). Fundorte s. bei Bauxit.

Diaspor [2]

Chemie: Al OOH	Farbe: farblos, weiß, leicht getönt
Mohshärte: 6½–7	Strichfarbe: weiß
Dichte: 3,3–3,5	Glanz: Glas-, Perlmuttglanz
Spaltbarkeit: sehr vollkommen	Transparenz: durchsichtig bis durchscheinend
Bruch: muschlig, spröde	Kristallsystem: rhombisch

Kristalle klein, taflig, selten. Blättrige, strahlige Aggregate, auch derbe Massen. Vorkommen als Gemengteil in Kalkbauxiten, Metamorphiten, tropischen Lateritböden. Fundorte: Tessin/Schweiz, Greiner/Tirol, Griechenland.

Böhmit (Al OOH)   In vielen Erscheinungen dem Diaspor ähnlich.

Alumogel Kliachit (AlOOH + aq.)   Amorphe, weiße oder gefärbte Masse.

Magnesit [4] Bitterspat

Chemie: Mg CO$_3$	Farbe: farblos, weiß, grau, bräunlich
Mohshärte: 4–4½	Strichfarbe: weiß
Dichte: 2,9–3,1	Glanz: Glasglanz
Spaltbarkeit: sehr vollkommen	Transparenz: durchsichtig bis durchscheinend
Bruch: muschlig, spröde	Kristallsystem: trigonal

Kristalle selten. Aggregate körnig-spätig oder feinkörnig-dicht. Vorkommen in Metamorphiten und Dolomitstein. Fundorte: Kärnten, Tirol, CSSR, Griechenland, Jugoslawien, Korea, China. Rohstoff für hochfeuerfeste Baustoffe, als Isolationsmaterial und zur Gewinnung von Magnesit-Metall.

---

1 Gibbsit, Minas Gerais/Brasilien   3 Bauxit, Istrien/Jugoslawien
2 Diaspor, Mineral County/Nevada/USA   4 Magnesit, Toskana/Italien

Radioaktive Mineralien

Die bekanntesten radioaktiven Mineralien sind Autunit, Brannerit, Carnotit (S. 120), Monazit (S. 152), Torbernit, Thorit, Uranocircit, Uranophan, Uranpecherz. – Uran und Thorium werden zur Erzeugung nuklearer Energie verwendet.

Torbernit [1] Kupferuranglimmer

Chemie: Cu [UO$_2$|PO$_4$]$_2$·8–12 H$_2$O	Farbe: grasgrün
Mohshärte: 2–2½	Strichfarbe: blaßgrün
Dichte: 3,3–3,7	Glanz: Glas-, Perlmuttglanz
Spaltbarkeit: vollkommen	Transparenz: durchscheinend
Bruch: uneben	Kristallsystem: tetragonal

Kristalle dünntaflig. Schuppige Aggregate, auch krustig. Vorkommen in der Oxidationszone von Uran-Lagerstätten. Fundorte: Erzgebirge, Zentralplateau/Frankreich, Zaire, Utah/USA. Leitmineral für Uran-Erze.

Uranophan [2] Uranotil

Chemie: Ca H$_2$ [UO$_2$|Si O$_4$]·5 H$_2$O	Farbe: gelb
Mohshärte: 2½	Strichfarbe: hellgelb
Dichte: 3,8–3,9	Glanz: Glas-, Perlmuttglanz
Spaltbarkeit: vollkommen	Transparenz: durchscheinend
Bruch: spröde	Kristallsystem: monoklin

Nadlige Kristalle. Radialstrahlige, aber auch verfilzte Aggregate. Vorkommen in Uran-Lagerstätten und in Granitdrusen. Fundorte: Oberpfalz, Erzgebirge/CSSR, Zaire, Neu-Mexiko/USA. Nur vereinzelt in abbauwürdigen Mengen.

Autunit [3] Kalkuranglimmer

Chemie: Ca [UO$_2$|PO$_4$]$_2$·8–12 H$_2$O	Farbe: gelb, mit grünlichem Stich
Mohshärte: 2–2½	Strichfarbe: gelblich
Dichte: 3,2	Glanz: Glas-, Perlmuttglanz
Spaltbarkeit: vollkommen	Transparenz: durchscheinend
Bruch: uneben, spröde	Kristallsystem: tetragonal

Kristalle taflig. Büschlige Aggregate. Vorkommen in Uran-Lagerstätten. Fundorte: Erzgebirge, Autun/Saône/Frankreich, Zaire. Lokal Uran-Erz.

Uranpecherz [4] Uraninit + Pechblende

Chemie: UO$_2$	Farbe: schwarz
Mohshärte: 4–6	Strichfarbe: schwarz, bräunlich, grünlich
Dichte: 9,1–10,6	Glanz: Fettglanz, matt
Spaltbarkeit: keine	Transparenz: undurchsichtig
Bruch: muschlig, spröde	Kristallsystem: kubisch

Kristalle und kristalline Aggregate (Uraninit) zeigen Würfel und Oktaeder, derbe Ausbildung (Pechblende) nierig, pulvrig (Uranschwärze). Stark radioaktiv. Vorkommen in sauren Gesteinen, Pegmatiten, Sandsteinen. Fundorte: Oberpfalz, Erzgebirge, Ontario/Kanada, Colorado/USA. Wichtigstes Uran-Erz.

---

1 Torbernit, Poppenreuth/Oberpfalz
2 Uranophan, Neu-Mexiko/USA
3 Autunit auf Quarz, Erzgebirge
4 Pechblende, Wölsendorf/Oberpfalz

Monazit [3]

Chemie: Ce [PO$_4$]	Farbe: gelb bis dunkelbraun
Mohshärte: 5–5½	Strichfarbe: weiß
Dichte: 4,6–5,7	Glanz: Harzglanz
Spaltbarkeit: vollkommen	Transparenz: durchscheinend bis undurchsichtig
Bruch: muschlig, spröde	Kristallsystem: monoklin

Kristalle dicktaflig, ein- und aufgewachsen, häufig verzwillingt, fast stets thoriumhaltig, daher oft radioaktiv. Eingesprengte Körner in sauren Magmatiten und deren Pegmatiten, in Gneis sowie besonders in Fluß- und Strandseifen. Fundorte: Travancore/Südindien, Sri Lanka, Esperito Santo/Brasilien, Kapprovinz/Südafrika. Wichtiger Rohstoff zur Gewinnung von Thorium und Cer.

Schwefelhaltige Mineralien

Schwefelhaltige Mineralien sind Magnetkies, Markasit, Pyrit und gediegen Schwefel. – Schwefel wird zur Herstellung von Schwefelsäure benötigt. Chemische und Pharmazeutische Industrie, Kautschuk- und Papierindustrie verbrauchen große Mengen von Schwefelsäure.

Magnetkies [1, 2] Pyrrhotin

Chemie: FeS	Farbe: braungelb
Mohshärte: 4	Strichfarbe: grauschwarz
Dichte: 4,6	Glanz: Metallglanz
Spaltbarkeit: unvollkommen	Transparenz: undurchsichtig
Bruch: uneben, spröde	Kristallsystem: hexagonal

Kristalle gewöhnlich klein, taflig, selten. Aggregate grobblättrig, rosettenartig, meist derb-körnige bis dichte Massen, häufig eingesprengt. Magnetisch. Vorkommen in basischen Plutoniten, in Skarnen, in Gängen und Stöcken, selten in Metamorphiten. Fundorte: Bodenmais/Bayerischer Wald, Freiberg/Sachsen, Trepča/Jugoslawien, Mittelschweden, Minas Gerais/Brasilien. Gelegentlich Rohstoff zur Schwefelsäureherstellung. Zusammen mit Pentlandit (S. 114) wichtiges Nickel-Erz.

Schwefel gediegen [4]

Chemie: S	Farbe: gelb, bräunlich mit grünlichem Stich
Mohshärte: 2	Strichfarbe: weiß
Dichte: 2,0–2,1	Glanz: Diamant-, Harz-, Fettglanz
Spaltbarkeit: keine	Transparenz: durchscheinend
Bruch: muschlig, uneben	Kristallsystem: rhombisch

Kristalle pyramidal, häufig. Aggregate derb-körnig, fasrig, dicht, auch Krusten, Anflüge und Imprägnationen. Häufig Vorkommen im vulkanischen Bereich durch Dämpfe und Thermen, daneben in tonig-mergligen Sedimentiten. Fundorte: Sizilien/Italien, Texas, Louisiana/USA, Japan, Indonesien. Schwefel ist Rohstoff für Schwefelsäureproduktion und wichtiger Grundstoff zur Herstellung von Schädlingsbekämpfungsmitteln.

---

1 Magnetkies, Waldsassen/Oberpfalz   3 Monazit in Muttergestein, Namibia
2 Magnetkies mit Ankerit, Mexiko   4 Schwefel auf Calcit, Sizilien/Italien

Markasit [1, 2]

Chemie: Fe S$_2$	Farbe: messinggelb mit grünlichem Stich
Mohshärte: 6–6½	Strichfarbe: grünlichschwarz
Dichte: 4,8–4,9	Glanz: Metallglanz
Spaltbarkeit: unvollkommen	Transparenz: undurchsichtig
Bruch: uneben, spröde	Kristallsystem: rhombisch

Kristalle ein- und aufgewachsen, taflig, oft verwachsen, Zwillingsbildungen. Häufig von rostfarbener Verwitterungsrinde überzogen. Aggregate als Kristallgruppen oder derb strahlig, krustig, als Anflug. Versteinungsmaterial pflanzlicher und tierischer Fossilien. Vorkommen auf Magnetkies-Lagerstätten, Erzgängen in Kalkgestein, als Konkretion in Tongestein und Braunkohle. Fundorte: Meggen/ Westfalen, Oberschlesien/Polen, Brüx/CSSR, Missouri/USA. Zusammen mit Pyrit als Schwefelrohstoff genutzt.

Markasit kann zerfallen und wandelt sich dabei in schweflige Säure und Schwefel um. Daher Markasit in Sammlungen isoliert lagern. Eine sichere Konservierungsmethode gibt es nicht. Manchmal hilft ein Lacküberzug oder Tränken mit Paraffin. Häufig setzt der Zerfall erst nach Jahren ein.

Kammkies [1] Parallelverwachsene Markasit-Kristalle, die hahnenkammähnliche Aggregate bilden.
Speerkies [2] Speerspitzenähnliche Verwachsungen von Markasit-Kristallen.
Strahlkies Grob- bis feinstrahlige Markasit-Aggregate.
Leberkies Derbe, dichte Markasit-Massen.
Markasit-Knolle [3] Nuß- bis kopfgroße Konkretion mit radialstrahligem Aufbau. Die meisten der als Markasit angebotenen Knollen bestehen aus Pyrit.

Pyrit [3–5] Schwefelkies, Eisenkies

Chemie: Fe S$_2$	Farbe: messinggelb, oft bunt anlaufend
Mohshärte: 6–6½	Strichfarbe: grünlichschwarz
Dichte: 5,0–5,2	Glanz: Metallglanz
Spaltbarkeit: unvollkommen	Transparenz: undurchsichtig
Bruch: muschlig, spröde	Kristallsystem: kubisch

Kristalle ein- und aufgewachsen, Würfel mit charakteristischer Streifung, Pentagondodekaeder, Oktaeder, viele Kristallkombinationen, Durchdringungszwillinge. Gelegentlich braune bis rostfarbene Verwitterungsrinde. Aggregate derb-körnig, radialstrahlig, knollig, nierig, häufig eingesprengt. Versteinerungsmaterial von pflanzlichen und tierischen Fossilien.

Vorkommen als selbständige Lagerstätten, beigeordnet in sulfidischen Erzlagerstätten, in Ton- und Kalkgesteinen, in Stein- und Braunkohlelagern und als Nebengemengteil in vielen Magmatiten.

Fundorte: Meggen/Westfalen, Rammelsberg/Harz, Elba, Piemont/Italien, Griechenland, Spanien, Schweden, Transvaal/Südafrika, Colorado/USA.

Pyrit ist neben Schwefel wichtigster Schwefelrohstoff, auf Grund häufig beigemengter Gold- und Kupfermineralien lokal auch Gold- und Kupfer-Erz.

Bei Verwitterung des Pyrits auf Sulfidlagerstätten entsteht im oberflächennahen Bereich der sog. Eiserne Hut, limonitisches Eisen-Erz.

---

1 Markasit als Kammkies, Indiana/USA
2 Markasit als Speerkies, Brüx/CSSR
3 Sog. Markasitknolle, Calais/Frankreich
4 Pyrit-Aggregat, Huelva/Spanien
5 Pyrit in Kristallen und in derber Ausbildung auf Hämatit als Muttergestein, Elba/Italien

Mineralien als Schmuck- und Edelsteine

Edelsteine im Leben der Menschen

Edelsteine sind dem Menschen seit mindestens 7000 Jahren bekannt. Zu den frühesten gehören Amethyst, Bernstein, Granate, Jade, Lapislazuli, Smaragd und Türkis. Sie bleiben den wohlhabenden Bevölkerungsschichten vorbehalten und dienen als Statussymbol. Die Fürsten dokumentierten mit den edelsteinbesetzten Insignien Reichtum und somit Macht.

Bis in die Neuzeit sind Edelsteine als Amulett und Talismann geschätzt. Sie sollen Böses abwehren, Gesundheit erhalten, der Fürsten Gunst geneigt machen und Seefahrer heimführen. Sogar als Heilmittel, pulverisiert oder als Kontaktmedium, haben Edelsteine ihren Wert.

Schon frühzeitig werden Edelsteine den Tierkreis-Sternbildern zugeordnet, daraus wiederum Geburts- und Monatssteine abgeleitet. Neuerdings identifizieren sich einige Staaten symbolartig mit Edelsteinen, die innerhalb ihrer Grenzen zu finden sind.

Auch in den modernen Religionen haben Edelsteine ihren festen Platz. Der Amtsschild des Hohenpriesters der Juden war mit vier Reihen Edelsteine besetzt. Edelsteine schmücken die Tiara und Mitra von Papst und Bischof wie auch Monstranzen, Reliquien und Ikonen in christlichen Kirchen.

In unseren Tagen dient der Schmuck in viel höherem Maße als früher der eigenen Freude, dem Gefallen an Schönheit und Harmonie.

Oft wird der edle Stein aber aller Symbolik und Ästhetik entledigt und als reine Kapitalanlage betrachtet.

Begriffsbestimmungen

Edelstein   Es gibt keine eindeutige Definition für den Edelstein. Allen Edelsteinen ist das Besondere, das Schöne gemeinsam. Früher bezeichnete man nur wenige Steine als edel. Heute ist die Zahl der Edelsteine kaum übersehbar. Die meisten Edelsteine sind Mineralien, selten Mineralaggregate. Auch einige Substanzen organischen Ursprungs (Bernstein) zählen zu den Edelsteinen. Durch Nachbildung natürlicher Edelsteine, sog. Synthesen, und durch Züchtung von Steinen, die in der Natur überhaupt kein Gegenstück haben, ist die Vielfalt der edlen Steine noch größer geworden.

Halbedelstein   Früher verstand man unter Halbedelstein die weniger wertvollen und nicht sehr harten Steine. Dieser Begriff, der im Handel heute noch umgeht, sollte wegen seiner abwertenden Bedeutung und der unklaren Abgrenzung gegenüber den »echten« Edelsteinen nicht verwendet werden.

Schmuckstein   Sammelbegriff für alle schmückenden Steine. Nach anderer Meinung nur die weniger wertvollen Steine umfassend, ähnlich dem Begriff des Halbedelsteins. Tatsächlich gibt es keine überzeugende Abgrenzung gegenüber den »wertvolleren« Edelsteinen, daher oft als Synonym für Edelsteine schlechthin verstanden.

Farbedelstein (Farbstein)   Vornehmlich im Handel verwendete Bezeichnung für Edelsteine mit Ausnahme von Achat und Diamant.

Toison des Goldenen Vlieses (1760/70) mit Diamanten, Rubinen und Granaten; Originalgröße (Schatzkammer, Residenz München)

Juwel Im weiteren Sinn ist jedes Schmuckstück ein Juwel. Im engeren Sinn versteht man unter Juwel ein Schmuckstück, das einen oder mehrere in Edelmetall gefaßte Edelsteine enthält. Gelegentlich werden geschliffene Steine auch ohne Fassung als Juwelen bezeichnet.

Gemmologie (Edelsteinkunde) Wissenschaftsdisziplin, die sich mit den Edelsteinen befaßt, ein Zweig der Mineralogie.

Karat (Carat) Seit der Antike allgemein verbreitete Gewichtseinheit im Edelsteinhandel, früher allerdings mit etwas unterschiedlichen Gewichtswerten. Seit 1907 gilt das metrische Karat (mct). 1 Karat = 200 Milligramm oder 0,2 Gramm. Die Unterteilung des Karats erfolgt in Bruchzahlen (z. B. $\frac{1}{10}$ ct) oder in Dezimalen mit zwei Stellen (z. B. 1,25 ct).

Das Karatgewicht der Edelsteine nicht mit der Karatzahl der Goldschmiede verwechseln. Bei Gold ist Karat keine Gewichtseinheit, sondern eine Qualitätsbezeichnung. Je höher die Karatzahl, desto mehr Feingold ist in dem Schmuckstück vorhanden. Das Gewicht kann dabei jedesmal verschieden sein.

Die Namen der Edelsteine

Die ältesten Namen der Edelsteine gehen auf orientalische Sprachen, auf Griechisch und Latein zurück. Besonders die griechische Sprache hat auch der modernen Edelsteinnomenklatur ihren Stempel aufgedrückt.

Die Namen nehmen Bezug auf hervorstechende Eigenschaften (insbesondere auf Farbe), auf Fundorte und auf vermeintlich geheimnisvolle Kräfte, die dem Edelstein angeblich innewohnen.

Mit dem Einsetzen der wissenschaftlichen Betrachtungsweise in der Mineralogie gewinnt auch die Edelsteinkunde mehr an Sachlichkeit. Okkulte und mystische Vorstellungen treten in den Hintergrund. Dennoch bleibt den Edelsteinen immer noch irgendwie etwas unerklärlich Besonderes anhängig. Dazu tragen auch die vielen fremdländisch klingenden Namen der Edelsteine, wie sie im Handel häufig verwendet werden, bei. Viele Fantasienamen, oft geradezu irreführend, sollen den Kaufanreiz erhöhen, indem sie höherwertige Steine vortäuschen und auch etwas Geheimnisvolles mitschwingen lassen.

Zwar gibt es in vielen Ländern rechtsverbindliche Vorschriften und Empfehlungen für die Bezeichnung von Edelsteinen, in der Praxis des Schmucksteinverkaufs werden solche Bestimmungen allerdings häufig umgangen.

Nachahmungen

Versuche, Edelsteine nachzuahmen, sind uralt. Die Arten der Nachahmungen kann man in drei Gruppen gliedern. Am ältesten sind die Imitationen, Nachahmungen aus anderer Stoffsubstanz als der betreffende Stein. Die sog. zusammengesetzten Steine enthalten mindestens einen Teil eines echten Edelsteins. Synthetische Edelsteine schließlich sind reine Kunstprodukte, aber aus gleicher stofflicher Substanz wie der nachgeahmte Stein.

Imitationen Die Ägypter sind wohl die ersten, die mit Glas und Glasur wertvolle Steine vortäuschen, imitieren. 1758 entwickelt ein Wiener, Joseph Strasser, eine Glassorte, die sich schleifen läßt und dem Diamant täuschend ähnlich sieht. Diese Diamantimitationen, Straß genannt, gelangten in den Edelsteinhandel.

Inzwischen sind viele Edelsteinimitationen verbreitet. Für billigen Modeschmuck genügt einfaches Flächenglas, für wertvoller wirkende Edelsteinimitationen dient stark lichtbrechendes Blei- oder Flintglas. Auch Porzellan, Kunstharze und Plastikmaterialien werden zur Edelsteinimitation verwendet.

All diese Imitationen haben meist nur das farbliche Aussehen mit dem Vorbild gemeinsam, die anderen physikalischen Eigenschaften, insbesondere die Härte und das Feuer, konnten nie zufriedenstellend nachgeahmt werden.

Zusammengesetzte Steine Bei dieser Gruppe der Nachahmungen ist mindestens ein Teil natürlicher Edelstein, der mit anderen Edelsteinen, nicht edlen Mineralien oder Glas kombiniert wird. Besteht der neu konstruierte Stein aus zwei Teilen, spricht man von einer Dublette, bei drei Teilen von Triplette. Oft bewirkt nur eine farbige, die Einzelteile verbindende Klebeschicht den gewünschten Farbton. Sorgfältig zusammengesetzte Steine sind schwer zu erkennen, besonders wenn die Nähte in der Fassung liegen.

<u>Rekonstruierte Steine</u> Werden aus kleinen Splittern echter Edelsteine zu größeren Formaten zusammengeschmolzen. Sie nehmen eine Mittelstellung zwischen Synthese und Dublette ein.

Synthetische Edelsteine (Synthesen) Seit Jahrhunderten ist es ein Traum der Menschen, Steine zu produzieren, die den echten Edelsteinen völlig gleichen. Am Ende des vorigen Jahrhunderts hat sich diese Hoffnung erfüllt, als es dem französischen Chemiker A. V. Verneuil gelang, erste wirtschaftlich nutzbare synthetische Rubine zu züchten. Bis heute wird dessen Schmelz-Tropf-Verfahren in großem Umfang angewandt. Das Endprodukt dieser Methode ist ein länglich birnenförmiger Körper von etwa 1,5 cm Durchmesser und einer Länge bis zu 7 cm. Dieser Kunststein entspricht nach Kristallstruktur, chemischer Zusammensetzung und physikalischen Eigenschaften völlig dem Original. Eine Unterscheidung von natürlichen Edelstein und Synthese ist dem Laien kaum möglich. Mittlerweile züchtet man zu fast allen Edelsteinen gute Synthesen. 1955 gelang in den USA und in Schweden gleichzeitig eine Diamantsynthese. 1970 wurden Diamanten in Edelsteinqualität und in nutzbarer Größe gewonnen. Die Produktion ist jedoch so teuer, daß sich synthetische Diamanten auf dem Edelsteinmarkt vorerst nicht durchsetzen werden können. Für Industriezwecke sind Diamantsynthesen ohne Edelsteinqualität zwischenzeitlich unentbehrlich geworden.

Seit 1953 gibt es synthetische Steine mit Edelsteinqualität, die in der Natur kein Gegenstück haben. Sie bestechen durch hervorragende optische Eigenschaften und dienen häufig als Diamantersatz. Dazu gehören Fabulit (oder Diagem), YAG (oder Diamonair), Galliant, Djevalith und Zirkonia (oder Phianit, auch Fianit).

Die synthetisch hergestellten Edelsteine werden nicht zu den Imitationen gezählt, sondern gelten neben den natürlichen Edelsteinen als eigenständige Gruppe. Im Handel müssen sie stets als »synthetisch« bezeichnet werden.

Schmelzbirnen und daraus geschliffene synthetische Edelsteine

Bearbeitung der Edelsteine

Bis etwa 1400 werden bei durchsichtigen Steinen nur natürliche Kristall- und Spaltflächen bearbeitet. Durch Polieren erhalten sie stärkeren Glanz und bessere Transparenz. Undurchsichtige Edelsteine werden schon davor auf hartem Sandstein glatt oder gewölbt (muglig) geschliffen. Ein Höhepunkt in der Steinbearbeitung ist der Facettenschliff. Er entsteht im 15. Jahrhundert.

Das Schleifen soll die Farbe des Edelsteins betonen, die Brillanz heben, die Farbzerstreuung verstärken, aber andererseits nachteilige Eigenschaften unterdrücken. Nach der Art der Flächengestaltung unterscheidet man den mugligen Schliff (Cabochonschliff), den Glattschliff und den Facettenschliff.

Heutzutage kennen wir bei der Edelsteinbearbeitung folgende Bereiche: Steingravur, Bearbeitung von Achat, von Farbsteinen und von Diamant.

Die Steingravur Die Steingravur, auch Glyptik genannt, umfaßt das Schneiden von Reliefs sowie die Fertigung von Kleinplastiken und Ziergegenständen.

Eingetiefte Gravuren heißen Gemmen, jene mit negativem Bild, wie für Siegel verwendet, Intaglios, erhaben geschnittene Bilder Kameen. Die Bezeichnung Gemme wird auch als Oberbegriff für beide Gravurarten verwendet.

Rohmaterial für Gemmen sind gewöhnlich mehrschichtige Achate. Hauptwerkzeug ist eine kleine Drehbank mit horizontal liegender Welle.

Bearbeitung von Achat An einem Carborundum-Schleifrad bekommt der Achat seine grobe Form. Der Feinschliff erfolgt am Sandsteinrad. Poliert wird auf langsam sich drehenden Walzen und Rädern mit Holz-, Leder- oder Filzbelag. Für ebenen Schliff und gleichmäßig gerundete Formen gibt es neuerdings Maschinen, die die Arbeit selbsttätig besorgen.

Bearbeitung von Farbsteinen Mit einer diamantbesetzten Kreissäge wird der Farbstein in die vorgesehene Größe geschnitten, dann auf einem grobkörnigen Carborundum-Rad in eine rohe Form gebracht. Undurchsichtige Steine erhalten auf feinkörnigen Carborundum-Rädern Cabochonschliff, durchsichtige Steine auf einer horizontal laufenden Schleifscheibe einen Facettenschliff.

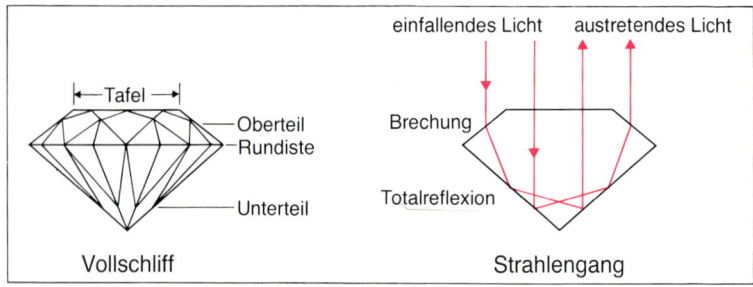

Diamant, Brillant-Schliff

Bearbeitung von Diamant Früher wurden unförmige Rohdiamanten zunächst durch Spalten zerteilt, heute werden sie gesägt. Danach erhält der Diamant durch Aneinanderreiben mit einem zweiten seine Rohform. Schließlich werden auf einer horizontal laufenden, mit Diamantpulver und Öl bestrichenen Stahlscheibe die Facetten angelegt. Beim Brillant-Schliff sind die Facettenflächen vorausberechnet, so daß das einfallende Licht im Kristall wiederholt gebrochen und nach oben zurückgeworfen wird. Dadurch erzielt man die Brillanz.

160

Bekannte Schliffarten der Edelsteine (Draufsicht und Seitenansicht)

1 <u>Brillant-Vollschliff</u>   Besitzt mindestens 32 Facetten und die Tafel im Oberteil sowie mindestens 24 Facetten im Unterteil. Da speziell für den Diamant entwickelt, auch Diamant-Schliff genannt. Die Kurzbezeichnung Brillant ist nur für den Diamant zulässig, alle anderen brillantgeschliffenen Edelsteine müssen den Mineralnamen führen (z. B. Zirkon-Brillant).

2 <u>Achtkant</u>   Trägt außer der Tafel im Ober- und Unterteil je 8 Facetten. Er wird für kleinste Diamanten, bei denen ein Vollschliff nicht möglich ist oder nicht lohnt, verwendet.

3 <u>Treppenschliff</u>   Einfache Art des Facettenschliffs, besonders für farbige Edelsteine verwendet. Mehrere Facetten liegen kantenparallel, die Steilheit der Facetten nimmt gegen die Rundiste zu. Im Unterteil ist die Anzahl der Facetten meist größer.

4 <u>Smaragdschliff</u>   Treppenschliff mit achteckiger Form, für Smaragd bevorzugt, aber ebenso für andere Farbsteine verwendet.

5 <u>Rose</u>   Facettenschliff ohne Tafel und ohne Unterteil. Je nach Anzahl und Anordnung der Facetten mehrere Varianten. Wegen geringer Brillanz heutzutage recht selten angewendet.

6 <u>Scherenschliff</u>   Abart des Treppenschliffs. Facetten werden durch die »Schere« in vier Teilfacetten untergliedert.

7 <u>Tafelschliff</u>   Einfachste Art des Treppenschliffs. Zugunsten einer großen Tafel ist der Oberteil sehr flach. Als Siegel- und Herrenring verwendet.

8 <u>Cabochon</u>   Hauptvertreter des Glattschliffs. Oberteil rundlich geschliffen, Unterteil eben oder flach gewölbt. Bei dunklen Steinen wird der Unterteil innen ausgehöhlt (ausgeschlägelt), um den Farbton aufzuhellen.

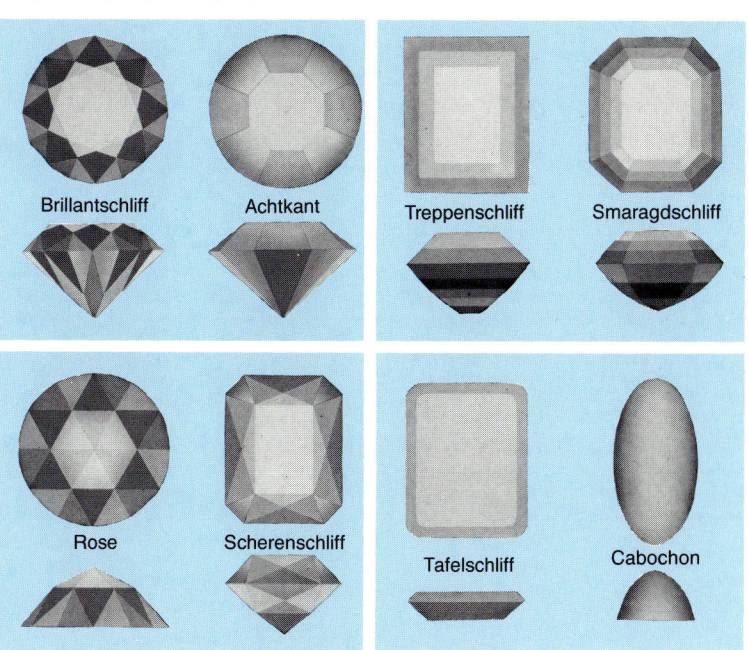

Brillantschliff   Achtkant   Treppenschliff   Smaragdschliff

Rose   Scherenschliff   Tafelschliff   Cabochon

Diamant [3, 12, 13]

Chemie: C	Farbe: farblos, alle Farben, auch schwarz
Mohshärte: 10	Strichfarbe: weiß
Dichte: 3,47–3,55	Glanz: Diamantglanz
Spaltbarkeit: vollkommen	Transparenz: durchsichtig bis undurchsichtig
Bruch: muschlig, splittrig, spröde	Kristallsystem: kubisch

Kristalle eingewachsen, Oktaeder, Dodekaeder, Würfel. Hohe Lichtbrechung, starke Dispersion. Kuglige, dichte Aggregate heißen Carbonado oder Bort. Farblose und schönfarbige Diamanten zu Schmuckstein verschliffen. Die Qualitätsbewertung berücksichtigt Reinheit, Farbe, Schliff und Gewicht. Nur 20% aller Diamanten für Schmuckzwecke geeignet. Der Hauptteil wird als Industriediamant (Bort) für Bohr-, Schneid-, Schleifgeräte verwendet. Vorkommen in alten Vulkanschloten, den Pipes, oder auf Seifenlagerstätten. Größte Schmuckdiamantproduzenten sind Südafrika, UdSSR, Namibia, größte Produzenten von natürlichen Industriediamanten Zaire, UdSSR, Südafrika. 1955 gelang in den USA und Schweden die Diamant-Synthese. Mittlerweile ist die Produktion von synthetischen Diamanten, die für Schmuckzwecke nicht geeignet sind, größer als die Gewinnung natürlicher Diamanten.

Korund [15–18]

Chemie: Al_2O_3	Farbe: farblos, verschieden getönt
Mohshärte: 9	Strichfarbe: weiß
Dichte: 3,97–4,05	Glanz: Glasglanz
Spaltbarkeit: keine	Transparenz: durchsichtig bis undurchsichtig
Bruch: muschlig, splittrig, spröde	Kristallsystem: trigonal

Kristalle meist eingewachsen, taflig, säulig, tonnenförmig. Gelegentlich Asterismus [1, 4]. Kristalline Aggregate und derbe, spätige Massen. Vorkommen in Plutoniten und deren Pegmatiten, in Karbonatgestein und auf Seifen.

Gemeiner Korund Unscheinbar trüb. Als Schleif- und Poliermittel verwendet.
Schmirgel Gemenge von kristallinem Korund und Magnetit, Hämatit, Quarz u. a.; Schleifmittel. Fundorte: Türkei, Griechenland, Massachusetts/USA.

Edler Korund Für Schmuckzwecke geeigneter Korund: Rubin und Saphir.
Rubin [10, 17, 18] Rote Varietät des Korunds. Vorkommen in dolomitisiertem Marmor und auf Seifenlagerstätten. Fundorte: Oberbirma, Thailand, Sri Lanka, Tansania. Synthetische Schmuckstein-Rubine [4, 14] auf dem Markt.
Saphir [5–8, 15, 17] Alle nicht roten Korunde mit Edelsteinqualität, insbesondere blaue Varietäten. Farbloser Saphir heißt Leukosaphir, orangegelber Padparadscha [6]. Vorkommen gewöhnlich auf Seifenlagerstätten. Fundorte: Australien, Birma, Sri Lanka, Thailand. Synthetische Saphire [1, 2, 11].

1 Synthetischer Sternsaphir	10 Rubin, Thailand
2 Synthetischer Saphir	11 Synthetischer Korund
3 Diamant, Südafrika	12 Diamant-Kristall, Ghana
4 Synthetischer Sternrubin	13 Diamant-Kristall, Kinshasa/Zaire
5 Synthetische Saphir-Triplette	14 Synthetischer Rubin
6 Padparadscha-Saphir, Ceylon	15 Saphir-Kristalle, Australien und Oberbirma
7 Saphir, Mogok/Birma	16 Korund-Kristalle, Sri Lanka
8 Saphir, Mogok/Birma	17 Rubin in Matrix, Kanada
9 Zirkonia, als Diamantersatz verwendet	18 Rubin-Kristalle, Birma

Beryll [10]

Chemie: $Al_2Be_3[Si_6O_{18}]$	Farbe: farblos, verschieden gefärbt
Mohshärte: 7½–8	Strichfarbe: weiß
Dichte: 2,63–2,91	Glanz: Glasglanz
Spaltbarkeit: unvollkommen	Transparenz: durchsichtig bis undurchsichtig
Bruch: muschlig, uneben, spröde	Kristallsystem: hexagonal

Kristalle ein- und aufgewachsen, meist lange Prismen, selten taflig. Gelegentlich derbe stenglige Aggregate. Vorkommen in Pegmatitgängen granitischer Gesteine und auf Seifenlagerstätten. Fundorte: Südkorea, Indien, Brasilien, Westaustralien. Wichtigstes Erz zur Gewinnung von Beryllium.

Gemeiner Beryll   Unscheinbar trüb, ohne Edelsteinqualität.
Edelberyll   Schönfarbige, für Schmuckzwecke geeignete Beryll-Varietät.

Smaragd [1, 2, 8]   Grüne Beryll-Varietät. Meist durch Einschlüsse getrübt. Vorkommen in Pematitgängen oder in deren Nähe. Gewinnung fast ausschließlich aus dem Muttergestein, selten von Seifenlagerstätten. Fundorte: Muzo und Chivor/Kolumbien, Brasilien, Simbabwe, Transvaal/Südafrika, Habachtal/Salzburg. Seit den fünfziger Jahren synthetische Smaragde auf dem Markt. Ebenso gibt es Tripletten [1] als Nachahmung.

Aquamarin [3, 4, 12]   Blaue Beryll-Varietät. Muttergestein sind Pegmatite und Granite. Fundorte: Brasilien, Nigeria, Australien, Birma, Indien, Sri Lanka. Sog. synthetische Aquamarine sind in Wirklichkeit synthetische Spinelle.

Goldberyll [5]   Edelberyll von zitronengelber bis goldgelber Farbe.
Goshenit   Farbloser Edelberyll.
Helioder   Edelberyll von hellgelbgrüner Farbe.
Morganit   Edelberyll von zartrosa bis violetter Farbe.

Chrysoberyll [6, 11]

Chemie: Al_2BeO_4	Farbe: gelb, grünlich, bräunlich
Mohshärte: 8½	Strichfarbe: weiß
Dichte: 3,70–3,72	Glanz: Glas-, Fettglanz
Spaltbarkeit: unvollkommen	Transparenz: durchsichtig bis durchscheinend
Bruch: muschlig, spröde	Kristallsystem: rhombisch

Kristalle eingewachsen, dicktaflig. Vorkommen in Pegmatiten, Schiefern und auf Seifen. Fundorte: Sri Lanka, Mogok/Birma, Ural/UdSSR, Minas Gerais/Brasilien. Lokal als Beryllium-Erz genutzt. Schönfarbige Varietäten sind Edelsteine.

Alexandrit [7, 9]   Chrysoberyll mit Edelsteinqualität. Bei Tageslicht grün, bei Kunstlicht rot. Häufig Durchdringungszwillinge. Fundorte: Sri Lanka, Simbabwe, Birma, Brasilien. Alexandritfarbene Nachahmungen bekannt.

Chrysoberyll-Katzenauge (Katzenauge, Kymophan)   Chrysoberyll-Varietät mit wogendem Lichtschein. Fundorte: Sri Lanka, Brasilien, China.

1 Smaragdfarbene Beryll-Triplette	7 Alexandritfarbener synthetischer Korund
2 Smaragd, Muzo/Kolumbien	8 Smaragd in Muttergestein, Chivor/Kolumbien
3 Aquamarin, Madagaskar	9 Alexandrit, Novello Claims/Simbabwe
4 Aquamarin, Minas Gerais/Brasilien	10 Beryll in Muttergestein, Utah/USA
5 Goldberyll, Sri Lanka	11 Chrysoberyll (gelb) mit Granat (rötlich), USA
6 Chrysoberyll, Minas Novas/Brasilien	12 Aquamarin in Quarz, Brasilien

Spinell [1-3, 15]

Chemie: Mg, Al_2O_4	Farbe: farblos, alle Farben
Mohshärte: 8	Strichfarbe: weiß
Dichte: 3,58–3,61	Glanz: Glasglanz
Spaltbarkeit: unvollkommen	Transparenz: durchsichtig bis undurchsichtig
Bruch: muschlig, spröde	Kristallsystem: kubisch

Kristalle gewöhnlich oktaedrisch, eingewachsen, meist klein, häufig verzwillingt. Vorkommen in Karbonatgestein, Magmatiten, Schiefern, auf Seifen. Fundorte: Sri Lanka, Birma, Thailand. Edelstein (Edelspinell). Synthetische Spinelle vorhanden [3, 4].
Pleonast (Ceylanit) Undurchsichtiger, schwarzer Spinell.

Topas [5, 10, 13, 16]

Chemie: Al_2 (F_2SiO_4)	Farbe: farblos, gelb, braun, blau, grün, rot
Mohshärte: 8	Strichfarbe: weiß
Dichte: 3,53–3,56	Glanz: Glasglanz
Spaltbarkeit: vollkommen	Transparenz: durchsichtig bis durchscheinend
Bruch: muschlig, uneben	Kristallsystem: rhombisch

Kristalle prismatisch, aufgewachsen. Vorkommen in sauren Magmatiten, in Greisen, auf Seifen. Fundorte: Sachsen, Brasilien, Sri Lanka, Birma, Pakistan. Edelstein (Edeltopas). Durch Brennen werden Farben verändert.
Goldtopas Irreführender Handelsname für gelbgebrannten Amethyst.

Zirkon [7, 11, 12, 14]

Chemie: Zr [SiO_4]	Farbe: braun, rot, gelb, grün, blau, farblos
Mohshärte: 6½–7½	Strichfarbe: weiß
Dichte: 3,9–4,8	Glanz: Diamant-, Fettglanz
Spaltbarkeit: unvollkommen	Transparenz: durchsichtig bis undurchsichtig
Bruch: muschlig, spröde	Kristallsystem: tetragonal

Kristalle kurzsäulig, eingewachsen oder abgerollte Körner. Vorkommen als Nebengemengteil in vielen Gesteinsarten, auf Seifenlagerstätten. Fundorte: Norwegen, Kambodscha, Birma, Thailand, Sri Lanka, Wichtigstes Zirkonium-Erz, Edelstein. Durch Brennen werden farblose oder blaue Steine [11] gewonnen.

Hyazinth (Hyacinth) Gelbrote bis rotbraune Zirkon-Varietät.
Starlit Blaue Zirkon-Varietät. Nr. 11 ist gebrannter Zirkon mit Starlit-Farbe.
Jargon Farblose bis blaßgelbe Zirkon-Varietät.
Zirkonia [6] Synthetischer Edelstein, wird Zirkon und Diamant unterschoben.
Granat [8, 9] Siehe auch S. 80/81. Edelstein-Mineralien, die mit allen Farben außer blau vertreten sind.

1 Spinell, Mogok/Birma	9 Granat-Varietät Almandin, Sri Lanka
2 Spinell, Sri Lanka	10 Topas-Kristall, Thomas Mountains/Utah/USA
3 Synthetische Spinell-Triplette	11 Zirkon gebrannt, Sri Lanka
4 Topasfarbener synthetischer Spinell	12 Zirkon-Kristall, Brasilien
5 Topas, Minas Gerais/Brasilien	13 Topas-Kristall, Minas Gerais/Brasilien
6 Zirkonia, eine Edelsteinsynthese	14 Zirkon mit Biotit in Quarz, Norwegen
7 Zirkon, Sri Lanka	15 Spinell (Pleonast) in Calcit, Madagaskar
8 Granat-Varietät Pyrop, Böhmen/CSSR	16 Topas auf Quarz, Schneckenstein/Sachsen

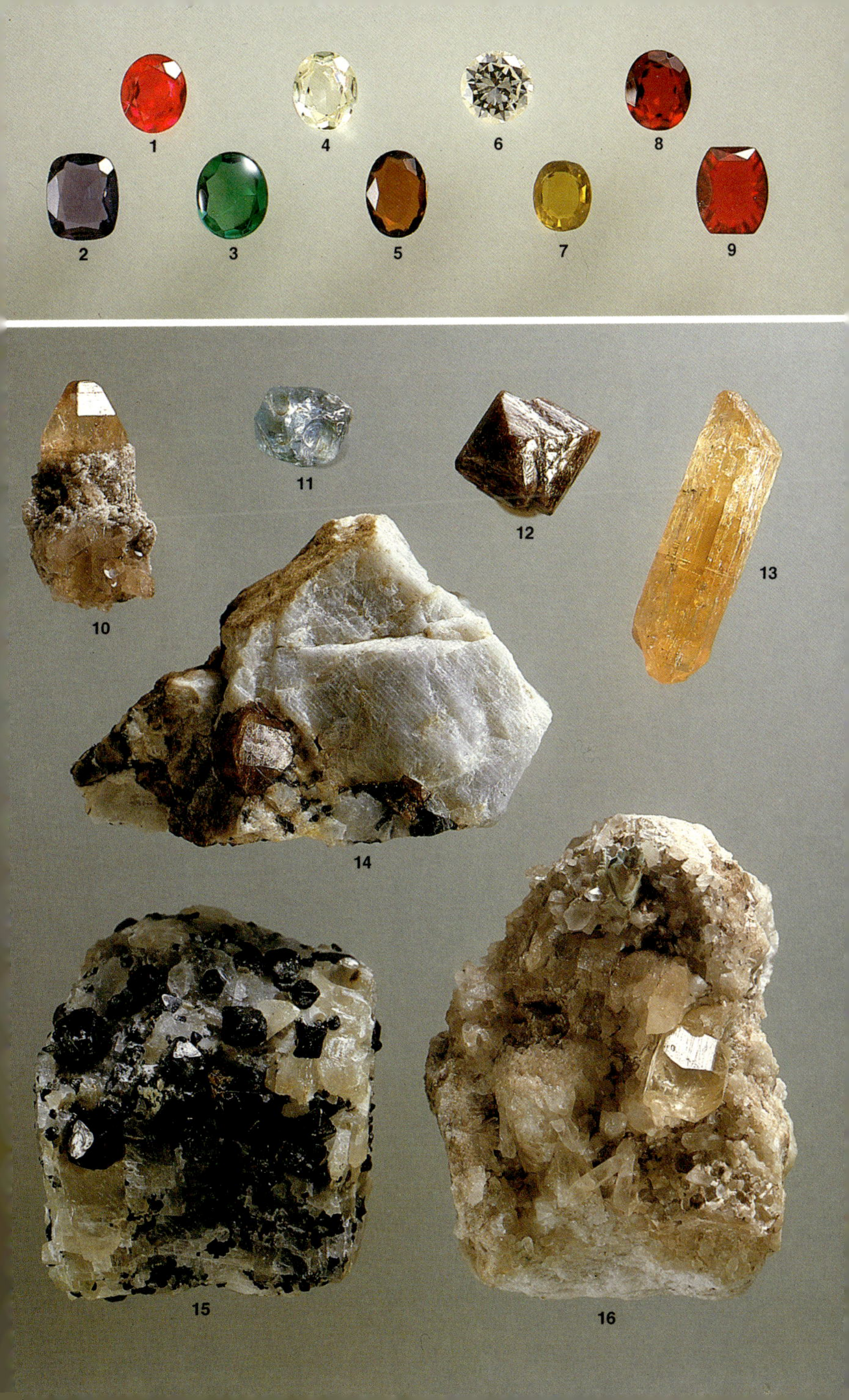

Turmalin [2-6]

Chemie: (Na, Li, Ca) (Fe^2, Mg, Mn, Al)$_3$
Al$_6$ [(OH)$_4$|(BO$_3$)$_3$|Si$_6$O$_{18}$]
Mohshärte: 7-7½
Dichte: 3,02-3,26
Spaltbarkeit: keine

Bruch: muschlig, uneben, spröde
Farbe: farblos, alle Farben
Strichfarbe: weiß
Glanz: Glasglanz
Transparenz: durchsichtig bis undurchsichtig

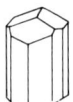

Kristalle (trigonales System) ein- und aufgewachsen, langgestreckt, vertikale Streifung, dreieckiger Querschnitt. Derbe, stenglige Aggregate. Vorkommen in sauren Magmatiten und deren Pegmatiten, in Kalkgestein und Schiefer, auf Seifenlagerstätten. Fundorte: Sri Lanka, Madagaskar, Brasilien, Mozambique.

Turmalin umfaßt eine Gruppe von Mischkristallen:

Elbait   Lithium-Turmalin   **Buergerit**   Eisen-Turmalin
Dravit   Magnesium-Turmalin   **Tsilaisit**   Mangan-Turmalin
Schörl   Eisen-Turmalin   **Uvit**   Magnesium-Turmalin

Turmalin ist verbreiteter Schmuckstein. Farbvarietäten tragen eigene Namen:

Achroit   Farblos oder nahezu farblos   **Rubellit**   Rosa bis rot
Dravit   Gelbbraun bis dunkelbraun   **Schörl**   Schwarz
Indigolith   Blau in allen Tönungen   **Verdelith**   Grün in allen Tönungen

Spodumen [7, 8]

Chemie: Li Al [Si$_2$O$_6$]
Mohshärte: 6-7
Dichte: 3,16-3,20
Spaltbarkeit: vollkommen
Bruch: uneben

Farbe: grauweiß, farblos, grün, violett
Strichfarbe: weiß
Glanz: Glas-, Perlmuttglanz
Transparenz: durchsichtig bis durchscheinend
Kristallsystem: monoklin

Kristalle prismatisch, taflig. Aggregate spätig, breitstenglig. Vorkommen in Granitpegmatiten. Fundorte: Schottland, Schweden, Madagaskar, Brasilien, Birma. Wichtiger Lithium-Rohstoff. Schönfarbige Varietäten Schmuckstein.
Hiddenit   Gelbgrüne bis grüne Spodumen-Varietät. Schmuckstein.
Kunzit   Rosarote bis violette Spodumen-Varietät. Schmuckstein.

Jadeit [10]

Chemie: Na Al [Si$_2$O$_6$]
Mohshärte: 6½-7
Dichte: 3,30-3,36
Spaltbarkeit: unvollkommen
Bruch: uneben, splittrig, sehr zäh

Farbe: grün, auch andere Farben
Strichfarbe: weiß
Glanz: Glasglanz
Transparenz: durchscheinend bis undurchsichtig
Kristallsystem: monoklin

Kristalle äußerst selten, kurzprismatisch. Gewöhnlich verfilzte, fasrige Aggregate. Vorkommen in kristallinen Schiefern und als Geröll. Fundorte: Birma, Yünan/China, Japan. Für kunstgewerbliche Gegenstände verwendet.
Chloromelanit [9]   Grün bis schwarz gefleckte Jadeit-Varietät.
Jade   Oberbegriff für die ähnlichen Mineralien Jadeit und Nephrit (S. 86).

---

1 Dunkel- und hellgrüner Jadeit, Taiwan
2 Grüner Turmalin, Brasilien
3 Grüner und roter Turmalin, Madagaskar
4 Turmalin-Kristalle, Brasilien
5 Turmalin, Kristallquerschnitt, Mozambique
6 Rubellit-Turmalin, Kalifornien/USA
7 Hiddenit, Minas Gerais/Brasilien
8 Kunzit, Brasilien
9 Chloromelanit, Birma
10 Jadeit, China

Peridot [1–3] Chrysolith

Als Peridot oder Chrysolith wird im Handel die Schmuckstein-Varietät von Olivin verstanden. In der Mineralogie sind die beiden Namen Synonym zu Olivin. Mineralogische Daten S. 52 bei Olivin.

Die Farbe des Peridots ist gelbgrün, olivgrün oder grünlichbraun. Vorkommen in basischen Magmatiten, in Serpentingestein und sekundär in Sanden. Fundorte: Vulkaninsel Zebirget (St. John)/Rotes Meer, Mogok/Oberbirma, Queensland/Australien, Brasilien, USA, Südafrika.

Thulit [4]

Dichte, rote Schmuckstein-Varietät des Zoisits. Mineralogische Daten S. 82 bei Zoisit. Vorkommen in Metamorphitgestein. Fundorte: Mittel- und Südnorwegen, Namibia, Westaustralien, Nord-Carolina/USA.

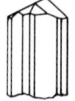

Tansanit [5, 6]

Blaue, durchsichtige Schmuckstein-Varietät des Zoisits. Mineralogische Daten S. 82 bei Zoisit. Die Farbe ist bei guten Qualitäten ultramarinblau bis saphirblau, bei künstlicher Beleuchtung mehr amethystviolett. Durch Erhitzen auf 400–500 °C wird das Blau vertieft. Vorkommen in Gängen und Kluftausfüllungen von Gneisen. Einziger Fundort im nördlichen Tansania bei Arusha.

Tansanit wurde erst 1967 entdeckt und von der Juwelierfirma Tiffany in New York nach dem Fundland benannt.

Mondstein [7]

Durchsichtige bis durchscheinende Adular-Schmucksteinvarietät mit gelblichbraunem oder bläulichweißem Schimmer. Mineralogische Daten S. 40 bei Orthoklas. Vorkommen in Pegmatiten. Fundorte: Sri Lanka, Indien, Madagaskar, Birma, Australien, USA, Brasilien. Mondstein ist also kein Stein vom Mond. Der Name erinnert vielmehr an den Mondschein.

Auch von einigen anderen Feldspäten sind ähnlich aussehende Mondsteine bekannt, u. a. von Mikroklin, Albit und Labradorit.

Amazonit [8, 9]

Grüne bis bläulichgrüne, undurchsichtige Schmucksteinvarietät von Mikroklin. Der Farbton ist gewöhnlich nicht einheitlich. Mineralogische Daten S. 40 bei Mikroklin. Vorkommen in Granitgestein, Granitpegmatit. Fundorte: Colorado/USA, Ilmengebirge/Ural, Madagaskar, Namibia, Indien, Brasilien.

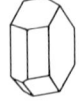

Sonnenstein [10] Aventurin-Feldspat, Aventurin, Avanturin

Orange bis rotbraune Schmucksteinvarietät von Oligoklas. Mineralogische Daten S. 42 bei Plagioklas. Das typisch metallische Glitzern ist auf Interferenzerscheinungen des Lichtes an Hämatit- oder Goethit-Einlagerungen zurückzuführen. Vorkommen in sauren Magmatiten und Gneisen. Fundorte: Südnorwegen, USA, Kanada, Indien, UdSSR.

Nicht mit Aventurin-Quarz [Nr. 1 und 4, S. 177] verwechseln, der in der Kurzform wie Sonnenstein Aventurin genannt wird.

---

1 Peridotite getrommelt, Südafrika	6 Tansanit-Rohsteine, Arusha/Tansania
2 Peridotite geschliffen, Birma	7 Mondsteine poliert, Indien
3 Peridotite abgerollt, Arizona/USA	8 Amazonit angeschliffen, Namibia
4 Thulit-Kugeln, Namibia	9 Amazonit geschliffen, Norwegen
5 Tansanit geschliffen, Arusha/Tansania	10 Sonnenstein poliert, Norwegen

Rhodonit [1]

Chemie: Ca Mn$_4$ [Si$_5$O$_{15}$]	Farbe: rosa, rot, schwarze Flecken und Adern
Mohshärte: 5½–6½	Strichfarbe: weiß
Dichte: 3,40–3,73	Glanz: Glas-, Perlmuttglanz
Spaltbarkeit: vollkommen	Transparenz: durchsichtig bis undurchsichtig
Bruch: muschlig, uneben, spröde	Kristallsystem: triklin

Kristalle taflig, prismatisch, selten. Grobspätige, dichte Aggregate. Vorkommen in Schiefern und auf Mangan-Lagerstätten. Fundorte: Frankreich, Ural/UdSSR, Indien, Madagaskar. Verwendung im Kunstgewerbe; gelegentlich Mangan-Erz.

Lapislazuli [2] Lasurit, Lasurstein, Lapis

Chemie: Na$_8$ [S|(Al Si O$_4$)$_6$]	Farbe: lasurblau, violett, grünlichblau
Mohshärte: 5–6	Strichfarbe: hellblau
Dichte: 2,38–2,42	Glanz: Glas-, Fettglanz
Spaltbarkeit: keine	Transparenz: undurchsichtig
Bruch: muschlig, spröde	Kristallsystem: kubisch

Kristalle eingewachsen, sehr selten. Gewöhnlich feinkörnige, dichte Massen. Häufig von Calcit durchädert, Pyriteinsprenglinge. Vorkommen in Kalkgestein. Fundorte: Afghanistan, UdSSR, Chile, Kalifornien/USA. Verwendung als Schmuck und für kunstgewerbliche Gegenstände.
Da Lapislazuli stets mehrere Mineralien (z.B. Calcit, Diopsid, Glimmer, Hauyn, Pyrit, Sodalith) enthält, wird er von einigen Fachleuten zu den Gesteinen gezählt, wobei Lasurit dann als Hauptgemengteil verstanden wird.

Türkis [3] Kallait

Chemie: CuAl$_6$ [(OH)$_2$|PO$_4$]$_4$·4 H$_2$O	Farbe: himmelblau, blaugrün
Mohshärte: 5–6	Strichfarbe: weiß
Dichte: 2,6–2,8	Glanz: Wachs-, Glasglanz
Spaltbarkeit: keine	Transparenz: undurchsichtig
Bruch: muschlig, uneben, spröde	Kristallsystem: triklin

Kristalle prismatisch, sehr selten. Feinkörnige Massen, traubig, als Überzug. Vorkommen auf Klüften von Trachyt und Sandstein. Fundorte: Iran, Samarkant/UdSSR, Sinai/Ägypten, SW-Staaten der USA, Cornwall/England.
Zahntürkis (Odontolith) Durch Vivianit türkisblau gefärbtes fossiles Elfenbein.

Malachit [4]

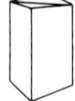

Chemie: Cu$_2$ [(OH)$_2$|CO$_3$]	Farbe: hellgrün, schwarzgrün
Mohshärte: 3½–4	Strichfarbe: hellgrün
Dichte: 3,75–3,95	Glanz: Glas-, Seidenglanz, matt
Spaltbarkeit: vollkommen	Transparenz: durchscheinend bis undurchsichtig
Bruch: schalig, splittrig, spröde	Kristallsystem: monoklin

Kristalle nadlig, selten. Aggregate derb, nierig, glaskopfig, gebändert, radialstrahlig. Vorkommen in der Oxidationszone von Kupfer-Lagerstätten. Fundorte Ural/UdSSR, Zaire, Australien, Chile, Namibia, Arizona/USA. Verwendung al Schmuckstein, für Kunstgewerbe.

---

1 Rhodonit, Franklin/New Jersey/USA
2 Lapislazuli, Badakhschan/Afghanistan
3 Türkis, Neu-Mexiko/USA
4 Malachit geschliffen, Katanga/Zaire

Bergkristall [5]
Farblose makrokristalline Varietät der Quarz-Gruppe. Mineralogische Daten S. 36. Obwohl Fundorte weltweit, ist schleifwürdiges Material selten. Für Modeschmuck und als Diamantimitation.

Amethyst [1, 11]
Violettfarbige makrokristalline Varietät der Quarz-Gruppe. Mineralogische Daten S. 36. Kräftigste Farbtöne in den Kristallspitzen. Farben können ausbleichen. Durch Brennen entstehen gelbe, braune, grüne und farblose Töne. Fundorte: Brasilien, Uruguay, Indien, Madagaskar, Montana, Kalifornien/USA. Seit kurzem gibt es Amethyst-Synthesen.

Amethystquarz [2]
Derbe Ausbildung der violetten Quarz-Varietät Amethyst. Häufig durch milchigen Quarz gebändert und gestreift. Mineralogische Daten S. 36. Fundorte: Brasilien, Uruguay, Madagaskar, Namibia, Ural/UdSSR.

Citrin (Zitrin) [3, 4, 12]
Gelbe bis bräunliche makrokristalline Varietät der Quarz-Gruppe. Mineralogische Daten S. 36. Natürliche Citrine sind blaßgelb [4]. Die meisten der auf dem Markt angebotenen Citrine haben einen Stich ins Rötliche [3, 12]. Sie sind durch Brennen von Amthyst und Rauchquarz entstanden. Im Handel werden Citrine oftmals irreführend als Topas schlechthin oder als Bahia-, Gold-, Madeira-, Palmyra-, Rio Grande-Topas bezeichnet. Das ist unzulässig. Naturfarbener Citrin ist selten. Fundorte: Bahia, Minas Gerais/Brasilien, Colorado/USA, Madagaskar, Ural/UdSSR, Spanien, Frankreich, Schottland.

Rauchquarz [6, 7, 10]
Rauchfarbige makrokristalline Quarz-Varietät. Mineralogische Daten S. 36. Die Farbe schwankt von braun bis schwarz. Im Handel irreführend häufig als Rauchtopas angeboten. Bei Temperaturen von 300–400 °C kann Rauchquarz entfärbt werden. Fundorte: Schweiz, Brasilien, Colorado/USA, Madagaskar.
Morion Sehr dunkle bis schwarze, undurchsichtige Rauchquarz-Varietät.

Rosenquarz [8, 9]
Rosafarbene, meist trübe Quarz-Varietät. Gewöhnlich derb. Kristalle sehr selten. Mineralogische Daten S. 36. Farbe, gelegentlich mit einem Stich ins Violette, kann verblassen. Eingelagerte Rutilnädelchen können bei mugligem Schliff sechsstrahligen Stern verursachen. Fundorte: Bayerischer Wald, Pleystein/Oberpflaz, Minas Gerais/Brasilien, Madagaskar, Indien.

Prasiolith
Lauchgrüne Quarz-Varietät, deren Farbe durch Brennen von violettem Amethyst oder gelblichem Citrin entstanden ist. Nur wenige Quarze aus Minas/Gerais/Brasilien und Arizona/USA sind für diesen Brennvorgang geeignet.

---

1 Amethyst, Indien	7 Rauchquarz, Indien
2 Amethystquarz, Madagaskar	8 Rosenquarz angeschliffen, Madagaskar
3 Citrin gebrannt, Indien	9 Rosenquarz, Minas Gerais/Brasilien
4 Citrin natürlich, Indien	10 Rauchquarz, Graubünden/Schweiz
5 Bergkristall, Japan	11 Amethyst, Rio Grande do Sul/Brasilien
6 Rauchquarz, Brasilien	12 Citrin gebrannt, Brasilien

Aventurin (Avanturin) [1, 4] Aventurin-Quarz
Derbe Quarz-Varietät mit metallischem Schiller. Mineralogische Daten S. 36.
Eingelagerter Fuchsit-Glimmer verleiht dem Stein eine mittel- bis dunkelgrüne
Farbe, Hämatitblättchen rote oder braune Farbtöne. Fundorte: Indien, Brasilien,
Ural, Sibirien/UdSSR, Tansania.
Nicht mit dem Sonnenstein [Nr. 10, S. 171] verwechseln, der in einer synonymen
Kurzform wie Aventurin-Quarz auch Aventurin genannt wird.

Prasem [6] Smaragdquarz
Lauchgrüne, derbe Quarz-Varietät. Mineralogische Daten S. 36. Die Farbe wird
durch Aktinolith-Einlagerungen verursacht. Fundorte: Erzgebirge/DDR, Salz-
burg/Österreich, Finnland, Schottland, Nord-Carolina/USA, Westaustralien.
Gelegentlich wird auch lauchgrüner Jaspis Prasem genannt.

Blauquarz Saphirquarz
Gewöhnlich trübblau gefärbte, derbe Quarz-Varietät, vereinzelt auch klar durchsichtig bis durchscheinend. Mineralogische Daten S. 36. Die Farbe rührt von eingelagerten Krokydolith- oder Rutilfasern her. Fundorte: Salzburg/Österreich,
Skandinavien, Brasilien, Südafrika, Virginia/USA.

Quarz-Katzenauge Katzenaugen-Quarz
Derbes Quarz-Aggregat von weißer, grauer, grünlicher oder bräunlicher Farbe
mit Katzenaugeneffekt. Dieser bei mugligem Schliff deutlich hervortretende
Lichtschein wird durch eingelagerte, parallel angeordnete, feinstfasrige Amphi-
bol-Asbeste (S. 86) verursacht. Mineralogische Daten S. 36. Bruch unregelmäßig.
Fundorte: Sri Lanka, außerdem Indien, Brasilien.
Die Kurzform Katzenauge darf für Quarz-Katzenauge nicht verwendet werden,
denn sie meint stets nur das Katzenauge des Chrysoberylls (S. 164).

Falkenauge [3]
Feinfasriges, undurchsichtiges Quarz-Aggregat mit Einlagerungen von Krokydo-
lith, blaugrau bis blaugrün mit flächenhaftem Schiller, bei mugligem Schliff mit
Katzenaugeneffekt. Das Gefüge entspricht einer Teilpseudomorphose von
Quarz nach Krokydolith. Mineralogische Daten S. 36. Bruch fasrig, seidenglän-
zend. Fundorte: Griqualand/Oranje/Südafrika, Westaustralien, Birma, Indien,
Kalifornien/USA.

Tigerauge [5]
Feinfasriges, undurchsichtiges Quarz-Aggregat, eine Pseudomorphose von
Quarz nach Krokydolith. Entstanden aus Falkenauge durch Verkieselung des
Krokydoliths unter Beibehaltung des stengligen Gefüges. Mineralogische Daten
S. 36. Bruch fasrig, seidenglänzend. Die goldgelbe Farbe wird durch eingelager-
ten Limonit bewirkt. Flächenschiller, bei mugligem Schliff Katzenaugeneffekt.
Vorkommen zusammen mit Falkenauge als plattenartige Kluftfüllung von nur
wenigen Zentimetern Stärke. Dabei liegen die Fasern des Tigerauges senkrecht
zu den Kluftflächen. Fundorte: Griqualand/Oranje/Südafrika, Westaustralien,
Birma, Indien, Kalifornien/USA.

---

1 Aventurin poliert, Südafrika

2 Tigerauge poliert, Griqualand/Oranje/
  Südafrika

3 Falkenauge, Oranje/Südafrika

4 Aventurin anpoliert, Warmbrunn/
  Schlesien/Polen

5 Tigerauge, Oranje/Südafrika

6 Prasem geschliffen, Norseman/Westaustralien

Chalcedon (Chalzedon) [1, 2]
Bläuliche mikrokristalline Varietät der Quarz-Gruppe. Mineralogische Daten
S. 38. Der natürliche Chalcedon hat keine Bänderung [1]. Im Handel werden
auch parallel gestreifte, künstlich blau gefärbte Achate [2] als Chalcedon angeboten. Fundorte: Namibia, Brasilien, Uruguay, Indien, Madagaskar.

Achat [3]
Verschiedenfarbige mikrokristalline Varietät der Quarz-Gruppe, ein Chalcedon.
Mineralogische Daten S. 38. In dünnen Scheiben gewöhnlich durchscheinend,
sonst undurchsichtig. Vorkommen als kuglige oder mandelförmige Einlagerung
in basischen Vulkanitgesteinen. Die streifige Zeichnung entsteht durch rhythmi-
sche Kristallisation. Unter dem Einfluß der Verwitterung bildet sich in der
Außenschicht und den obersten Achatlagen eine weiße Kruste. Im Innern der
Achatmandeln häufig gut entwickelte Kristalle (z. B. Bergkristall, Amethyst,
Rauchquarz, Calcit, Hämatit, Siderit).
Fundorte: Brasilien, Uruguay, China, Indien, Madagaskar, Mexiko, USA.
Viele Achate sind von Natur aus unscheinbar grau und haben nur eine schwache
Zeichnung. Erst durch Färben erhalten sie ihr buntes Aussehen und die lebhaf-
ten Strukturen. Je nach Porosität, Wassergehalt und Kristallzustand ist die Färb-
barkeit der einzelnen Lagen verschieden.
Verwendung des Achats sehr vielseitig: Kunstgewerbliche Gegenstände, Ring-
steine, Broschen, Anhänger, als Lagenstein für Gemmen und Kameen, wegen
Zähigkeit und der chemischen Resistenz auch umfassender Einsatz in der Technik. Je nach Farbe und Zeichnung gibt es zahlreiche Varietäten-Namen.

Bandachat Bänderzeichnung parallel zur Außenwand.
Enhydros (Wasserstein) Achatmandel mit Wasser, das durch die Wände
scheint, gefüllt. Trocknet an der Luft bald aus.
Festungsachat Zeichnung wie Bastionen alter Festungsanlagen.
Röhrenachat Von schlauchartigen Zufuhrkanälen durchsetzter Achat.
Sardstein Achat mit geradlinigen Innenbändern.
Trümmerachat Zerbrochener, auf natürlichem Wege wieder verkitteter Achat.

Chrysopras [5]
Grüne mikrokristalline Varietät der Quarz-Gruppe, ein Chalcedon. Mineralogi-
sche Daten S. 38. Größere Rohstücke oft rissig und farblich ungleichmäßig.
Farbe kann verblassen. Durch feuchte Lagerung Farbauffrischung möglich.
Fundorte: Queensland/Australien, Goyaz/Brasilien, Kalifornien/USA, Südafri-
ka, Indien, Madagaskar.

Jaspis [4]
Mikrokristalline Quarz-Varietät, ein Chalcedon. Mineralogische Daten S. 38.
Fremdbeimengung bis 20%. Diese Fremdstoffe bestimmen auch Farbton, Strich-
farbe (ockergelb, braun bis rot, sonst weiß) und Zeichnung. Einfarbige Jaspise
selten, meist verschiedenfarbig, gestreift, fleckig oder geflammt.
Viele Handelsnamen: z. B. Basanit (schwarz), Plasma (grün), Silex (braun/rot).
Fundorte: Baden, St. Egidien/Sachsen, Dauphiné/Frankreich, Indien, Ural/
UdSSR, USA. Verwendung für kunstgewerbliche Gegenstände.

---

1 Chalcedon, Namibia
2 Chalcedon, Streifen-Jaspis genannt,
  tatsächlich gefärbter Achat, Brasilien
3 Achat, Idar-Oberstein/Pfalz
4 Jaspis, Idar-Oberstein/Pfalz
5 Chrysopras, Kalifornien/USA

1
2
3
4
5

Karneol [1, 2]
Rote bis braunrote mikrokristalline Quarz-Varietät, ein Chalcedon. Mineralogische Daten S. 38. Die meisten der angebotenen Karneole sind gefärbte Achate mit streifigem Gefüge [2], echte Karneole zeigen im Durchlicht wolkige Farbverteilung [1]. Fundorte: Indien, Brasilien, Uruguay.

Sarder [3]
Rotbraune Karneol-Varietät. Ohne scharfe Abgrenzung zum eigentl. Karneol.

Heliotrop [4] Blutjaspis
Undurchsichtige, dunkelgrüne Quarz-Varietät mit roten, punktartigen Einschlüssen, ein Chalcedon. Mineralogische Daten S. 38. Farbe nicht immer lichtbeständig. Fundorte: Indien, Australien, Brasilien, China, USA.

Dendritenachat [6] Baumstein, Mokkastein
Farbloser bis weißlichgrauer, durchscheinender Chalcedon mit baum- oder farnartiger Zeichnung, den Dendriten. Das sind braune bis schwarze Eisen-Mangan-Ausscheidungen auf feinsten Spaltenflächen. Mineralogische Daten S. 38. Fundorte: Rio Grande do Sul/Brasilien, Indien, USA.

Onyx
In der Edelsteinkunde versteht man unter Onyx einen schwarzen Chalcedon wie auch die achatische Doppellage von schwarzer Grundschicht und weißer Oberschicht. Bei Sard-Onyx ist die Grundschicht braun, bei Karneol-Onyx rot.
Im Handel wird Onyx auch als Kurzform von Onyx-Marmor verwendet, zart gefärbtem, durchscheinendem Kalkgestein, insbesondere Sintergestein (S. 286).

Opal
Opal gehört zur Quarz-Gruppe. Drei Varietäten: der Gemeine Opal, der opalisierende Edelopal, der orangerote Feueropal. Mineralogische Daten S. 38.

Edelopal [8, 9]
Das Kennzeichen der Edelopale ist das Opalisieren, ein regenbogenartiger Schiller, der sich je nach Blickwinkel verändert. Ursache sind Reflexions- und Interferenzerscheinungen kleinster, in eine Kieselgelmasse eingelagerter Kugeln des Minerals Cristobalit. Durch Verringerung des Wassergehalts wird das Opalisieren beeinträchtigt und der Stein rissig. Beim Lagern in feuchter Watte kann das Altern verzögert und das Farbenspiel erhöht werden. Fundorte: Australien, Brasilien, Guatemala, Honduras, Nevada/USA. Seit 1970 Edelopal-Synthesen.
Weißer Opal [9]   Edelopal mit heller oder weißer Grundfarbe.
Schwarzer Opal [8]   Edelopal mit dunkler Grundfarbe.

Feueropal [5, 6]
Benannt nach der feuerroten, orangenen Farbe. Zeigt kein Opalisieren, ist gewöhnlich milchig-trüb, nur selten klar durchsichtig. Fundorte: Hidalgo und Queretaro/Mexiko, Brasilien, Guatemala, Honduras, USA, Westaustralien.

---

1 Karneol geschliffen, Indien
2 Karneol gefärbt, Uruguay
3 Sarder geschliffen, Indien
4 Heliotrop geschliffen, Kathiavar/Indien
5 Feueropal geschliffen, Mexiko
6 Feueropal, Rohstein, Mexiko
7 Dendritenachat angeschliffen, Indien
8 Schwarzer Opal in Matrix, Cooper Pedy/Südaustralien
9 Weißer Opal, Queensland/Australien

1

2

3

4

5

6

7

8

9

Variscit [1] Utahlith

Chemie: Al [PO$_4$]·2 H$_2$O	Farbe: gelbgrün, bläulich, farblos
Mohshärte: 4–5	Strichfarbe: weiß
Dichte: 2,52	Glanz: Glas-, Wachsglanz
Spaltbarkeit: vollkommen	Transparenz: durchscheinend bis undurchsichtig
Bruch: muschlig, spröde	Kristallsystem: rhombisch

Kristalle taflig oder kurzprismatisch, klein, selten. Radialstrahlige Knollen, Krusten. Fühlt sich fettig an. Vorkommen in Klüften und als Hohlraumausfüllung aluminiumreicher Gesteine. Fundorte: Plauen/Vogtland, Leoben/Steiermark, Utah, Arkansas/USA, Queensland/Australien.

Chrysokoll [2] Kieselkupfer, Kieselmalachit

Chemie: Cu SiO$_3$+aq.	Farbe: grün, blau
Mohshärte: 2–4	Strichfarbe: grünlichweiß
Dichte: 2,0–2,2	Glanz: Glas-, Fettglanz
Spaltbarkeit: keine	Transparenz: durchscheinend bis undurchsichtig
Bruch: muschlig, spröde	Kristallsystem: keine Kristalle, amorph

Gelartige Aggregate, traubig, stalaktitisch. Vorkommen in der Oxidationszone von Kupfer-Lagerstätten. Fundorte: Kalifornien, Idaho/USA, Mexiko, Chile, Zaire. Lokal wichtiges Kupfer-Erz. Gelegentlich Schmuckstein.

Eilatstein   Gemenge von Chrysokoll, Türkis und Malachit, Schmuckstein.

Azurit [3] Kupferlasur

Chemie: Cu$_3$[OH|CO$_3$]$_2$	Farbe: tiefblau
Mohshärte: 3½–4	Strichfarbe: hellblau
Dichte: 3,7–3,9	Glanz: Glasglanz
Spaltbarkeit: vollkommen	Transparenz: durchsichtig bis undurchsichtig
Bruch: muschlig, uneben, spröde	Kristallsystem: monoklin

Kristalle ein- und aufgewachsen, säulig, dicktaflig, flächenreich. Aggregate strahlig, nierig, auch erdig. Vorkommen in der Oxidationszone von Kupfer-Lagerstätten. Fundorte: Lyon/Frankreich, Tsumeb/Namibia, Swerdlowsk/Ural, Katanga/Zaire, Arizona/USA. Gelegentlich Schmuckstein.

Azur-Malachit   Verwachsung von Azurit mit Malachit, Schmuckstein.

Dioptas [4] Kupfersmaragd, Kieselkupfersmaragd

Chemie: Cu$_6$ [Si$_6$O$_{18}$]·6 H$_2$O	Farbe: smaragdgrün
Mohshärte: 5	Strichfarbe: grün
Dichte: 3,28–3,35	Glanz: Glasglanz
Spaltbarkeit: vollkommen	Transparenz: durchsichtig bis durchscheinend
Bruch: muschlig, uneben, spröde	Kristallsystem: trigonal

Kristalle kurzprismatisch, gedrungen, in Drusen aufgewachsen, auch als Krusten. Vorkommen in der Oxidationszone von Kupfer-Lagerstätten, auf Calcit- und Dolomitgängen. Fundorte: Namibia, Katanga/Zaire, Kasachstan/UdSSR, Chile, Arizona/USA. Gelegentlich Schmuckstein.

---

1 Variscit, High Run Mine/Westaustralien
2 Chrysokoll, Zacatecas/Mexiko
3 Azurit auf Malachit, Arizona/USA
4 Dioptas, Tsumeb/Namibia

1

2

3

4

Koralle [4, 5, 7, 8]

Chemie: CaCO$_3$	Farbe: weiß, rosa, rot
Mohshärte: 3–4	Strichfarbe: weiß
Dichte: 2,6–2,7	Glanz: matt, Glas-, Wachsglanz
Spaltbarkeit: keine	Transparenz: undurchsichtig
Bruch: uneben, splittrig	Kristallsystem: trigonal

Korallen sind die Stützgerüste kleiner Polypen. Diese scheiden durch ihre Fußscheiben Kalksubstanz aus und bauen dadurch Riffe, Atolle und Korallenbänke mit vielfach verzweigten Stöcken [7, 8] bis in eine Meerestiefe von 300 m auf. Nur diese Stöcke werden für die Edelsteinverarbeitung genützt. Im Rohzustand sind Korallenstücke matt oder wachsglänzend, poliert glasglänzend. Fundorte: Küsten der westlichen Mittelmeerländer, Golf von Biscaya, Kanarische Inseln, Malayischer Archipel, Midway-Inseln, Japan.

Schwarze und dunkelblaue Korallen bestehen aus organischer Hornsubstanz, ihre Dichte liegt bei 1,34–1,46. Fundorte: Malayischer Archipel, Rotes Meer. In der Edelsteinverarbeitung unbedeutend.

Bernstein [6] Succinit

Chemie: etwa C$_{10}$H$_{16}$O	Farbe: gelb bis braun, auch andere Farben
Mohshärte: 2–2½	Strichfarbe: weiß
Dichte: meist 1,05–1,09, max. 1,30	Glanz: Fett-, Harzglanz
Spaltbarkeit: keine	Transparenz: durchsichtig bis undurchsichtig
Bruch: muschlig, spröde	Kristallsystem: amorph

Bernstein ist fossiles Harz von Nadelbäumen. Knollenförmig, homogenes Gefüge oder schaliger Bau. Wegen zahlreicher Bläschen und kleiner Risse gewöhnlich trüb. Gelegentlich Einschlüsse von Insekten und Pflanzenteilen. Vorkommen in Tongestein oder als Strandablagerung. Fundorte: Ostpreußen/UdSSR, daneben übrige Ostseeländer, Rumänien, Sibirien, Birma, Kanada.

Ambroid Aus kleinen Stücken erstellter Preßbernstein.

Perlen [1–3]

Chemie: CaCO$_3$ + C$_{32}$H$_{48}$N$_2$O$_{11}$ + H$_2$O	Farbe: weiß, beige, silbrig, alle Farben
Mohshärte: 3–4	Strichfarbe: weiß
Dichte: 2,60–2,78	Glanz: Perlmuttglanz
Spaltbarkeit: keine	Transparenz: durchscheinend bis undurchsichtig
Bruch: uneben	Kristallsystem: rhombisch/trigonal

Perlen sind das Erzeugnis von Muscheln, seltener von Schnecken; bis Taubeneigröße. Sie bestehen aus Perlmutt, das ist kohlensaurer Kalk (in der Modifikation des Aragonits) und organischer Hornsubstanz (Conchyn). Fundorte: Persischer Golf, Südküste Indiens, Küsten Mittelamerikas und Nordaustraliens.

Seit dem zweiten Jahrzehnt dieses Jahrhunderts werden Zuchtperlen (Kulturperlen) farmmäßig in Meeresbuchten und in Süßwasserseen gewonnen. Heute machen Zuchtperlen über 90% des gesamten Perlenhandels aus. Produktionsländer: Japan, Nord- und Westaustralien, mehrere Staaten Südostasiens.

---

1 Cremefarbige Zuchtperlen, Japan
2 Silberfarbige Zuchtperle, Japan
3 Barocke (unregelmäßige) Zuchtperle
4 Rosafarbene Koralle poliert, Malaysia

5 Rote Koralle poliert, Taiwan
6 Bernstein, Palmnicken/Ostpreußen/UdSSR
7 Weißer Korallenstock, Süditalien
8 Roter Korallenstock, Sizilien

Gesteine

Einführung in die Gesteinskunde

Die Gesteine im Leben des Menschen

Seit Beginn menschlicher Kulturen ist der Stein über viele Jahrtausende neben Holz und Knochen das wichtigste Material für Gerät und Waffen. Metalle bleiben noch lange unbekannt. Schon frühzeitig werden Gesteine bewußt gesucht und gezielt eingesetzt. Zeugnisse belegen einen Bergbau auf Feuerstein vor 50 000 Jahren.

Die Kulturgeschichte vieler Völker ist aufs engste mit den vorhandenen, die Landschaft prägenden Gesteinen ihres Lebensraumes verbunden. In felsiger Landschaft ist die kulturelle Entwicklung eine andere als in den Schwemmlandebenen der großen Ströme. Schon bald hat der Mensch die unterschiedliche Verwendungsmöglichkeit der Gesteine für Bau, Skulptur und Ornamentik zu beurteilen gelernt.

In der Architektur vieler Städte und Dörfer läßt sich die Abhängigkeit der Baustoffe vom Untergrund oder der umgebenden Landschaft deutlich erkennen. In Norddeutschland, wo Fels nur selten bis zur Oberfläche durchstößt, herrscht in den Ortschaften Ziegelbauweise vor; die Innenstadt von Bern hat den grünlichgelben Farbton vom Sandstein der Umgebung; die Gebäude im Vorland alter und junger Vulkane sind aus dunklem Lavagestein errichtet.

Trotz Stahl und Beton hat der Naturstein auch in der Gegenwart seine Bedeutung. Wegen des bewußteren Einsatzes und der leichteren Transportmöglichkeit gegenüber früher wird er als dekoratives Element bei der Gestaltung von Fassaden, Treppenhäusern und repräsentativen Hallen sogar über Kontinente hinweg verfrachtet.

Die Namen der Gesteine

Viel verwirrender als bei den Mineralien, Edelsteinen und Erzen ist die Bezeichnung der Gesteine. Manche erhielten ihren Namen nach äußerlichen Erscheinungen, andere nach Orten oder Landschaften, wieder andere gemäß dem Mineralbestand. Eine Flut von recht eigenartigen, unverständlichen, auch falschen und irreführenden Handelsbezeichnungen erschwert den Überblick zusätzlich. Es gibt keine allgemein verbindliche Nomenklatur der Gesteine. Die Bemühungen, hier ein gültiges, international anerkanntes System zu entwickeln, sind seit Jahren im Gange und zeigen erste Ergebnisse. 1972 wurden die Gesteine aus der Gruppe der Plutonite und 1976 die der Vulkanite von der International Union of Geological Sciences (IUGS/Subcommission) mit Hilfe des sog. »Streckeisen-Diagramms« klassifiziert, definiert und ihre Namen festgelegt.

Wohl existieren in der praktischen Anwendung auch für viele andere Gesteinsgruppen einheitliche Namen, ihre Abgrenzung gegenüber ähnlichen Gesteinen wird aber oft verschieden gehandhabt. Im Unterschied zu den Mineralien sind die einzelnen Gesteinsarten von Natur aus nicht gegeneinander abgesetzt. Es gibt vielmehr alle Übergänge zu den genetisch benachbarten Gesteinen. Erst der Mensch legt hier Maßstäbe an und gliedert eine Gesteinsmasse in einzelne Gesteinsarten.

Kalksteinbruch im Fränkischen Jura

Begriffsbestimmungen

Gestein Natürliches Gemenge von mehreren Mineralarten, gelegentlich auch aus einer einzigen Mineralart bestehend. Bildet selbständige geologische Körper von größerer Ausdehnung. In den geologischen Wissenschaften wird nur von Gestein gesprochen, nicht von Stein und Steinen.

Urgestein Falsche Sammelbezeichnung für Plutonite und einige Metamorphite. Früher hielt man diese Gesteine für die ältesten Bildungen.

Fels Größere, an der Erdoberfläche anstehende, kompakte Gesteinsmasse. Außerdem Bezeichnung für einige nicht geschieferte Metamorphite (S. 318).

Fest- und Lockergestein Verfestigte Gesteinsmasse (z. B. Sandstein) bzw. locker gehäufte Gesteinsansammlung (z. B. Sand und Kies).

Naturstein Bezeichnung für natürlich auftretendes Gestein, das in der Bauwirtschaft technisch genutzt wird. Gegensatz dazu der künstlich gefertigte Baustein, der Kunststein, wie Ziegel oder Betonstein.

Werkstein Jeder in der Bauwirtschaft verwendete Naturstein, der vom Steinmetz handwerksgerecht bearbeitet wird.

Hart- und Weichgestein Von Steinmetzen und Technikern der Bauwirtschaft verwendete Bezeichnung. Die Abgrenzung ist nicht einheitlich. Hartgesteine haben Druckfestigkeitswerte etwa oberhalb $1800\,kg/cm^2$. Zu ihnen zählen Magmatite mit Ausnahme der Basaltlaven, dann Gneise, Amphibolite, Quarzite und Grauwacken. Bei Weichgesteinen liegt die Druckfestigkeit unter $800\,kg/cm^2$. Sandsteine, Kalksteine und Basaltlaven gehören hierher. Bei Druckfestigkeiten von $800\text{–}1800\,kg/cm^2$ spricht man von mittelharten Gesteinen.

Klassifizierung der Gesteine

In der wissenschaftlichen Gesteinskunde erfolgt die Hauptklassifizierung der Gesteine nach dem genetischen Prinzip, d. h. nach der Art der Entstehung: Magmatite, Sedimentite und Metamorphite.

Magmatite Entstehen durch Erstarren von glühendflüssiger Gesteinsschmelze, dem Magma, in der Erdkruste oder an der Erdoberfläche (S. 190).

Sedimentite Entstehen an der Erdoberfläche aus den Verwitterungsprodukten anderer Gesteine (S. 260).

Metamorphite Entstehen durch Umwandlung anderer Gesteine in der Erdkruste infolge großer Drucke und hoher Temperatur (S. 304).

Anteil der Gesteine am Aufbau der Erdkruste (nach Ronov und Yaroshevsky, 1969; etwas verändert)		Anteil der Mineralien am Aufbau der Erdkruste (nach Ronov und Yaroshevsky, 1969; etwas verändert)	
Magmatite	65 Volumen-%	Plagioklasfeldspäte	39 Volumen-%
Sedimentite	8	Alkalifeldspäte	12
Metamorphite	27	Quarz	12
davon:		Pyroxene	11
Granite	10	Amphibole	5
Granodiorite, Diorite	11	Glimmer	5
Basalte	43	Olivin	3
		Tonmineralien	5
		Calcit	1
		Andere	7

Kreislauf der Gesteine

Wie die Hauptgesteinsgruppen genetisch zueinander und zum Magma stehen, zeigt die folgende Darstellung.

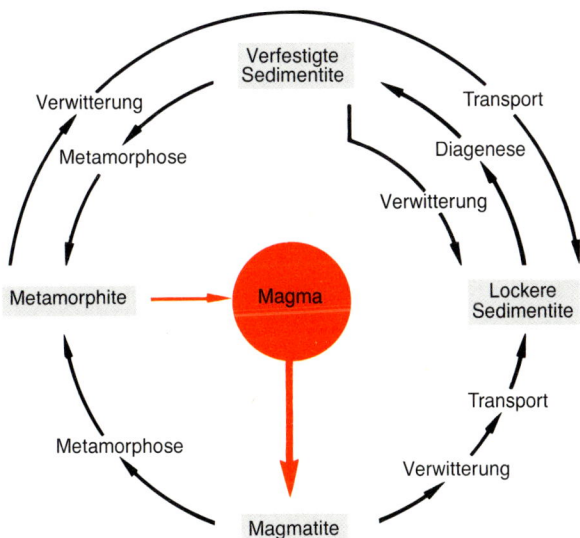

Magma   Glühendflüssige Gesteinsschmelze unterhalb der erstarrten Erdkruste.

Verwitterung   Aufbereitung, d.h. Zerkleinerung oder Lösung der Gesteine unter dem Einfluß von Wetterelementen.

Transport   Horizontale Verfrachtung von aufbereitetem Gesteinsmaterial.

Diagenese   Wenig intensive Umwandung eines Gesteins, besonders zu stärkerer Festigkeit hin. Gewöhnlich auf Sedimentite bezogen.

Metamorphose   Intensive Umwandlung eines Gesteins durch großen Druck und hohe Temperatur. Gilt nur für Metamorphite.

Aufschmelzung   Überführung eines festen Gesteins in den glühend flüssigen Schmelzzustand.

Magmatite

Entstehung

Ausgangsmaterial für die Magmatite ist die zäh- und glutflüssige Schmelze des Erdinnern, das Magma. Dringt dieses Glutflußmaterial in die unteren Teile der Erdkruste ein, entstehen nach langsamer Abkühlung die Plutonite. Ergießt sich magmatisches Material unmittelbar auf die Erdoberfläche, bilden sich hier bei relativ schneller Abkühlung die Vulkanite. Zwischen diesen beiden Gruppen liegen als Übergangsglieder die Ganggesteine. Weil die Magmatite den Kreislauf der Gesteine (S. 189) einleiten, werden sie auch als Primärgesteine bezeichnet.

Synonyme

Synonym zu Magmatit werden die folgenden Begriffe verwendet: Magmatisches Gestein, Erstarrungsgestein, Schmelzflußgestein, Massengestein und Eruptivgestein. Die letztere Bezeichnung ist wenig glücklich, da vom Namen her nicht ganz richtig. Durch wirkliche Eruption entstehen nämlich nur die Vulkanite, die daher vielfach ebenso als Eruptivgesteine angesprochen werden.

Kieselsäuregehalt

Der Kieselsäuregehalt (SiO_2) der Magmatite bestimmt in hohem Maße deren Aussehen. Kieselsäurereiche Gesteine, saure Gesteine genannt, erscheinen hell, kieselsäurearme Gesteine, als basisch bezeichnet, wirken dunkel.
Saure Gesteine   Magmatite mit einem Kieselsäuregehalt über 65%.
Intermediäre Gesteine   Magmatische Gesteine mit einem Kieselsäuregehalt von 52–65%. Gelegentlich auch neutral genannt.
Basische Gesteine (Basite)   Magmatische Gesteine mit Kieselsäuregehalt unter 52%. Bei Werten unterhalb 45% spricht man von ultrabasischen Gesteinen.

Lagerungsformen des aufsteigenden Magmas und der Magmatite

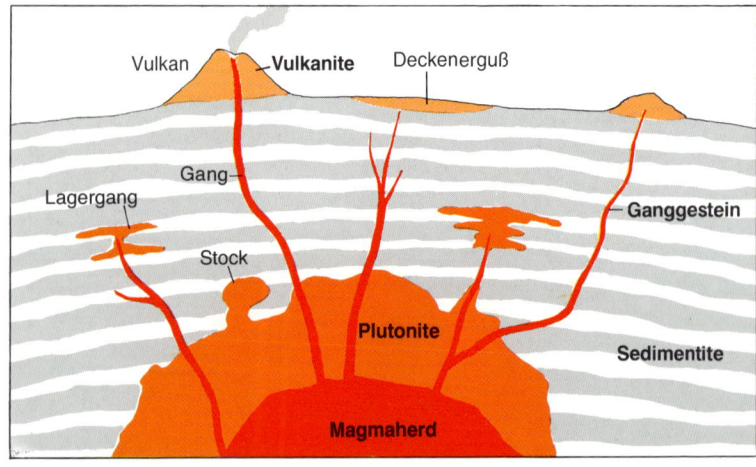

Klassifikation und Nomenklatur der Magmatite

Erst seit 1972 bzw. 1976 gibt es in der Wissenschaft eine international vereinbarte Nomenklatur für die Magmatite (S. 187). Einige im Handel und beim Gewerbe bisher kaum geläufige Namen gewinnen jetzt an Bedeutung, während andererseits altbekannte Begriffe völlig verschwinden sollen.

Die neue Nomenklatur mit klarer Definition der Begriffe ist für die wissenschaftliche Gesteinskunde uneingeschränkt zu begrüßen. Für den Praktiker im Steingewerbe und für alle mineralogisch-petrographisch nicht Vorgebildeten bedeutet die neue Klassifizierung sicherlich keine Erleichterung bei der Verbindung von Theorie und Praxis. Den am Stein Arbeitenden und den für den Steineinsatz Verantwortlichen fehlen gewöhnlich die fachlichen Voraussetzungen, um das differenzierende Definitionsgefüge zu verstehen.

Daher wird in diesem Buch bei den folgenden Ausführungen versucht, die wissenschaftliche Nomenklatur durch Gruppenbildung bei den Gesteinen (Gesteinsfamilien genannt) zu vereinfachen und gleichzeitig eine Brücke von den neuen Begriffen zu den alten Gesteinsnamen zu schlagen. Diese Vereinfachung erfordert, wie jede Generalisierung, zahlreiche Kompromisse.

Grundlage für die neue Klassifizierung und Nomenklatur der Magmatite ist das sog. »Streckeisen-Diagramm«, ein Doppeldreieck, aus dem die einzelnen Gesteinsarten nach dem Prozentsatz der Hauptgemengteile abgeleitet werden. Die Streckeisen-Klassifizierung unterscheidet bei den Plutoniten 16, bei den Vulkaniten 15 verschiedene, auch wieder unterteilte Gesteinsarten.

Zur Vereinfachung werden diese zahlreichen Gesteinsarten im vorliegenden Bestimmungsbuch in 5 Gesteinsfamilien zusammengefaßt. Auf S. 192 und 193 dazu Graphik und Text.

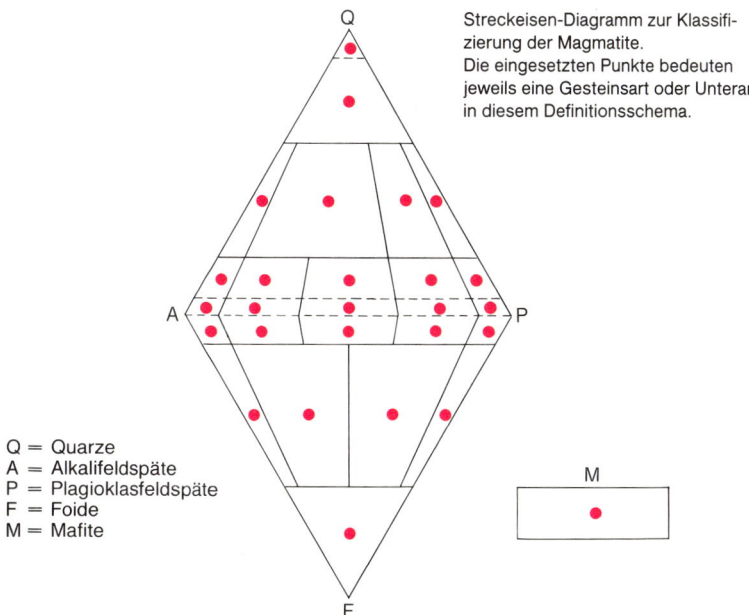

Streckeisen-Diagramm zur Klassifizierung der Magmatite.
Die eingesetzten Punkte bedeuten jeweils eine Gesteinsart oder Unterart in diesem Definitionsschema.

Q = Quarze
A = Alkalifeldspäte
P = Plagioklasfeldspäte
F = Foide
M = Mafite

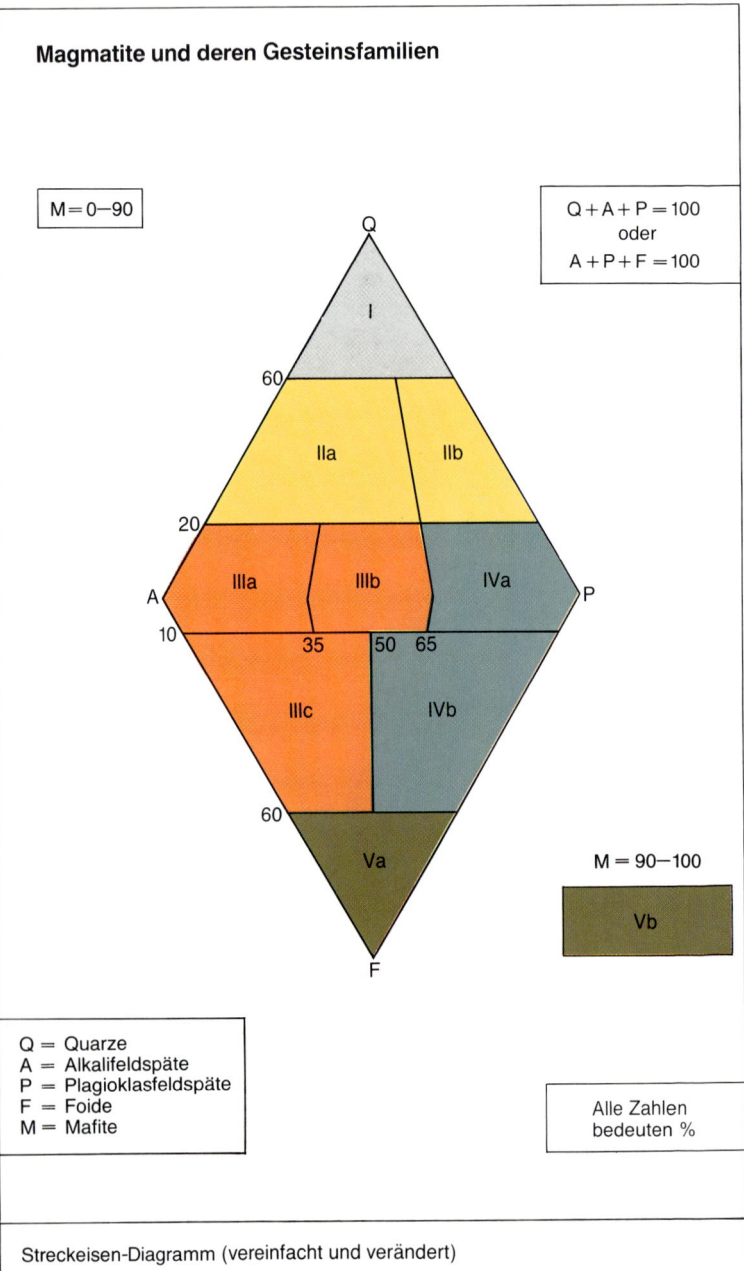

Magmatite und deren Gesteinsfamilien

M = 0—90

Q + A + P = 100
oder
A + P + F = 100

Q

I

60

IIa   IIb

20

A   IIIa   IIIb   IVa   P

10

35   50 65

IIIc   IVb

60

Va

M = 90—100

Vb

F

Q = Quarze
A = Alkalifeldspäte
P = Plagioklasfeldspäte
F = Foide
M = Mafite

Alle Zahlen
bedeuten %

Streckeisen-Diagramm (vereinfacht und verändert)

	Plutonite	Vulkanite	Hauptgemengteile
I	Quarzolith-Familie	–	Quarze
II	Granit-Familie a) Granit b) Granodiorit	Rhyolith-Familie a) Rhyolith b) Dacit	Feldspäte + Quarze
III	Syenit-Familie a) Syenit b) Monzonit c) Foyait	Trachyt-Familie a) Trachyt b) Latit c) Phonolith	Feldspäte
IV	Diorit/Gabbro-Familie a) Diorit und Gabbro b) Essexit	Andesit/Basalt-Familie a) Andesit und Basalt b) Tephrit	Feldspäte + Foide
V	Peridotit-Familie a) Foidolith b) Mafitolith	Pikrit-Familie a) Foidit b) Mafitit	Foide

Hauptgemengteile des Streckeisen-Diagramms

Quarz   Quarz, Tridymit, Cristobalit (S. 36).

Alkalifeldspäte   Orthoklas, Mikroklin, Perthit, Anorthoklas, einschließlich Albit mit An_{0-5} (S. 40).

Plagioklasfeldspäte   Albit-Anorthit, ausschließlich Albit mit An_{0-5} (S. 40).

Foide   Leucit, Analcim, Nephelin, Sodalith, Nosean u. a. (S. 42).

Mafite   Bezeichnung für dunkel gefärbte Silikat-Mineralien mit Magnesium (Ma) und Eisen (Fe, daher Name), z. B. Biotit, Augit, Hornblende, Olivin, Granat, Melilith. Im deutschen Schrifttum werden auch die aus dunklen Mineralien zusammengesetzten Gesteine gelegentlich als Mafite bezeichnet. Adjektiv: mafisch (auch femisch).

Felsite   Bezeichnung für helle Mineralien, z. B. Quarz, Feldspäte, Foide. Name von Feldspat und Silikat abgeleitet, hat also mit dem festen Fels im Gebirge nichts zu tun. Im deutschen Schrifttum werden helle, aus Feldspat und/oder Quarz bestehenden Gesteine manchmal als Felsite bezeichnet. Adjektiv: felsisch (auch sialisch oder salisch).

Ganggesteine (Übergangsmagmatite)

Bei der neuen Klassifikation gemäß dem Streckeisen-Diagramm werden Ganggesteine, bisher als Übergangsglied zwischen Plutoniten und Vulkaniten angesehen, nicht mehr als eigene Gruppe betrachtet. Sie sollen entweder den Plutoniten oder den Vulkaniten zugeordnet werden. Tatsächlich gibt es in jeder dieser beiden Hauptgruppen gangförmige Gesteinsbildungen.

In diesem vorliegenden Bestimmungsbuch werden die Ganggesteine weiterhin als eigene Gruppe behandelt (S. 256), ein Zugeständnis an den Bekanntheitsgrad des alten Gliederungsschemas in Praktikerkreisen. In einigen Staaten bleiben die Ganggesteine ebenso als eigenständige Gruppe erhalten.

Prinzip der Klassifizierung nach Streckeisen

Die Klassifizierung der Magmatite erfolgt für Plutonite und Vulkanite nach dem gleichen Schema.

Zunächst müssen die Volumen-Prozent-Anteile der Mineralien des unbekannten Gesteins bestimmt werden. Daraus ergibt sich eine erste Aussonderung. Das Gliederungsschema im Doppeldreieck gilt nur für jene Gesteine, deren Mafitanteil (d. h. Menge der dunklen Mineralien) 0–90% beträgt. Bei den übrigen Gesteinen wird anders klassifiziert.

Zur Bestimmung des Lagepunktes im Doppeldreieck werden nur Quarze (Q), Alkalifeldspäte (A), Plagioklase (P) und Foide (F) berücksichtigt. Die Mafite bleiben zunächst unbeachtet. Dann erfolgt Umrechnung von $Q + A + P$ bzw. $A + P + F$ auf 100%. Da Quarze und Foide nicht gleichzeitig in einem Gestein auftreten können, behindern sie sich auch im Doppeldreieck nicht.

Dieser so ermittelte Quarz- bzw. Foid-Wert wird parallel zur Grundlinie A–P im Diagramm eingetragen.

Sodann werden die im Gestein ermittelten A- und P-Werte auf 100% umgerechnet und auf der Linie A–P abgetragen. Die Verbindungslinie von diesem Punkt zur Dreieckspitze bei Q bzw. F führt zum Schnittpunkt mit der horizontalen »Quarzlinie«.

Das ist der Lagepunkt der Gesteinsprobe im Streckeisen-Diagramm.

Beispiel

Eine Gesteinsprobe hat
40% Quarz (Q),
30% Alkalifeldspat (A),
20% Plagioklasfeldspat (P),
8% Biotit und 2% Erz.

8% Biotit und 2% Erz bleiben als Mafite zunächst unberücksichtigt.

Umrechnung ergibt
$44 Q + 33 A + 23 P = 100$.

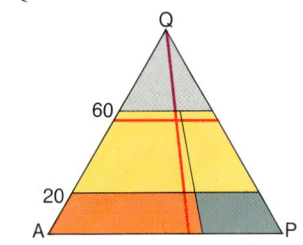

Umrechnung von 30 A und 20 P ergibt
$60 A + 40 P = 100$.

Die Gesteinsprobe ist demnach ein Granit.

Die Mafite im Klassifizierungssystem Die dunklen Gesteine mit über 90% Mafiten, nicht im Diagramm erfaßt, werden nach dem Olivingehalt, nach Pyroxenen und Melilith unterschieden.

Bei den Plutoniten, die vollkristallin und grobkörnig ausgebildet sind, lassen sich die Gemengteile relativ einfach erkennen, gegebenenfalls im Dünnschliff unter dem Mikroskop. Schwierig ist die Bestimmung bei feinkörnigen oder glasigen Vulkaniten. Hier müssen aus chemischen Analysen vergleichbare Werte errechnet werden. Das ist nur etwas für Spezialisten.

Die Nomenklatur im Klassifizierungssystem Zu den Standardnamen der Gesteine können Mineralbegriffe ergänzend davorgesetzt werden. Nach Art der Schreibung (Substantiv, Adjektiv) und der Reihenfolge der Anordnung erkennt der Fachmann die Feinklassifikation von Gesteinsarten.

Gesteinsvarietäten, die heller als allgemein üblich sind, werden durch die Vorsilbe Leuko-, jene, die dunkler als allgemein üblich, durch die Vorsilbe Mela-gekennzeichnet.

Plutonite

Entstehung

Plutonite, benannt nach Pluto, dem Gott der Unterwelt in der griechischen My-
thologie, entstehen in der Tiefe der Erdkruste.
Magma dringt großflächig in die unteren Teile der festen Erdkruste ein und er-
starrt hier allmählich zu relativ grobkörnigen Gesteinen, den Plutoniten. Auf
Grund der sehr langsamen Abkühlung unter mächtigen Deckschichten von meh-
reren tausend Metern können die Mineralien gut auskristallisieren und erreichen
Korngrößen, die mit bloßem Auge zu erkennen sind.
Der Druck überlagernder Gesteinspakete verhindert Gashohlräume, wodurch
die Plutonite sehr kompakt wirken und nur geringes Porenvolumen aufweisen.
Die Kristalle liegen ohne jede Richtungseinregelung durcheinander.
Die Ausscheidung der Mineralarten aus dem Schmelzfluß vollzieht sich in be-
stimmter Reihenfolge. Zuerst bilden sich die Nebengemengteile und Erze, wie
Apatit, Titanit, Magnetit und Zirkon, dann folgen die dunklen Gemengteile Oli-
vin, Augit, Hornblende und Biotit, zuallerletzt Quarz. Die Feldspäte kristallisieren während der ganzen Abkühlungsphase nach und nach aus, zunächst die Plagioklase (Anorthit bis Albit) und schließlich die Orthoklase.
Die zuerst ausgeschiedenen Mineralien können wegen des Platzangebots ihre
Kristallform voll entwickeln, die letzten nur noch die übrig gebliebenen Zwickel
füllen. Deshalb zeigen Feldspäte nur gelegentlich, Quarze niemals ihre Eigengestalt als Gemengteil im Gestein.
Durch die Differentiation bei der Kristallbildung sinken die schwereren, meist
mafischen Mineralien im Magma ab, so daß eine räumliche Sonderung der Mineralien und damit der Gesteine erfolgt. Zuunterst liegt Peridotit, im Mittelfeld
finden sich Gabbro, Diorit und Syenit, im obersten Bereich des einstigen Magmas entsteht Granit.
Wenn wir Plutonite heute an der Erdoberfläche und sogar in den Hochregionen
der Gebirge finden, dann bedeutet das, daß diese Gesteine von ihrer einstigen
Decklast im Laufe der Zeit befreit wurden.

Synonyme

Synonym zu Plutonit werden die folgenden Begriffe verwendet: Plutonisches
Gestein, Intrusivgestein, Tiefengestein. Die Bezeichnung Massengestein wird sowohl für die Gesamtheit der Magmatite als auch nur für Plutonite benutzt.

Plutonisches Gestein mit charakteristisch richtungslosem,
körnigem Gefüge (Zweiglimmergranit, Fichtelgebirge);
½ natürliche Größe.

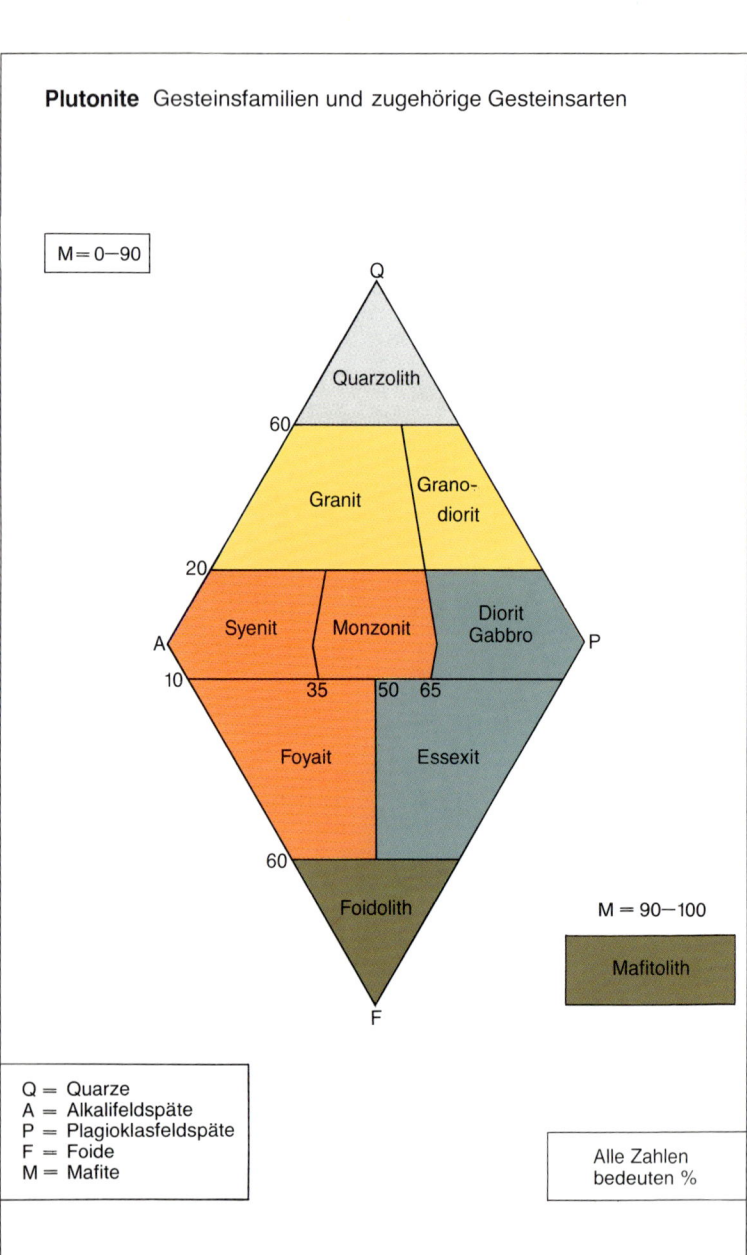

Plutonite Gesteinsfamilien und zugehörige Gesteinsarten

M = 0—90

Q

Quarzolith

60

Granit

Grano-
diorit

20

Syenit   Monzonit

Diorit
Gabbro

A   P

10

35   50 65

Foyait

Essexit

60

Foidolith

F

M = 90—100

Mafitolith

Q = Quarze
A = Alkalifeldspäte
P = Plagioklasfeldspäte
F = Foide
M = Mafite

Alle Zahlen
bedeuten %

Streckeisen-Diagramm (vereinfacht und verändert)

196

Plutonit-Familien	Untergliederung der Plutonit-Familien	Bekannte Gesteinsarten (in Auswahl)
Quarzolith-Familie		Greisen, Peracidit, Arizonit, Pfahlquarz
Granit-Familie	Granit	Granit, Kugelgranit, Rapakivi
	Granodiorit	Granodiorit, Trondhjemit, Tonalit
Syenit-Familie	Syenit	Syenit, Pulaskit, Larvikit
	Monzonit	Monzonit
	Foyait	Foyait, Shonkinit
Diorit/Gabbro-Familie	Diorit	Diorit, Kugeldiorit
	Gabbro	Gabbro, Norit, Troktolith, Anorthosit
	Essexit	Essexit, Theralith
Peridotit-Familie	Foidolith	Ijolith
	Mafitolith	Dunit, Peridotit, Pyroxenit, Hornblendit, Karbonatit

Erkennungsmerkmale der Plutonite
1. Vollkristallin, die ganze Masse auskristallisiert
2. Große Kristalle, mit bloßem Auge zu erkennen
3. Eine Richtung im Handstück gewöhnlich nicht zu erkennen, Mineralien durcheinandergemischt; selten Fließstrukturen
4. Sehr kompakt, fast keine Hohlräume
5. Niemals Fossilien
6. Klüfte stehen senkrecht aufeinander
7. Wollsackstruktur als typische Verwitterungsform
8. Gebirgige Großformen meist sanft wellig

Quarzolith-Familie

In der Quarzolith-Familie werden jene Gesteine zusammengefaßt, die im Streckeisen-Diagramm die oberste Spitze füllen. Synonymer Gruppenname auch Peracidit. Quarzolith im engeren Sinn ist Bezeichnung für Gesteine mit über 90% Quarzgehalt.

> Hauptgemengteile: Quarz 60–100%
> Nebengemengteile: Glimmer, Feldspäte, Topas, Fluorit, Apatit

Die genetische Entwicklung der Quarzolithe ist umstritten. Echte Plutonit-Bildungen scheint es nicht zu geben. Meist ist die Entstehung mit Pegmatiten oder Gangfüllungen verknüpft. Ein Gegenstück bei den Vulkaniten ist nicht bekannt. Hauptvertreter: Greisen, Peracidit, Arizonit, Pfahlquarz.

Greisen [4]
Hellgrau, körnig, durch Eisenbeimengung manchmal braun verfärbt. Entstanden durch Verdrängung (Metasomatose) der Feldspäte aus sauren Magmatiten (z. B. Granit) oder Metamorphiten (Gneis). Umschließt gelegentlich Lagerstätten von Zinn, Wolfram und Molybdän.
Die Greisen treten meist als Gangfüllung mit nur wenigen hundert Metern Erstreckung auf, vereinzelt auch in unregelmäßigen Stöcken.
Fundorte: Fichtelgebirge, Sächsisches Erzgebirge/DDR, Cornwall/England, Galicien/Spanien, Portugal.

Zwitter [1]
Ursprünglich Bezeichnung für feinkörnige Varietät von Greisen. Heutzutage wird diese Unterscheidung nicht immer angewendet und Zwitter dann als Synonym zu Greisen verstanden.

Peracidit [3] Silexit
Ein Quarzolith mit über 90% Quarz. Die namengebende Fundstätte bei New York/USA ist ein Pegmatit.
Gelegentlich wird Peracidit auch als Gruppenname anstelle von Quarzolith gebraucht.

Arizonit
Milchiggrauer Quarzolith mit über 80% Quarzgehalt, mit Glimmer als Übergemengteil sowie Orthoklas-Feldspat und Apatit als Nebengemengteile.

Pfahlquarz [2]
Trübweißer oder grauer, durch Eisenbeimengungen auch bräunlichgelb bis rötlich verfärbter Quarzstein vom Pfahl im Bayerischen Wald (Abb. S. 256).
Der Pfahl (Eigenname) ist in der Hauptsache eine 150 km lange, bis 120 m breite Gangfüllung, die als Härtling die Umgebung stellenweise bis 100 m überragt. Er wird von zahlreichen kleinen Quarzgängen begleitet.
Früher als Straßenschotter überregional genützt, jetzt als Landschaftsschutzgebiet vor weiterer Zerstörung bewahrt.

---

1 Zwitter, Galicien/Spanien
2 Pfahlquarz, Bayerischer Wald

3 Peracidit, New York/USA
4 Greisen, Cornwall/England

Granit-Familie

Zur Granit-Familie gehören Granit und Granodiorit. Gelegentlich werden die Glieder dieser Gruppe auch als Granitoide oder Feldspat-Quarz-Plutonite bezeichnet. Diese Gesteine sind unter den Plutoniten am weitesten verbreitet. Während man früher die Entstehung der granitischen Gesteine durch Differentiation aus einem innerirdischen Magma erklärte, neigt man gegenwärtig dazu, die Bildung granitischen Glutflusses durch Aufschmelzvorgänge schon vorhandener Gesteine zu sehen.

Granit

Der Name Granit entstammt dem Lateinischen (»granum« = Korn) und nimmt Bezug auf das körnige Gefüge.

Helle Mineralien:	80–100%		
davon:	Quarz 20–60%		
	Feldspäte 40–80%	davon: Alkalifeldspat 35–100%	
		Plagioklasfeldspat 0–65%	
Dunkle Mineralien:	0–20%		
Nebengemengteile:	Biotit, Augit, Hornblende, Muskovit, Apatit, Zirkon, Magnetit		

»Feldspat, Quarz und Glimmer, die drei vergeß ich nimmer«, heißt es im Volksmund etwas vereinfachend über die Zusammensetzung des Granits.

Wegen des hohen Prozentanteils der hellen Gemengteile ist der Granit im Gesamteindruck immer ein helles Gestein, gleichgültig, ob er grau, gelblich, bräunlich, bläulich oder rötlich aussehen mag. Die dunklen Mineralien erreichen nie mehr als 20%.

Die verschiedenen Farben rühren von den Feldspäten her. Der Quarz erscheint im Granit nicht farblos wie als Einzelstück, sondern grau. Es ist die Dunkelheit der Höhlung, die durch den glasartigen Quarz hindurchscheint und die graue Farbe bewirkt.

Der dunkle Glimmer (Biotit) ist gleichmäßig verteilt oder nesterartig angehäuft. Mehrere im allgemeinen als Nebengemengteil auftretende Mineralien können bei starker Ansammlung zu Übergemengteilen und dadurch zum Charakteristikum für Granit-Varietäten werden.

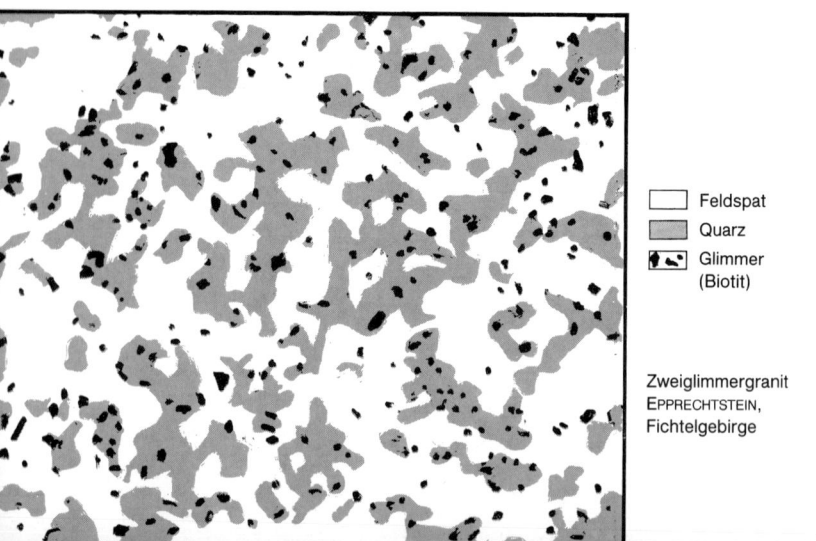

☐ Feldspat
▨ Quarz
▰ Glimmer (Biotit)

Zweiglimmergranit
EPPRECHTSTEIN,
Fichtelgebirge

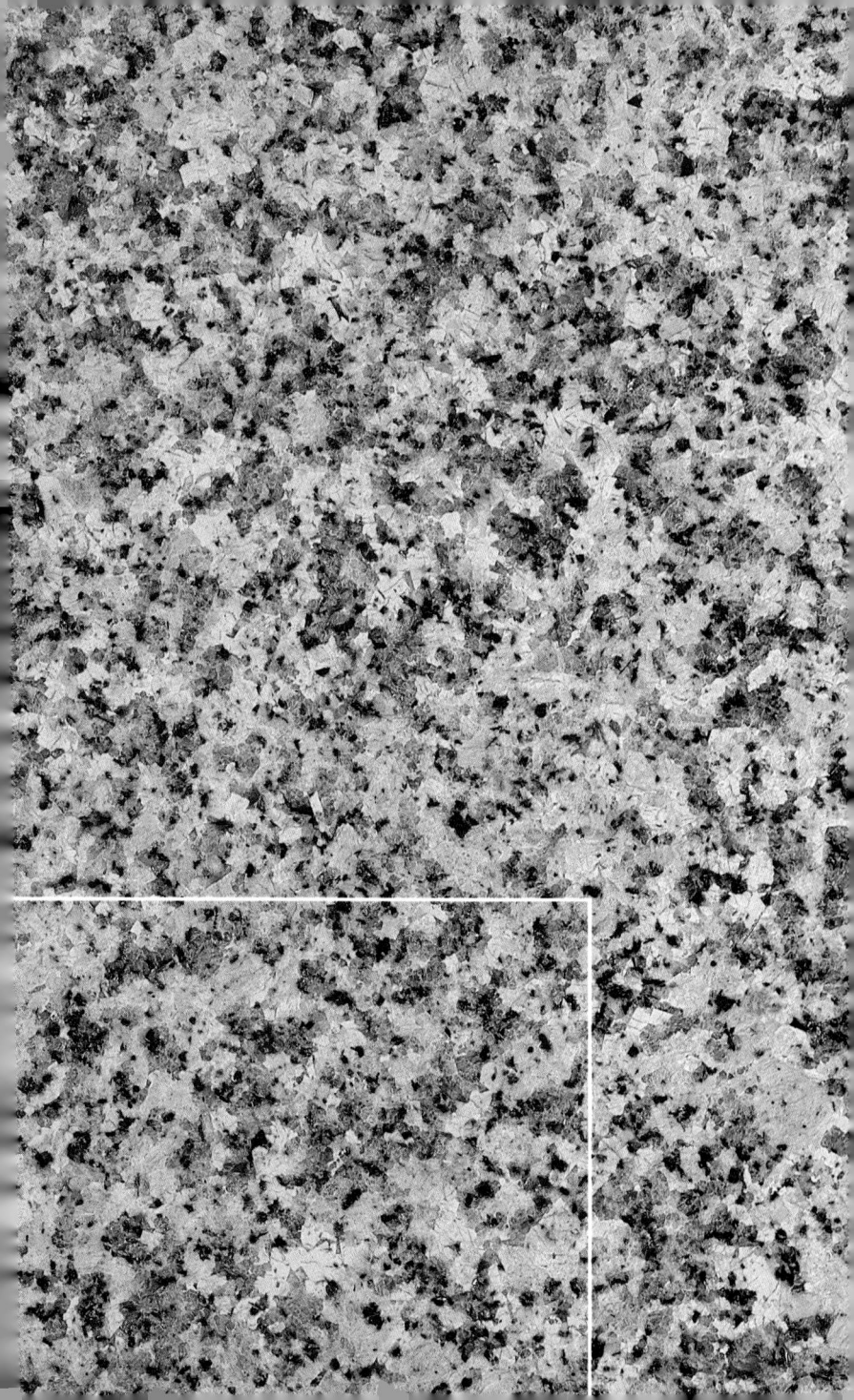

Gefüge Die Größe der einzelnen Gemengteile ist sehr verschieden. Die Körner sind jedoch immer so entwickelt, daß man sie mit bloßem Auge erkennen kann, also mindestens einen Millimeter betragen. Feldspäte, insbesondere Kalifeldspat, zeigen gelegentlich voll ausgebildete Eigengestalt bis zu mehreren Zentimetern Größe (porphysische Struktur). Quarz erscheint im Granit niemals in seiner typischen Kristallform, denn er wird bei der Erstarrung der Gesteinsschmelze als letzter ausgeschieden und kann daher nur die verbliebenen Zwickel im Gestein ausfüllen.

Wesentliche Erkennungsmerkmale für Granite (wie für alle übrigen Plutonite) sind außerdem die Richtungslosigkeit der Mineralkörner und das kompakte Gefüge, es gibt fast keine erkennbaren Hohlräume.

Verbreitung Granit kann ebenso in großen Gesteinskomplexen auftreten wie in Stöcken und Gängen.

Fundorte: Schwarzwald, Odenwald, Harz, Fichtelgebirge, Erzgebirge, Bayerischer Wald, Skandinavien und Finnland, Zentralalpen, Vogesen und Bretagne/Frankreich, Pyrenäen, Kanada, Rocky Mountains/USA.

Namengebung In der wissenschaftlichen Gesteinskunde unterscheidet man die Granite nach bemerkenswerten Gemengteilen, in der Bauwirtschaft nach Farbe und Fundort. Handelsnamen werden mit großen Buchstaben geschrieben.

Alkalifeldspatgranit Gewöhnlich heller Granit mit (neben Quarz) vorherrschenden Alkalifeldspäten. Der Plagioklasanteil liegt unter 10%. Nebengemengteile besonders Augit, Hornblende und Zirkon.

Augit-Hornblende-Granit Augit und Hornblende bewirken einen dunkleren Gesamteindruck, als es dem Granit normalerweise zukommt.

Biotitgranit Biotit als Übergemengteil kann bis 20% Volumenanteil erreichen.

Flasergranit Nimmt eine Mittelstellung zwischen Granit und Gneis ein. Infolge tektonischer Beanspruchung sind die Feldspäte etwas länglich ausgewalzt, wodurch sich ein leicht schiefriges Gefüge, eine Paralleltextur, ergibt.

Porphyrgranit Große graue, weiße oder rötliche Feldspäte mit voll entwickelter Eigengestalt liegen in einer kleinkörnigen Umgebung.

Turmalingranit Der sonst im Granit nur selten vertretene schwarze Turmalin ist hier charakteristisches Merkmal.

Zweiglimmergranit Neben dem von Hause aus im Granit fast stets vertretenem Biotit ist auch der sonst nur in Spuren vorhandene Muskovit merklich zu erkennen. Dadurch erhält der Granit viele silbrig glänzende Lichtreflexe.

Verwendung Granit ist ein weit verbreiteter Bau- und Werkstein. Auf Grund des hohen Quarzgehaltes besitzt er eine große Abnutzungshärte und Verwitterungsbeständigkeit. Das im rechten Winkel sich schneidende Kluftsystem ermöglicht im Verein mit dem hohen Anteil an Feldspäten (die sich im Winkel von 90° spalten lassen) die Gewinnung von Quadern und das Bearbeiten mit senkrecht aufeinander stehenden Teilbarkeitsflächen.

Graue Sorten werden als Pflaster-, Rand- und Grenzsteine, gebrochen als Schotter und Splitt verwendet. Farbige Granite dienen als Rohstein für Skulpturen, geschliffen und poliert für Fassadenverkleidungen, Fußbodenbeläge und ähnlich flächenhafte Gestaltung. Gleiche Körnung ist für Schliff und Politur günstig, hoher Glimmergehalt wirkt sich nachteilig aus.

---

1 Zweiglimmergranit, Schwarzwald
2 Alkaligranit, Angermanland/Schweden
3 Biotitgranit, Brocken/Harz
4 Biotitgranit, Vogesen/Frankreich

1

2

3

4

Kugelgranit [1]
Ein recht seltener Granit, bei dem in mittel- bis feinkörniger Grundmasse kugel-
artige, einschalige oder mehrschalige Gebilde eingelagert sind.
Die Kugeln sind radialstrahlig und konzentrisch aufgebaut, der Durchmesser
kann 10 cm und vereinzelt sogar mehr betragen. Sie bestehen im allgemeinen aus
den gleichen Mineralien wie das Muttergestein. Weißlicher Plagioklas-Feldspat
(Oligoklas) ist radial, dunkler Glimmer (Biotit) tangential angeordnet. Rhythmi-
sche Anreicherung der genannten Mineralien ergibt den schaligen Bau der Kugeln. Meist bilden Feldspat-Kristalle, gelegentlich auch Gesteinsteilchen einen
innersten Kern.
Wie es zur Bildung der Kugeln kommt, ist noch nicht sicher geklärt. Die rhythmi-
sche Kristallisation hängt offenbar mit einem wechselnden Wasserdampfdruck
leichtflüchtiger Bestandteile des Magmas zusammen. Teilaufschmelzen und
Wiederauskristallisieren wirken wahrscheinlich mit.
Kugelgranite kommen nur in Gängen von wenigen Metern Erstreckung vor.
Fundorte: Finnland, Schweden, Waldviertel/Österreich, Riesengebirge/Polen,
Peru, Japan, Neuseeland, Vermont/USA.
Verwendung für Kleinmonumente.

Ähnliche Bildungen Kugelgesteinsbildungen gibt es außer bei Granit auch in
anderen Plutoniten, z. B. Diorit, Granodiorit, Syenit und Gabbro. In Sammlerkreisen ist der Kugeldiorit von Korsika wohl am meisten bekannt.

Orbicul   Kugliges Gesteinsgebilde.
Orbiculit   Gestein mit kugligen Gebilden in einer Grundmasse.
Esboit   Lokalname für einen finnischen Kugelgranit, bei dem ein abgegrenzter
Kern nicht zu erkennen ist.
Korsit   Kugeldiorit von Korsika. Das konzentrische Gefüge wird hier von weiß-
lichem Plagioklas-Fedspat und grüner Hornblende bestimmt.

Rapakivi [2]   Rapakivigranit
Der aus dem Finnischen stammende Name Rapakivi (»fauler Stein«) ist ein
porphyrischer Hornblendegranit. Er hat zwar gewisse Ähnlichkeit mit einem
Kugelgranit, gehört aber keineswegs zur Gruppe der Orbiculite.
In einer mittelkörnigen Grundmasse aus reichlich Quarz und Biotit bzw. Hornblende liegen rundliche bis eiförmige, im allgemeinen lachs- bis fleischfarbene,
aber auch graue Alkalifeldspat-Kristalle (Orthoklas) von maximal 2–3 Zentimetern Durchmesser. Sie werden von hellgrauem bis gelblichgrauem, manchmal
von grünem Plagioklas (meist Oligoklas oder Albit bzw. Andesin) ummantelt.
Gelegentlich sind mehrere Rinden zu erkennen.
Die Genese des Rapakivigranits ist umstritten. Sicherlich wurden die Orthoklase
aus der Gesteinsschmelze zuerst ausgeschieden. Die Kristallisation der anderen
Gemengteile scheint sich in etwa gleichzeitig vollzogen zu haben, so daß sich
mehr oder weniger geordnet um die Orthoklas-Kerne legten. Es gibt aber auch
Vorstellungen über gewisse Aufschmelzvorgänge bei der Entstehung der Rapa-
kivigranite.
Fundorte: Südfinnland, bei Leningrad/UdSSR, Maine/USA, Brasilien.
Große Blöcke für Monumentalbauten, geschliffene Platten auch für Hausfassa-
den verwendet. Einige Sorten sind zerfallsanfällig, da die Oligoklas-Rinde relativ
leicht verwittert und die Orthoklaskristalle dadurch herausbröckeln.

---

1 Kugelgranit (Kugeldiorit?), Korsika   2 Rapakivi BALTIK BRAUN, Ylämaa/Finnland

Granitische Gebirgsmassive zeigen weiche, gerundete Formen (Vogesen/Frankreich)

Handelsnamen des Granits

Für den Granit, der zu den am meisten verwendeten Gesteinen zählt, gibt es eine kaum überschaubare Zahl von Handelsnamen. Einige davon sind völlig falsch und irreführend. Andere sind zwar wissenschaftlich nicht richtig, aber die genannten Gesteine sind mit dem Granit mehr oder weniger eng verwandt und daher mit ähnlichen Eigenschaften ausgestattet.

Schließlich existiert eine Fülle von Handelsnamen echter Granit-Varietäten. Die in letzter Zeit zur Kennzeichnung von Handelssorten üblich gewordene Schreibung mit großen Buchstaben setzt sich mehr und mehr durch.

Irreführende Handelsnamen mit der Bezeichnung »Granit«
BELGISCHER GRANIT: Grauschwarzer, bituminöser Kalkstein, Belgien.
GRANIT DE ROCQ: Grauer Kalkstein, Frankreich.
GRANITMARMOR: Grauer Kalkstein, Oberbayern.
GRANITO NERO: Schwarzer Kalkstein, Tessin/Schweiz.
PETIT GRANIT: Schwarzer Kalkstein, Belgien, manchmal gleichbedeutend mit BELGISCHEM GRANIT.

Falsche Handelsnamen mit der Bezeichnung »Granit«
CALANCA-GRANIT: Feingeschieferter Paragneis, Tessin/Schweiz.
FELSBERG-GRANIT: Schwarzweiß gesprenkelter Granodiorit, Schwarzwald.
GRANITO AZUL: Blaugrauer Foyait, Brasilien.
GRANITO DORATO: Gelbfleckiger Paragneis, Piemonte/Italien.
GRANITO PRETO TIJUCA: Schwarzgrüner Diorit, Brasilien.
GRANITO VERDE: Graugrüner Monzonit, Südtirol/Italien.
GRANITO VERDE UBATUBA: Blauolivfarbener Charnockit, Brasilien.
LAUSITZER GRÜNER GRANIT: Schwarzgrüner Andesit oder Diabas, Sachsen.
SHANDONG-GRANIT: Grüner Orthogneis, Graubünden/Schweiz.
SPALTGRANIT: Mehrere Sorten glimmerreicher Paragneise, Tessin/Schweiz.
SS-GRANIT: Nahezu schwarzer Gabbro oder Diabas, Schweden. SS = Schwedisch-Schwarz.
YELLOW JUPARANA GRANITE: Gelblicher Orthogneis, Brasilien.

---

1 Granit MEISSEN, Sachsen/DDR	4 Granit GUILT PALACIOS, Westspanien
2 Granit ISERGEBIRGE, Isergebirge/CSSR	5 Granit KÖSSEINE, Fichtelgebirge/Bayern
3 Granit CLAIR DU TARN, Südfrankreich	6 Granit TRANAS, Mittelschweden

Tafoni, Korsika

Verwitterungsstrukturen granitischer Gesteine

Granit und ähnliche Gesteine (Granodiorit, Diorit, Syenit) weisen charakteristische Verwitterungsstrukturen auf.

Tafoni (Abb. oben) Löchrige Auswitterung bei Massengestein. Vorkommen in periodisch-feuchten Küstengebieten (Mittelmeerländer, Mittelamerika, Namibia). Häufiges Benetzen und wieder Abtrocknen führt einerseits zu Hartrinden, andererseits zu löchriger Zermürbung.

Schalenablösung (Abb. unten) Zwiebelartige Schalenbildung um einen kompakten Kern unter Überdeckung von gelockertem, mürbem Gestein. Entstehung durch das Zusammenwirken von Druckentlastung des ursprünglich homogenen Gesteins, Temperaturverwitterung sowie chemischer Wirkung zirkulierender Salzlösungen.

Blockmeer (Abb. Mitte) (Felsenmeer) Anhäufung von kantigen Blöcken in Gipfelregionen von Mittelgebirgen. Entstanden durch Auflösung eines Bergmassivs entlang des senkrecht zueinander stehenden Kluftsystems durch frühere, tief wirkende Verwitterung. Während das feinkörnige Material abgespült wird, bleiben die vom Muttergestein losgelösten Blöcke, wirr verteilt, liegen.

Wollsackstruktur (Abb. oben und unten rechts, S. 209) Gerundete Verwitterungsformen bei Massengestein. Besonders deutlich bei freistehenden Felsdomen mit kissenartig-wulstigen Partien übereinander. Entstehen durch Abgrusen von Gesteinsteilen an den sich rechtwinklig schneidenden Klüften.

Abschuppung (Abb. unten links, S. 209) Ablösung dünner Schalen bei freistehenden, granitischen Felsaufragungen. Führt zu sog. Glocken- oder Zuckerhutbergen. Ursache sind kurzfristig sich ändernde Temperaturen, wechselfeuchtes Klima und / oder Gesteinsausdehnung bei Wegfall des Überlagerungsdruckes wie auch Verhärtung der Außenschalen durch einwandernde Minerallösungen.

Blockmeer, Bayerischer Wald

Schalenablösung, Fichtelgebirge

Granitische Verwitterungsstrukturen, Oase Tafraout/Marokko

Links: Abschuppung, Kapland/Südafrika – Rechts: Wollsackstruktur, Bayerischer Wald

Granitgewinnung

Das Loslösen von Granitblöcken geschieht im Steinbruch durch Keilspaltung, mit Hilfe hydraulischer Geräte, durch Sprengen oder mit einem Brennstrahl.

Keilspaltung Abgliedern mittels Keilen erfolgt dort, wo große Blöcke als Werkstein gewonnen werden sollen. Ein Drucklufthammer bricht zunächst bis 6 cm tiefe Löcher im Abstand von 5–10 cm entlang einer vorgesehenen Spaltlinie in die Felsoberfläche. Kantkeile werden dann, in die Vertiefungen gesetzt, mit einem mittelschweren Hammer von Hand eingetrieben. Diese Methode ist nur bei gering mächtigen (d.h. wenig dicken) Gesteinslagen möglich.

Bei Verwendung von Rundkeilen, die in Bohrlöcher geschlagen werden, ist die Eindringtiefe erheblich größer. Nachteilig sind hoher Materialeinsatz und auch die unschönen Bohrrillen auf den Blockseiten.

Keilspaltung ist nur möglich, wenn drei freie Flächen den zu gewinnenden Block umgehen. Das können Kluftflächen oder Spalten sein. Andernfalls müssen vorweg künstlich Schlitze entsprechend eingearbeitet werden. Abrücken von den Spaltebenen und Abheben von den Kluftflächen wird meist hydraulisch besorgt.

Hydraulikspaltung Mit hydraulischen Geräten, die in tiefen Bohrlöchern ansetzen, ist man der Keilspaltung von Hand weit überlegen. Das erfordert allerdings große Investitionen. Nachteilig sind die Bohrrillen an den Blockseiten.

Schießspaltung Bei Abgliederung großer Felsteile, die nicht unbedingt als Werkstein genutzt werden sollen, ist der Einsatz von Sprengmitteln üblich. Relativ wenige Bohrlöcher genügen für die Aufnahme von Sprengsätzen. Zur Gewinnung von Bruchmaterial werden senkrechte Steinbruchwände abgesprengt.

Brennstrahlverfahren Erst seit einigen Jahrzehnten ist ein Verfahren möglich, bei dem mit Hilfe einer gezielten Flamme von über 1200 °C Granitblöcke aus dem umgebenden Fels herausgetrennt werden. Durch Hitzeeinwirkung platzen fortlaufend Plättchen ab, so daß die Flamme immer wieder den frischen Rohstein trifft und sich dadurch schlitzartig in den Fels eingräbt. Auf diese Weise können große Blöcke frei von Druck- und Stoßschäden gewonnen werden.

Rechte Seite: Abgliedern eines Felsblockes nach dem Brennstrahlverfahren (Feuerlanze)
Unten: Abkeilen (links) und Abrücken (rechts) eines Granitblocks

Oberflächenbearbeitung granitischer Gesteine

Farbige Granite werden häufig in Platten geschnitten und dann als Dekorstein für Innengestaltung oder Fassadenverkleidung verwendet. Das Zerteilen geschieht mit Gattersägen, ähnlich den Gattern bei der Holzverarbeitung. Die so gewonnenen und dann noch weiter zugeschnittenen Granitplatten erfahren unterschiedliche, effektvolle Oberflächenbearbeitungen.

<u>Bruchrauh</u> [1]   Natürliche, nicht weiter bearbeitete, je nach Körnung mehr oder weniger rauhe Oberfläche.

<u>Gespitzt</u>   Mit Spitzeisen aus gehärtetem Stahl tief- oder flachspitzig geformte Steinoberfläche.

<u>Gestockt</u> [2]   Oberfläche, Struktur und Farbkontrast grob egalisiert. Werkzeug ist ursprünglich der mit Zahnspitzen versehene Stockhammer. Zunehmend Stockmaschinen im Einsatz.

<u>Geriffelt</u>   Rauhung durch den mit Zahnreihen versehenen Riffelhammer.

<u>Sandgestrahlt</u> [3]   Mit Hilfe eines Sandstrahlgebläses mattierte Steinoberfläche.

<u>Geflammt</u> [4]   Durch gezielte, heiße Flamme entsteht infolge Abgliederung kleiner Plättchen rauhe, struktur- und farbkräftige Oberfläche.

<u>Geschliffen</u> [5]   Durch Abschleifen aller Unebenheiten werden auf glatter, matter Fläche Farben und Strukturen betont.

<u>Poliert</u> [6]   Durch Feinschliff und spezielle Behandlung mittels Polierpaste erhält die Steinoberfläche starken Glanz. Dadurch werden Struktur und Farben kontrastreich belebt. Je härter und kompakter das Gestein, desto wirkungsvoller die Politur. Quarz- und Feldspat (und damit Granit) nehmen Politur besonders gut an. Da polierte Gesteine die Einzelgemengteile deutlicher als sonst hervortreten lassen, wirken sie insgesamt dunkler als beim natürlichen Bruch.

Gattersäge im Einsatz

Oberflächenbearbeitung
am Beispiel des Granits
KAPUSTINO, Ukraine/UdSSR
1 Bruchrauh
2 Gestockt
3 Sandgestrahlt
4 Geflammt
5 Geschliffen
6 Poliert

Granodiorit [1-4]

Granodiorit gehört zur Granit-Familie. Der Name deutet eine Mittelstellung zwischen Granit und Diorit an.

Helle Mineralien:	60–95%	
davon:	Quarz 20–60%	
	Feldspäte 40–80%	davon: Plagioklasfeldspat 65–100%
		Alkalifeldspat 0–35%
Dunkle Mineralien:	5–40%	
Nebengemengteile:	Biotit, Hornblende, Muskovit, Pyroxene, Zirkon, Apatit, Magnetit	

Granodiorit ist makroskopisch nur schwer von Granit zu unterscheiden, der Gesamteindruck ist allerdings stets dunkler. Während beim Granit die Alkalifeldspäte überwiegen, sind es beim Granodiorit die Plagioklasfeldspäte. An dunklen Gemengteilen herrscht Biotit vor. Bei hohem Mafitanteil ist Granodiorit deutlich dunkler als Granit.

Vorkommen als relativ kleine Gesteinskomplexe entweder eigenständig oder innerhalb granitischer Massive.

Fundorte: Bayerischer Wald, Harz, Schwarzwald, Odenwald, Oberösterreich, Insel Bornholm, Südnorwegen, Coast Range/USA.

Verwendung wie Granit als Pflaster- und Randstein, für Grabsteine, geschliffene Platten als Bodenbelag und für Fassadengestaltung.

Trondhjemit [2] Biotit-Granodiorit, Quarz-Glimmer-Diorit Eine quarzreiche Varietät von Granodiorit. Name nach Fundort im mittleren Norwegen.

Trondhjemit führt nur sehr wenig oder gar keinen Alkalifeldspat, während der Quarzgehalt deutlich mehr als 20% beträgt. An dunklen Gemengteilen treten Biotit, daneben Hornblende auf. Sie sind regelmäßig eingestreut, ihr Anteil liegt unter 15%. Dadurch ist der Gesteinscharakter hell. Als untergeordnete Nebengemengteile sind Zirkon, Apatit und Magnetit vorhanden.

Fundorte: Norwegen, Alaska, Anden.

Verwendung als Straßenbaustein, für Treppenstufen; geschliffene Platten für Raum- und Fassadengestaltung.

Tonalit [4] Varietät von Granodiorit. Name nach Tonale-Gebiet in Südtirol. Enthält nur wenig, meist sogar keinen Alkalifeldspat. Die gesamte Feldspatmenge wird also vom Plagioklas gestellt. Das ist auch der wesentliche Unterschied zum Granit und Granodiorit. Quarzgehalt etwa 20%. Je nach Anteil mafischer Mineralien (10–40%) wirkt Tonalit hell oder dunkler. Übergemengteile sind Biotit und Hornblende, Akzessorien Apatit, Magnetit und Zirkon sowie Augit und Muskovit. Hornblende und Biotit treten häufig porphyrisch in sonst heller Grundmasse auf. Dadurch geflecktes Aussehen von Tonalit.

Fundorte: Südtirol/Italien, Graubünden/Schweiz, Südnorwegen, Finnland, Schweden, Kalifornien/USA, Britisch-Columbia/Kanada.

Verwendung als Baumaterial für Straßenbeläge, geschliffen und poliert als Platten und Treppenstufen.

Quarzdiorit Gewöhnlich Synonym zu Tonalit. Gelegentlich aber auch Oberbegriff für eine Reihe ähnlicher Varietäten.

---

1 Granodiorit NEUHAUS, Oberösterreich   3 Granodiorit RÖNNE, Insel Bornholm/Dänemark
2 Trondhjemit SOGNEFJORD, Norwegen   4 Tonalit BIANCO AURINIA, Südtirol/Italien

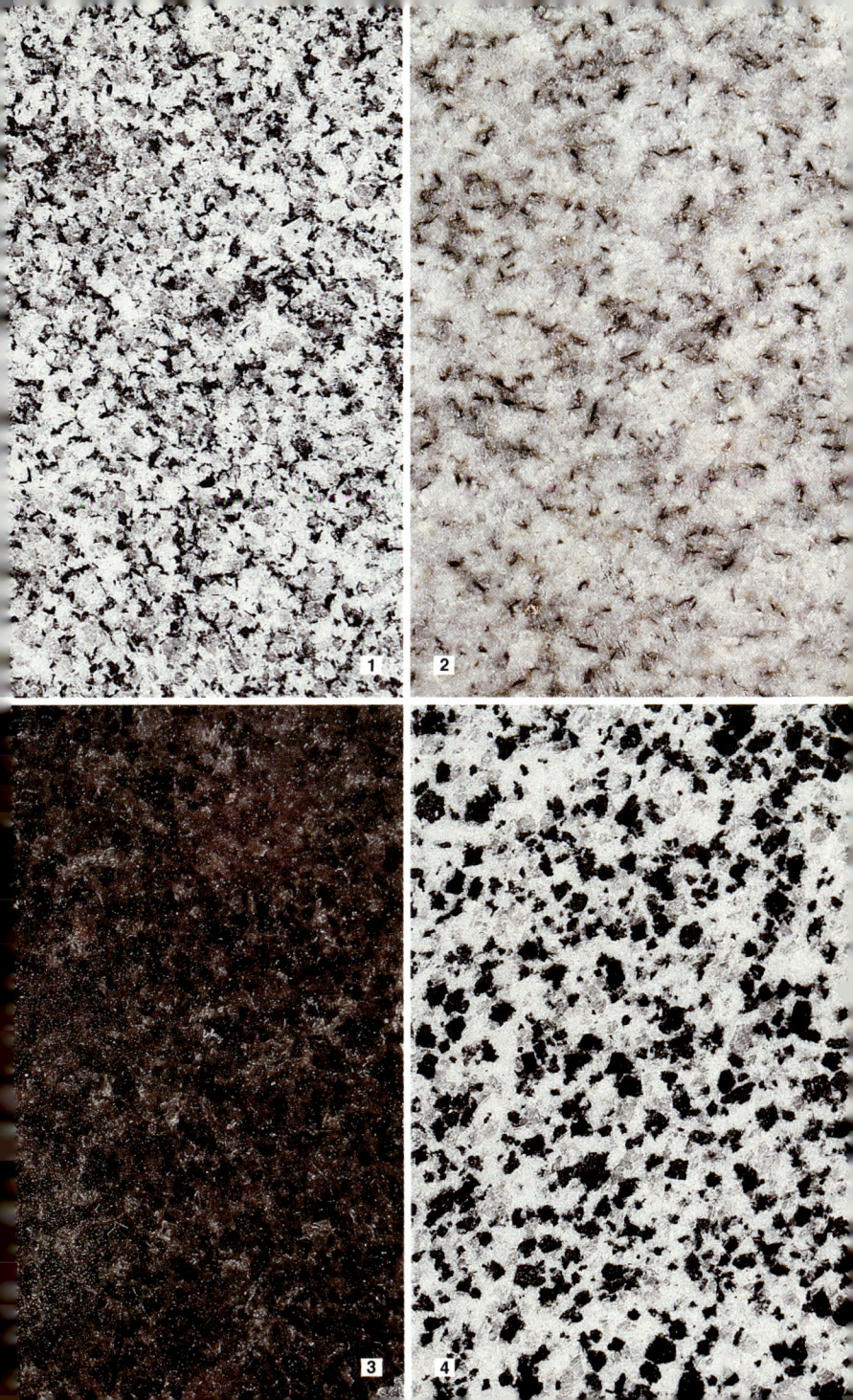

Syenit-Familie

Zur Syenit-Familie gehören Syenit, Monzonit und Foyait.

Syenit [1-4]

Der Name leitet sich von Syene ab, einem Ort in Oberägypten, heute Assuan genannt. Hier wurde im Altertum ein geschätzter Baustein gebrochen, der tatsächlich kein Syenit, sondern ein Hornblendegranit ist.

Helle Mineralien:	60-100%	
davon:	Feldspäte 80-100%	davon: Alkalifeldspat 65-100%
		Plagioklasfeldspat 0-35%
	Quarz 0-20% oder Foide 0-10%	
Dunkle Mineralien:	0-40%	
Nebengemengteile:	Biotit, Pyroxene, Zirkon, Apatit, Magnetit, Ilmenit	

Syenit ist hell- bis dunkelgrau, auch bläulich oder rot, sein Gefüge mittel- bis grobkörnig, selten porphyrisch. Vom ähnlich aussehenden Granit dadurch zu unterscheiden, daß der normale Syenit wenig oder überhaupt keinen Quarz enthält. Entweder sind Quarz oder Foide vertreten. Beide Mineralgruppen schließen einander aus.

Vorkommen beschränkt, mit Diorit und Granit vergesellschaftet.

Fundorte: Fichtelgebirge, Sachsen, Westalpen, südliches Portugal, Norwegen, New Hampshire und Massachusetts/USA.

Verwendung als Zierstein, Grabstein, für Bodenplatten und Fassadenverkleidung.

Falsche Handelsnamen mit der Bezeichnung »Syenit«

FRIEDERSDORFER SYENIT: Dunkelgraugrüner Lamprophyr, DDR.

LAUSITZER SYENIT: Schwarzgrüner Lamprophyr, DDR.

ODENWÄLDER SYENIT: Dunkelgrauer Diorit, Odenwald.

SCHREMSER SYENIT: Dunkler Tonalit, Niederösterreich.

WÖLSAUER SYENIT: Schwarzgrüner Diorit, Oberfranken.

Pulaskit [4]

Hell- bis dunkelblaugraue Syenit-Varietät, ein foidführender Alkalisyenit. Auch als Nephelinsyenit anzusprechen, da Nephelin hier wichtigstes Foidmineral ist. Die Foide können bis 5% Anteil erreichen. Kein Quarz. Gelegentlich leicht porphyrischer Charakter durch etwas vergrößerte Kalifeldspäte. Name nach Pulaski County in Arkansas/USA.

Larvikit [2]

Bläutlichgraue bis dunkelgrüne Syenit-Varietät. Hauptgemengteil ist mit 90% Anorthoklas-Feldspat, daneben Augit und Biotit. Bis zu 2% können Quarz oder Nephelin vertreten sein. Ursache für das typisch blaugrüne Schillern, fälschlich (in Anlehnung an einen Labradorit-Feldspat) Labradorisieren genannt, sind sog. Entmischungsvorgänge beim Anorthoklas.

Fundort: Nahe Larvik (Name des Gesteins!) am Oslofjord/Norwegen.

Larvikit ist geschätzter Dekorstein, insbesondere für Fassaden, Fußböden und Grabsteine. Nach Farbton und Glanzeffekten mehrere Handelssorten.

---

1 Hornblendesyenit BALMA, Piemont/Italien   3 Augitsyenit KARDINAL, Transvaal/Südafrika

2 Larvikit LABRADOR, Südnorwegen   4 Pulaskit, Serra de Monchique/Südportugal

Monzonit [1, 2]

Monzonit gehört zur Syenit-Familie. Name vom Monzonigebirge in Südtirol.

Helle Mineralien:	55-90%	
davon:	Feldspäte 80-100%	davon: Alkalifeldspat 35-65%
		Plagioklasfeldspat 35-65%
	Quarz 0-20% oder Foide 0-10%	
Dunkle Mineralien:	10-45%	
Nebengemengteile:	Pyroxene, Hornblende, Biotit	

Beim normalen Monzonit sind Alkali- und Plagioklasfeldspat etwa zu gleichen Teilen vertreten, bei den zu Diorit/Gabbro überleitenden Monzoniten überwiegt Plagioklas. Quarz im allgemeinen unter 5% oder ganz fehlend. Selten Foide (Nephelin, Sodalith). Pyroxene manchmal bis 20%.

Gefüge meist mittelkörnig, Farbe gewöhnlich hell- bis dunkelgrau, auch grünlich, bräunlich und rot. Manchmal taflig ausgebildete Alkalifeldspäte (Mikroklin). Durch eingeregelte Mineralien Fließstruktur angedeutet.

Vorkommen in enger Beziehung zu Granit und Granodioritbildungen. Fundorte: Südtirol/Italien, Sachsen/DDR, Südnorwegen, Quebec/Kanada.

Verwendung lokal als Baustein. Einige Sorten als Dekorstein geschätzt.

Syenodiorit Ältere Bezeichnung für Monzonit.

Foyait [3, 4] Foid-Syenit

Foyait gehört zur Syenit-Familie. Name nach Foya, einem Berg in Portugal.

Helle Mineralien:	55-100%	
davon:	Feldspäte 40-90%	davon: Alkalifeldspat 50-100%
		Plagioklasfeldspat 0-50%
	Foide 10-60%	
Dunkle Mineralien:	0-45%	
Nebengemengteile:	Leucit, Sodalith, Nosean, Hauyn, Hornblende, Pyroxene, Biotit	

Plagioklas tritt deutlich zurück, kann auch ganz fehlen. Niemals Quarz dabei. Unter den Foiden dominiert Nephelin. Pyroxene und Hornblenden sind bei den dunklen Foyaiten bestimmend für den Farbcharakter. Die Unterscheidung der vielen Varietäten erfolgt nach typischen Foid-Vertretern.

Das Gefüge ist mittel- bis grobkörnig. Taflige Kalifeldspäte und stenglige Hornblenden sowie Pyroxene sind manchmal eingeregelt. Je nach Anteil der mafischen Mineralien erhalten die gewöhnlich hellen Gesteine eine mehr oder weniger intensive Sprenkelung.

Foyaite sind selten. Vorkommen in kleineren Intrusivkörpern und Stöcken. Fundorte: Odenwald, Norwegen, Portugal, Südtirol, Kola/UdSSR, Kanada.

Verwendung lokal als Baustein und als Straßenschotter, wegen des scheckigen Aussehens einige Sorten auch als Dekorstein. Die größere Bedeutung der Foid-Gesteine liegt in der Nutzung als Alkalirohstoff für die Keramikindustrie.

Shonkinit [3] Dunkelgraue bis fast schwarze Foyait-Varietät mit über 50% dunkler Gemengteile von Pyroxenen (Ägirin, Augit), Hornblende und oftmals Olivin. Name nach Fundstelle in Montana/USA.

Nephelinsyenit und **Eläolithsyenit** Frühere, synonym gebrauchte Bezeichnungen für Foyait.

---

1 Monzonit Verde Pellegrino, Südtirol
2 Monzonit Schipaio, Elfenbeinküste
3 Shonkinit, Odenwald
4 Sodalithfoyait Azul Bahia, Brasilien

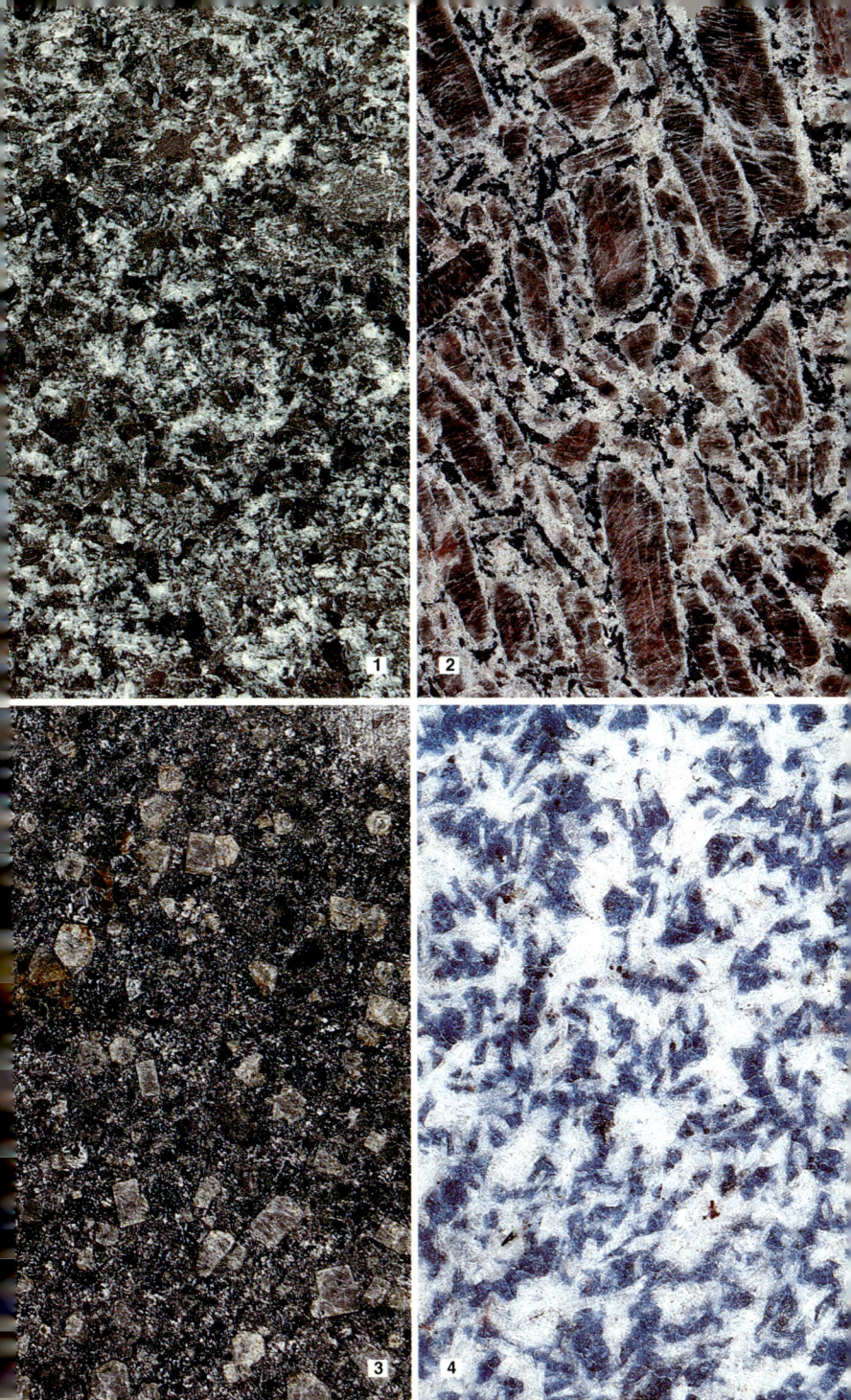

Diorit/Gabbro-Familie

Zur Diorit/Gabbro-Familie gehören Diorit, Gabbro und Essexit. Zwischen Diorit und Gabbro sind die Unterschiede gering, daher Doppelname dieser Familie.

Diorit [1 und Nr. 4, S. 223]
Der Name (griech. »unterscheiden«) nimmt Bezug auf die Hauptgemengteile.

Helle Mineralien:	50–85%	
davon:	Feldspäte 80–100%	davon: Plagioklasfeldspat 65–100%
		Alkalifeldspat 0–35%
	Quarz 0–20% oder Foide 0–10%	
Dunkle Mineralien:	15–50%	
Nebengemengteile:	Hornblende, Pyroxene, Titanit, Apatit, Zirkon, Granate	

Beim Diorit herrschen die helleren Plagioklase (Oligoklas und Andesin) vor. Der Anorthitgehalt liegt unter 50%. Beim ähnlichen Gabbro treten die dunkleren Plagioklase (Labradorit und Bytownit) in den Vordergrund. Hornblende und Augit sind Hauptvertreter der dunklen Gemengteile. Makroskopisch ist Diorit von Gabbro kaum zu unterscheiden. Gewöhnlich betragen Alkalifeldspat- bzw. Quarzanteil weniger als 5%. Foidführende (und quarzfreie) Diorite sind selten. Gefüge klein- bis mittelkörnig, gelegentlich porphyrisch. Farben hell- bis dunkelgrau, grünlichgrau, Übergangstypen zu den Gabbros schwarzgrau. Vorkommen in kleineren Stöcken und Lagergängen sowie am Rand großer granitischer Intrusionen. Insgesamt wenig verbreitet. Fundorte: Bayerischer Wald, Harz, Odenwald, Schwarzwald, Finnland, Schottland. Verwendung als Schotter und als Pflasterstein, wegen guter Polierbarkeit auch Dekorationsmaterial. Viele Handelsnamen dioritischer Gesteine führen die Bezeichnung SYENIT.

Kugeldiorit Aussehen und Entstehung wie Kugelgranit (S. 204). Die Orbiculite von Korsika (Korsit) und von Finnland (Esboit) werden verschiedentlich als Kugeldiorit, andererseits als Kugelgranit beschrieben.

Gabbro [2 und Nr. 3, S. 223]
Name nach einer italienischen Ortschaft in der Toscana.

Helle Mineralien:	35–80%	
davon:	Feldspäte 80–100%	davon: Plagioklasfeldspat 65–100%
		Alkalifeldspat 0–35%
	Quarz 0–20% oder Foide 0–10%	
Dunkle Mineralien:	20–65%	
Nebengemengteile:	Pyroxene, Hornblende, Olivin, Biotit, Magnetit, Ilmenit, Magnetkies	

Beim Gabbro herrschen die dunkleren Plagioklase (Labradorit und Bytownit) vor. Der Anorthitgehalt liegt über 50%. Beim ähnlichen Diorit treten die helleren Plagioklase (Oligoklas und Andesin) in den Vordergrund (siehe oben). Gabbro wirkt etwas dunkler als Diorit. Hauptvertreter der dunklen Gemengteile sind Pyroxene, Hornblende und Olivin. Selten sind Alkalifeldspäte, Quarz oder Foide vertreten.

---

1 Diorit ITOACA, Espirito Santo/Brasilien
2 Gabbro VIITASAARI, Finnland
3 Norit IMPALA, Transvaal/Südafrika
4 Anorthosit SPEKTROLITH, Finnland

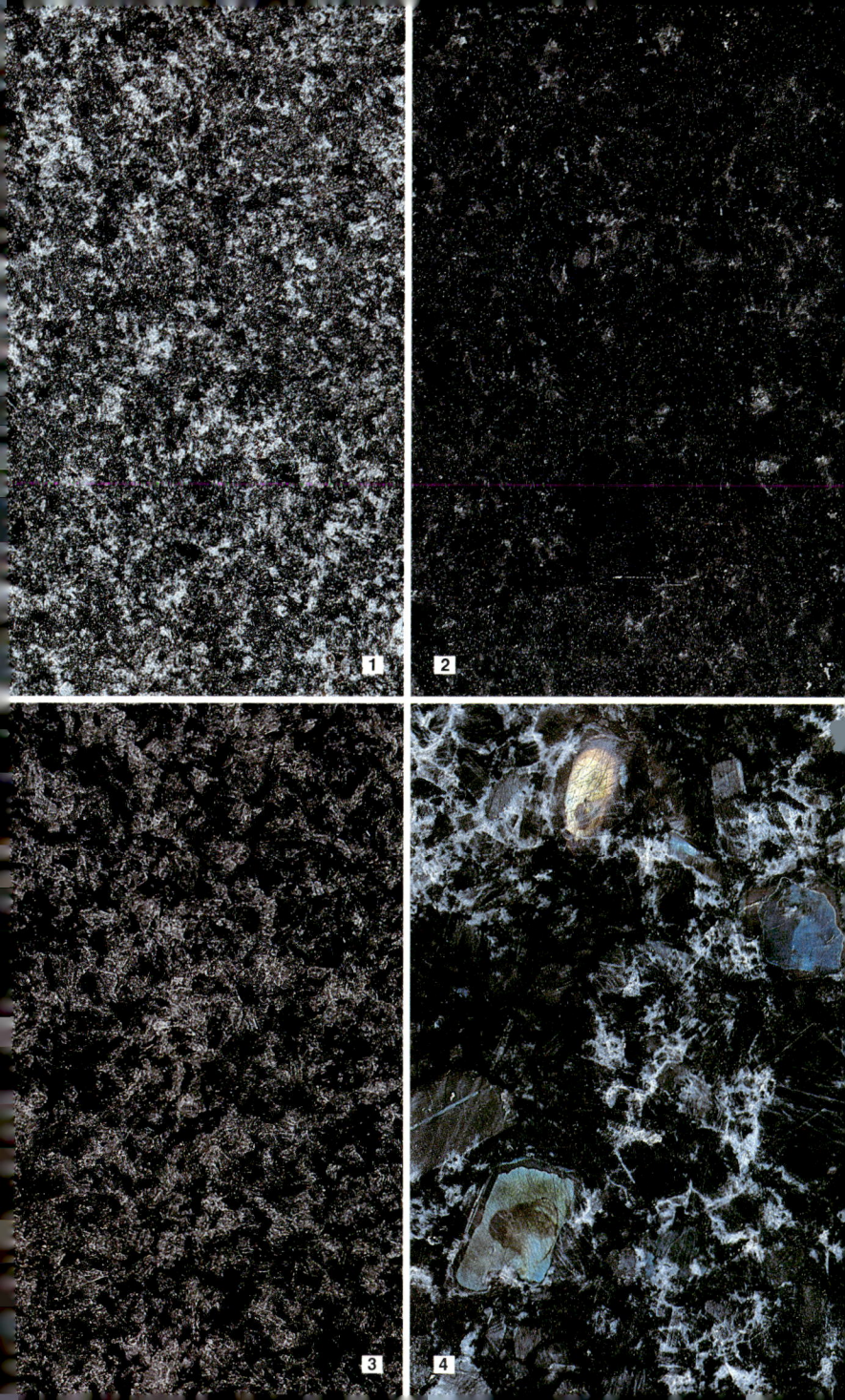

Das Gefüge kann fein- bis grobkörnig sein. Farbe bläulich, mittel- bis dunkelgrau, manchmal fast schwarz. Bei Umwandlung einiger Mineralien zu Chloriten erhält Gabbro eine grünliche Farbe (vgl. Grünsteine, S. 248). Vorkommen in größeren Intrusionen, Stöcken und Lagergängen. Fundorte: Odenwald, Harz, Wallis/Schweiz, Transvaal/Südafrika, Montana und Minnesota/USA. Verwendung als Bau- und Werkstein. Einsatz einiger Sorten wegen ihres zähen, sperrigen und verfilzten Gefüges für hochbeanspruchten Bahnschotter. Gut polierbare Gabbros als Grabstein und für Fassadenverblendungen.

Norit [Nr. 3, S. 221]
Dunkelgraue Gabbro-Varietät mit Hypersthen als dunklem Gemengteil. Makroskopisch gelegentlich an den Bronzetönen einiger Pyroxene zu erkennen, sonst vom normalen Gabbro nicht zu unterscheiden.
Fundorte: Norwegen, Transvaal/Südafrika, Montana/USA. Die bedeutenden Nickel-Lagerstätten von Sudbury/Kanada sind an Norite gebunden.

Troktolith [1] Forellenstein
Seltene Gabbro-Varietät mit hellem Plagioklas und Olivin als dunklem Gemengteil. Die fleckenartig auftretenden Olivine sind grün oder als serpentinierte Umwandlungsprodukte gelb, bräunlich, rötlich und schwarz.
Fundorte: Harz, Schlesien/Polen, Oklahoma und Montana/USA.

Anorthosit [Nr. 4, S. 221]
Hellgraue bis fast schwarze Gabbro-Varietät aus Plagioklas und einem Mafitanteil unter 10%. Nebengemengteile sind Pyroxene, Olivin, Magnetit und Ilmenit. Fundorte: Norwegen, Labrador und Quebec/Kanada, Montana und New York/USA, Transvaal/Südafrika.
SPEKTROLITH [Nr. 4, S. 221] Handelsname einer Anorthosit-Varietät aus Finnland mit labradorisierendem Feldspat. Für Dekorzwecke und als Modeschmuck.

Essexit [2]
Essexit gehört zur Diorit/Gabbro-Familie. Name nach Fundort in USA.

Helle Mineralien:	30–80%	
davon:	Feldspäte 40–90%	davon: Plagioklasfeldspat 50–100%
		Alkalifeldspat 0–50%
	Foide 10–60%	
Dunkle Mineralien:	20–70%	
Nebengemengteile:	Hornblende, Biotit, Magnetit, Titanit, Ilmenit, Apatit	

Gefüge klein- bis mittelkörnig, manchmal porphyrisch. Dunkelgrau bis fast schwarz durch hohen Pyroxenanteil. Vorkommen in kleinen Gesteinskörpern und Gängen, selten. Fundorte: Kaiserstuhl/Baden, CSSR, Südtirol, Schottland. Verwendung lokal als Baustein. Von einem porphyrischen Essexit aus Schottland stammen die Curling-Steine.

Theralith
Essexit-Varietät aus Plagioklas, Nephelin und Pyroxen, selten. Fundorte: CSSR, Auvergne/Frankreich, Schottland, Quebec/Kanada.

---

1 Troktolith FORELLENSTEIN, Radautal/Harz   3 Gabbro, Odenwald/Hessen
2 Essexit, Kaiserstuhl/Baden   4 Quarzdiorit, Schrems/Niederösterreich

Peridotit-Familie

Zur Peridotit-Familie gehören Foidolithe und Mafitolithe.

Foidolith [1]
Sammelbegriff für alle Plutonite mit sehr hohem Foidgehalt.

Dunkle Mineralien: 0–90%
Helle Mineralien: 10–100%   davon: Foide 60–100%
                            Feldspäte 0–40%

Die meisten Foidolithe sind infolge eines hohen Anteils mafitischer Mineralien dunkel, einige nahezu schwarz. Quarz fehlt völlig. Auf Grund der sehr variablen Zusammensetzung der Einzelglieder existiert eine Vielzahl von Gesteinsnamen. Im Unterschied zu der sonst üblichen Weise, durch Vorsetzen einer Mineralbezeichnung zum Hauptnamen ein Gestein näher zu kennzeichnen, werden die Foidolithe ausschließlich nach geographischen Lokalitäten (wie Italit, Missourit, Algarvit) benannt. Vorkommen nur in kleinen Gesteinskörpern, selten.
Ijolith [1] Foidolith-Varietät. Das Foid-Mineral Nephelin ist mit etwa 50% Hauptgemengteil. Mafische Mineralien machen insgesamt auch etwa 50% aus, Pyroxene davon 40%. Untergeordnete Begleiter sind Apatit, Titanit und Calcit.

Mafitolith [2, 4]
Sammelbegriff für Plutonite mit über 90% Gehalt an dunklen Mineralien. Hauptgemengteile sind Olivin, Pyroxene, Hornblende und Melilith. Farbe grau bis schwarz, auch Grüntöne.
Untergliederung nach Olivinanteil und der vorherrschenden Mineralart.

	Dunit	Peridotit	Pyroxenit	Hornblendit	Melilitholith
Olivin (%-Anteil)	über 90	40–90	unter 40	unter 40	unter 40
Andere Hauptgemengteile		Pyroxene	Pyroxene	Hornblende	Melilith
Varietäten		Harzburgit	Enstatitit		
		Wehrlit	Bronzitit		
		Lherzolith	Hypersthenit		

Peridotit Manchmal Oberbegriff für Dunit und Peridotit im engeren Sinn.

Karbonatit [3]
Ein helles, aus Calcit und/oder Dolomitspat bestehendes Gestein, das sowohl plutonischen als auch vulkanischen Ursprungs sein kann. Da es sich im engen Kontakt mit Foidgesteinen befindet und auch durch Übergänge mit ihnen verbunden ist, wird Karbonatit im allgemeinen den Mafitolithen zugeordnet. Karbonat-Mineralien mindestens 50%. Nebengemengteile sind Baryt, Apatit, Magnetit, Nephelin, Biotit und Phlogopit. Manchmal einem Marmor ähnlich. Vorkommen in kleinen Plutoniten, Stöcken, Gängen oder Schlieren. Fundorte: Kaiserstuhl/Baden, Schweden, Norwegen, Arkansas/USA.
Ultramafit Entweder Synonym zu Mafitolith oder Sammelbegriff für Mafitolith und Mafitit (S. 252).

---

1 Ijolith, Finnland
2 Dunit, Aheim/Norwegen

3 Karbonatit, Telemark/Norwegen
4 Harzburgit, Bad Harzburg/Harz

Technische Eigenschaften von Plutonitgesteinen

	Rohwichte Rohdichte Raumgewicht Raumdichte	Reinwichte Reindichte Spez. Gewicht Korndichte Dichte	Wahre Porosität Gesamtporosität	Wasseraufnahme	Scheinbare Porosität Nutzporosität
	g/cm^3	g/cm^3	Raum-%	Gewichts-%	Raum-%
Granit, Syenit	2,60–2,80	2,62–2,85	0,4– 1,5	0,2–0,5	0,4–1,4
Diorit, Gabbro	2,80–3,00	2,85–3,05	0,5– 1,2	0,2–0,4	0,5–1,2
Granit, Granodiorit	2,54–2,80	2,62–2,85	0,4– 6,9	0,1 –1,5	
Syenit, Monzonit	2,56–2,97	2,62–2,98	0,4– 8,0	0,1 –2,0	
Diorit, Gabbro	2,80–3,15	2,84–3,20	0,2–10,6	0,05–2,7	
Foyait, Essexit	2,45–2,75	2,48–2,80	0,5– 5,0	0,2 –2,0	
Peridotit	2,78–3,37	3,00–3,42	0,2– 5,0	0,05–1,6	

	Druck-festigkeit im trockenen Zustand	Biege-zug-festigkeit	Schlag-festigkeit	Abrieb-festigkeit	Bemer-kungen	Quelle
			Schlag-anzahl bis zur	Verlust auf 50 cm^2		
	kg/cm^2	kg/cm^2	Zerstörung	in cm^3		
Granit, Syenit	1600–2400	100–200	10–12	5–8	mittlere	
Diorit, Gabbro	1700–3000	100–220	10–15	5–8	Häufig-keits-werte	DIN 52100
						Peschel 1977

Vulkanite

Entstehung

Vulkanite entstehen, wenn das glutflüssige Magma mit Hilfe vulkanischer Kräfte bis zur Erdoberfläche aufdringt. Die sich wie ein Schlammstrom aus einem Vulkanschlot oder entlang einer Erdspalte ergießende Schmelze heißt Lava. Werden solche Lavafetzen, vermischt mit Gesteinsresten der einstigen Schlotfüllung oder Schlotumrahmung, erst durch die Luft geschleudert, bevor sie zur Ablagerung kommen, spricht man von Pyroklastiten.

Chemismus und Mineralbestand der Vulkanite sind denen der entsprechenden Plutonite (vgl. S. 193) ungefähr gleich. Die Vulkanite werden wie die Plutonite mit Abnahme des Kieselsäuregehalts ebenso dunkler und schwerer.

Wesentliche Unterschiede zwischen Vulkaniten und Plutoniten liegen im Gesteinsgefüge. Auf Grund der relativ raschen Abkühlung vulkanischer Schmelzen verlaufen Kristallisation und Mineralausbildung anders als bei den Plutoniten. Die Kristalle der Vulkanite sind gewöhnlich klein, meist mikroskopisch klein; mit bloßem Auge nicht zu erkennen. Wir sprechen von dichtem Gesteinsgefüge.

Nur einzelne Kristalle können sich bevorzugt entwickeln und ihre Eigengestalt ausbilden. Diese liegen dann wie Fremdlinge in sonst gleichartiger Grundmasse. Das nennt man porphyrisches Gefüge (porphyrische Struktur).

Erfolgt die Abkühlung vulkanischer Gesteinsschmelzen besonders schnell, wie z. B. an der Oberfläche eines Lavastromes oder beim Sturz ins Meer, können sich gar keine Kristalle bilden. Die Masse ist amorph, ein Gesteinsglas.

Bei Vulkaniten finden sich häufig kleine Hohlräume, die durch Entgasung der Gesteinsschmelze entstanden sind.

Porphyrische Struktur mit Kristall-Eigengestalt
Fließgefüge mit eingeregelten Kristallen
Fließgefüge mit oval geformten Hohlräumen

Manchmal haben diese Hohlräume eine ovale oder sonstwie langgezogene Form. Sie zeigen damit eine Richtung im Gestein, die Fließrichtung des Lavastroms, an. Auch früh auskristallisierte Mineralien können auf Grund ihrer Einregelung solch ein Fließgefüge (Fließstruktur) bei Vulkaniten andeuten.

Ein charakteristisches Merkmal insbesondere für dunkle, basische Vulkanite sind säulige Absonderungen, die man naturgemäß erst bei Aufschlüssen (steilen Hängen oder Steinbrüchen) erkennen kann. Solche vier- bis achteckigen Säulen stellen keine Kristallformen dar, sondern aus dem Gesteinsverband abgegliederte Felsteile. Sie sind durch Kontraktion bei der Abkühlung der Lava entstanden. Die Richtung der Säulen steht senkrecht zur einstigen Abkühlungsfläche.

Irgendwelche Fossilien gibt es im allgemeinen bei Vulkaniten nicht. Heiße Lava vernichtet normalerweise alles Leben. Nur in vulkanischen Tuffablagerungen lassen sich ganz vereinzelt Lebensspuren nachweisen.

Erkennungsmerkmale der Vulkanite
1. Nur einzelne Kristalle voll ausgebildet (porphyrische Struktur)
2. Grundmasse dicht (mikrokristallin) oder amorph (gestaltlos, glasig)
3. Zahlreiche kleine Hohlräume
4. Oft Fließstrukturen
5. Häufig Säulenbildung
6. Sehr selten Fossilien

Synonyme

Synonym zu Vulkanit werden die folgenden Begriffe verwendet: Vulkanisches Gestein, Ergußgestein, Effusivgestein, Extrusivgestein, Eruptivgestein. Die letztere Bezeichnung sollte wegen möglicher Verwechslung nicht benutzt werden, denn vielfach werden die Magmatite auch als Eruptivgesteine angesprochen.

Säulenabsonderung im Basalt, Auvergne/Frankreich

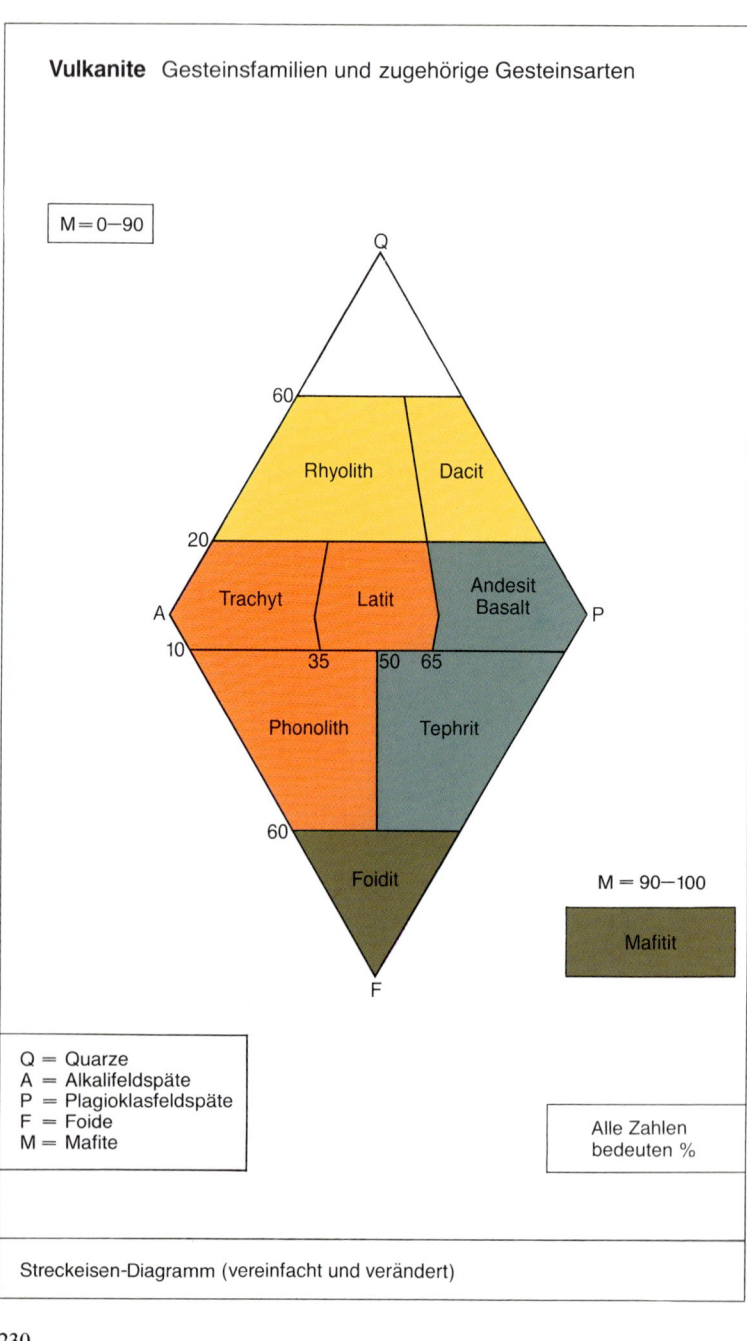

Vulkanite Gesteinsfamilien und zugehörige Gesteinsarten

M = 0—90

Q

60

Rhyolith Dacit

20

Trachyt Latit Andesit Basalt

A P

10

35 50 65

Phonolith Tephrit

60

Foidit

F

M = 90—100

Mafitit

Q = Quarze
A = Alkalifeldspäte
P = Plagioklasfeldspäte
F = Foide
M = Mafite

Alle Zahlen
bedeuten %

Streckeisen-Diagramm (vereinfacht und verändert)

Klassifikation der Vulkanite

Gemäß der Entstehung unterscheiden wir Auswurfprodukte, die Pyroklastite, und die aus erkalteten Lavaströmen hervorgegangenen Bildungen, Lavagesteine genannt.

Eine Klassifizierung der Pyroklastite erfolgt meist nach der Korngröße, die der Lavagesteine nach dem Streckeisen-Diagramm (S. 230).

Die in Mitteleuropa übliche Zweiteilung der Vulkanite nach älterer (paläozoischer) und jüngerer (neozoischer) Genese soll nicht mehr angewendet werden. Tatsächlich sind aber in der Praxis einige der nun auszuscheidenden Gesteinsbezeichnungen derart fest verwurzelt, daß es zweifelhaft ist, ob sich der Handel je davon trennen wird.

Im vorliegenden Bestimmungsbuch werden die alten und die neuen Gesteinsbezeichnungen gleichermaßen berücksichtigt.

Alte Klassifikation der Lavagesteine

Gruppenname	Junge Bildung	Alte Bildung
Quarzporphyr-Gruppe	Rhyolith (Liparit)	Quarzporphyr
Trachyt-Gruppe	Trachyt	Orthophyr Keratophyr
Porphyrit-Gruppe	Andesit	Porphyrit
Basalt-Gruppe	Basalt Dolerit	Melaphyr Diabas
Pikrit-Gruppe	Pikrit	Paläopikrit

Neue Klassifikation der Vulkanite

	Vulkanit-Familie	Untergliederung der Vulkanit-Familien	Bekannte Gesteinsarten (in Auswahl)
	Rhyolith-Familie	Rhyolith	Rhyolith, Quarzporphyr
		Dacit	Dacit, Quarzporphyrit
	Trachyt-Familie	Trachyt	Trachyt, Keratophyr
		Latit	Latit
		Phonolith	Phonolith
	Andesit/Basalt-Familie	Andesit	Andesit, Porphyrit
		Basalt	Basalt, Dolerit, Melaphyr, Diabas, Tholeiit
	Pikrit-Familie	Tephrit	Tephrit, Basanit, Limburgit
		Foidit	Nephelinit, Leucitit
		Mafitit	Melilithit, Pikrit, Kimberlit

Pyroklastit Tuffgestein

Pyroklastite (griech. »Feuer-Brechen«) sind Vulkanite, die aus Auswurfprodukten (Lavafetzen, Reste von Schlotfüllungen oder -wänden) bestehen. Da die Art der Ablagerung den Sedimentgesteinen ähnelt, werden die Pyroklastite manchmal auch zu den Sedimentiten gestellt.
Die Untergliederung der Pyroklastite erfolgt nach Entstehung und Aussehen: Tuff, Tuffstein, Tuffit, Ignimbrit. Nomenklatur nicht immer einheitlich.

Vulkanische Asche
am Fuße des
Popocatepetl,
Mexiko

Tuff [1–5] Vulkanischer Tuff, Tephra
Unter Tuff (lat. »poröser Stein«) im engeren Sinn versteht man die Lockerprodukte der Pyroklastite, im weiteren Sinn (besonders in älterer Literatur) die Gesamtheit aller Pyroklastite.
Der Name Tuff ist auch Kurzbezeichnung für Kalktuff, einem Sintergestein (S. 286). Hat mit dem hier besprochenen vulkanischen Tuff nichts zu tun.
Die vulkanischen Tuffe (i. e. S.) werden nach der zugehörigen Lava (z. B. Andesit-Tuff) oder nach der Korngröße gruppiert.
Die feinkörnigsten Auswurfmassen heißen Staubtuff, Körner bis 2 mm Durchmesser Sandtuff, beide Gruppen zusammen vulkanische Asche oder Aschentuff.
Bohnen- bis nußgroße Steinchen (2–64 mm) nennt man Lapilli [1, 2].
Große Auswürflinge (über 64 mm Durchmesser) in eckiger Form werden Block, gerundete Bombe [4, 5] genannt. Blöcke entstammen gewöhnlich verfestigten Laven und benachbartem Gestein der Vulkanschlote oder -spalten. Bomben, meist faust- bis kopfgroß, sind geformte Lavafetzen. Durch Rotieren während des Flugs nehmen die noch heißen Schmelzen rundliche, gedrehte oder spindlige Formen an. Vor der Ablagerung zu festem Gestein erstarrt.
Schlacken [3] sind poröse, aufgeblähte Magmafetzen.
Das Gesteinsgefüge der Tuffe ist kleinkristallin, amorph, vereinzelt porphyrisch und meist porenreich.
Vorkommen: Großkörnige Pyroklastite nur in Nähe eines Vulkans, im Umkreis von wenigen Kilometern. Aschen dagegen können durch den Wind über Hunderte von Kilometern vom Vulkan weggetragen werden.

---

1 Lapilli, Popocatepetl/Mexiko
2 Lapilli, Hohentwiel/Hegau
3 Vulkanische Schlacke, Tenayuca/Mexiko

4 Vulkanische Bombe, Mauna Loa/Hawaii
5 Vulkanische Bombe, spindlig gedreht,
Vesuv/Italien

Tuffstein [1–4]

Tuffstein (Kurzform Tuff) ist verfestigter vulkanischer Tuff. Je nach Art und Verteilung der einzelnen Körner gibt es fein-, grob- oder gemischtkörnigen Tuffstein, meist von Hohlräumen durchsetzt. Die Verfestigung des ursprünglichen Lockermaterials erfolgt durch Druck und durch Zementierung. Bindemittel ist gewöhnlich Kalk oder Kiesel. Grundwasser, Bergfeuchtigkeit, zirkulierende Flüssigkeiten und Regen besorgen den Transport des Kittzements.

Durch Korngrößensortierung bei der Sedimentation oder durch wiederholte Ablagerungen können Tuffsteine geschichtet sein. Im Unterschied zu den Sedimentgesteinen, die parallele Schichten aufweisen, sind bei den Tuffsteinen die Schichtflächen häufig durch niedergegangene große Auswürflinge (Bomben und Blöcke) eingedrückt. Feinkörnige Sorten im Handstück oft schwer von Sedimentiten zu unterscheiden. Sehr alte Tuffsteine dagegen können derart stark verfestigt sein, daß sie ausgeflossenen Lava-Vulkaniten ähneln.

Vorkommen grobkörniger Tuffsteine in Nähe von Vulkanen, feinkörnige Sorten auch weit von ihrer Eruptionsquelle entfernt. Fundorte: Eifel, Neuwieder Bekken/Rheinland, Kaiserstuhl/Baden, Sachsen/DDR, Auvergne/Frankreich, Pozzuoli/Italien. Wegen der Porigkeit zur Wärmedämmung und als Leichtbaustein verwendet, verwitterungsgefährdet.

Traß [4] Trachytische oder phonolithische Tuffstein-Varietät. Wegen seiner hydraulischen Eigenschaften, gemahlen dem Beton zugesetzt, besonders im Unterwasserbau verwendet. Er erhöht auf Grund seiner geringen Abbindetemperatur die Rißsicherheit und macht Beton dichter und chemisch widerstandsfähiger. Traßzement besonders für Massenbeton geeignet. Fundorte: Eifel, Siebengebirge/Rheinland, Südfrankreich, Krim/UdSSR.

Vulkanische Tuffschichten, von verschieden großen Bomben eingedrückt, Niedermendig/Eifel

Tuffit

Gesteinsgemenge von pyroklastischen Materialien und Sedimentiten. Die Ablagerung beider Gesteinsarten erfolgte gleichzeitig oder auch in Wechselfolge, oft geschichtet.

Ignimbrit Schmelztuff

Ignimbrite (lat. »Feuerwolke«) sind Absätze von Glutwolken, die wie leichte Flüssigkeiten, also im schmelzflüssigen Zustand den Boden erreichen. Hier verschmelzen sie zu einem kompakten Gestein, das wie Lava aussieht und häufig auch von ihr nur schwer zu unterscheiden ist.

Fundorte: Große Areale in Neuseeland, Alaska, Anden.

1 Selbergit-Tuffstein, Eifel
2 Limburgit-Tuffstein, Kaiserstuhl/Baden
3 Phonolith-Tuffstein, ETTRINGER, Eifel
4 Traß, Brohltal/Eifel

234

1

2

3

4

Gesteinsglas

Gesteinsglas ist ein Vulkanit, aber keine eigentliche Gesteinsart, sondern Bezeichnung für ein Gesteinsgefüge. Dieses ist amorph, wie bei den künstlichen Gläsern. Nur vereinzelt sind Kleinstkristalle eingelagert.

Gesteinsgläser entstehen bei sehr rascher Abkühlung des zur Erdoberfläche aufgedrungenen Magmas. Die Zeit bis zur Erstarrung der Schmelze ist für eine Auskristallisierung der gesamten Masse zu kurz.

Bei gasreicher und zäher Lava bildet sich ein porenreiches Gestein, schaumiges Glas genannt, bei gasarmer oder außerordentlich fester Lava ein porenarmes, kompaktes Gesteinsglas.

Bimsstein [1, 2] Bims

Bimsstein (lat. »Schaum«) ist ein schaumiges Gesteinsglas. Wie bei einem Badeschwamm ist die ganze Masse von unregelmäßig oder oval geformten Poren, die meist nicht miteinander verbunden sind, durchsetzt. Wegen des großen Porenvolumens, das bis 85% erreichen kann, schwimmt Bims auf dem Wasser. Farbe gewöhnlich hellgrau bis gelblich, selten rot oder in dunklen Tönen.

Bimsstein entsteht bei gasreicher und zähflüssiger Lava. Durch plötzliche Druckentlastung an der Erdoberfläche wandern die Gase aus und bewirken die vielen Hohlräume. Kurz danach erstarrt die Lava.

Da saure Laven besonders zäh sind, begünstigen sie eine Bimssteinbildung. Dementsprechend haben die meisten Bimssteine einen hohen Kieselsäuregehalt und helle Farben. Sie sind dann der Rhyolith-Gesteinsfamilie zuzuordnen.

Fundorte: Liparische Inseln/Italien, Island, Auvergne/Frankreich.

Verwendung zur Herstellung von Leichtbausteinen. Der Vorzug dieser Steine liegt im geringen Gewicht und in der guten Wärmeisolierung.

Die Nutzung des Bimssteins als Schleifmittel in der Technik und für kosmetische Zwecke beruht darauf, daß scharfkantige Kristalle, die verletzend wirken könnten, fehlen und daß die Steinoberfläche immer rauh und griffig bleibt.

Wegen unterschiedlicher Körnung und Härte der natürlichen Bimssteine gewinnen in der Schleiftechnik aus Quarzsand künstlich hergestellte Bimssteine mit gleichbleibenden Qualitäten zunehmend an Bedeutung.

Schlacke [3]

Löchrige, bimssteinartige Krusten auf Lavaströmen. Sie sind kompakter als Bimsstein, wetterbeständig und meist rötlich.

Perlit [4] Perlstein

Gesteinsglas, das aus kleinen, bis erbsengroßen Kügelchen von schaligem Bau zusammengesetzt ist. Bei leichtem Schlag zerfällt Perlit in perlartige Teilchen. Farbe dunkel, bläulich, grün oder braun. Wachsartiger Glanz.

Entstehung wahrscheinlich durch Entspannung und der damit verbundenen Ausdehnung, also ein Zerspringen ursprünglich kompakter Obsidiane oder Pechsteine. Gemäß der chemischen Zusammensetzung meist als Rhyolith-Glas anzusprechen.

Fundorte: Ungarn, Neu-Mexiko/USA.

Durch Erhitzen wird Perlit aufgeschäumt und dann als Leichtbaustein, Filtermaterial sowie als Füll- und Isolierstoff verwendet.

---

1 Künstlicher gleichporiger Bimsstein
2 Bimsstein, Insel Lipari/Italien
3 Tephrit-Schlacke, Vogelsberg/Hessen
4 Perlit, Fuzer/Ungarn

1

2

3

4

Obsidian [1, 2, 4]

Obsidian ist ein kompaktes Gesteinsglas. Name nach dem Römer Obsius (fälschlich meist Obsidius oder Obsidianus genannt), der in der Antike erstmals ein Stück Obsidian aus Äthiopien nach Rom brachte.

Bei kieselsäurereicher Zusammensetzung gehört Obsidian zur Rhyolith-Familie. Es gibt auch trachytische, andesitische und phonolithische Obsidiane.

Trotz des hohen Kieselsäuregehalts ist die Farbe dunkel, grün, braun bis tiefschwarz. Das rührt von feinstverteiltem Magnetit bzw. Hämatit her. Winzige Poren sind Ursache für gelegentlich auftretende goldähnliche Reflexe. Farbe einheitlich oder streifig. An den Kanten selbst schwarzer Obsidian grau durchscheinend, kleine Splitter sogar hell und durchsichtig. Charakteristisch sind Glasglanz und muschliger, scharfkantiger Bruch.

Entstehung durch rasche Abkühlung meist gasreicher, aber derart zäher Schmelzen, daß die Gase (und bis zu 3% Wasser) nicht entweichen konnten und auch jetzt noch im Gestein enthalten sind. Bei Erhitzung auf etwa 1000 °C wandern die Gase aus und blähen Obsidian zu einem Bimsstein auf.

Vorkommen als Kruste auf Lavaströmen, als Auswürfling oder als äußere Schicht aufgequollener Vulkandome.

Fundorte: Liparische Inseln/Italien, Anatolien/Türkei, Island, Ungarn, Neu-Mexiko, Wyoming/USA, Java, Japan.

In der Steinzeit war Obsidian wegen des scharfkantigen Bruchs und der großen Härte (Mohshärte 5-5½) neben Feuerstein ein geschätzter Rohstoff für Gerät und Waffen. In Mexiko wurde er bis ins 16. Jahrhundert für Messer, Schaber, Pfeilspitzen u. a. verwendet. Heute zu Skulpturen, Kultgegenständen und zu Modeschmuck verarbeitet.

Schneeflocken-Obsidian [1]   Handelsbezeichnung für einen Obsidian mit kugelförmigen Einschlüssen, sog. Sphärolithen. Diese Gebilde bestehen aus radial angeordneten Mineralien (z. B. Feldspäte, Cristobalit) und erreichen Nußgröße. Strahlenartig sind die Kristalle von einem Kristallisationskern in die noch heiße, zähflüssige Schmelze hineingewachsen, bis Abkühlung und Erstarrung der Lava diesen Prozeß beendeten.

Fundorte: Neu-Mexiko und Utah/USA, Mexiko.

Apachentränen [2]   Handelsbezeichnung für knollenförmige Obsidian-Bruchstücke. Die Rundung besorgten Flußtransport und Sandschliff. Vielfach auch künstlich nachgeholfen. Fundorte: Texas/USA. Nach dem Volksglauben sind die Knollen dort zu finden, wo ein Indianer starb.

Pechstein [3]

Paläovulkanisches Gesteinsglas mit Harz- oder pechartigem Glanz. Farbe grau, schwarz, grünlich oder braun, manchmal gefleckt und gestreift. Häufig große Einsprenglinge von Quarz und Feldspäten. Arm an vulkanischen Gasen, reich an Wasser (bis 10%), das bei 200-300 °C ausgetrieben werden kann. Nach dem Chemismus den Rhyolithen zuzuordnen.

Entstehung aus Obsidian durch Entglasung, d. h. durch allmähliche Auskristallisation, also Übergang vom glasigen in den kristallinen Zustand.

Fundorte: Südtirol/Italien, Sachsen/DDR, Colorado/USA.

Wildes Ei   Knollenförmige Pechstein-Einlagerung in paläozoische Rhyolithe (Quarzporphyre). Kann Fußballgröße erreichen.

---

1 Schneeflocken-Obsidian angeschliffen und poliert, Utah/USA

2 Apachentränen, Texas/USA

3 Pechstein-Rhyolith (früher Pechstein-Porphyr genannt), Südtirol/Italien

4 Obsidian, Insel Lipari/Italien

1

2

3

4

Rhyolith-Familie

Zur Rhyolith-Familie gehören Rhyolith und Dacit.

Rhyolith [3, 4] Liparit
Rhyolith (griech. »Fließstein«) ist ein kieselsäurereiches Vulkanitgestein.

Helle Mineralien:	80–100%	
davon:	Quarz 20–60%	
	Feldspäte 40–80%	davon: Alkalifeldspat 35–100%
		Plagioklasfeldspat 0–65%
Dunkle Mineralien:	0–20%	
Nebengemengteile:	Ägirin, Biotit, Zirkon, Apatit, Magnetit	

Gewöhnlich porphyrisches Gefüge. Einsprenglinge sind Quarz, Sanidin, Plagioklase, selten Biotit. Grundmasse mit unterschiedlichen Glasanteilen, auch dicht und feinkörnig. Sehr kompakt. Häufig Fließgefüge durch eingeregelte Einsprenglinge. Die Farbe junger Rhyolithe ist hell, weiß, grau, gelblich, rötlich. Ältere Rhyolithe wirken dunkler. Da kieselsäurereiche Laven zäh sind, finden sich Rhyolithe (über 70% SiO_2) in aufgequollenen Vulkanbildungen, wie Staukuppen und Domen. Selten säulige Absonderung.
Fundorte: Schwarzwald, Sachsen/DDR, Vogesen/Frankreich, Lipari und Toskana/Italien, Island, Rocky Mountains/USA, Anden.
Verwendung als Schotter und Splitt, für Pflastersteine, als Dekorationsmaterial.
Quarzporphyr [1] (Paläorhyolith)   Paläozoisches Vulkanitgestein rhyolithischer Zusammensetzung. Der Name Quarzphorphyr (griech. »purpurfarben«) soll durch die Bezeichnung Paläorhyolith ersetzt werden.
Wegen des hohen Alters ist das Gestein etwas verändert und hat rote, braune, teils grünliche Farben. Bedeutendster Fundort in Europa: Südtirol/Italien.

Dacit (Dazit) [2]
Kieselsäurereiches Vulkanitgestein. Name nach römischer Provinz in Rumänien.

Helle Mineralien:	70–95%	
davon:	Quarz 20–60%	
	Feldspäte 40–80%	davon: Plagioklasfeldspat 65–100%
		Alkalifeldspat 0–35%
Dunkle Mineralien:	5–30%	
Nebengemengteile:	Pyroxene, Hornblende, Biotit, Zirkon, Apatit, Magnetit	

In feinkörniger, oft glasiger Grundmasse liegen Plagioklase, Quarz, seltener Kalifeldspäte, Hornblende und Biotit als Einsprenglinge. Oft Fließgefüge. Auch dacitische Gesteinsgläser bekannt. Farbe hell- bis mittelgrau, im allgemeinen etwas dunkler als bei Rhyolith, mit dem Dacit vergesellschaftet auftritt.
Fundorte: Saar-Nahe-Gebiet, Schwarzwald, Siebenbürgen/Rumänien, Zentralmassiv/Frankreich, Rocky Mountains/USA.
Verwendung als Schotter und Splitt, auch als Werk- und Dekorstein.
Quarzporphyrit (Paläodacit)   Paläozoisches Vulkanitgestein dacitischer Zusammensetzung. Der Name Quarzporphyrit soll durch Paläodacit ersetzt werden. Gesteinsfarbe häufig rötlich oder grünlich.

---

1 Quarzporphyr, Südtirol/Italien
2 Dacit, Lemberg/Pfalz

3 Rhyolith, Toskana/Italien
4 Rhyolith, Fuzer/Ungarn

1

2

3

4

Trachyt-Familie

Zur Trachyt-Familie gehören Trachyt, Latit und Phonolith.

Trachyt [1, 2]
Trachyt (griech. »rauh«) ist ein feldspatreiches, helles Vulkanitgestein.

Helle Mineralien:	60-100%	
davon:	Feldspäte 80-100%	davon: Alkalifeldspat 65-100%
		Plagioklasfeldspat 0-35%
	Quarz 0-20% oder Foide 0-10%	
Dunkle Mineralien:	0-40%	
Nebengemengteile:	Pyroxene, Hornblende, Biotit, Apatit	

Farbe hell- bis mittelgrau, gelblich, bräunlich, bei älteren Bildungen rötlich. Grundmasse dicht, feinkörnig, glasig, porös, stets porphyrisch. Neben Plagioklasen, Pyroxenen und Hornblende vor allem Sanidin als Einsprengling. Häufig Fließgefüge. Vorkommen in Stau- und Quellkuppen. Fundorte: Siebengebirge, Westerwald, Auvergne/Frankreich. Viele Trachyte sind frostempfindlich.
Keratophyr [2] Paläozoischer Trachyt mit Mafitanteil unter 40%.

Latit [3] Trachytandesit
Ein feldspatreiches Vulkanitgestein. Name nach Landschaft Latium/Italien.

Helle Mineralien:	65-95%	
davon:	Feldspäte 80-100%	davon: Alkalifeldspat 35-65%
		Plagioklasfeldspat 35-65%
	Quarz 0-20% oder Foide 0-10%	
Dunkle Mineralien:	5-35%	
Nebengemengteile:	Pyroxene, Hornblende, Biotit, Olivin, Apatit, Magnetit	

Hauptgemengteile sind Feldspäte, Übergemengteile Nephelin und Pyroxene. Porphyrisches Gefüge mit Plagioklasen, Pyroxenen und Sanidin als Einsprenglinge. Grundmasse feinkörnig und glasig. Fließstrukturen. Farbe hell- bis mittelgrau. Vorkommen in Lavadecken. Fundorte: Auvergne/Frankreich, Italien.

Phonolith [4]
Phonolith (griech. »Klingstein«) ist ein feldspat- und foidreicher Vulkanit.

Helle Mineralien:	60-100%	
davon:	Feldspäte 40-90%	davon: Alkalifeldspat 50-100%
		Plagioklasfeldspat 0-50%
	Foide 10-60%	
Dunkle Mineralien:	0-40%	
Nebengemengteile:	Ägirin, Hornblende, Melanit, Olivin	

Gefüge dicht bis feinkörnig, selten glasig. Porphyrisch mit Sanidin und Nephelin als Einsprenglinge. Parallelgefüge, was zur plattigen Absonderung führen kann. Farbe grau, grünlich, bräunlich. Vorkommen in gestauten Lavaergüssen, selten in Decken. Fundorte: Hegau, Kaiserstuhl/Baden, Rhön, Auvergne/Frankreich.

---

1 Alkalitrachyt, Auvergne/Frankreich
2 Quarzkeratophyr, Westfalen
3 Nephelinlatit, Siebengebirge/Rheinland
4 Phonolith, Hohentwiel/Hegau

1

2

3

4

Andesit/Basalt-Familie

Zur Andesit-Basalt-Familie gehören Andesit, Basalt und Tephrit. Die Abgrenzung der Einzelglieder innerhalb dieser Gesteinsfamilie wie auch zu den genetisch benachbarten Gesteinen ist makroskopisch oft nicht möglich.

Andesit [1]
Name nach dem Andengebirge in Südamerika.

Helle Mineralien:	60–85%	
davon:	Feldspäte 80–100%	davon: Plagioklasfeldspat 65–100%
		Alkalifeldspat 0–35%
	Quarz 0–20% oder Foide 0–10%	
Dunkle Mineralien:	15–40%	
Nebengemengteile:	Hornblende, Pyroxene, Biotit, Olivin, Magnetit, Apatit, Zirkon	

Andesit ist ein relativ helles Gestein mit porphyrischer Struktur. Einsprenglinge sind Plagioklase (insbesondere Andesin), Hornblende, Pyroxene und Biotit. Grundmasse feinkörnig und glasig. Durch die Verfilzung taflig und leistenförmig ausgebildeter Haupt- und Übergemengteile ergibt sich ein zähes und sperriges Gefüge. Quarz kaum mehr als 5% in der Grundmasse. Farben der Andesite grau, bräunlich, rötlich, alte Varietäten meist grünlich.
Vorkommen in Lavaströmen und Stöcken zusammen mit Basalt, Latit und Trachyt. Fundorte: Rheinpfalz, Westerwald, Siebengebirge/Rheinland, Vogesen und Auvergne/Frankreich, Schottland, Rumänien, Rocky Mountains/USA.
Auf Grund des sperrigen Gefüges als Schottermaterial und Splitt für hohe Beanspruchung geeignet. Nach Basalt ist Andesit das wichtigste Vulkanitgestein.
Die Unterscheidung von Andesit und Basalt erfolgt nicht wie bei der Diorit/Gabbro-Familie, dem plutonischen Gegenstück, nach dem Anorthitgehalt, sondern nach der Farbzahl, d.h. nach dem Mafitanteil in Volumen-Prozent. Auf Grund der porphyrischen Struktur und des feinkörnigen bis glasigen Gefüges ist nämlich eine Identifizierung der Feldspat-Minerale sehr schwierig. Bei den Andesiten haben die dunklen Mineralien unter 40% Anteil, bei den Basalten über 40% am Gesamtvolumen des Vulkanitgesteins.
Porphyrit [2] Bezeichnung für meist grünlichen, paläozoisch entstandenen Andesit. Soll durch den Begriff Paläoandesit ersetzt werden.

Basalt [3, 4]
Name nach einer Landschaft in Syrien. Schon in der Antike bekannt.

Helle Mineralien:	30–60%	
davon:	Feldspäte 80–100%	davon: Plagioklasfeldspat 65–100%
		Alkalifeldspat 0–35%
	Quarz 0–20% oder Foide 0–10%	
Dunkle Mineralien:	40–70%	
Nebengemengteile:	Hornblende, Pyroxene, Biotit, Olivin, Magnetit, Ilmenit, Apatit	

Basalt ist ein dunkles Gestein, grau bis schwarz, graublau, auch bräunlich, ältere Varietäten grünlich oder braunrot.

---

1 Hornblendeandesit, Almeria/Spanien
2 Augitporphyrit, Lemberg/Rheinlandpfalz

3 Porphyrischer Basalt, Vogelsberg/Hessen
4 Nephelinbasalt, Odenwald/Hessen

Alle dunklen Vulkanitgesteine sehen ähnlich aus und sind häufig nur mit Hilfe genauer Mineralbestimmungen an Hand von Dünnschliffen zu identifizieren. Selbst das gelingt nicht immer, weil die Kristallbildung bei Vulkaniten teilweise etwas anders verläuft als bei Plutoniten.

Die Unterscheidung der Basalte von den in der gleichen Gesteinsfamilie befindlichen Andesiten (S. 244), die einen nahezu gleichen Mineralbestand aufweisen, erfolgt nach dem Helligkeitswert, d. h. nach dem Anteil der Mafite. Bei Basalten machen die dunklen Gemengteile über 40%, bei den Andesiten unter 40% aus.

Das Gefüge des Basalts ist gewöhnlich feinkörnig bis dicht, nur vereinzelt grobkörnig oder glasig. Porphyrische Struktur mit Pyroxenen, Hornblende und Olivin als Einsprenglinge; häufig eingeregelt. Gelegentlich Hohlräume durch einstige Gasblasen, aber selten stark porig. Infolge wirrer Verzahnung leistenartig ausgebildeter Plagioklase ergibt sich ein sperriges Gefüge, was den Basalt besonders zäh, fest und wetterbeständig erscheinen läßt.

Von allen Vulkanitgesteinen ist Basalt am weitesten verbreitet. Da die basaltischen Laven wegen des geringen Kieselsäuregehalts dünnflüssig sind, bilden sich als Folge von Spaltenergüssen weit ausgedehnte Lavadecken, die sog. Plaetaubasalte, auch Trapp genannt. Mächtigkeiten bis 3000 m sind möglich. Dazu gehören die Dekkanbasalte von Indien, die Karroobasalte von Südafrika, Decken im Columbia-Plateau von Oregon/USA, weitere in Argentinien und Sibirien. Außerdem gibt es Basaltkegel und Staukuppenbildungen: Eifel, Westerwald, Rhön, Rheinpfalz, Auvergne/Frankreich.

Charakteristisch wie für alle basischen Vulkanite sind säulige Absonderungen (S. 229). Plattige Abgliederungen treten selten auf.

Basalt wird wegen sehr guter Eigenschaften und der weiten Verbreitung als Naturstein vielseitig genutzt. Er gilt als der verwitterungsbeständigste Naturstein überhaupt. Eingeregelte Basalte haben weniger gute Eigenschaften. Früher als Mauer- und Pflasterstein verwendet, liegt seine Hauptbedeutung heute in der Nutzung als Schotter für große Beanspruchung (z. B. Gleisbau) und als Splitt (Zuschlag für Bitumendecken). Als Pflasterstein sollte er wegen seiner Schlüpfrigkeit bei Nässe auf Fahrbahnen nicht eingesetzt werden.

Infolge der säuligen Absonderung im Anstehenden lassen sich von Basalt keine großen Blöcke gewinnen. Von poröser Basaltlava, an der Oberfläche eines Lavastroms entstanden und daher wenig klüftig, kann man dagegen Quader fast beliebiger Größe herauslösen. Geschmolzener Basalt (Schmelzbasalt) ist auch Rohmaterial zur Herstellung von Mineralwolle sowie Grundstoff für hochwiderstandsfähige Fußbodenplatten und Auskleidungen.

Basalt-Varietäten

Gewöhnlich werden die Basalte nach Alter und Körnigkeit weiter unterschieden, ohne daß es klare Definitionen und eine einheitliche Nomenklatur gibt:

Alter	feinkörnig	grobkörnig
jung	Basalt	Dolerit
alt	Melaphyr	Diabas

Basalt i. e. S. [Nr. 3 und 4, S. 245] (Anamesit) Unveränderter, feinkörniger Basalt tertiären oder jüngeren Alters. Farbe gewöhnlich grau, blaugrau bis schwarz.

1 Dolerit, Siebengebirge/Rheinland
2 Tholeiit, Nahegebiet/Rheinland-Pfalz
3 Melaphyr (Mandelstein), Rheinland-Pfalz
4 Diabas, Rauschermühle/Rheinland-Pfalz

Melaphyr [Nr. 3, S. 247] Feinkörniger Basalt vortertiären Alters. Einstige Gasblasen sind mit Quarz, Achat, Chalcedon, Zeolithen oder Chloriten ausgefüllt (Melaphyr-Mandelstein). Farbe dunkelgrau oder infolge Veränderungen der Mineralien rötlich bis braun. In Bauwirtschaft nur bedingt einsetzbar. Der Begriff Melaphyr soll nicht mehr verwendet und durch die Bezeichnung Paläobasalt ersetzt werden. Vereinzelt wurden früher auch alte Andesite Melaphyr genannt.

Dolerit [3 und Nr. 1, S. 247] Grobkörniger, unveränderter, meist junger Basalt.

Diabas [1 und Nr. 4, S. 247] Alter, paläozoischer Basalt. Durch sekundäre Veränderung wurden aus dunklen Mineralien Chlorite und Serpentine. Daher Gesteinsfarbe grünlich (Grünstein). Man spricht von Vergrünung der Basalte. Obwohl solch eine mineralische Veränderung nicht altersbedingt sein muß, sondern von tektonischen Vorgängen und zirkulierenden Wassern abhängig, werden die meisten Diabase wohl auch höheren Alters sein. Ebenso wie für Melaphyre soll auch für Diabas die Bezeichnung Paläobasalt verwendet werden.
Neuerdings wird Diabas als vergrüntes Gestein von Basalt wie auch vom plutonischen Gegenstück, dem Gabbro, verstanden. Einige Autoren wiederum betrachten Diabas vornehmlich als Ganggestein.
Verwendung als Schotter und wegen der grünlichen Farbe als effektvoller Architekturstein für Innengestaltung sowie für Fassadenverblendungen.

Tholeiit [Nr. 2, S. 247] Olivinfreier Basalt. Als Gegenstück gibt es einen Olivinbasalt. Diese Zweigliederung der Basalte wird jetzt anstelle der früheren Unterscheidung nach Korngröße und Alter empfohlen.

Basaltlava [Nr. 4, S. 251] Ein von vielen Gasblasen durchsetztes Basaltgestein. Entstanden an der Oberfläche eines Lavastroms.

Basaltisches Gestein Sammelname für dunkle Vulkanite (z. B. Basalt, Tephrit, Basanit, Foidit, Mafitit), die makroskopisch kaum zu unterscheiden und selbst mit Hilfe von Dünnschliff und Mikroskop nur schwer zu bestimmen sind.

Sonnenbrennerbasalt Falsche Gesteinsbezeichnung für einen Tephrit (S. 250).

Handelsnamen basaltischer Gesteine

SCHWARZ-SCHWEDISCH [3]: Schwarzer Dolerit, Schweden.
PORFIDO VERDE ANTICO: Grünlicher Andesit, Griechenland.
SCHWARZER PORPHYR: Dunkler Andesit, Lugano/Schweiz.
HESSISCH-NEUGRÜN: Grüner Diabas, Marburg/Hessen.
TIBERIAS: Fleckiger Basalt, Israel.
BODAFORS: Dunkelgrüner Diabas, Schweden.
VERDE INDIA [1]: Grünlicher Diabas, Karnataka/Indien.

Falsche Handelsnamen mit basaltischen Bezeichnungen
HESSISCHER DIABAS [4]: Pikrit, Dillgebiet/Hessen.
GRÜN-PORPHYR: Lamprophyr, Fichtelgebirge.
LOBENSTEINER DIABAS: Pikrit, Thüringen/DDR.
SOLVAG-GABBRO: Norwegische Bezeichnung für einen Peridotit/Norwegen.
LAUSITZER GRÜNER GRANIT: Schwarzgrüner Andesit oder Diabas, Sachsen.
GRANIT PATRIA: Bezeichnung für einen grünlichen Diabas/Fichtelgebirge.

---

1 Diabas VERDE INDIA, Karnataka/Indien 3 Dolerit SCHWARZ-SCHWEDISCH, Schweden
2 Lamprophyr GRENZLAND, Lausitz/DDR 4 Pikrit HESSISCHER DIABAS, Hessen

Tephrit [1]

Tephrit (griech. »Aschenstein«) gehört zur Basalt-Familie.

Helle Mineralien:	30–80%	
davon:	Feldspäte 40–90%	davon: Plagioklasfeldspat 50–100%
		Alkalifeldspat 0–50%
	Foide 10–60%	
Dunkle Mineralien:	20–70%	
Nebengemengteile:	Pyroxene, Hornblende, Olivin	

Tephrit wirkt je nach Anteil der Mafite mehr oder weniger dunkel. Gefüge fast immer porphyrisch mit Einsprenglingen von Pyroxenen und Hornblende. In feinkörniger, dichter oder glasiger Grundmasse liegen Plagioklasleisten verfilzt sperrig durcheinander (Intersertalgefüge). Pyroxene sind herausragender Übergemengteil.

Vom ähnlich aussehenden Basalt durch den hohen Gehalt an Foiden zu unterscheiden. Stets Nephelin oder Leucit vertreten, niemals Quarz vorhanden.

Vorkommen nur als geologisch junge Bildung. Sekundär veränderte Tephrite werden wegen der neu entstehenden Mineralien zu völlig anderen Gesteinen, so daß der tephritische Ursprung dann nicht mehr zu erkennen ist. Säulige Absonderung und plattige Abgliederung wie bei anderen kieselsäurearmen Vulkaniten. Fundorte: Vogelsberg, Rhön, Eifel, Steiermark/Österreich, Auvergne/Frankreich, Vesuv/Italien.

Die wirtschaftliche Nutzung ist wegen der leichten Verwitterbarkeit von Foiden unter Umständen eingeschränkt (siehe unten bei Sonnenbrennerbasalt). Verwitterungsfeste Sorten als Schotter, Splitt, Schmelzbasalt und zur Herstellung von Mineralwolle verwendet.

Basanit [2]   Olivinreiche Tephrit-Varietät. Wegen des hohen Mafitanteils von 40–70% dunkelgrau bis schwarz. Porphyrische Struktur, meist kristalline Grundmasse. Die zahlreichen Hohlräume oft mit Zeolithen angefüllt. Fundorte: Eifel, Viterba/Italien, Kanarische Inseln, Tassiligebirge/Algerien, Montana/USA. Nur lokal als Baustein genutzt.

Limburgit [3]   Eine Tephrit-Varietät mit über 50% Glasanteil, über 30% Pyroxene und etwa 10% Olivin, der als Einsprengling erscheinen kann. In den Hohlräumen häufig Zeolithe eingelagert.

Mühlsteinlava [4]   Bezeichnung für einen Leucit-Nephelin-Tephrit, fälschlich auch Mühlsteintrachyt genannt. Gleichartig festes Gestein als Mahlstein (insbesondere für Papiermühlen) weltweit verwendet. Wegen der zahllosen Poren, die ihn durchsetzen, bleibt er auch bei Abrieb stets rauh und griffig. Fundort: Niedermendig/Eifel. Hier sowohl im Tagebau als auch unterirdisch gebrochen. Die Nutzung dieser Brüche zur Gewinnung von Mahlsteinen geht bis in die Steinzeit zurück.

Sonnenbrennerbasalt (Sonnenbrenner)   Volkstümliche Bezeichnung für verwitterungsanfällige Tephrite und Nephelinite. Durch Umwandlung von Nephelin in Analcim können Gesteine wegen der dabei entstehenden Volumenvergrößerung (um 5%) zerfallen. Fälschlich auf Sonneneinwirkung (Name!) zurückgeführt. Bei Verwendung derart gefährdeter Gesteine in Bauwirtschaft und Technik ist eine labormäßige Überprüfung vorweg dringend anzuraten.

---

1 Tephrit, Kaiserstuhl/Baden

2 Leucitbasanit, Vesuv/Italien

3 Limburgit, Kaiserstuhl/Baden

4 Mühlstein-Lava, Niedermendig/Eifel

Pikrit-Familie

Zur Pikrit-Familie gehören Foidite und Mafitite.

Foidit

Sammelbegriff für alle Vulkanite mit sehr hohem Foidgehalt. Bekannteste Vertreter sind Nephelinit und Leucitit.

Dunkle Mineralien: 5–70%
Helle Mineralien: 30–95%   davon: Foide 60–100%
                              Feldspäte 0–40%

Foidite gleichen im äußeren Erscheinungsbild den Basalten. Wesentlichstes Unterscheidungsmerkmal sind die meist reichlich vorhandenen Foide. Benennung der Einzeltypen nach dem am stärksten vertretenen Foid-Mineral.

Nephelinit [1] Hell- bis mittelgrau mit Nephelin und Pyroxen als Hauptgemengteile. Hornblende, Apatit, Melilith und Titanit untergeordnet vertreten. Olivin kann bis über 20% ausmachen. Gefüge feinkörnig bis dicht, glasig und porphyrisch. Gelegentlich Gesteinszerfall durch sekundäre Umwandlung von Nephelin in Analcim (siehe Sonnenbrennerbasalt S. 250). Vorkommen in Gängen und kleinen Stöcken. Fundorte: Eifel, Rhön, Erzgebirge, Auvergne/Frankreich.

Leucitit [2] Bei hohem Anteil von Leucit, der häufig große Einsprenglinge in sonst feinkörniger bis dichter Grundmasse bildet, wirkt Leucitit recht hell. Wenn Pyroxene das Übergewicht haben, erscheint das Farbbild dunkel. Fundorte: Eifel, Kaiserstuhl/Baden, Böhmisches Mittelgebirge/CSSR, Vesuv/Italien.

Mafitit

Mafitite sind sehr dunkle Vulkanitgesteine, da der Anteil dunkler Mineralien über 90% beträgt. Melilithit und Pikrit sind die bekanntesten Vertreter.

Melilithit Das Mineral Melilith ist namengebender Gemengteil, es muß mindestens 10% ausmachen, kann aber auch über 30% betragen. Weitere Hauptgemengteile sind Diopsid und Phlogopit.

Pikrit [3 und Nr. 4, S. 249] Fein- bis mittelkörniges, porphyrisches Gefüge. Hauptgemengteile sind Pyroxen und Olivin, außerdem Hornblende, Biotit und Magnetit vertreten. Durch sekundäre Umwandlung einiger Mineralien in Serpentin und Chlorite nimmt der ursprünglich graue bis schwarze Pikrit mehr grünlichen Farbton an. Vorkommen in kleinen Gesteinskörpern, selten.

Kimberlit [4]

Kimberlit (nach der Stadt Kimberley/Südafrika) wird teils als Peridotit oder Pikrit-Abart, teils als Ganggestein aufgefaßt. Gefüge fein- bis mittelkörnig, auch porphyrisch, Gesteinsausbildung oft brekzienartig. Farbe grünlich bis graubläulich. Hauptmineralien gewöhnlich Olivin, Pyroxene und Phlogopit. Pyrop, Chromdiopsid und Spinell sind Neben-, gelegentlich Übergemengteile.

Vorkommen in Gängen oder in Durchschlagsröhren, den Pipes. Fundorte: Südafrika, Zaire, Indien, Jakutien/UdSSR. Vereinzelt diamantführend.

---

1 Olivin-Nephelinit, Eifel/Rheinland   3 Pikrit, Fichtelgebirge/Bayern
2 Nephelin-Leucitit, Eifel/Rheinland   4 Kimberlit, Transvaal/Südafrika

Technische Eigenschaften von Vulkanitgesteinen

	Rohwichte Rohdichte Raumgewicht Raumdichte	Reinwichte Reindichte Spez. Gewicht Korndichte Dichte	Wahre Porosität Gesamtporosität	Wasseraufnahme	Scheinbare Porosität Nutzporosität
	g/cm³	g/cm³	Raum-%	Gewichts-%	Raum-%
Quarzporphyr, Porphyrit, Andesit, Keratophyr	2,55–2,80	2,58–2,83	0,4– 1,8	0,2– 0,7	0,4– 1,8
Basalt, Melaphyr	2,95–3,00	3,00–3,15	0,2– 0,9	0,1– 0,3	0,2– 0,8
Basaltlava	2,20–2,35	3,00–3,15	20 –25	4 –10	9 –24
Diabas	2,80–2,90	2,85–2,95	0,3– 1,1	0,1– 0,4	0,3– 1,0
Pyroklastite	1,80–2,00	2,62–2,75	20 –30	6 –15	12 –30
Rhyolith, Dacit	2,35–2,70	2,58–2,73	0,4–14,5	0,1– 4,7	
Trachyt	2,42–2,75	2,52–2,78	1,0–10,0	0,3– 4,0	
Andesit	2,50–2,75	2,58–2,80	0,8–14,0	0,3– 4,6	
Basalt	2,74–3,20	2,84–3,22	0,3– 4,5	0,1– 1,7	
Phonolith, Tephrit	2,37–2,64	2,50–2,67	1,3–12,5	0,3– 4,4	
Pyroklastite (rhyolithisch, trachytisch)	0,88–2,20	2,50–2,75	20,0–65,0	6,0–25,0	
Basaltlava	2,20–2,45	2,95–3,15	18,0–28,0	4,0–10,0	

	Druck-festigkeit im trockenen Zustand kg/cm²	Biege-zug-festigkeit kg/cm²	Schlag-festigkeit Schlag-anzahl bis zur Zerstörung	Abrieb-festigkeit Verlust auf 50 cm² in cm³	Bemer-kungen	Quelle
Quarzporphyr, Porphyrit, Andesit, Keratophyr	1800–3000	150–200	11–13	5– 8	mittlere Häufig-keits-werte	DIN 52100
Basalt, Melaphyr	2500–4000	150–250	12–17	5– 8,5		
Basaltlava	800–1500	80–120	4– 5	12–15		
Diabas	1800–2500	150–250	11–16	5– 8		
Pyroklastite	200– 300	20– 60				

Peschel 1977

255

Ganggesteine

Die Ganggesteine (auch Übergangsmagmatite genannt) galten als dritte eigenständige Gesteinsgruppe innerhalb der Magmatite. Hinsichtlich Genese, Gefüge und Vorkommen nahmen sie eine Mittelstellung zwischen den Plutoniten und den Vulkaniten ein (vgl. Abb. S. 190). Die Entstehung wurde durch Abspalten von Teilschmelzen in kleinen Gesteinskörpern, den Gängen, erklärt.

Neuerdings neigt man dazu, die Ganggesteine mehr den Plutoniten beizuordnen, einige Typen aber als Vulkanite aufzufassen.

Gemäß den neuen Vorstellungen hat sich die Nomenklatur geändert. Während früher zur Bezeichnung der Ganggesteine der Name aus den äquivalenten Plutoniten und Vulkaniten abgeleitet wurde, sollen diese Gesteine jetzt mit dem Präfix Mikro- und dem entsprechenden Plutonitbegriff als Grundwort gekennzeichnet werden. Mikroplutonit ist sinngemäß der moderne Name für Ganggestein.

Nomenklatur der Ganggesteine/Mikroplutonite

	Neue Nomenklatur	Alte Nomenklatur
Plutonite	Mikroplutonite	Ganggesteine
Granit	Mikrogranit	Granitporphyr
Granodiorit	Mikrogranodiorit	
Syenit	Mikrosyenit	Syenitporphyr
Monzonit	Mikromonzonit	
Foyait	Mikrofoyait	
Diorit	Mikrodiorit	Dioritporphyrit
Gabbro	Mikrogabbro	Gabbroporphyrit
Essexit	Mikroessexit	
Foidolith	Mikrofoidolith	
Mafitolith	Mikromafitolith	

Ungespaltene Ganggesteine

Die oben in der Tabelle genannten Ganggesteine haben die gleiche chemische Zusammensetzung wie das Muttergestein, nur das Gesteinsgefüge ist abweichend. Solche Ganggesteine wurden früher als ungespalten, mit einem wenig bekannten Fachausdruck auch als aschist (griech. »ungespalten«) bezeichnet.

Mauerartig erhebt sich der herausgewitterte Quarzgang, Pfahl/Bayerischer Wald

1 Granitporphyr, Odenwald/Hessen
2 Schriftgranit, Hitterö/Norwegen

3 Granitpegmatit mit Orthoklaskristallen, tafligen Albiten und Rauchquarz, Fichtelgebirge

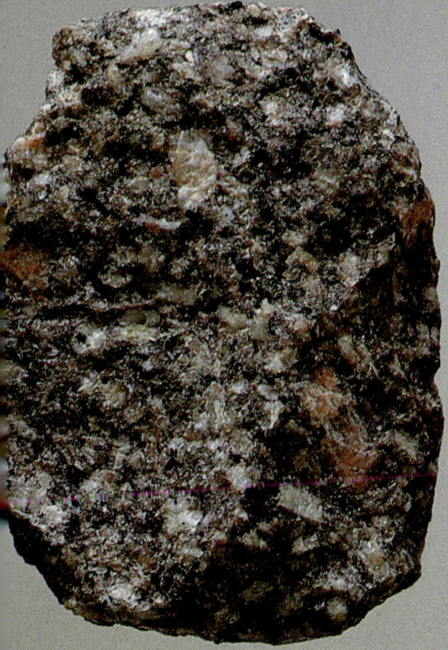

1

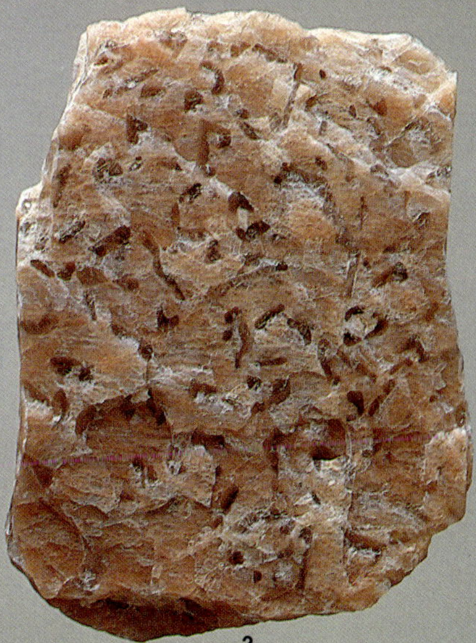

2

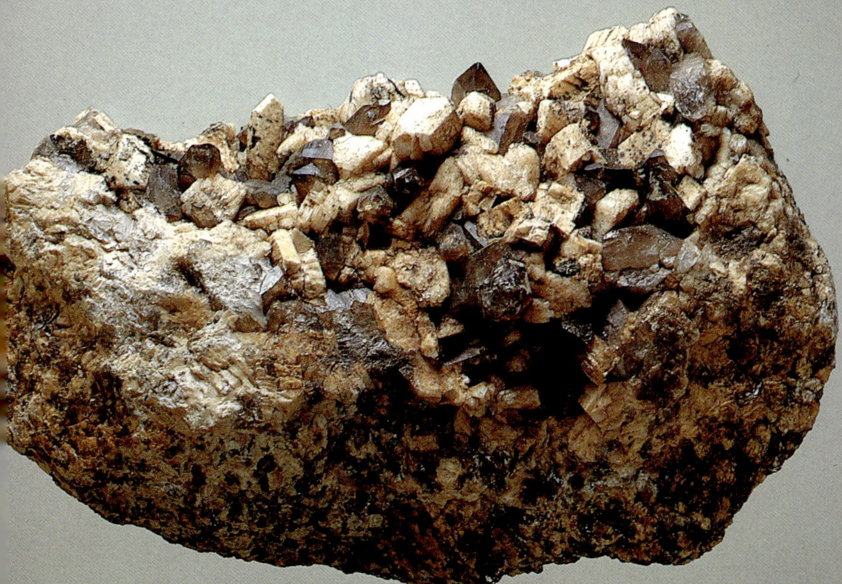

3

Granitporphyr (Mikrogranit) Bekanntester Vertreter der »normalen« (d.h. ungespaltenen) Ganggesteine mit typisch porphyrischem Gefüge. Große Feldspat- und Quarzeinsprenglinge in kleinmineralischer Grundmasse.

Gespaltene Ganggesteine

Vereinzelt sind Mineralbestand und Gefüge der Ganggesteine völlig anders als bei den verwandten Plutoniten und Vulkaniten. Wir sprechen dann von gespaltenen oder diaschisten (griech. »zerspalten«) Ganggesteinen. Dazu gehören der grobkörnige Pegmatit, der helle Aplit und der dunkle Lamprophyr. Sicherlich muß man auch einige der Quarzolithe (S. 198) hierher stellen.

Pegmatit [Nr. 3, S. 257] Helles grobkörniges Gestein (griech. »fester Stein«). Kann den Ganggesteinen wie auch den Plutoniten zugeordnet werden. Er tritt in Gängen, Stöcken, Linsen oder am Rand großer plutonischer Gesteinskörper auf, meist mit Plutoniten vergesellschaftet. Viele Kristalle haben ihre Eigengestalt voll ausgebildet. Riesenkristalle bekannt.

Da Pegmatite oftmals seltene Mineralien enthalten, können sie wirtschaftlich von Bedeutung sein. Benennung der Pegmatite nach dem zugehörigen Plutonitgestein (z. B. Granitpegmatit) oder auch nach ihren nutzbaren Mineralien (Glimmer-P., Feldspat-P., Edelstein-P.).

Unter Pegmatit versteht man nicht nur die grobkörnige Gesteinsart, sondern im weiteren Sinn auch den ganzen pegmatitischen Gesteinskörper.

Schriftgranit [Nr. 2, S. 256] Pegmatitische Varietät mit regelmäßiger Verwachsung von Kalifeldspat (Mikroklin) und stengelförmigem Quarz. Wie arabische Schriftzeichen oder germanische Runen liegen die dunkelgrauen Quarze in hellen, grauweißen oder bräunlichen Feldspatfeldern. Das Verhältnis von Kalifeldspat zu Quarz beträgt etwa 70 zu 30%.

Aplit [1, 2] Helles, feinkörniges Ganggestein (griech. »einfacher Stein«). Alle Mineralien körnig, ohne Eigengestalt der Kristalle, zuckerartiges Gefüge. Oft granitische Zusammensetzung (Granitaplit) mit Alkalifeldspat und Plagioklas je zur Hälfte. Es gibt aber auch zu anderen Plutoniten entsprechende Aplite (z. B. Syenit-A., Diorit-A., Essexit-A.). Gesteinsfarbe weiß, gelblich oder rot.

Vorkommen in Gängen bis mehrere Meter Mächtigkeit. Fast in jedem Granitkomplex vertreten. Häufig in Nachbarschaft zu Pegmatiten.

Lamprophyr [3, 4 und Nr. 2, S. 248] Dunkles Ganggestein (griech. »glänzendes Gemisch«) mit feinstkörniger oder glasiger Grundmasse und meist porphyrischem Gefüge. Glimmer auf den Bruchflächen bewirken einen gewissen Glanz. Mineralbestand und Gefüge sind bei den einzelnen Gliedern der Lamprophyre sehr verschieden. Vorkommen in Gängen kaum über einen Meter Mächtigkeit. Bekannte Varietäten: Kersantit, Minette, Monchiquit, Spessartit, Vogesit. Von einigen Autoren wird auch der Kimberlit (S. 252) hierher gestellt.

Minette [3] Lamprophyr-Varietät syenitischer Zusammensetzung. Mehr Kalifeldspat als Plagioklas. Biotit und Pyroxene stark vertreten. – Nicht mit den oolithischen Eisen-Erzen, ebenso Minette genannt (S. 294), verwechseln.

Spessartit [4] Lamprophyr-Varietät dioritischer Zusammensetzung. Mehr Plagioklas als Kalifeldspat. Hornblende oder Augit sind die dunklen, farbbestimmenden Gemengteile. Quarz kann vertreten sein.

---

1 Aplit, Odenwald/Hessen   3 Minette, Vogesen/Frankreich
2 Turmalin-Aplit, Fichtelgebirge/Bayern   4 Spessartit, Oberpfalz/Bayern

1

2

2

3

Sedimentite

Sedimentite haben nur etwa 8% Anteil am Aufbau der Erdkruste. Ihre Hauptverbreitung liegt an der Erdoberfläche. Hier bedecken sie als Locker- oder Festgestein 75% der Kontinente und wahrscheinlich noch mehr der Ozeanböden.

Entstehung

Sedimentite sind Sekundärgesteine. Sie entstehen an der Erdoberfläche aus Verwitterungsmaterialien anderer Gesteine, also der Magmatite, der Metamorphite und älterer Sedimentite.

Normalerweise vollzieht sich zwischen dem Ort des Ursprunggesteins und der Ablagerungsstelle der Verwitterungsprodukte ein mehr oder weniger weiter Transport. Auf diesem Weg, durch Wasser, Eis, Wind und die Schwerkraft besorgt, werden die mitgeführten Gesteinsreste und die in Lösung gehaltenen Bestandteile durchmischt, separiert oder chemisch so verändert, daß sich am Ablagerungsort ein völlig neues Gestein entwickelt.

Schichtung   Fast alle Sedimentite sind geschichtet. Sie zeigen durchgehende Grenzlinien und beiderseits davon unterschiedliches Gesteinsmaterial. Solche Schichten entstehen durch ungleichartige Sedimentation (Ablagerung) des Wassers, sei es infolge Kornsortierung oder zeitlicher Unterbrechung.

Bei parallelen Schichtgrenzen sprechen wir von Konkordanz, stoßen Schichtflächen im Winkel aufeinander, nennt man das Diskordanz. Bei Sedimentation im Deltabereich, wo durch Pendeln des einströmenden Flusses kreuzartig übereinander abgelagert wird, bildet sich die sog. Kreuzschichtung.

Im kleinen Handstück ist u. U. das charakteristische Erkennungsmerkmal der Schichtung nicht immer zu sehen. In der Natur sind Sedimentite bei großräumiger Lagerung aber nahezu zweifelsfrei zu identifizieren. Schichtgrenzen sind meist auch Flächen guter Teilbarkeit.

Die Schichtstärken (Mächtigkeiten) schwanken zwischen Bruchteilen eines Millimeters und mehreren Metern. Im Millimeterbereich spricht man von blättriger, im Zentimeterbereich von plattiger und bei Dezimetermaßen von bankiger Schichtung.

Kalkstein mit konkordanter Schichtung

Kreuzschichtung mit Diskordanzen

Ungeschichteter, stark zerklüfteter Riffkalk, Eichstätt/Bayern

Aus ungeschichteter Moräne herauspräparierte Erdpyramiden, Südtirol/Italien

Bei einigen Sedimentiten verlaufen Klüfte (kleinste Spalten) vornehmlich senkrecht zu den Schichtflächen. Dadurch ergibt sich unter dem Einfluß der Verwitterung, insbesondere bei Sandsteinen, eine quaderförmige Aufgliederung einzeln stehender Felspartien. Bei Kalkstein dagegen bilden sich auf Grund der relativ leichten Löslichkeit bizarre, spitzgratige Gebirgsformen (S. 282).
Riffkalksteine sind im allgemeinen ungeschichtet. Sie entstanden als Atoll oder, wie der Name sagt, als Saumriff durch fortwährende Kalkanlagerung kleinster Korallentierchen. Riffkalke stellen in unseren Gegenden meist nur einzelne Stöcke innerhalb sonst gut geschichteter Kalksteinmassive dar.
Auch Moränen, Ablagerungen von Gletschern, sind immer ungeschichtet. Erkennungsmerkmale glazialer Sedimentation: Keine Gemengesortierung, alle Korngrößen vertreten, Lagerung selbst plattiger Bestandteile ohne bevorzugte Richtung, große Gesteinsbrocken bis über Meterausmaß möglich.

Diagenese Die meisten Sedimentite werden zunächst als Lockermaterial abgelagert. Wir sprechen von Lockergestein. Erst allmählich setzt durch Entwässerung und/oder durch Verkittung mit einem Bindemittel (Ton, Kalk, Kiesel) eine Verfestigung ein. All diese, das Gestein verändernde Vorgänge, die zur Verfestigung führen, nennt man Diagenese.
Derart fest gewordene Gesteine sollten mit dem Suffix »stein« bezeichnet werden (z. B. Sand → Sandstein, Ton → Tonstein).
Es gibt auch Sedimentite, die bei ihrer Bildung sofort als festes Gestein entstehen. Dazu gehören Kalktuff, Riffkalkstein und Salzgesteine.

Fossilinhalt Ein wesentliches Erkennungsmerkmal für Sedimentite sind Fossilien, d.h. irgendwelche Lebensspuren, wie Hartteile von Tieren, Abdrücke von Pflanzen, auch Bohrgänge, Freß- und Trittspuren kleinster Lebewesen.
Die meisten Fossilien gibt es in Sedimentiten, doch nicht alle diese Gesteine müssen welche enthalten. Auch sind Fossilien nicht ausschließlich auf Sedimentite beschränkt. In vulkanischen Tuffablagerungen können Lebensspuren ebenso auftreten. Dennoch ist der Fossilinhalt, gekoppelt mit der charakteristischen Schichtung, ein meist zwingender Hinweis auf Sedimentgestein.

Böden Vereinzelt zählt man die Böden auch zu den Sedimentiten. Im vorliegenden Bestimmungsbuch werden sie nicht als eigene Gruppe behandelt. Alles, was an den Böden petrologisch interessiert, wird bei den entsprechenden Gesteinen (Ton, Mergel, Sand, Kalkstein usw.) erwähnt.

261

Klassifikation der Sedimentite

Es gibt keine verbindliche oder allgemein empfohlene Klassifikation der Sedimentite. Entsprechend fehlt eine einheitliche Nomenklatur. Die Hauptgruppen werden gewöhnlich nach genetischen Gesichtspunkten gegliedert. Die weitere Unterteilung erfolgt nach chemischen, nach maßtechnischen oder wiederum nach genetischen Prinzipien.

Hauptgruppen der Sedimentite

Klastische Sedimentite	Chemisch-biogene Sedimentite	Rückstands-gesteine	Kohle-gesteine
Psephite	Kalkgesteine	Kaolin	Torf
Psammite	Kieselgesteine	Bauxit	Braunkohle
Pelite	Salzgesteine		Steinkohle
	Phosphatgesteine		Anthrazit
	Eisengesteine		

Synonyme

Zu Sedimentit werden synonym gebraucht: Sedimentgestein, Ablagerungsgestein, Schichtgestein und Sediment.

Nur der Name Sedimentgestein ist ganz klar. Die Begriffe Ablagerungs- und Absatzgestein sind nicht zweifelsfrei, denn auch die vulkanischen Tuffe und vereinzelt sogar Laven entstehen durch Ablagerung, durch Absatz von oben her.

Auch die Bezeichnung Schichtgestein ist kein vollwertiger Ersatz für Sedimentit. Zwar sind die meisten Sedimentgesteine geschichtet, aber es gibt auch solche (z. B. Riffkalk, Moränen), die keine Schichtung aufweisen. Andererseits können auch nichtsedimentäre Gesteine geschichtet sein (vulkanischer Tuff, einige Metamorphite).

Der Begriff Sediment wurde früher anstelle von Sedimentit verwendet. Einige Autoren verstehen heute unter Sediment nur die lockeren Ablagerungen, Felsgestein nennen sie Sedimentit.

Erkennungsmerkmale der Sedimentite
1. Meist ausgeprägte Schichtung
2. Oft fossilreich
3. Gebirgige Großformen vielfach schroff und bizarr
4. Moränen niemals geschichtet, keinerlei Kornsortierung
5. Riffkalke fast nie geschichtet

Verwitterung am Beispiel eines Granits
1 Frischer, von der Verwitterung noch nicht angegriffener Granit.
2 Infolge chemischer Einwirkung gehen Eisenverbindungen in Lösung, Braunfärbung.
3 Durch kohlensäurehaltige Wasser werden Feldspäte zersetzt, Verwitterung wirkt in die Tiefe.
4 Zusammenwirken von chemischer und physikalischer Verwitterung führt zur Lockerung des Gefüges, Spaltrisse durchziehen das Gestein.
5 Granit ist in grobkörnige, sehr mürbe Stücke zerfallen.
6 Als Endphase der Verwitterung entsteht feinkörnige Ackererde mit Tonmineralien.

Klastische Sedimentite

Als klastische Sedimentite, auch Klastite (griech. »zertrümmern«), Trümmergesteine oder Verwitterungsrestbildungen genannt, werden Gesteine aller Korngrößen bezeichnet, die noch das Ausgangsmaterial erkennen lassen.

Entstehung

Die klastischen Sedimentite sind überwiegend durch physikalische Verwitterung entstanden. Diese rein mechanische Gesteinszertrümmerung vollzieht sich unter dem Einfluß der Wetterelemente. Sie ist in hohem Maße klimabedingt und damit regional verschieden intensiv ausgeprägt.

Wir unterscheiden Temperatur- und Frostverwitterung, Salzsprengung sowie Gesteinsaufbereitung durch Organismen, sind uns jedoch im klaren, daß in der Natur die einzelnen Arten der Verwitterung mehr oder weniger stark ineinandergreifen.

Häufiger Temperaturwechsel, extrem in Wüstengebieten, bewirkt auf Grund verschiedener Ausdehnung bzw. Kontraktion der Mineralien ein Lockern des Gefüges bis zum Gesteinszerfall.

Ursachen bei der Frostverwitterung ist die bei der Umwandlung von Wasser zu Eis auftretende Volumenvergrößerung und die dadurch erzeugte Druckwirkung. Gesteine werden entlang von Spalten und Rissen oder auch bei wassergefüllten Poren auseinandergetrieben. Dieser zerstörerische Prozeß tritt vorwiegend im Hochgebirge und in den Kältezonen höherer Breiten auf.

Die Salzverwitterung, auf aride, trockene Gebiete beschränkt, äußert sich ähnlich wie die Frostsprengung. Durch Wasseraufnahme erfahren Salze eine Volumenvergrößerung und ermöglichen damit sprengenden Druck.

Organismen wirken vor allem durch den Gewebedruck, der sich z. B. beim Wachstum der Pflanzenwurzeln ergibt. Das Gesteinsgefüge wird dadurch nach und nach gelockert.

Einteilung nach Korngrößen

Es ist üblich, die klastischen Sedimentite nach der Korngröße zu gruppieren, die Einteilungsprinzipien sind jedoch verschieden. Die nebenstehende Tabelle zeigt Gliederungen und Begriffe, wie sie im mittleren Europa verwendet werden.

Psephite (griech. »Stein«) Umfassen Gesteinstrümmer größer als 2 mm Durchmesser. Nach Korngestalt und Abrundungsgrad werden eckige Brocken (in Anhäufung Schutt und Brekzie) von rundgeformten Geröllen (angehäuft Schotter und Konglomerat) unterschieden.

Psammite (griech. »Sand«) Umfassen Gesteinstrümmer mit Durchmessern von 2–0,02 mm. Es ist die Gruppe der Sande und Sandsteine. Die weitere Unterscheidung der Einzeltypen erfolgt nach der mineralischen Zusammensetzung und nach Art des Bindemittels. Bei ganz spezieller Betrachtung wird auch die Korngestalt mit einbezogen.

Pelite (griech. »Ton«) Umfassen Korngrößen unter 0,02 mm Durchmesser. Ton- und Schluffmaterialien sind hier vereint. Im Unterschied zu den Psephiten und Psammiten, die fast nur echte Reste aufbereiteter Gesteine umfassen, ist bei den Tonmaterialien ein Teil durch Neubildung als Folge der chemischen Verwitterung entstanden.

Korngrößenbenennung klastischer Sedimentite

Grob-einteilung	nach DIN 4022		Durchmesser in mm	nach W. v. Engelhardt 1953			
Psephite	Stein	Stein	größer 200	Blockwerk			
			größer 63	Blockkies	Grobkies	Mittelkies	Kies
	Kies	Grobkies	63–20	Grob-Mittelkies			
		Mittelkies	20–6,3	Fein-Mittelkies	Feinkies		
		Feinkies	6,3–2,0	Kleinkies		Grand	
Psammite	Sand	Grobsand	2,0–0,63	Kiessand	Grobsand		Sand
		Mittelsand	0,63–0,2	Grob-Mittelsand		Mittelsand	
		Feinsand	0,2–0,063	Fein-Mittelsand	Feinsand		
	Schluff	Grobschluff	0,063–0,02	Staubsand		Silt	
Pelite		Mittelschluff	0,02–0,006	Schluff	Grobton (Schluff)		Ton
		Feinschluff	0,006–0,002				
	Ton	Ton	kleiner 0,002	Ton	Fein-ton		

Maße und Messen

Jede Gruppenbildung nach Korngrößen ist immer irgendwie willkürlich, jede Grenzziehung gewalttätig. Um die individuelle Einflußnahme bei der Klassifizierung zu mildern, werden häufig mathematische Prinzipien zugrundegelegt. Die Gruppierung in obenstehender Tabelle basiert auf logarithmischer Einteilung mit der Basis 10. Auch die Unterabteilungen sind dekadisch-logarithmisch, wodurch sich die für den Nichtfachmann erstaunlichen Endziffern von 63 ergeben.
In der Natur sind die Korngrößen stets vermengt. Zur richtigen Ansprache und vor allem zwecks technischer Nutzung müssen die verschiedenen Korngrößen in ihrem Mengenanteil zahlenmäßig erfaßt werden.
Bei Sanden und den noch größeren Gesteinsteilchen geschieht das mittels Trockensiebung. Schluff- und Tonmaterialien werden durch Naßverfahren, sog. Schlämmanalysen, ermittelt. Mit einer Lupe lassen sich die Feinanteile eines klastischen Sedimentits im Gelände schätzen.

Familie der Psephite

Hierunter sind die locker angesammelten wie auch die verfestigten grobklastischen Sedimentite mit Korngrößen über 2 mm Durchmesser zu verstehen.

Brocken [3]
Durch mechanische Zerkleinerung von Felspartien entstehen eckige Gesteinstrümmer, als Einzelstück Brocken, in der Ansammlung Schutt genannt. Ihr Lagerungsort ist nur wenig vom Muttergestein entfernt.

Schutt
Kantige Brocken in größerer Ansammlung. Finden sich nur in Nähe des Muttergesteins, meist an den Bergflanken als sog. Schutthalden.

Geröll [1]
Beim Flußtransport oder durch Meeresbrandung infolge rollender und schiebender Bewegung wie aber auch durch das Aneinanderschlagen der einzelnen Trümmer gerundetes Gesteinsstück. Nach 1 bis 5 km Flußtransport sind Sand- und Kalksteine, nach 10–20 km Granite und Quarzite (Kiesel) abgerundet.

Geschiebe [4]
Wenn Gletscher den Gesteinstransport besorgen, erhalten die Einzelstücke eine flache, kantengerundete Form und sind von anderen Gesteinstrümmern mit gradlinigen Ritzungen, sog. Kritzern, versehen (gekritztes Geschiebe).
Eistransportierte Gesteinsteile können fast beliebig groß sein. Es gibt kubikmetergroße Felsstücke, sog. Findlinge, erratische Blöcke oder kurz Erratika, die während der Eiszeit bis über 1000 km transportiert worden sind.

Schotter
Anhäufung von mehr oder weniger rund geschliffenen Gesteinsteilen, umfaßt Gerölle und Geschiebe. Nicht mit dem in der Bauwirtschaft verwendeten Begriff Schotter, der gebrochenes, eckiges Gesteinsmaterial meint, verwechseln!

Windkanter [2]
Kantige Gesteinsrelikte, durch feinkörnigen Sand in Wüstenregionen zusammengeschliffen.

Strömungsorientierter Flußschotter mit dachziegelartiger Lagerung, Isar/Oberbayern

1 Geröll (Kieselkalk), Abenrade/Dänemark
2 Windkanter (Kalkstein), Saudiarabien
3 Brocken (Dolomitstein), Italien
4 Gekritztes Geschiebe (Kalkstein), Oberbayern

1

2

3

4

Bezeichnung grobklastischer Sedimentite

einzeln	im Verband	
	locker	verfestigt
Brocken	Schutt	Brekzie
Geröll, Geschiebe	Schotter	Konglomerat

Brekzie (Breccie) [1]
Brekzie (althochdeutsch »Bruch«) ist ein aus kantigen Trümmern zusammengesetzes, oft buntes Festgestein. Je nach Abtragungsgebiet sind die eingelagerten Brocken aus gleicher oder verschiedener Gesteinsart. Gewöhnlich keine Korngrößensortierung, keine Einregelung, keine Kornauslese, keinerlei Schichtung, keine Fossilien. Häufig eckige Hohlräume als Folge herausgefallener Brocken. Bindemittel kann Ton, Kalk oder Kiesel sein.
Vorkommen an Bergflanken. Entstanden aus Gehängeschutt oder Bergsturzmaterial.
Verwendung in der Bauwirtschaft abhängig von Zusammensetzung, Packungsdichte sowie Art und Menge des Bindemittels. Die Gesamtfestigkeit sollte annähernd gleichartig sein, die eingebackenen Brocken müssen fest im Verband sitzen. Kompakte Kalksteinbrekzie schleif- und polierfähig, für Innenarchitektur. Im Außenbereich sind kalkgebundene Arten durch Kohlensäure und Schwefelverbindung der Luft stark gefährdet.
Viele Handelssorten auf dem Markt, häufig als MARMOR bezeichnet. Fundorte: Südtirol, Toskana, Sizilien/Italien, Westalpen, Pyrenäen/Frankreich, Portugal, Türkei.
Tektonische Brekzie [2]   Neben der sedimentären Brekzie gibt es auch pyroklastisch und tektonisch gebildete Brekzien. Die letzteren entstehen dadurch, daß das Muttergestein infolge gebirgsbildender oder seismischer Vorgänge zunächst zertrümmert, aber als Gesteinsverband nicht völlig aufgelöst wird. Durch Minerallösungen werden die Bruchstellen bald wieder gekittet (»geheilt«).
Terrazzo   Kunststein mit Natursteinsplittern oder -würfeln in brekzienähnlichem Gefüge.

Tillit
Verfestigte Moräne mit viel Geschiebelehm als Matrix und wenig Geschieben. Keinerlei Schichtung, keine Fossilien. Geschiebe entsprechend der Eisströmung manchmal eingeregelt. Von einigen Autoren werden nur die Moränen des Präquartärs als Tillit bezeichnet.

Fanglomerat
Fanglomerate (engl.-lat. »Fächeransammlung«) stellen ein Mittelglied zwischen Brekzie und Konglomerat dar. Ihr Inhalt besteht aus unsortierten eckigen und gerundeten Gesteinstrümmern. Kaum geschichtet, selten Korngrößenauslese, viel Grobmaterial, wenig feinkörnige Matrix.
Entstanden als fächerförmiger Schuttstrom arider Gebiete in geologischer Vergangenheit. Schichtflutartige Niederschläge breiteten das während langer Trockenzeit angesammelte Schuttmaterial schwemmkegelartig aus.

---

1 Brekzie bruchrauh, Pyrenäen/Spanien
2 Kalksteinbrekzie geschliffen, Westalpen/Frankreich

1

2

Konglomerat,
sog. Puddingstein,
Vogesen/Frankreich

Konglomerat [1, 2]

Konglomerat (lat. »zusammengerollt«) ist ein verfestigter Schotter. Gerundete Gesteinstrümmer sind mit einem tonigen, kalkigen und kieseligen Bindemittel verkittet. Das Verhältnis zwischen grobem und feinem Material ist schwankend. Grobanteile müssen über 50% ausmachen, wenn der Name Konglomerat gelten soll. Nur vereinzelt gibt es Rollstücke bis Kopfgröße. Schlecht korngrößenklassiert, gewöhnlich keine Schichtung, längliche Gerölle manchmal eingeregelt.

Zusammensetzung abhängig vom Ursprungsort. Bei einheitlichen Gesteinssorten der Ausgangsregion ist auch das Endprodukt Konglomerat entsprechend homogen. Im allgemeinen aber mehrere Gesteinsarten vertreten und dadurch buntfleckig aussehend. Graue, bläuliche und gelbliche Farbtöne herrschen vor, bei stark eisenschüssigem Bindemittel auch rötlich.

Nach weitem Transportweg ist der Geröllbestand einheitlicher. Durch Zerstörung der weicheren Schotter-Komponenten ergibt sich eine Auslese zugunsten der widerstandsfähigeren Gesteine, wie Quarzit, Amphibolit, Diabas, auch Granit und Kieselkalk. Gute Kornauslese bei Brandungskonglomeraten.

Vorkommen in alten Geröllfeldern, Schwemmkegeln und -fächern sowie in zugefüllten Talungen, meist im Vorland aufsteigender Gebirge.

Fundorte: Inntal/Oberbayern, Niederösterreich, Wallis/Schweiz, Dalmatien/Jugoslawien, Sizilien/Italien.

Feste Sorten als Baustein und für Monumente verwendet. Kieseliges Bindemittel besonders günstig, da kalkiger Kitt durch Kohlensäure und Schwefelverbindungen leicht gelöst wird. Als Steinblock nur brauchbar, wenn die Einzelgerölle fest im Verband sitzen und die Festigkeit im Aggregat annähernd gleich ist. Gegenüber ähnlichen Kunststeinen an zahlreichen runden und an nicht ausgefüllten Zwickellöchern zu erkennen. Selbst bei schleifbaren Sorten gibt es niemals eine geschlossene, kompakte Oberfläche. Weniger feste Konglomerate dienen der Gewinnung von Kies und Splittmaterial.

Nagelfluh Lokalbezeichnung (schweizerisch »Nagelfels«) für Konglomerate im Alpenraum.

Puddingstein Ursprünglich nur im englischen und französischen Sprachraum verwendete Bezeichnung für sehr grobkörnige Konglomerate. Heutzutage vielfach allgemein Synonym zu Konglomerat.

---

1 Konglomerat bruchrauh, Isartal/Oberbayern
2 Konglomerat geschliffen, Inntal/Oberbayern

1

2

Diamant-Seifenlagerstätte, Oranjemund/Namibia

Familie der Psammite

Sand

Sand ist die Bezeichnung für ein lockeres Gemenge von Mineralien und Steinbruchstücken mit mindestens 50% Anteil der Korngrößen 0,02 bis 2 mm Durchmesser. An Mineralien sind meistens Quarz, Feldspäte, daneben Glimmer und Schwermineralien vertreten. Es gibt aber auch Sande, die überhaupt keinen Quarz enthalten. In den »White Sands«, einer 75000 Hektar großen Wüste in Neu-Mexiko/USA z. B., bestehen die ausgedehnten Sandflächen und die hoch aufragenden Wanderdünen nur aus kleinen Gipsspat-Kristallen.

In der Korngrößenverteilung sind die Sande meist sehr heterogen. Sie umfassen größere Psephite wie auch Pelite, feinstkörnigen Ton. Je weiter die Sande vor der letzten Deponie transportiert wurden, desto quarzreicher sind sie. Quarz widersteht nämlich auf Grund seiner chemischen Resistenz, der fehlenden Spaltbarkeit und der hohen Mohshärte einer Zerstörung mehr als andere Mineralien.

Eine Unterscheidung der Sande erfolgt nach dem Mineralbestand. Nomenklatur nicht einheitlich. Quarzsand sollte mindestens 85% Quarzanteil haben.

Vielseitige Verwendung in der Bauwirtschaft, Quarzsande auch zur Glasherstellung, für Sandstrahlgebläse und als Rohstoff für Schleifmaterialien.

Seifen In Sanden durch Stoffsonderung konzentrierte Schwermineralien. Wenn wirtschaftlich nutzbar, Seifenlagerstätte genannt (vgl. S. 97).

Sandstein [1 und Nr. 1–4, S. 275]

Durch die Bindemittel Ton, Kalk oder Kieselsäure verfestigte Sande.

Sandsteine sind immer geschichtet. Infolge des meist senkrecht zu den Schichtflächen verlaufenden Kluftsystems lösen sich Sandsteinwände bei der Verwitterung allmählich in quaderförmige Blockbildungen auf (Abb. S. 274).

---

1 Sandstein Linda vista, Kalifornien/USA   3 Grauwacke, Sauerland/Westfalen
2 Sedimentärquarzit, Rheinland   4 Arkose, Vogesen/Frankreich

Gelbe und braune Farbtöne, von Limonit verursacht, herrschen vor. Rötliche Farben durch Hämatit, blaue und schwarze Töne durch Bitumen und Kohlenstoff bewirkt. Grünsandsteine sind durch Glaukonit-Glimmer gefärbt.

Benennung der Sandsteine nach Mineralbestand, Gefüge, Matrix oder Bindemittel, nach Farbe oder Diagenesegrad, nach Verwendung, Verbreitung oder nach Entstehungszeit. Ergänzend können noch hervorstechende Eigenschaften der Gesteinsbezeichnung zugesetzt werden. Keine einheitliche Nomenklatur.

Großflächige Vorkommen im Alpenvorland, in den Keupergebieten Frankens und Thüringens, den Buntsandsteinregionen beiderseits des Oberrheins.

Verwendung als Baustein, früher für Dome, Burgen und andere repräsentative Gebäude. Kalkgebundene Sandsteine sind durch Kohlensäure und Schwefelverbindungen der Luft vom Zerfall bedroht. Es gibt zwar Mittel und Maßnahmen gegen den Gesteinszerfall, aber eine wirkliche »Zauberformel« existiert nicht. Dort wo möglich, empfiehlt sich ein Austausch mit verwitterungsbeständigen Gesteinen, z. B. aus der basaltischen Familie.

Bituminöse Sandsteine, auch als Teersande und Ölsande bezeichnet, werden zunehmend zur Erdölgewinnung abgebaut. Große Ausbeute in Alberta/Kanada.

Sedimentärquarzit [Nr. 2, S. 273] (Tertiärquarzit, Kittquarzit, Quarzit) Quarzreicher Sandstein mit kieseligem Bindemittel und mindestens 85% Quarz oder quarzitischen Gesteinsbruchstücken. Nicht mit dem metamorphen Quarzit verwechseln (S. 318). Entstehung nur in warm-feuchtem Klima, so daß die weit verbreiteten Feldspäte der Sande verwittern und die Quarzkörner übrigbleiben. Verwendung als Bruchstein für Bahn- und Straßenschotter.

Arkose [Nr. 4, S. 273] Feldspatreicher, meist rötlicher Sandstein. Gewöhnlich grobkörnig, schlecht korngrößenklassiert, viele eckige Gesteinstrümmer. Entstehung vorwiegend im Trockenklima, sonst wären die Feldspäte verwittert.

Grauwacke [Nr. 3, S. 273] Grauer bis graugrüner Sandstein mit mindestens 25% Feldspatgehalt und reichlich psammitischen Gesteinsbruchstücken, aber auch toniger Grundmasse. Insgesamt schlecht korngrößensortiert. Infolge Auskristallisation des kieseligen Bindemittels ein sehr kompaktes, festes Gestein. Häufig

nur auf paläozoische Sandsteine bezogen. Fundorte: Rheinisches Schiefergebirge, Harz, Zentralmassiv/Frankreich. Verwendung lokal als Schotter- und Splittmaterial für Straßenbau.

Kalksandstein Sandstein mit hohem Kalkanteil, als Bindemittel oder in Form von kleinen Kalkstücken. Es gibt Kunststeine mit gleicher Bezeichnung.

Quaderbildung durch Verwitterung im Sandstein, Externsteine/Teutoburger Wald

1 Mainsandstein, Sichtfläche geschliffen
2 Glaukonitsandstein, Sichtfläche bossiert
3 Molassesandstein, Sichtfläche scharriert
4 Buntsandstein, Sichtfläche gestockt

Familie der Pelite

Zu den Peliten gehören die lockeren und die verfestigten Tongesteine. Sie umfassen sowohl die tonigen Korngrößen als auch den gröberen Schluff.

Ton und Tonstein [4]

Die schwebend vom Fluß transportierten Gesteinsmehle nennt man Flußtrübe oder Schweb. Nach ihrer Ablagerung sprechen wir von Schlamm oder Schlick, solange sie wassergesättigt sind. Teilentwässerte, plastische Feinklastite heißen Ton, ausgetrocknete und verfestigte Tonstein.

Gemengteile der Tone und Tonsteine sind Quarz, Feldspäte und Glimmer, Reste von kalkigen Organismen und organischer Substanz sowie feinstkörnige, nur röntgenographisch zu erfassende Tonmineralien.

Diese Tonmineralien sind überwiegend Neubildungen, erst bei der Sedimentation entstanden. Tongesteine stellen dementsprechend ein Bindeglied zwischen den klastischen und den chemisch-biogenen Sedimentiten dar.

Tongesteine sind immer geschichtet. Ihre Festigkeit wird durch Überlagerungsdruck (Kompaktion) und durch karbonatisches Bindemittel bewirkt.

Beimengungen verursachen die Farbe. Limonit färbt gelb bis braun, Hämatit rötlich, kohlige Substanzen, Bitumen und Sulfide grau, bläulich bis schwarz.

Von allen Sedimentiten sind Ton und Tonstein am weitesten verbreitet. Vorkommen in Schwemmlandebenen, einstigen Seebecken und in Flußtälern.

Durch die Vielzahl feinster Poren wird Wasser im Ton festgehalten. Dadurch ist er für anderes Wasser undurchdringlich und wirkt als Grundwasserstauer.

Fette und magere Tone   Tone mit hohem Anteil an Tonmineralien, die besonders plastisch erscheinen, werden als fett, die anderen als mager bezeichnet.

Bentonit   Grauweiße Tonstein-Varietät, durch Umbildung aus vulkanischer Asche entstanden. Wegen des hohen Gehalts an Montmorillonit große Quellfähigkeit, Ionenaustausch- und Absorptionsvermögen. Einsatz zur Dickspülung bei Erdölbohrung, im Schlitzwandverfahren, als Filter, zum Entfetten.

Letten   Tongestein ohne eindeutige Definition.

Lehm und Lehmstein

Lockere bzw. verfestigte Ton-/Tonstein-Varietät. Enthält ganz wenig oder gar keinen Kalk, dagegen übermäßig Sand. Durch Eisenhydroxide charakteristisch gelb gefärbt. Wichtigster Rohstoff für die Ziegelindustrie.

Geschiebelehm   Von Geschieben durchsetzter, entkalkter Geschiebemergel.

Lößlehm   Entkalkter Löß, schwerer Lehmboden.

Bänderton mit dunklen winterlichen und hellen sommerlichen Lagen. Die Jahresdoppelschicht (etwa 2 bis 10 mm) wird Warv genannt. Uppsala/Schweden

1 Kaolin mit etwas Kalk vermengt, Oberpfalz/Bayern
2 Löß, Dadschai/China
3 Lößkindel, Remagen/Rheinland
4 Tonstein, Uppsala/Schweden
5 Mergelstein, Süd-Dakota/USA

1

2

3

4

5

Mergel und Mergelstein [Nr. 5, S. 277]

Lockere bzw. verfestigte Ton-/Tonstein-Varietät. Enthält viel Karbonat, entweder als Calcit oder Dolomitspat. Rohstoff für Zementherstellung.

Toneisenstein Mergelstein mit hohem Karbonatanteil in Form von Siderit.

Geschiebemergel Von zahlreichen Geschieben durchsetzter Mergel. Entstanden als glaziale Ablagerung, besonders im Bereich der Grundmoräne.

Löß [Nr. 2, S. 277]

Verfestigte, gelbliche Staubsedimente. Meist ungeschichtet, porös, wandbildend, wasser- und luftdurchlässig. Quarzanteil bis 50%, daneben Feldspäte, Glimmer, Tonmineralien, reichlich Kalk. Entstehung durch Windanwehung aus Trockenzonen in steppenartige Gebiete, wo Pflanzen den Staub festhalten und mit einem kalkigen Haarröhrchengefüge verfestigen. Vorkommen in allen Kontinenten, insbesondere am Rande der pleistozänen Vereisungen.

Lößkindel [Nr. 3, S. 277] Kalkige, puppenhaft geformte Konkretion. Entstanden durch konzentrierte Kalkausscheidung vorher gelöster Kalksubstanzen.

Kaolin [Nr. 1, S. 277]

Kaolin (nach Berg in China) ist ein Tongestein mit vorherrschendem Kaolinit, daneben Quarz und Glimmer. Entstehung als Rückstandsgestein durch Verwitterung feldspatreicher Gesteine (Granit, Rhyolith, Arkose). Durch Umlagerung des Rohkaolins erfolgt natürliche Schlämmung zu Kaolinton mit den Gemengteilen Kaolinit und Quarz. Farbe von schneeweiß bis graugelblich.
Fundorte: Oberpfalz/Bayern, Sachsen/DDR, Cornwall/England, China.
Kaolin ist Rohstoff für Porzellanherstellung und Füllmaterial für Papier.

Schieferton [1]

Diagenetisch verfestigter Tonstein. Durch gleichgerichtete Ablagerung der plattigen Tonmineralien entsteht ein schieferähnliches Parallelgefüge (aber keine Schieferung!). Keine klare Begriffsdefinition.

Sedimentärer Tonschiefer [2] Stark diagenetisch bis schwach metamorph veränderter Tonstein. Dem Schieferton als Sedimentit zuzuordnen. Der echte Tonschiefer (S. 314) ist stärker metamorph beeinflußt, ein Metamorphit.

Ölschiefer [4] Oberbegriff für bitumenhaltige, dunkle Schiefertone. Dienen teilweise der Erdölproduktion.

Kupferschiefer Bitumenhaltiger, mergeliger Schieferton mit starken sulfidischen Anreicherungen, insbesondere Kupfermineralien und Pyrit.

Septarie, eine Mergel-Konkretion mit charakteristischen radialen Schrumpfungsrissen, die teilweise durch Kristallneubildungen wieder gefüllt sind.

1 Schieferton, Siebengebirge/Rheinland
2 Schieferton, genannt Tonschiefer, Harz/DDR
3 Halyseritenschiefer, Schieferton mit Pflanzenresten (?), Eifel/Rheinland
4 Posidonienschiefer, Schieferton mit Ammoniten, Holzmaden/Württemberg

Chemisch-biogene Sedimentite

Zu den chemisch-biogenen Sedimentiten gehören Sedimentgesteine, die ihre Entstehung irgendwelchen chemischen Vorgängen verdanken oder unter dem Einfluß von Organismen gebildet wurden.

Entstehung

Alle chemisch-biogenen Sedimentite sind Neubildungen, denen chemische Verwitterungsvorgänge vorausgingen. Deshalb ist bei dieser Gesteinsgruppe, im Unterschied zu den klastischen Sedimentiten, vom Ausgangsmaterial optisch nichts mehr zu erkennen.

Die chemische Verwitterung ist eine Gesteinszersetzung. Sie beruht darauf, daß Mineralien und Gesteine mit Wasser, atmosphärischen Gasen oder anderen Substanzen chemisch reagieren. Die einzelnen Mineralien sind dabei verschieden widerstandsfähig. Während ein Teil des chemisch aufbereiteten Materials in gelöster Form abtransportiert wird, bleibt ein anderer als unlöslicher Rest zurück. Die Wasser des Festlandes und der Meere übernehmen die chemisch gelösten Gesteinsprodukte, verteilen, durchmischen oder sortieren sie. Die Ausscheidung der gelösten Substanzen erfolgt durch chemisch-physikalische Fällung und/oder durch Mitwirkung von Organismen.

Klassifikation

Eine Gruppenbildung kann nach chemisch-mineralischem Prinzip erfolgen (Kalk-, Kiesel-, Salz-, Phosphat- und Eisengesteine), nach Art der Ablagerung (Ausfällungsgesteine oder Präzipitate, Eindampfungsgesteine oder Evaporate), nach Sedimentationsräumen oder nach dem organogenen Anteil.

Biolithe Sedimentgesteine, die durch die Lebenstätigkeit oder Grabgemeinschaft von Organismen entstanden sind (Kalk-, Kiesel-, Kohlegesteine).

Familie der Kalkgesteine

Unter Kalkgesteinen sind alle Sedimentite zu verstehen, die einen überwiegenden Kalkgehalt aufweisen, gleichgültig, welcher Entstehung.

Dazu zählen die maritim (im Meer) entstandenen Kalksteine und die daraus hervorgegangenen Dolomitsteine, die festländischen Bildungen der Quellabsätze, Kalksinter genannt, und die limnisch (in Seen) abgelagerten Seekalke.

Kalkstein [Abb. S. 281, 283, 285]

Unter Kalkstein wird hier nur der maritim gebildete Kalkstein verstanden.

Kalkstein ist ein monomineralisches Gestein, es besteht im wesentlichen aus einer einzigen Mineralart, nämlich Calcit, der bis zu 95% Anteil haben kann. Nebengemengteile sind Dolomitspat, Siderit, Quarz, Feldspäte, Glimmer und Tonmineralien; Akzessorien verursachen die Färbung des Kalksteins. Nahezu reine Kalksteine sind schneeweiß [Nr. 1, S. 281]. Limonit und Siderit bewirken gelbe und braune Töne, Hämatit rötliche, Glaukonit und Chlorit grünliche, Bitumen graue bis schwarze Farben.

---

1 Kreidekalk, Champagne/Frankreich
2 Krinoidenkalk, Crailsheim/Württemberg
3 Solnhofener Plattenkalk, Fränkische Alb
4 Plattenkalk, Walchensee/Oberbayern

1
2
3
4

Kalksteingebirge mit schroffen Wänden und zackigen Graten, Kalkalpen

Entstehung Nur im Meer, und zwar aus Bruchstücken tierischer und pflanzlicher Hartteile, aus physikalisch gefälltem Kalkschlamm und durch Kalkausscheidung von Organismen. Hauptlieferanten für die kalkige Substanz sind Organismen, u. a. Kalkalgen, Korallen, Kalkschwämme, Foraminiferen, Bryozoen, Brachiopoden, Echinodermen, Mollusken, Crustaceen, Pteropoden. Diese bauen aus dem im Wasser gelösten Kalk ihre Stützgerüste auf, die sich nach dem Absterben als Ganzes, als Skelettreste oder aufgelöst als Kalkschlamm am Meeresboden ansammeln. Bei vielen Kalksteinen kann man die Hartteile einstiger Organismen deutlich erkennen [Nr. 2, S. 281]. Bei anderen wurden die Schalenreste völlig zertrümmert oder bei der diagenetischen Verfestigung infolge Umkristallisation bzw. durch Zementverfüllung verwischt.

Kalksteine sind, mit Ausnahme der Riffbildungen, immer geschichtet. Das Gefüge ist kompakt oder porig, fein- oder grobkörnig.

Je nach Beimengung von Fremdmaterial gibt es alle Übergänge zu den genetisch oder mineralisch verwandten Gesteinsarten, insbesondere zu Dolomitstein und zu den klastischen Sedimentiten, aber ebenso zu Kieselgesteinen.

Wesentliches Erkennungsmerkmal für Kalkstein sind die geringe Härte (Mohshärte 3 wie Calcit) und die Salzsäureprobe. Beim Auftropfen mit verdünnter Salzsäure braust Kalkstein infolge Kohlensäureentwicklung recht kräftig. Gebirgige Großformen zeigen charakteristische Verwitterungsstrukturen, schroffe Wände und zackige Grate. Bei Kalklösung entstehen Karstformen.

Nomenklatur Für die sehr unterschiedlichen Kalksteintypen gibt es kein allgemeines Klassifikationsschema. Eine Gruppenbildung kann auf der Grundlage des Mineralbestandes, des Gefüges oder nach der Entstehung erfolgen.

Dementsprechend existiert auch keine einheitliche Nomenklatur. Die Namen nehmen Bezug auf beteiligte Organismen, Verbreitung, Gefüge, Beimengungen, Lagerung oder auf geologische Epochen.

Bei zusammengesetzten Bezeichnungen wird das Suffix -stein im allgemeinen weggelassen, z. B. Kreidekalk anstatt Kreidekalkstein.

---

1 Kalkstein SOLOTHURN, Jura/Schweiz

2 Kalkstein UNTERSBERG, Salzburg/Österr.

3 Kalkstein VILLON, Jura/Frankreich

4 Kalkstein DEUTSCH-ROT, Oberfranken/Bayern

5 Kalkstein BELGISCHER GRANIT, Belgien

6 Kalkstein VERONA-ROT, Verona/Italien

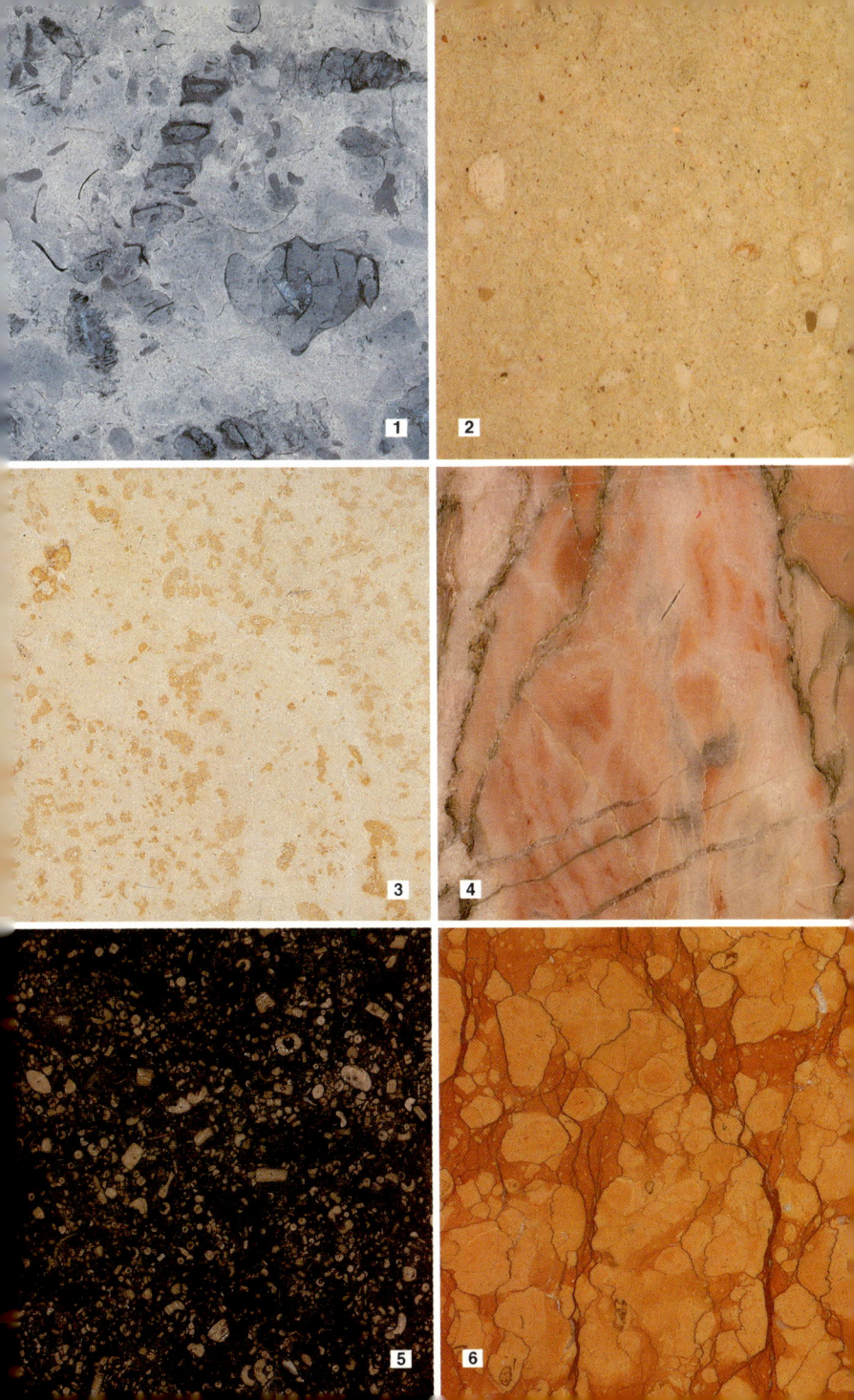

Verwendung Kalksteine sind weit verbreitet. Sie bauen ganze Gebirgszüge auf: Nördliche und südliche Kalkalpen, Schweizer, Schwäbischer, Fränkischer Jura. Verwendung in der Bauwirtschaft als Straßenschotter und Splitt, für Zementproduktion und als Baustein, bei Zuckerfabrikation, für Glas- und Farbenherstellung, als Zuschlag bei Verhüttung von Eisen-Erzen, als Dünger.
Kompakte, feste Kalksteintypen, die sich polieren lassen, dienen als Dekorstein. Sie werden im Baugewerbe MARMOR genannt. Das ist eine reine Handelsbezeichnung und darf mit dem echten, dem metamorphen Marmor (S. 324) nicht verwechselt werden. Unterscheidung manchmal schwierig, denn der Übergang von Kalkstein zu echtem Marmor ist fließend.
Durch Rauchgase sind Kalksteine sehr gefährdet. An der Wetterseite lösen kohlensäurebeladene Regenwasser den Kalkstein unmittelbar auf. Im Regenschatten bewirken Schwefelverbindungen eine Umwandlung zu Gips, der dann infolge Volumenvergrößerung den Kalkstein blätterartig auseinandertreibt.

Kreidekalk [Nr. 1, S. 281] (Schreibkreide) Heller Kalkstein. Meist schneeweiß, gelegentlich hellgrau oder gelblich, wenig verfestigt, porös. Entsteht aus den Hartteilen von Mikroorganismen, vornehmlich Algen und Foraminiferen. Fast reines Calcit-Aggregat. Fundorte: Rügen/DDR, Mön/Dänemark, Dover/England. Früher als Schreibkreide benutzt, heute durch Gips ersetzt.

Plattenkalk [Nr. 3 und 4, S. 281] Dünnschichtiger Kalkstein, der plattenartig abgehoben werden kann. Immer sehr kompakt und feinkörnig. Fälschlich Schiefer genannt. Plattenkalke sind geschichtet, nicht geschiefert.
Solnhofener Plattenkalk [Nr. 3, S. 281] (Solnhofener Schiefer) Gelblicher, sehr kompakter, feinkörniger Kalkstein.
Bekannt geworden durch Alois Senefelder, der diesen Plattenkalk für den von ihm 1793 entwickelten Steindruck benutzte, daher auch als Lithographiesschiefer bezeichnet. Noch berühmter wurde der Solnhofener Plattenkalk durch den reichen Fossiliengehalt, insbesondere durch den 1861 hier gefundenen ersten Urvogel, den Archaeopteryx.
Die moosartigen Gebilde auf Schicht- und Bruchflächen des Plattenkalkes sind Eisen-Mangan-Ausscheidungen, sog. Dendriten. Keine Pflanzenabdrücke! Fundort: Mittelfranken/Bayern. Verwendung für Fußboden- und Wandplatten.

Fossilkalk [Nr. 2, S. 281, Nr. 1, S. 283] Kalkstein, bei dem erkennbare Fossilienreste mindestens 50% der Masse ausmachen. Namen nach Organismenresten, z. B. Krinoidenkalk.
Schillkalk Fossilkalk mit schuttartig angesammelten Fossilbruchstücken.

Kalkoolith [4] Aus kleinen, schalig aufgebauten Kügelchen (Ooiden) zusammengesetzter Kalkstein. Wenn fischrogenähnlich, Rogenstein genannt. Entsteht bei Kalkübersättigung in flachem Wasser. Fundorte: Harz, Thüringen/DDR, Schweizer Jura, Texas/USA.

Riffkalk [2, 3] Kalkstein, durch fortwährende Kalkanlagerung von riffbildenden Organismen (Algen, Korallen, Bryozoen, Kalkschwämme) entstanden. Vorkommen in ungeschichteten stockartigen Gesteinskörpern. Fundorte: Fränkischer Jura/Bayern, Harz, Thüringen/DDR, Neu-Mexiko/USA.

Massenkalk Massiv wirkender, ungegliederter Kalkstein, ohne erkennbare Schichtung.

---

1 Muschelkalk, Unterfranken/Bayern 3 Korallenkalk, Tegernseer Berge/Oberbayern
2 Riffkalk, Oahu/Hawaii 4 Rogenstein, Harz/Niedersachsen

Kalksinter
Bei den festländischen Kalksteinbildungen ist die Nomenklatur sehr uneinheitlich, teils verwirrend. Unter Kalksinter werden im folgenden alle kalkigen Quellausscheidungen und die ähnlich gebildeten Tropfsteine verstanden.

Kalktuff [1, 2] (Tuff, Tuffstein)   Porenreiches, wenig festes, calcitisches Kalkgestein. Entstanden als Kalkabsatz an Quellaustritten oder in deren Nähe. Ursache für die Kalkabscheidung ist der Verlust des mit dem Kalk vorher in Bindung gewesenen Kohlendioxids. Hauptsächlich bewirkt die Erwärmung des Quellwassers eine Freisetzung des Kohlendioxids, aber sicherlich haben auch Pflanzen, die dem Wasser Kohlendioxid zur Assimilation entziehen, ihren Anteil. Häufig sind nämlich Stengel, Ästchen und Blattwerk von Kalktuff umschlossen.
Verwendung als Leichtbaustein im Gewölbebau, als Ausfüllung von Fachwerkwänden und wegen seiner Reinheit zu gebranntem Kalk. Die im allgemeinen nur kleinen Lagerstätten sind inzwischen vielerorts erschöpft.
Bei einigen Autoren ist Kalktuff Synonym zu Kalksinter und Travertin.
Kalktuff, der in der Kurzform auch Tuff genannt wird, nicht mit dem vulkanischen Tuff (S. 232) verwechseln!

Travertin [3, 4]   Porige, aber insgesamt sehr feste kalkige Quellausscheidung. Bei einigen Typen scheint ein diagenetisch veränderter Kalktuff, bei dem viele Poren durch Kalkzement ausgefüllt wurden, vorzuliegen.
Gewöhnlich gebändert. Farbe weißlich, gelb bis braun. Fundorte: Cannstatt/ Württemberg, Ehringsdorf/Thüringen, Sabiner Berge/Mittelitalien. Verwendung als Platten für Böden- und Fassadenbelag. Nimmt Politur gut an.
Bei einigen Autoren ist Travertin Synonym zu Kalktuff.
Römischer Travertin [3]   Bekanntester Travertin mit seinen hellen Farben und der zarten Bänderung. Name nach italienischer Ortsbezeichnung.

Tropfsteine   Säulenartige oder vorhangähnliche Kalksinterbildungen in Höhlen (Abb. S. 288). Entstehen rein anorganisch durch tropfenweises Absetzen von Kalk, weil das in Lösung befindliche Kohlendioxid infolge Verdunstung oder durch erhöhte Temperatur ausgetrieben wird. Gewöhnlich bestehen die Tropfsteine aus Calcit, nur im Dolomitgebirge aus Dolomitspat. Vereinzelt kann Aragonit zwischengelagert sein.
An herausragenden Ecken, entlang von Graten oder an anderen zu Tropfenbildung geeigneten Stellen kommt es zur Kalkanlagerung.
Nach der Wachstumsrichtung unterscheiden wir die von der Decke der Höhle herabhängenden Tropfsteine, die Stalaktiten, und die ihnen vom Boden entgegenwachsenden Stalagmiten. Durch ungleiche Kalkanlagerung beim Zusammenwachsen von Kleinformen wie auch wegen Veränderung der Wasserzufuhr können alle möglichen Phantasie-Tropfsteingebilde entstehen.

Onyx-Marmor (Marmor-Onyx)   Handelsbezeichnung für weißen, gelben, braunen oder grünlichen, durchscheinenden Kalksinter. Immer gebändert. Entstanden als Tropfsteinbildung oder als Ausscheidung warmer Quellen. Besteht aus Calcit oder Aragonit. Fundorte: Jugoslawien, Türkei, Iran, Argentinien, Mexiko, USA. Verwendung für kunstgewerbliche Gegenstände, als Modeschmuck.
– Nicht mit Chalcedon-Onyx (S. 180) verwechseln! Die alleinige Bezeichnung Onyx ohne Zusatz für dieses Kalkgestein ist irreführend. Manchmal als Alabaster angeboten.

---

1 Kalktuff mit Holzresten, Kalifornien/USA   3 Travertin poliert, Sabiner Berge/Mittelitalien
2 Kalktuff mit Wüstenlack, Saudi-Arabien   4 Travertin poliert, Slowakei/CSSR

Sprudelstein [1]   An heißen Quellen abgelagerter karbonatischer Kalksinter mit dem Mineral Aragonit. Meist wellenförmig gebändert und durch Eisenbeimengung gelblich, braun oder rötlich gefärbt. Fundorte: Karlsbad/CSSR, Argentinien, Mexiko. Verwendung für kunstgewerbliche Gegenstände.

Erbsenstein [2] (Pisolith)   Ansammlung von Kalkkügelchen (Ooide) mit dem Mineral Aragonit. Entsteht an heißen Quellen infolge schaliger Anlagerung um schwebende Fremdkörper. Durch allmähliche Erhöhung des Eigengewichts sinken die Ooide schließlich zu Boden und bilden kleine sedimentäre Aggregate. Fundorte: Karlsbad/CSSR, Niederösterreich, Schweiz, Frankreich.

Seekalk
Limnisches Kalkgestein. Ausfällung infolge Übersättigung durch Wasserzufuhr oder unter Mithilfe von Pflanzen, die zur Assimilation dem Seewasser Kohlendioxid entziehen.

Seekreide [3]   Feinkörniger Seekalk von weißlicher bis grauer Farbe. Reine Arten für Glasherstellung und in chemischer Industrie verwendet.

Alm   Porenreicher Seekalk, abgelagert durch Moorwasser. Einige Autoren wollen den Begriff Alm nur auf anorganische Ausfällung beschränkt wissen.

Süßwasserkalk [4]   Feinkörniger Seekalk, von gröberen Fossilresten durchsetzt. Der Begriff Süßwasserkalk wird auch als Synonym zu Seekalk und sogar zu allen festländischen Kalksteinbildungen im feuchten Klima verwendet.

Tropfsteinhöhle, Carlsbad Caverns/Neu-Mexiko/USA

---

1 Sprudelstein, Karlsbad/CSSR   3 Seekreide, Rosenheim/Bayern
2 Erbsenstein, Karlsbad/CSSR   4 Süßwasserkalk, Steinheim/Württemberg

1

2

3

4

Dolomitstein [1-3] Dolomit
Dolomitstein (meist kurz Dolomit, wie das Mineral genannt) ist ein monomineralisches Gestein. Er besteht (mindestens zu 50%) aus dem Mineral Dolomitspat. Durch Kalk- oder Tonbeimengung alle Übergänge zu Kalkstein bzw. Mergel. Gefüge wegen ausgebildeter Eigengestalt der Mineralien zuckerkörnig. Dolomitstein fühlt sich rauh an. Alle Farbtöne vertreten.
Vorkommen fast nur als marines Sedimentgestein, vergesellschaftet mit Kalkstein. Bei Wechsellagerung mit Kalkstein tritt Dolomitstein wegen geringerer Verwitterungsanfälligkeit rippenartig hervor.
Fundorte: Schwäbisch-Fränkischer Jura, Rheinisches Schiefergebirge, Dachstein/Österreich, Dolomiten/Italien, Mittelengland, Arkansas, Iowa/USA.
Verwendung im Baugewerbe deutlich weniger als Kalkstein. Nutzung als Straßenschotter, gelegentlich als Werkstein. Bedeutsam für Herstellung von Hochofen-Futtersteinen, als Flußmittel bei Eisenverhüttung, als Magnesia-Düngekalk, neuerdings auch zur Gewinnung des Leichtmetalls Magnesium. Wegen des hohen Porenvolumens als Speichergestein für Erdöl weit verbreitet.

Dolomitisierung Wie Dolomit entsteht, ist bis heute nicht eindeutig geklärt, wahrscheinlich in der Hauptsache aus Kalkstein oder kalkhaltigen Gesteinen. Dieser diagenetische Prozeß heißt Dolomitisierung. Man unterscheidet eine sog. Früh- und eine Spätdiagenese.
Bei der Frühdiagenese vollzieht sich die Umwandlung von Calcit zum magnesiumhaltigen Dolomitspat durch das Meerwasser im noch nicht verfestigten Kalksediment. Die Gefügemerkmale des Kalksteins, wie Schichtung und Fossilien, bleiben weitgehend erhalten. Die Dolomitspatkristalle erreichen kaum 0,02 mm Durchmesser. Offensichtlich begünstigt Eindunstung von Salzlösung infolge Magnesiumkonzentration eine diagenetische Umbildung. Häufig treten Dolomite mit Salzgesteinen in Wechsellagerung auf.
Die Spätdiagenese erfolgt außerhalb des Meeres im verfestigten Kalkstein durch magnesiumhaltiges Wasser, das sich in den Poren des Gesteins bewegt. Bei dieser nachträglichen Einwirkung auf den Kalkstein werden Calcitkristalle durch Dolomitspat metasomatisch ersetzt. Durch diesen Prozeß werden ursprüngliche Gefügemerkmale des Kalksteins verwischt oder ganz ausgemerzt. Feinschichtung und Fossilien fehlen deshalb in solchen Dolomitgesteinen. Massiges und grobkörniges Gefüge charakteristisch. Größe der Dolomitspatkristalle gewöhnlich über 0,02 mm. Hohe Porosität. Je stärker dolomitisiert, desto größer das Porenvolumen.

Unterscheidung gegenüber Kalkstein Dolomit- und Kalkstein sind sich sehr ähnlich und optisch oft nicht zu unterscheiden. Eine wesentliche Bestimmungshilfe ist verdünnte Salzsäure. Kalkstein schäumt beim Auftropfen mit Salzsäure heftig, Dolomitstein nur, wenn pulverisiert. Bei unreinen Karbonatgesteinen oder bei Wechsellagerung von Kalk- und Dolomitstein ist die Salzsäureprobe nicht unbedingt zuverlässig. Hier wendet der Fachmann Färbemethoden an. Mohshärte und Dichte liegen bei Dolomitspat (3½-4 und 2,85-2,95) merklich höher als bei Calcit (3 und 2,6-2,8).

Rauhwacke (Rauchwacke) [4] (Zelldolomit) Löchrig-zelliger Dolomitstein. Die Hohlräume sind durch Weglösen von eingelagerten Gips- oder Kalkbrocken entstanden.

---

1 Calcitischer Dolomitstein, Südtirol   3 Dolomitstein angeschliffen, Fränkischer Jura
2 Mergeliger Dolomitstein, Kalifornien/USA   4 Rauhwacke, Oahu/Haiwaii

1

2

3

4

Familie der Kieselgesteine

Zu den Kieselgesteinen gehören alle nichtklastischen Sedimentite mit einem Kieselsäuregehalt von mindestens 50%. Entstehung, im einzelnen zwar umstritten, durch Anhäufung von kieseligen Organismenresten, als kieselige Quellausscheidung oder als anorganische Kieselausfällung. Namengebung nach beteiligten Organismen, Entstehung oder Erscheinungsform.

Diatomit
Sammelbegriff für Diatomeengesteine: Diatomeen-Schlick im Meer, Kieselgur, Tripel. Diatomeen sind einzellige, frei schwimmende Algen mit kieseligen Schalen; Bruchteile eines Millimeters groß, leben im Meer und in Süßwasserseen.
Kieselgur [1] (Diatomeenerde)   Kieselgestein aus Diatomeenskeletten, überwiegend als Opalsubstanz. Hohe Porosität. Raumgewicht kleiner 1g/cm^3, Kieselgur schwimmt auf dem Wasser. Reine Arten sind weiß. Durch Beimengungen meist gelblich und braun, grünlich, grau bis fast schwarz. Vorkommen nur als Süßwassersediment. Fundorte: Lüneburger Heide/Niedersachsen, Halle/DDR, Mittelitalien, Kalifornien/USA.
Wegen des großen Adsorptionsvermögens, der Resistenz gegen Chemikalien und der hohen Porosität Verwendung zur Isolierung, als Füllstoff für Papier und Sprengstoff (Dynamit), als Filtermaterial und Poliermittel.
Tripel [2] (Polierschiefer, Klebschiefer)   Stärker verfestigte Diatomit-Varietät. Klebt wegen der hohen Porosität an der Zunge. Als Poliermittel und als Füllstoff verwendet. Name nach Tripolis/Libyen.

Radiolarit [3]
Kieselgestein aus Radiolarienskeletten. Radiolarien sind frei schwimmende, einzellige Tiere, die ausschließlich im Meer leben. Gewöhnlich Bruchteile eines Millimeters groß, vereinzelt bis 3 mm Durchmesser.
Radiolarite haben dichtes Gefüge, brechen scharfkantig mit muschligem Bruch. Farbe grau, bräunlich, auch grün und rötlich.
Fundorte: Böhmen/CSSR, Hohe Tauern/Österreich, Korsika/Frankreich, Ostaustralien, Rocky Mountains/USA.

Kieselschiefer [4]
Geschichtetes (nicht geschiefertes!) Kieselgestein, ohne wesentlichen Fossilinhalt. Unterschiedliche Meinung über Entstehungsvorgang: Ausflockung der Kieselsäure im Meer, Ausscheidung von submarinen heißen Quellen oder diagenetisch veränderte Radiolarienablagerungen.
Gefüge sehr kompakt, hart und spröde, oft stark zerklüftet. Farbe rötlichbraun oder grünlich. Fundorte: Frankenwald/Bayern, Harz, Rheinisches Schiefergebirge, Böhmen/CSSR, Thüringen/DDR, Schottland.
Gelegentlich wird Kieselschiefer nur auf paläozoische Kieselgesteine bezogen.
Lydit [5]   Durch kohlige Substanz schwarz gefärbte Kieselschiefer-Varietät. Bei einigen Autoren ist Lydit Synonym zu Kieselschiefer, bei anderen diagenetisch stark verändertes Radiolariengestein, zudem meist paläozoisch.

---

1 Kieselgur, Lüneburger Heide
2 Tripel, Zentralmassiv/Frankreich
3 Radiolarit, Flußgeröll, Isar/Bayern

4 Kieselschiefer, Mittelharz/DDR
5 Lydit, Kieselschiefer-Varietät, Frankenwald/Bayern

Kieselsinter

Kieselgestein, durch Ausscheidung an heißen Quellen oder in deren Nähe, manchmal unter Mitwirkung von Algen entstanden. Ablagerung porös oder krustig fest, mikrokristallin oder als Opal. Farbe weiß, durch Beimengungen auch verschieden getönt. Fundorte: Island, Neuseeland, Wyoming/USA.
Geyserit (Geysirit)   Durch Geysire abgelagerte Kieselsinter-Varietät.

Hornstein [1]

Hornstein im weiteren Sinn umfaßt alle dichten, hornartig aussehenden Kieselgesteine, im engeren Sinn nur die knolligen, unregelmäßig geformten Kieselbildungen. Knollig rundliche Aggregate heißen Feuerstein.
Die Entstehung der hornartigen Knollen ist nicht vollends geklärt. Wahrscheinlich bewirken zirkulierende, kieselsäurehaltige Lösungen eine Verdrängung von Karbonaten bei konkretionsartiger Ansammlung.
Die Knollen können mehrere Dezimeter groß sein. Farbe grau, gelb, braun bis rötlich. Angehäuft in einzelnen Kalkstein-Bänken. Fundorte: Kalkalpen/ Schweiz, Fränkischer Jura/Bayern, Kent/England, Britisch-Columbia/Kanada.

Feuerstein [2] Flint

Rundliche, chalcedonische Kieselstein-Bildung, selten über 10 cm Durchmesser. Hellgrau bis fast schwarz, vereinzelt auch bräunlich oder grünlich. Dunkle Farbtöne von organischen Beimengungen. Infolge Wasserverlusts bildet sich eine weiße Rinde. Gefüge sehr dicht, muschliger Bruch. Häufig Reste von Kieselschwämmen zentral eingelagert. Über Entstehung siehe bei Hornstein.
Vorkommen gehäuft in Horizonten von Kreidekalk, insbesondere der Oberkreide-Zeit. Fundorte: Rügen/DDR, Mön/Dänemark, Dover/England.
In der Steinzeit Rohstoff für Waffen, Werkzeuge und Gerät. Im 17. Jahrhundert zum Funkenschlag in Steinschloßgewehren (Flinten!) verwendet.

Familie der Phosphatgesteine

Phosphatgesteine sind Träger der Phosphorsäure. Hauptvertreter: Vogelmist Guano, die Knochenansammlung der Bonebeds und der graue, bräunliche, erdige oder dichte Phosphorit [3]. Wichtiger Rohstoff für Dünger und chemische Industrie. Lagerstätten in Marokko, Algerien, Tunesien.

Familie der Eisengesteine

Unter Eisengesteinen sind hier sedimentäre Eisen-Erze gemeint, die einen Eisengehalt von mindestens 15% aufweisen.

Minette [4]   Feinoolithisches Eisen-Erz. Grundmasse silikatisch oder karbonatisch. Je mehr Ooide, desto eisenreicher. Über Entstehung siehe S. 98.
Bändererz (Taconit, Itabirit)   Eisenreiche Lagen wechseln mit kieseligen Schichten. Große Eisen-Erzlagerstätten, entstanden im Präkambrium.
Trümmererz   Eisenreiches Geröllerz mit kalkigem Bindemittel, etwa 30% Eisengehalt. Fundorte: Salzgitter- und Peine-Revier/Niedersachsen.

---

1 Hornstein, Abenrade/Dänemark
2 Feuerstein, Rügen/DDR

3 Phosphorit, Oberösterreich
4 Minette (Eisenoolith), Luxemburg

1
2
3
4

Familie der Salzgesteine

Salzgesteine (auch Evaporate oder Evaporite genannt) entstehen durch Ausfällung aus dem Wasser, wenn die Verdunstung mengenmäßig den Zufluß und die Niederschläge übertrifft, also im warm-ariden Klimabereich.
Die meisten und wirtschaftlich wichtigsten Salzlager sind im Meer (maritim) entstanden. Von den kontinentalen Bildungen haben nur die Salpeterlagerstätten in Chile eine überregionale Bedeutung.
Die Sedimentation erfolgt in Lagunen oder sonstigen vom Meer nur dürftig abgegliederten Meeresteilen. Mächtige Salzsteinpakete gibt es dann, wenn ozeanisches Wasser in diese mäßig abgeschnürten Buchten stetig nachströmt, ohne daß die sich im Trockenklima infolge hoher Verdunstung immer stärker anreichernde Salzlauge zurück- oder abfließen kann.
Die Abscheidung der Salze aus dem angereicherten Meerwasser vollzieht sich in der Reihenfolge der zunehmenden Löslichkeit. Zuerst werden Kalk und Dolomit sedimentiert. Dann folgen Gips und Anhydrit, danach Steinsalz, schließlich Kali- und Magnesiumsalze. Da die beiden letztgenannten sehr leicht löslich sind, fehlen sie in den meisten Salzlagerstätten. Verdünnung durch Süßwasser oder ins Meer abströmende Salzlauge verhindern oft die volle Entwicklung der gesamten Salzlagerserie.
Nomenklatur   Die Benennung der Salzgesteine erfolgt nach dem am stärksten vertretenen Mineral durch Hinzufügen des Suffixes -it zum Mineralnamen, z. B. Sylvin und Sylvinit. Ausgenommen von dieser Regel sind die alten Begriffe Anhydrit und Gips, die als verfestigtes Aggregat immer mit der Nachsilbe -stein versehen sein sollten, also Anhydritstein und Gipsstein.

Steinsalz [1] Halitit
Steinsalz (richtiger wäre Salzstein) ist ein monomineralisches Sedimentgestein mit dem Hauptgemengteil Halit. Nebengemengteile sind Anhydritspat, Carnallit, Kieserit, Polyhalit, außerdem häufig tonige Verunreinigung.
Durch Eisenbeimengung, Bitumen und Tonsubstanz kann das ursprünglich farblose oder weiße Steinsalz bläulich, braun oder rot erscheinen. Als Folge rhythmischen Wechsels von Steinsalzlagen mit tonigen und sulfatischen Schichten ergibt sich eine charakteristische Bänderung.
Steinsalz wird schon seit 3 000 Jahren bergmännisch gewonnen. Heute Abbau nur bei sehr reinen Salzlagern. Stark verunreinigte Salze werden ausgesolt, d. h. unterirdisch durch Wasser gelöst, das dann an der Oberfläche eingedampft, eingekocht wird. Daher der Name Kochsalz.
In Trockengebieten oder sommerheißen Regionen Steinsalz auch durch natürliche Verdunstung von Meerwasser in sog. Salzgärten gewonnen.
Über Verwendung und Fundorte siehe S. 64 bei Halit.
Haselgebirge (bergmännischer Begriff aus Österreich)   Brekzienähnliches Gemenge von Steinsalz, Gips- und Anhydritstein sowie Tonsubstanz.

Gipsstein [3,4] Gips
Gipsstein ist ein monomineralisches Sedimentgestein mit dem Hauptgemengteil Gipsspat. Häufig mit Anhydrit, Steinsalz sowie Kalk und Dolomit vermengt. Entstanden durch Ausfällung beim Eindampfen von Meerwasser oder durch Wasseraufnahme aus Anhydritstein.

---

1 Steinsalz, Grasleben/Niedersachsen
2 Alabaster, Toskana/Italien

3 Gipsstein, Osterode/Harz
4 Fasergips, Perm/UdSSR

Gefüge zuckerkörnig bis dicht, feinschichtig oder durch Wechsellagerung mit Beimengungen gebändert. Farbe weiß, durch Fremdsubstanz oft grau, gelblich, rötlich oder fast schwarz. Vorkommen mit anderen Salzgesteinen. Fundorte: Harz, Thüringen, Bayern, Salzburg, Kärnten/Österreich. Verwendung als Kitt- und Bindemittel, Stuck- und Estrichgips. Dazu wird dem Gips durch Brennen ein Teil seines Kristallwassers entzogen, das er bei Wasserzugabe unter Volumenvergrößerung wieder aufnimmt. Außerdem als Zementzusatz und für Leichtbaustoffe im Hausinnenbau verwendet.

Gekrösegips (Schlangengips) Stark verfalteter Gipsstein. Entstanden durch Wasseraufnahme (und damit verbundener Volumenvergrößerung) aus Anhydrit.

Fasergips [Nr. 4, S. 297] Fasriger Gipsstein. Entstanden als Ausfüllung kleiner Gänge. Länge der Fasern beschränkt, da senkrecht zu den Gangwänden.

Gipshut Gipsstein auf Salzstöcken. Entstanden als Rückstandsgestein beim Weglösen der obersten Salzpartien durch Grundwasser.

Alabaster [Nr. 2, S. 297] Sammelbezeichnung für dichte oder feinkörnige, weiße und auch schönfarbige Gesteine, insbesondere Gipsstein oder Kalksinter (sog. Onyx-Marmor, S. 286), manchmal auch feinkörniger Kalkstein.

Anhydritstein [2] Anhydrit

Anhydritstein (griech. »ohne Wasser«) ist ein monomineralisches Gestein aus Anhydritspat. Nebengemengteile sind Gipsspat, Calcit, Dolomitspat, Tonmineralien und Bitumen. Entstanden durch Fällung aus dem Meerwasser oder diagenetisch aus Gips infolge hoher Temperaturen und großer Decklast im Gebirge.

Gefüge feinschichtig oder homogen, dicht oder körnig. Farbe weißlich, grau, bläulich, rot. Vorkommen mit anderen Salzgesteinen. Fundorte: Niedersachsen, Oberbayern, Wallis/Schweiz, Kärnten/Österreich.

Rohstoff für Dünger und Schwefelsäureherstellung, für Baustoffindustrie.

Edelsalze Abraumsalze

Sammelbezeichnung für die bei der Eindampfung von Meerwasser zuletzt ausgeschiedenen Kali- und Magnesiumsalze: Sylvinit, Carnallitit, Kainitit.

Früher als wertlos abgeräumt (Abraumsalze!), heute geschätzter Rohstoff für Dünger (Edelsalze!). Da sehr leicht löslich, nur auf wenigen Salzlagerstätten vorhanden. Fundorte: Staßfurt/DDR, Kanada, Neu-Mexiko/USA.

Sylvinit [1] Salzgestein mit den Hauptgemengteilen Sylvin und Halit. Daneben Anhydritspat, Kieserit und Tonsubstanz. Durch Wechsellagerung gewöhnlich gut geschichtet. Meistens rot. Wichtigstes Edelsalz.

Carnallitit [3] Salzgestein mit den Hauptgemengteilen Carnallit und Halit, daneben Anhydritspat, Kieserit, Sylvin und Tonsubstanz. Mineralien in schichtweiser Wechsellagerung. Farbe vorwiegend rötlich, seltener weiß oder grün.

Kainitit [4] Salzgestein aus Kainit und Halit. Gefüge flaserig (muskelfaserähnlich), bankig oder massig. Farbe gewöhnlich orange bis rötlich, gelb, selten weiß, nicht glänzend.

Hartsalz Salzgestein mit den Hauptgemengteilen Sylvin und Halit, daneben Anhydritspat, Kieserit, Polyhalit und Tonsubstanz. Flasriges Gefüge, selten gut geschichtet. Farbe gewöhnlich rot. Name ist alter Bergmannsausdruck; dieses Salzgestein wurde als besonders hart empfunden.

---

1 Sylvinit, Philippsthal/Hessen	3 Carnallitit, Philippsthal/Hessen
2 Anhydritstein, Tettenborn/Südharz	4 Kainitit, Philippsthal/Hessen

Familie der Rückstandsgesteine

Rückstandsgesteine (auch Residualgesteine genannt) werden den Sedimentiten zugeordnet, obwohl sich bei ihrer Bildung kein Materialtransport vollzogen hat. Sie entstehen nämlich aus den Rückständen chemisch aufbereiteter Gesteine am Ort der Gesteinszerstörung. Diese Gesteinsgruppe spielt mengenmäßig fast keine, wirtschaftlich aber eine große Rolle. Wesentliches über die einzelnen Gesteinsarten wird in anderen Zusammenhängen dargestellt: Kaolin S. 278, Bauxit S. 148, Bentonit S. 276.

Familie der Kohlegesteine

Kohlegesteine (auch Anthrazide oder Kaustobiolithe) sind Rückstandsgesteine, werden aber wegen des organischen Ursprungs als eigene Gruppe betrachtet.

Inkohlung

Kohlegesteine entstehen aus angesammelten Pflanzenmassen, die durch Wasserabschluß nicht verfaulen können, sondern inkohlt werden. Inkohlung bedeutet eine relative Kohlenstoffzunahme infolge Sauerstoffverarmung. Gebirgsbildende und vulkanische Vorgänge besorgen durch Druck und hohe Temperatur diese diagenetischen und teilweise metamorphen Prozesse. Normalerweise sind ältere Kohlegesteine stärker inkohlt als junge Bildungen.

Inkohlungsreihe	%C	%H	%O	%N
Holz (trocken)	50	6	43	1
Torf	60	6	33	1
Braunkohle	73	6	19	1
Steinkohle	83	5	10	1
Anthrazit	94	3	2	1
Graphit	100	-	-	-

Torf [1]   Pflanzenreste deutlich zu erkennen. Farbe braun, stumpf; Dichte 1,0.
Braunkohle [2]   Pflanzenreste nurmehr in Teilen zu erkennen. Farbe braunschwarz, matter Glanz; Dichte 1,2. Strichfarbe braun. Zerfällt leicht.
Xylit [3]   Wenig veränderte, in Braunkohle eingelagerte Holzreste.
Glanzkohle   Junge, durch tektonische Prozesse dennoch stark inkohlte Bildung, fast wie Steinkohle. Pechartiger Glanz. Auch Pechkohle genannt.
Steinkohle [4]   Nur vereinzelt Pflanzenabdrücke zu erkennen. Farbe schwarz, fettiger Glanz; Dichte 1,3. Strichfarbe schwarz, oft streifiges Gefüge.
Kännelkohle [5]   Steinkohlenart, überwiegend aus pflanzlichen Sporen und Pollen entstanden. Meist matt, durch Politur hochglänzend. Gelegentlich für kleine Dekorstücke verwendet. Ähnlich Gagat, einer bituminösen Kohlenart.
Anthrazit   Pflanzenteile nicht zu erkennen, der Steinkohle ähnlich. Hoher, metallener Glanz; Dichte 1,5, muschliger Bruch. Schwer entzündbar.
Graphit   Hochmetamorph entstanden, kristallin, nicht brennbar (siehe S. 88).

---

1 Kleinblättriger Sphagnumtorf, Hochmoortorf, Stiftsmoor/Niedersachsen
2 Braunkohle, Ville/Rheinland
3 Xylit, Ville/Rheinland
4 Steinkohle, Essen/Ruhrgebiet
5 Kännelkohle, Duisburg/Ruhrgebiet

Technische Eigenschaften von Sedimentgesteinen

	Rohwichte Rohdichte Raumgewicht Raumdichte	Reinwichte Reindichte Spez. Gewicht Korndichte Dichte	Wahre Porosität Gesamtporosität	Wasseraufnahme	Scheinbare Porosität Nutzporosität
	g/cm³	g/cm³	Raum-%	Gewichts-%	Raum-%
Quarzit, Grauwacke	2,60–2,65	2,64–2,68	0,4– 2,0	0,2– 0,5	0,4– 1,3
Quarzitischer Sandstein	2,60–2,65	2,64–2,68	0,4– 2,0	0,2– 0,5	0,4– 1,3
Quarzsandstein	2,00–2,65	2,64–2,72	0,5–25	0,2– 9	0,5–24
Kalkstein, Dolomitstein (dicht, fest)	2,65–2,85	2,70–2,90	0,5– 2,0	0,2– 0,6	0,4– 1,8
Kalkstein (nicht sehr fest)	1,70–2,60	2,70–2,74	0,5–30	0,2–10	0,5–25
Travertin	2,40–2,50	2,69–2,72	5 –12	2 – 5	4 –10
Sandstein	1,95–2,70	2,60–2,72	0,5–35,0	0,2–13,0	
Grauwacke, Arkose	2,58–2,73	2,62–2,77	0,4– 6,6	0,1– 2,3	
Dolomitstein	2,05–2,84	2,68–2,86	0,4–27,5	0,1–10,0	
Kalkstein	1,75–2,75	2,64–2,80	0,6–31,0	0,2–12,0	
Travertin, Kalktuff	2,18–2,56	2,69–2,73	5,0–19,0	2,0– 5,0	
Gipsstein	2,05–2,28	2,28–2,32	1,0– 8,0	0,4– 3,6	

	Druck-festigkeit im trockenen Zustand kg/cm²	Biege-zug-festigkeit kg/cm²	Schlag-festigkeit Schlag-anzahl bis zur Zerstörung	Abrieb-festigkeit Verlust auf 50 cm² in cm³	Bemer-kungen	Quelle
Quarzit, Grauwacke	1500–3000	130–250	10–15	7– 8		
Quarzitischer Sandstein	1200–2000	120–200	8–10	7– 8		
Quarzsandstein	300–1800	30–150	5–10	10–14	mittlere Häufig-keits-werte	DIN 52 100
Kalkstein, Dolomitstein (dicht, fest)	800–1800	60–150	8–10	15–40		
Kalkstein (nicht sehr fest)	200– 900	50– 80				
Travertin	200– 600	40–100				
						Peschel 1977

303

Metamorphite

Entstehung

Metamorphite entstehen durch Umwandlung (Metamorphose) irgendwelcher Gesteine, also von Magmatiten, Sedimentiten und älteren Metamorphiten. Diese Umwandlung vollzieht sich unter Einfluß von großen Drucken und hohen Temperaturen, geht also über die Wirksamkeit der Diagenese hinaus. Die Grenze zwischen Diagenese und Metamorphose liegt bei etwa 200–300 °C. Bei allen metamorphen Umbildungen bleibt die Gesteinsmasse im großen und ganzen in festem Aggregatzustand. Nur bei hochmetamorphen Einwirkungen kann es ab 650–700 °C zu Teilaufschmelzungen (Anatexis genannt) kommen. Völliges Aufschmelzen (Palingenese) erfolgt oberhalb 800 °C. Nach der räumlichen Ausdehnung unterscheiden wir Kontakt- und Regionalmetamorphose.

Kontaktmetamorphose Beim Eindringen von magmatischem Material (als Pluton oder Lava) in Erdkrustenteile werden die benachbarten Gesteine durch hohe Temperaturen, vereinzelt auch durch Gase, weniger durch Druck verändert. Im unmittelbaren Berührungsbereich ist die Gesteinsumwandlung am intensivsten. Der Kontakthof, das ist der Raum der metamorphen Veränderung, reicht nur zwei bis drei Kilometer weit. Fruchtschiefer, Granatfels, Hornfels und Marmor sind typische Gesteine der Kontaktmetamorphose.

Regionalmetamorphose Wenn durch Überlagerung oder tektonische Absenkung Erdkrustenteile in den Bereich großer Drucke und hoher Temperaturen gelangen, vollzieht sich eine metamorphe Umwandlung über weite Gesteinskomplexe, u. U. über Hunderte von Quadratkilometern.
Das Ausmaß der Metamorphose ist von der Höhe der Temperatur und der Größe des Druckes abhängig. Beide Faktoren nehmen mit der Tiefe zum Erdinnern zu. Aus dieser Erkenntnis glaubte man, die Intensität der Regionalmetamorphose in Abhängigkeit von der Einsenkungstiefe der Gesteinskomplexe sehen zu können. Eine Stufengliederung in Epi-, Meso- und Katazone war die Folge.

Veraltete Vorstellung über Tiefenstufen der Regionalmetamorphose

Tiefenstufe	Tiefe in km	Temperatur in °C	Druck in kbar
Epizone	8–10	300–400	3
Mesozone	18–20	500–600	5
Katazone	30–35	700–800	9

Eine Intensitätsgliederung nach Tiefenstufen, wie in obiger Tabelle dargestellt, ist in der Wissenschaft mittlerweile zwar überholt, sie vermittelt aber dem Nichtfachmann in sehr vereinfachter Form, wie man sich die Wirkungsweise der Regionalmetamorphose vorstellen kann.
Die tatsächlichen Abläufe bei der Gesteinsumwandlung sind viel komplizierter. Die Metamorphose ist nämlich nicht nur von hohen Temperaturen und großen Drucken abhängig, sondern auch vom Verhältnis der beiden Faktoren zueinander wie auch besonders von der Absenkungsgeschwindigkeit der Gesteinskomplexe. In der Abb. S. 306 ist dies vereinfacht dargestellt.

Vorgang der Metamorphose Die Wirkungsweise der Metamorphose zeigt sich durch Gefügeänderung, Umkristallisation und durch Zufuhr oder Abfuhr von Mineralsubstanz. Fossilien werden dabei im allgemeinen vernichtet.

Bei einseitigem Druck (Streß) entsteht durch Einregeln von blättrig oder stenglig ausgebildeten Mineralien (wie Glimmer, Chlorit) in gleicher Richtung ein Parallelgefüge, die sog. Schieferung. Das ist ein charakteristisches Erkennungsmerkmal für die meisten Metamorphite (vgl. auch Abb. S. 308 und 314). Bei der Kontaktmetamorphose gibt es keine Schieferung.

Eine andere Art der Gefügeänderung vollzieht sich durch Umkristallisation zu größeren Mineralien. Besonders bei monomineralischen Gesteinen (wie Quarzit und Marmor) werden Kleingemengteile dabei aufgezehrt, und das Gestein erhält ein grobkörniges Aussehen. Die Mineralarten bleiben gleich.

Manchmal entstehen bei der Metamorphose neue Mineralien, entweder durch Umbildung vorhandener Kristalle oder durch Zufuhr von Fremdsubstanz.

Charakteristische Schieferung im kristallinen Tonschiefer, Wallis/Schweiz

Synonyme

Synonym zu Metamorphit werden die folgenden Begriffe verwendet: Metamorphes Gestein, Umwandlungsgestein, Kristalliner Schiefer. Die letztere Bezeichnung sollte vermieden werden, sie ist nicht zweifelsfrei, denn es sind nicht alle Metamorphite geschiefert; außerdem wird der Begriff gelegentlich nur für tatsächlich geschieferte Metamorphite verwendet.

Klassifikation und Nomenklatur

Bei keiner Gesteinsgruppe ist der Überblick so schwierig wie bei den Metamorphiten. Es existiert keine allgemeingültige Klassifikation. Dementsprechend fehlt eine einheitliche Terminologie.

Die Zahl der Metamorphite ist sehr groß, denn zu jedem Magmatit und zu jedem Sedimentit gibt es ein oder mehrere metamorphe Gesteine.

Eine Gruppierung der Metamorphite ist nach dem Erscheinungsbild (Gefüge, Mineralbestand) oder nach Entstehung (Ausgangsgestein, Art und Intensität der Metamorphose) möglich. Benennung der Metamorphite erfolgt nach dem Gefüge, nach hervorstechenden Mineralien oder nach dem Ausgangsgestein. Gelegentlich wird »Meta-« als Präfix dem Ausgangsgestein vorangesetzt.

Orthogestein – Paragestein Als Orthogestein bezeichnet man Metamorphite, die auf Magmatite zurückgehen. Paragesteine sind aus Sedimentiten entstanden. Im Handstück ist eine Unterscheidung oft nicht möglich, da durch verschiedenartige Metamorphose die gleichen Endprodukte entstehen können.

Neue wissenschaftliche Klassifikation Versuche, die Metamorphite zu klassifizieren, gehen immer mehr in Richtung der Genesis. Es hat sich nämlich gezeigt, daß bestimmte Mineralgemeinschaften (Paragenese genannt) als Indikator für all die Faktoren, die zur Metamorphose führen, dienen können. Je nach Ausgangsmaterial entstehen aus diesen Paragenesen äußerlich wohl verschiedene, genetisch jedoch verwandte Metamorphite.
Eine solche metamorphe Gesteinsgruppe, die auf Grund der Druck-/Temperatur-Bedingungen durch eine Mineralgemeinschaft charakterisiert wird, heißt metamorphe Fazies. Gemäß diesen Fazies werden heutzutage in der Wissenschaft die Metamorphite gegliedert.

Einfache Klassifikation für die Praxis Die wissenschaftliche Gruppierung der Metamorphite ist für den in der Praxis mit Gesteinen Arbeitenden und für das weite Umfeld der zur Petrologie benachbarten Wissenschaften nicht akzeptabel, da sie viel Fachkenntnisse voraussetzt, die tatsächlich nicht vorhanden sind.
Deshalb wird hier im vorliegenden Bestimmungsbuch eine Gliederung der Metamorphite nach äußeren, deutlich erkennbaren Gefügemerkmalen vorgenommen: in Gneise, Schiefer und Felse.

Klassifikation der Metamorphite nach äußeren Kennzeichen

	Gneis-Familie	Schiefer-Familie	Fels-Familie
Mineral-Ausbildung	mittel- bis grobkörnig	plattig	fein- bis grobkörnig
Schieferung	schwach bis deutlich	sehr deutlich	keine
Spaltplatten	mittel bis dick	dünn	keine
Typ-Mineralien	Feldspäte, Quarz	Glimmer, Tonmineralien	zahlreiche

Schematisches Druck-/Temperatur-Diagramm der Metamorphose-Arten (n. mehreren Autoren)

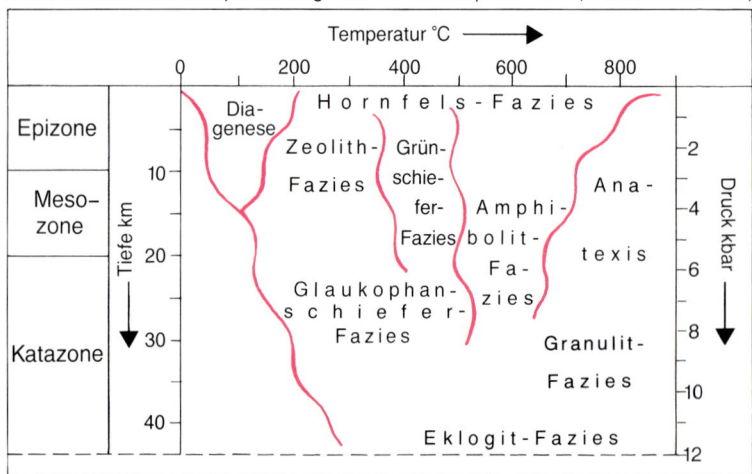

Bekannte Metamorphite (Auswahl, K = Kontaktmetamorphite)

Metamorphe Fazies	Ausgangsgestein		Metamorphit
	Magmatite	Sedimentite	
Hornfels-Fazies		Tonstein	Knotenschiefer K
		Tonstein	Hornfels K
		Kalkstein, Dolomitstein	Kalksilikatfels K
		Kalkstein	Marmor K
		Sandstein	Quarzit K
Zeolith-Fazies		Grauwacke	Meta-Grauwacke
	Pyroklastit		Meta-Pyroklastit
	Peridotit, Pikrit	Dolomitstein	Serpentinit
		Kalkstein	Marmor
Grünschiefer-Fazies	Basite	Mergel	Grünschiefer
		Schieferton	Tonschiefer
	Rhyolithtuffe	Pelite	Phyllit
	Pyroklastite	Schieferton	Glimmerschiefer
	Peridotit, Pyroxenit	Mergel	Talkschiefer
	Pyroklastite		Chloritschiefer
		Kiesliger Kalkstein	Kalksilikatschiefer
	Peridotit, Pyroxenit	Dolomitstein	Serpentinit
		Kalkstein	Marmor
		Sandstein, Radiolarit	Quarzit
Amphibolit-Fazies		Pelite	Glimmerschiefer
		Kiesliger Kalkstein	Kalksilikatfels
	Basite	Mergel	Amphibolit
		Kalkstein	Marmor
	Granit		Orthogneis
		Sandstein, Radiolarit	Quarzit
Granulit-Fazies		Sandstein, Radiolarit	Quarzit
	Granit		Orthogneis
	Basite		Granulit
		Kalkstein	Marmor
Glaukophan-schiefer-Fazies	Pyroklastite		Chloritschiefer
	Diabas		Glaukophanschiefer
	Peridotit, Pikrit		Serpentinit
Eklogit-Fazies	Basite	Mergel	Eklogit

Erkennungsmerkmale der Metamorphite

1. Vollkristallin, die ganze Masse auskristallisiert
2. Meist große Kristalle, mit bloßem Auge zu erkennen
3. Häufig seidenglänzend
4. Parallelgefüge, Schieferung
5. Sehr kompakt, keine Hohlräume
6. Im allgemeinen keine Fossilien
7. Keine glatten Spaltflächen
8. Gebirgsformen sanft und wellig

Gneis-Familie

Das Gemeinsame der Gneisgesteine ist ein grobkörniges Gefüge, schwache bis deutliche Schieferung und ein Feldspatgehalt von über 20%. Der Name Gneis entstammt der Bergmannssprache aus dem Erzgebirge.

Gefüge Die Schieferung wird insbesondere durch den Biotit besorgt, der sich infolge einseitigen Drucks (sog. Streß) mit seiner Längsachse senkrecht zu dieser Richtung einregelt. Parallel zu den Schieferungsflächen läßt sich der Gneis dickplattig (im Zentimeter- bis Dezimeterbereich) spalten. Bei hohen Glimmeranteilen vereinzelt auch dünnplattigere Abgliederung möglich. Körnig ausgebildete Mineralien herrschen vor.

Mineralbestand Mineralische Zusammensetzung hat weiten Spielraum. Hauptgemengteile Feldspäte und Quarz, wobei Feldspäte deutlich überwiegen. Nebengemengteile Biotit, Muskovit, Hornblende, Cordierit, Granate, Sillimanit. Hoher Kieselsäuregehalt. Helle Farben, grau, grünlich, bräunlich, rötlich.

Vorkommen Ausgangsgesteine sind sowohl Magmatite als auch Sedimentite, wie Granit, saure Vulkanite, Grauwacke, Arkose, Sandstein, sandige und auch reine Schiefertone. Die aus Magmatiten entstandenen Gneise heißen Orthogneis, jene aus Sedimentiten gewordenen Paragneis. Im Handstück ist eine Unterscheidung von Ortho- und Paragneis kaum möglich, wohl aber im Gelände, wenn Übergänge zum Muttergestein oder typisch sedimentäre Bildungen in weiterer Umgebung noch auszumachen sind. Bei den Orthogneisen ist der Mineralbestand gegenüber dem Ursprungsgestein nur wenig verändert. Fundorte: Zentralalpen, Bayerischer Wald, Böhmerwald, Erzgebirge, Vogesen, Zentralmassiv, Bretagne/Frankreich, Skandinavien, Appalachen/USA.

Verwendung Als Baustein zu Bruchschotter und Splitt verwendet, dünnspaltende Sorten für Wandplatten, früher als Dachplatten. Gneise mit zusammenhängenden Glimmerlagen mechanisch weniger beanspruchbar und frostempfindlich.

Namengebung Nach Ausgangsgestein (Granit-, Syenitgneis, Geröllgneis), nach charakteristischen Gemengteilen (Biotit-, Muskovitgneis, Augitgneis, Granatgneis), nach Gefüge (Augen-, Flasergneis, Platten-, Bändergneis), nach Art der Metamorphose (Epigneis), nach Farbe (Grau-, Rotgneis).

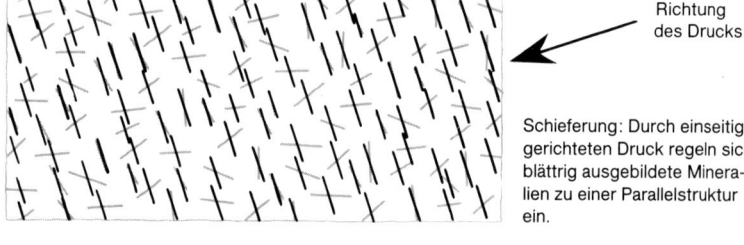

Richtung des Drucks

Schieferung: Durch einseitig gerichteten Druck regeln sich blättrig ausgebildete Mineralien zu einer Parallelstruktur ein.

---

1 Granitgneis, Ukraine/UdSSR

2 Riebeckitgranulit, Niederösterreich

3 Augengneis, Graubünden/Schweiz

4 Migmatit, Fichtelgebirge/Bayern

Augengneis [Nr. 3, S. 309] Gneis-Varietät mit flasrigem Gefüge, das durch Feldspäte, die linsenförmig wie die Augen ausgebildet sind, geprägt wird.

Schiefergneis (Gneisglimmerschiefer) Gneis-Varietät, leitet zu den Phylliten über. Enthält mindestens 50% blättrig ausgebildete Mineralien, insbesondere Glimmer, die zu durchgehenden Bahnen angeordnet sind und dadurch eine dünnplattige Abgliederung ermöglichen.

Leptitgneis (Leptit) Feinkörnige, helle Gneis-Varietät präkambrischen Alters von Skandinavien und Finnland.

Hälleflinta Glimmerarme, feinkörnige bis dichte Gneis-Varietät von Schweden und Finnland. Hohe Festigkeit, flintartiger Bruch.

Kinzigit Lokalbezeichnung für cordieritführenden Granatgneis, Schwarzwald.

Falsche Handelsbezeichnungen Im Handel wird der Begriff Gneis nur wenig verwendet und meist durch GRANIT und QUARZIT ersetzt.

Granulit [Nr. 2, S. 309]

Im allgemeinen läßt sich Granulit als glimmerfreier Gneis ansprechen. Hauptgemengteile sind Feldspäte und groß entwickelter, plattenartig ausgebildeter Quarz, Nebengemengteile meist Pyroxene, Granate, Kyanit und Sillimanit. Gefüge gewöhnlich dickschiefrig bis nahezu massig, häufig gebändert, fein- bis mittelkörnig. Farbe hell, manchmal fast weiß.

Fundorte: Schwarzwald, Niederösterreich, Sachsen/DDR, CSSR, Finnland.

Verwendung als Bruchschotter, sehr druckfest und wetterbeständig.

Charnockit Wird wegen der vermeintlichen Entstehung als Granulit-Varietät, auf Grund des Gefüges aber als Magmatit betrachtet. Im Unterschied zum Granulit enthält er niemals Granate. Auch dem Quarz fehlt die granulittypische, plattige Ausbildung. Charakteristischer Gemengteil ist Hypersthen. Farbe gelbgrün bis dunkelgrün. Fundorte: Schweden, Indien, Brasilien.

Migmatit [Nr. 4, S. 309]

Migmatit (Mischgestein) besteht aus zwei verschiedenen, deutlich erkennbaren Gesteinstypen, die mit scharfen Grenzen ineinandergefügt sind. Wirtgestein ist ein gneisartiger Metamorphit, Eindringling ein granitischer Magmatit. Das Wirtgestein ist naturgemäß stets älter. Der Eindringling ist immer heller als der Gastgeber.

Entstehung wird verschieden gedeutet: Entweder durch Teilaufschmelzen (Anatexis) und granitische Auskristallisation oder durch eine Art Injektion von Schmelzmaterial in den Metamorphitkomplex, vielleicht auch durch metasomatischen Austausch von Mineralsubstanz.

Vorkommen in Zonen sehr starker Metamorphose. Fundorte: Schwarzwald, Bayerischer Wald, Zentralalpen, Auvergne/Frankreich, Skandinavien.

Verwendung als Bruchschotter, für dekorative Platten und Denkmäler.

Von einigen Autoren werden die Migmatite weder zu den Metamorphiten noch zu den Magmatiten gerechnet, sondern als eigene vierte Gesteinsgruppe betrachtet und neben die Magmatite, Sedimentite und Metamorphite gestellt.

Anatexit

Bezeichnung für Gesteine, deren Entstehung irgendwie mit hochmetamorphen Aufschmelzvorgängen zusammenhängt. Es gibt keine verbindliche Definition.

---

1 Chloritgneis VERDE SPRIANA, poliert, Italien
2 Paragneis VERDE VERZASCA, Schweiz
3 Orthogneis NYSTAD GREY, poliert, Finnland
4 Orthogneis VANGA, poliert, Schweden

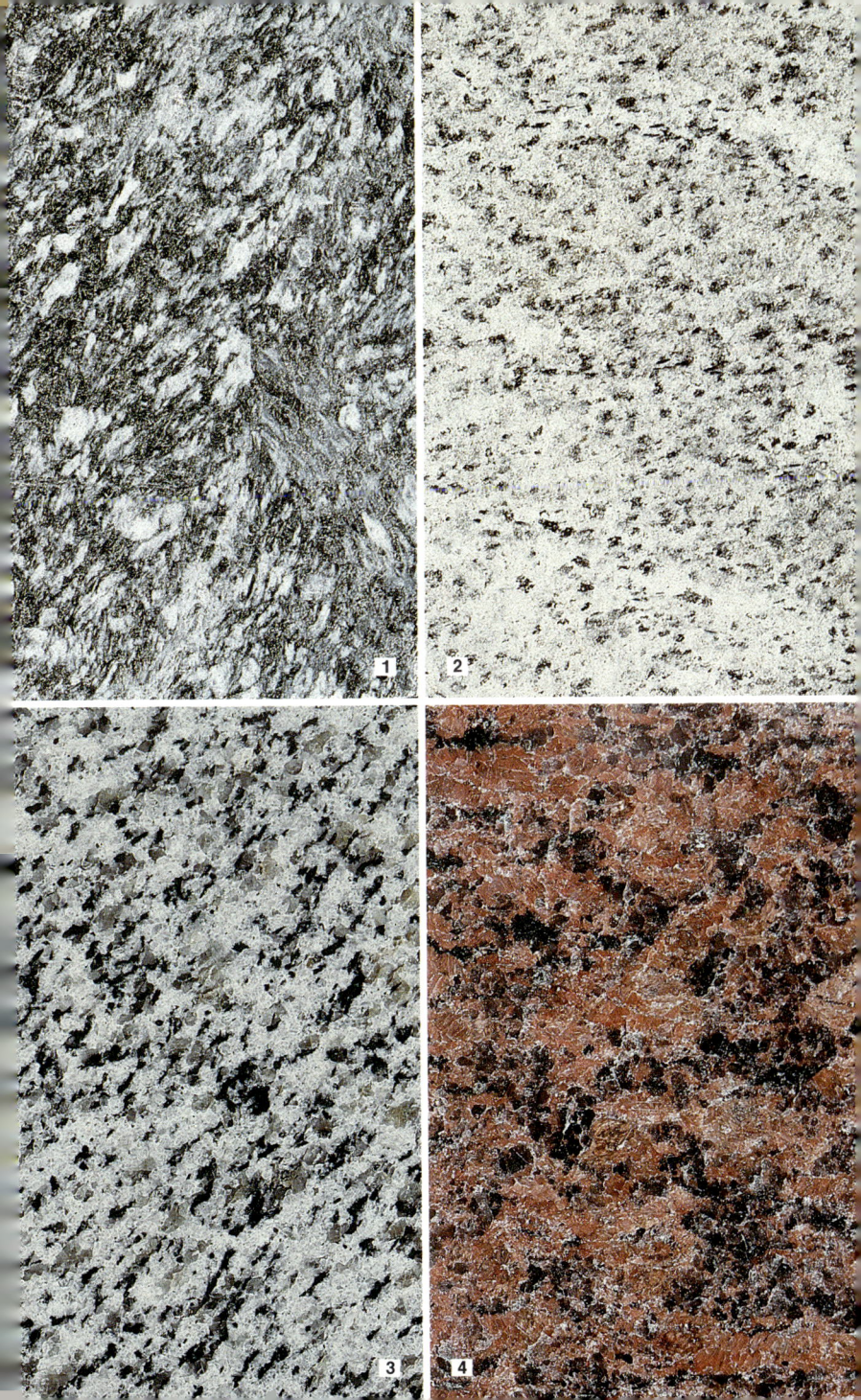

Schiefer-Familie

Das Gemeinsame der Schiefergesteine ist ein fein- bis mittelkörniges Gefüge, sehr deutliche Schieferung und ein Feldspatgehalt von unter 20%.

Schieferung

Wesentliches Erkennungsmerkmal für diese Gesteinsfamilie ist das deutliche Parallelgefüge, das an die sedimentäre Schichtung erinnert. Während aber bei einer Schichtung durchgehende Schichtgrenzen zu erkennen und die Schichtflächen immer eben sind, gibt es bei geschieferten Gesteinen niemals ebene Bruchflächen, weil die plattigen »Schiefermineralien« nicht hintereinander, sondern nebeneinander liegen (vgl. Abb. S. 314 und 308).
Im Volksmund werden auch dünnplattige Sedimentgesteine häufig als Schiefer bezeichnet. Man sollte den Begriff Schiefer nur den Metamorphiten als eines ihrer charakteristischsten Kennzeichen vorbehalten.

Namengebung   Die Anzahl der Schieferarten ist sehr groß. Die Bezeichnung der Gesteine erfolgt nach hervorstechenden Eigenschaften, nach bemerkenswerten Mineralien oder nach der Farbe.

Phyllit [1, 2]

Phyllit (griech. »Blatt«) ist ein feinschuppiger Schiefer mit deutlichem Seidenglanz auf den Schieferungsflächen. Hauptgemengteile sind Serizit (eine Muskovit-Varietät mit maximal 0,2 mm Durchmesser) und Quarz, Nebengemengteile Biotit, Feldspäte, Chlorit, Pyrophyllit, Graphit, Granate, Epidot.
In Platten bis zu 0,1 mm spaltbar. Einzelne Kristalle (sog. Porphyroblasten) sind merklich größer als die mineralische Grundmasse. Dadurch werden die Glimmerplättchen bogenförmig gelagert, so daß der Phyllit im Querbruch ein wellenförmiges Gefüge zeigt. Farbe gewöhnlich silbergrau und grünlich.
Fundorte: Bayerischer Wald, Fichtelgebirge, Erzgebirge, Harz, Zentralalpen, Vogesen/Frankreich, Cornwall/England, Skandinavien.
Verwendung lokal für Dachplatten, frostempfindlich.
Quarzphyllit   Quarz überwiegt als einer der Hauptgemengteile gegenüber den Glimmern oder den anderen blättrigen Mineralien.
Serizitphyllit (Serizitschiefer)   Überwiegend aus Serizit und Quarz, ohne wesentliche Nebengemengteile bestehende Phyllit-Varietät. Gelegentlich auch allgemein als Synonym zu Phyllit verstanden.

Glimmerschiefer [3, 4]

Glimmerschiefer ist geradezu der Inbegriff für Schiefergesteine. Gefüge grobschuppiger als bei Phyllit. Die Glimmerteilchen sind größer 0,2 mm und daher mit bloßem Auge zu erkennen. Spaltet gewöhnlich im Millimeter- bis Zentimeterbereich, bei großem Glimmeranteil mit fast ebenen Flächen.
Hauptgemengteile Quarz und Muskovit, Nebengemengteile Biotit, Kyanit, Chlorit, Graphit. Granate, Staurolith und Sillimanit häufig pyroblastisch ausgebildet.
Farbe normalerweise hell und leicht grünlich.
Fundorte: Fichtelgebirge, Schwarzwald, Erzgebirge, Zentralalpen.
Verwendung als plattiger Baustein. Verwitterungsbeständiger als Phyllit.
Bei Varietäten oft die Kurzform Schiefer anstatt Glimmerschiefer verwendet.

---

1 Phyllit, Tirol/Österreich
2 Serizitphyllit, Erzgebirge/DDR

3 Granat-Glimmerschiefer, Tessin/Schweiz
4 Glimmerschiefer, Osttirol/Österreich

Tonschiefer [1] Kristalliner Tonschiefer

Tonschiefer steht genetisch zwischen Schieferton und Phyllit. Von einigen Autoren wird er zum Sedimentgestein gestellt, obwohl der echte, kristalline Tonschiefer zweifelsfrei metamorph überprägt ist. Deutlich an Schieferung und Schichtung, die im Winkel zueinander laufen (wie beim Griffelschiefer extrem ausgebildet), zu erkennen. Die Grenze zwischen dem sedimentären und dem metamorphen Tongestein liegt dort, wo die Quellfähigkeit im Wasser aufhört. Schiefertone quellen, die metamorphen Tonschiefer nicht. Letztere sind auch härter, haben keine oder stark deformierte Fossilien und vermitteln im feuchten Zustand keinen erdigen Geruch wie die Schiefertone.

Gefüge feinkörnig bis dicht, ausgezeichnete Schieferung mit flachen Abgliederungsflächen. Entlang von Schichtgrenzen auch ebene Spaltung möglich.

Hauptgemengteile sind Quarz und aus Tonmineralien umgebildete Glimmer, insbesondere Muskovit.

Graue und schwarze Farben werden durch Bitumen und Graphitbeimengung, braune durch Limonit, rote durch Hämatit und grünliche Farbtöne durch Chlorit bewirkt. Es gibt auch mehrfarbige, gestreifte oder gefleckte Typen.

Fundorte: Fichtelgebirge, Thüringen/DDR, Ardennen/Frankreich, Wales und Lancashire/Großbritannien. Verwendung als Dach- und Wandplatten (Dachschiefer), für Isolier- und Schalttafeln, vereinzelt für Schultafeln.

Kontaktschiefer [2, 3]

Durch Kontaktmetamorphose aus Tongestein entstanden. Körner- oder stengelartige Mineralausbildungen. Hauptgemengteile sind Glimmer, Quarz, Andalusit und Cordierit.

Fleckenschiefer Durch Bitumen oder Kohlenstoff Fleckenbildung.

Knotenschiefer Infolge Kornvergrößerung knotenartige Glimmerlagen.

Fruchtschiefer [3] Ähnlich Getreidekörnern sehen die Kristallneubildungen von Andalusit oder Cordierit aus.

Garbenschiefer [2] (Chiastolithschiefer) Die Andalusit-Varietät Chiastolith ist als Mineralneubildung büschelartig im Tonschiefer verteilt.

Hornblendeschiefer [4]

Hauptgemengteile sind Hornblende, Quarz und Biotit, Nebengemengteile Pyroxene, Muskovit, Granate, Plagioklas-Feldspat. Fundorte: Tirol/Österreich, Südtirol/Italien, St. Gotthard-Massiv/Schweiz.

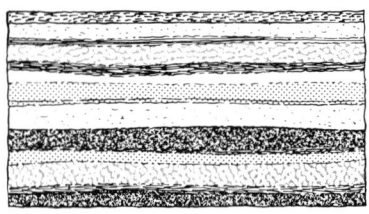

Schichtung: Durchgehende Schichtgrenze, beim Spalten glatte Flächen

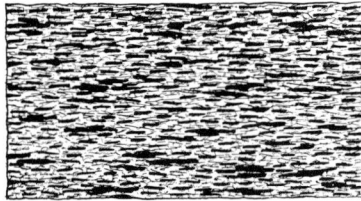

Schieferung: Eingeregelte Mineralien, beim Spalten keine glatten Flächen

---

1 Tonschiefer, Thüringen/DDR

2 Garbenschiefer, Fichtelgebirge/Bayern

3 Fruchtschiefer, Sachsen/DDR

4 Hornblendeschiefer, Südtirol/Italien

1

2

3

4

Grünschiefer

Sammelbezeichnung für feinkörnige, grünlich aussehende Schiefer. Hauptgemengteile sind Chlorit, Epidot, Aktinolith, Talk, Glaukophan und Albit-Feldspat. Muskovit und Quarz fehlen oder nur gering vorhanden.
Namengebung nach dem vorherrschenden grünlichen Mineral. Wichtigste Vertreter der eigentlichen Grünschiefer sind Amphibol-, Chlorit- und Epidotschiefer sowie Prasinit. Talk- und Glaukophanschiefer werden auf Grund ihrer etwas anderen Entstehung nur zum weiteren Kreis der Grünschiefer gezählt.

Aktinolithschiefer [4]   Amphibolschiefer-Varietät mit dem Hauptgemengteil Aktinolith. Fundorte: Böhmisch-sächsisches Erzgebirge, Harz, Fichtelgebirge, Hohe Tauern/Österreich, Westalpen.

Chloritschiefer [3]   Grünschiefer mit dem Hauptgemengteil Chlorit. Schönfarbige Sorten als Dekorstein, für Bodenplatten und Wandverkleidungen verwendet. Fundorte: Niedere Tauern/Österreich, Südtirol, Lombardei, Piemont/Italien.

Prasinit   Feinkörniger Grünschiefer. Infolge zonenartiger Anreicherung der verschiedenen Hauptgemengteile (Chlorit, Aktinolith, Albit und Epidot) gebändertes, kaum geschiefertes Aussehen. Lokal als Straßenbaumaterial, schönfarbige Sorten als Dekorstein genutzt.
Fundorte: Zillertal/Österreich, Tessin/Schweiz, Oberitalien.
Gelegentlich wird der Name Prasinit auch allgemein als Synonym zu Grünschiefer verwendet.

Talkschiefer [1]   Sehr gut spaltbarer, weicher Grünschiefer mit dem Hauptgemengteil Talk. Nebengemengteile sind Magnesit, Magnetit, Calcit, Dolomitspat, Quarz. Farbe weißgrau, grün gesprengelt. Fühlt sich fettig an.
Fundorte: Kärnten, Zillertal/Österreich, Graubünden/Schweiz, Transvaal/Südafrika, New York/USA. Reine Sorten zur industriellen Gewinnung von Talk.
Steatit [2] (Speckstein, Topfstein, Seifenstein, Lavezstein)   Dichte Talkschiefer-Varietät mit geringen Beimengungen. Lichtgrau und von nur geringer Härte. Verwendung seit Jahrhunderten für Schmuck und Schnitzfiguren, für verschiedenartige Gefäße. Da auch hitze- und säurebeständig, vielseitiger Einsatz in Technik und Industrie, insbesondere für Chemikalienbehälter und für feuerfeste Keramik. Durch Brennen wird Steatit sehr hart. In der Technik wird nur der gebrannte Talk als Steatit bezeichnet. Fundorte: Fichtelgebirge, Indien, Virginia/USA.
Die oben als Synonym angeführten Namen werden gelegentlich auch mit einem etwas anderen Begriffsinhalt gebraucht.

Glaukophanschiefer (Blauschiefer)   Grünlicher Schiefer mit bläulicher oder leicht violetter Tönung, meist grobschiefrig. Einziger Hauptgemengteil ist Glaukophan, ein blauer Amphibol. Nebengemengteile sind Epidot, Calcit, Quarz, Granat, Albit, auch Talk, Zoisit und Jadeit.
Vorkommen relativ selten. Fundorte: Kalabrien, Toskana, Aostatal/Italien, Spitzbergen, Kanal-Inseln/Großbritannien, Westalpen.
Bedeutsam für die Erzprospektion, da mit Kupfer- und Nickel-Lagerstätten vergesellschaftet.

Glaukophanit   Entweder Synonym zu Glaukophanschiefer oder Bezeichnung für das massige, nicht geschieferte Glaukophangestein.

---

1 Talkschiefer, Oberfranken/Bayern   3 Chloritschiefer, Tirol/Österreich
2 Steatit, Fichtelgebirge/Bayern   4 Aktinolithschiefer, Tessin/Schweiz

316

1

2

3

4

Fels-Familie

Die Gesteine der Fels-Familie lassen keine Richtung in ihrem Gefüge erkennen, sie sind massig. Bei den Namen wird häufig das Suffix »-fels« verwendet.

Felsquarzit [1, 2] Metaquarzit, Quarzit
Unter dem Begriff Quarzit wird in der Petrologie der sedimentäre (S. 274) wie auch der metamorphe Quarzit verstanden. Diese Unterscheidung könnte auch im Namen zum Ausdruck kommen, wenn man z. B. von Sedimentärquarzit und von Felsquarzit spricht. Die Bezeichnung Metaquarzit wird im deutschen Sprachraum selten verwendet.
Felsquarzit ist gewöhnlich massig, ungeschiefert, bildet aber oft dicke Bänke. Bei übermäßig viel Muskovit ergibt sich eine leichte Schieferung, die auf Spaltflächen einen viel zu hohen Glimmeranteil vortäuscht, eben weil der Quarzit entlang der Glimmerflächen bricht.
Hauptgemengteil mit mindestens 80% ist Quarz. Als Nebengemengteile können alle gesteinsbildenden Mineralien auftreten, insbesondere Feldspäte, Glimmer, Chlorit, Magnetit, Hämatit, Granate, Graphit.
Die Quarzkörner sind gewöhnlich miteinander verzahnt, weil die verbindende Grundmasse infolge Metamorphose ebenso auskristallisiert ist. Beim Sedimentärquarzit dagegen ist der kittende Zement nicht auskristallisiert.
Farbe weiß, durch Beimengungen grau, braun, rötlich.
Fundorte: Taunus, Harz, Oberpfälzer Wald, Böhmisch-sächsisches Erzgebirge, Steiermark/Österreich, Wallis/Schweiz, Südtirol, Norwegen, Schweden.
Wegen hoher Festigkeit und Wetterbeständigkeit Verwendung als Bruchschotter, gut trennbare Sorten (vornehmlich Glimmerquarzite) als Dekorstein, für Fußböden und Fassadenverkleidung. Reine Quarzite dienen als Rohstoff für Glas und feuerfeste Steine, erzhaltige Quarzite zur Erzgewinnung.

Varietäten Benennung der Varietäten nach Nebengemengteilen (z. B. Glimmerquarzit) oder nach wirtschaftlich bedeutendstem Mineral (z. B. Magnetitquarzit). Viele Handelsnamen für Dekorsteinsorten.

Kalksilikatfels [3] Erlanfels, Erlan
Metamorphes Gestein aus Kalksilikat-Mineralien, massiges Gefüge, dicht bis grobkörnig. Infolge gruppenartiger Mineralansammlungen manchmal zoniert. Farbe hellgrün, grau, bräunlich.
Sehr verschiedenartig zusammengesetzt. Hauptgemengteile können Calcit, Vesuvian, Wollastonit, Diopsid, die Granat-Varietäten Grossular und Andradit sein.
Als Nebengemengteile alle sonst in Metamorphiten vorkommenden Mineralien möglich. Häufig große Einzelkristalle.
Fundorte: Fichtelgebirge, Tessin/Schweiz, Böhmen/CSSR, Trient/Italien, Kalifornien/USA. Insgesamt recht selten.
Schönfarbige Sorten in der Bauwirtschaft unter dem Namen MARMOR als dekorative Platten für Fußböden und Wandgestaltung verwendet.

Skarn [4] Ist ein vererztes Kalksilikatgestein. Name nach einem schwedischen Bergmannsausdruck. Zur Eisen- und Buntmetallgewinnung genutzt. Fundorte: Mittelschweden, Elba/Italien, Trepča/Jugoslawien, Banat/Rumänien, Arkansas/USA.

---

1 Quarzit, Marokko
2 Serizitquarzit, Wallis/Schweiz
3 Kalksilikatfels, Fichtelgebirge/Bayern
4 Skarn, Gällivara/Schweden

1

2

3

4

Amphibolit [1, 3]

Fein- bis grobkörniges Metamorphitgestein, gewöhnlich mit massigem Gefüge. Die selten auftretenden schiefrigen Varietäten stellen Übergangsglieder zu verwandten Gesteinen, wie Gneis, Granulit, Eklogit und Grünschiefer dar. Hauptgemengteile sind die Amphibol-Varietät Hornblende und Plagioklas, Nebengemengteile Biotit, Chlorit, Granate, Epidot, Zoisit und andere. Farbe grau, graugrün bis zu dunkelgrün und grünschwarz.

Fundorte: Fichtelgebirge, Spessart, Schwarzwald, Böhmisch-sächsisches Erzgebirge, Thüringer Wald/DDR, Hohe Tauern/Österreich, St.-Gotthard-Massiv/Schweiz, Skandinavien.

Amphibolite besitzen große Festigkeit und sind wetterbeständig, daher Bauschotter für hohe Beanspruchung. Spaltbare Sorten für Platten verwendet.

Anzahl der Varietäten wegen der mengenmäßig weiten Schwankungsbreite von Haupt- und Nebengemengteilen sehr groß. Benennung nach hervorstechenden Nebengemengteilen (z. B. Epidot-, Quarzamphibolit).

Eklogit [4]

Eklogit (griech. »Auswahl«) ist ein Metamorphit mit den Hauptgemengteilen Granat (roter Pyrop und Almandin) und Pyroxen (gewöhnlich hellgrüner Omphacit). Nebengemengteile sind Kyanit, Rutil, Hornblende, Zoisit, Plagioklas und Quarz. Die Dichte von 3,2–3,6 ist die höchste aller Silikatgesteine.

Gefüge massig, manchmal dickschiefrig. In fein- bis grobkörniger grüner Grundmasse liegen große, rundliche rote Granate.

Vorkommen selten und nur in kleinen Massen. Linsenförmig in migmatitischen Gneisen oder pegmatitischen Graniten eingelagert. Fundorte: Fichtelgebirge, Schwarzwald, Hohe Tauern/Österreich, Norwegen, Kalifornien/USA.

Obwohl sehr fest und verwitterungsbeständig, wegen geringer Verbreitung kaum genutzt. Lokal als Bruchschotter und für Dekorplatten verwendet.

Hornfels [2]

Sammelname für massige, harte, dichte bis feinkörnige Metamorphite mit typisch muschligem Bruch. Die Bezeichnung Hornfels sollte nur für kontaktmetamorph entstandene Gesteine gelten, bei regionalmetamorphen Bildungen Schreibweise ohne »horn«. Nicht mit dem Sedimentit Hornstein verwechseln (S. 294)!

Gelegentlich schwach porphyroblastisch. Unterm Mikroskop charakteristische Mosaik- oder Pflasterstruktur zu erkennen. An dünnen Kanten hornartig durchscheinend.

In Abhängigkeit vom Ausgangsgestein ist der Mineralbestand sehr verschieden. Häufige Vertreter sind Andalusit, Biotit, Cordierit, Granate, Hypersthen, Sillimanit. Obwohl meist helle Mineralien, ist die Farbe der Hornfelse durch Beimengungen oftmals dunkel, grau bis schwarz, grünlich, nur vereinzelt nahezu weiß.

Fundorte: Fichtelgebirge, Harz, Eifel, Elba/Italien, Vogesen/Frankreich, südliches Norwegen.

Sehr fest und wetterbeständig, wegen geringer Verbreitung nur lokal als Bruchschotter verwendet.

Zahlreiche Varietäten, benannt nach Ausgangsgestein (z. B. Tonschiefer-Hornfels [2]) oder nach Mineralbestand (z. B. Andalusit-Hornfels).

Adinolfels (Adinolit, Adinol) Hornfels-Varietät im Bereich von Diabasen.

---

1 Granatamphibolit, Tauern/Österreich
2 Tonschiefer-Hornfels, England
3 Amphibolit, Kinzigtal/Schwarzwald/Baden
4 Eklogit, Fichtelgebirge/Bayern

1

2

3

4

Serpentinit [2–4] Serpentinfels
Mehr oder weniger grüner Metamorphit, überwiegend aus Serpentinmineralien bestehend.

Name (lat.»Schlange«) nimmt Bezug auf das fleckige Aussehen oder vielleicht auch wegen der vermeintlichen Wirkung gegen Schlangengift.

Hauptgemengteile Chrysotil oder Antigorit. Große Zahl von Nebengemengteilen möglich, u.a. Olivin, Pyroxene, Granate, Amphibole, Chromit und Magnetit. Fast immer Calcit dabei.

Gefüge dicht, manchmal fasrig oder blättrig, fast stets massig, gelegentlich dickbankig. Vereinzelt eine leichte Schieferung angedeutet. Infolge wechselnden Anteils und unterschiedlicher Verteilung der Gemengteile gewöhnlich unregelmäßiges Farbbild, fleckig, gestreift, geflammt, durchadert. Farbe schwankt von hellem Graugrün bis zu Grünschwarz. Vereinzelt auch bläulich, braune und rötliche Töne vertreten.

Entstehung bei Regionalmetamorphose aus ultrabasischen Magmatiten (Peridotit, Pyroxenit, Pikrit) durch Umwandlung (Serpentinisierung) von Olivin, seltener von Pyroxenen, Amphibolen oder Chloriten zu Serpentin. Die dabei freigesetzten Eisenverbindungen können zu Erzlagerstätten führen. Vereinzelt sind auch Dolomitgesteine Grundlage der Serpentinitbildung.

Fundorte: Fichtelgebirge, Schwarzwald, Erzgebirge/DDR, Salzburg, Tirol, Kärnten, Waldviertel/Niederösterreich, Graubünden/Schweiz, Pyrenäen, Vogesen/Frankreich, Ligurien/Italien, Cornwall/England.

Wegen geringer Härte, guter Polierbarkeit und des dekorativen Aussehens schon seit der Antike für Schmuck und kunstgewerbliche Gegenstände verwendet. Gewöhnlich nicht wetterbeständig, daher vorwiegend Einsatz zur innenarchitektonischen Gestaltung.

Im Handel und in der Natursteinindustrie wird Serpentinit allgemein, wie das Mineral, nur Serpentin genannt.

Viele Serpentinite haben abbauwürdige Erzgehalte oder sind mit Lagerstättenbildungen aufs engste verknüpft, u.a. mit Eisen-, Chrom-, Magnesit-, Talk- und Asbestvorkommen.

Bezeichnung der Varietäten nach bemerkenswerten Nebengemengteilen (Bronzit-, Granatserpentinit) oder nach Abstammung (Harzburgitserpentinit).

In den Namen der Handelssorten wird häufig die grüne Farbe des Serpentinits erwähnt, oft auch als MARMOR bezeichnet.

Cipollino [1]
Metamorphit, der ein Übergangsglied zwischen Serpentinit, Marmor und Ophicalcit darstellt. Zwiebelähnlich faltig gestreift liegen Glimmer, Feldspäte, Tonmineralien, Chlorite oder Serpentin in der Grundmasse aus Calcit. Häufig merklicher Quarzgehalt. Der Name bedeutet entsprechend der Zeichnung »Zwiebel« (italienisch »cipolla«). Matrix weiß oder gelblich, Geäder meist grünlich.

Fundorte: Toskana, Piemont/Italien, Euböa/Griechenland. Ein beliebter Dekorstein. Wird im Handel als MARMOR bezeichnet.

Ophiolith
Gruppenname für genetisch verwandte, grünfarbige, basische und ultrabasische Gesteine, wie Serpentinit, Peridotit, Gabbro, Basalt.

---

1 Cipollino VERSILIA, Toskana/Italien
2 Serpentinit VERDE VARZEA, Alentejo/ Portugal
3 Serpentinit VERDE GIADA, Aostatal/Italien
4 Serpentinitbrekzie VERDE ANTICO, Larissa/Griechenland

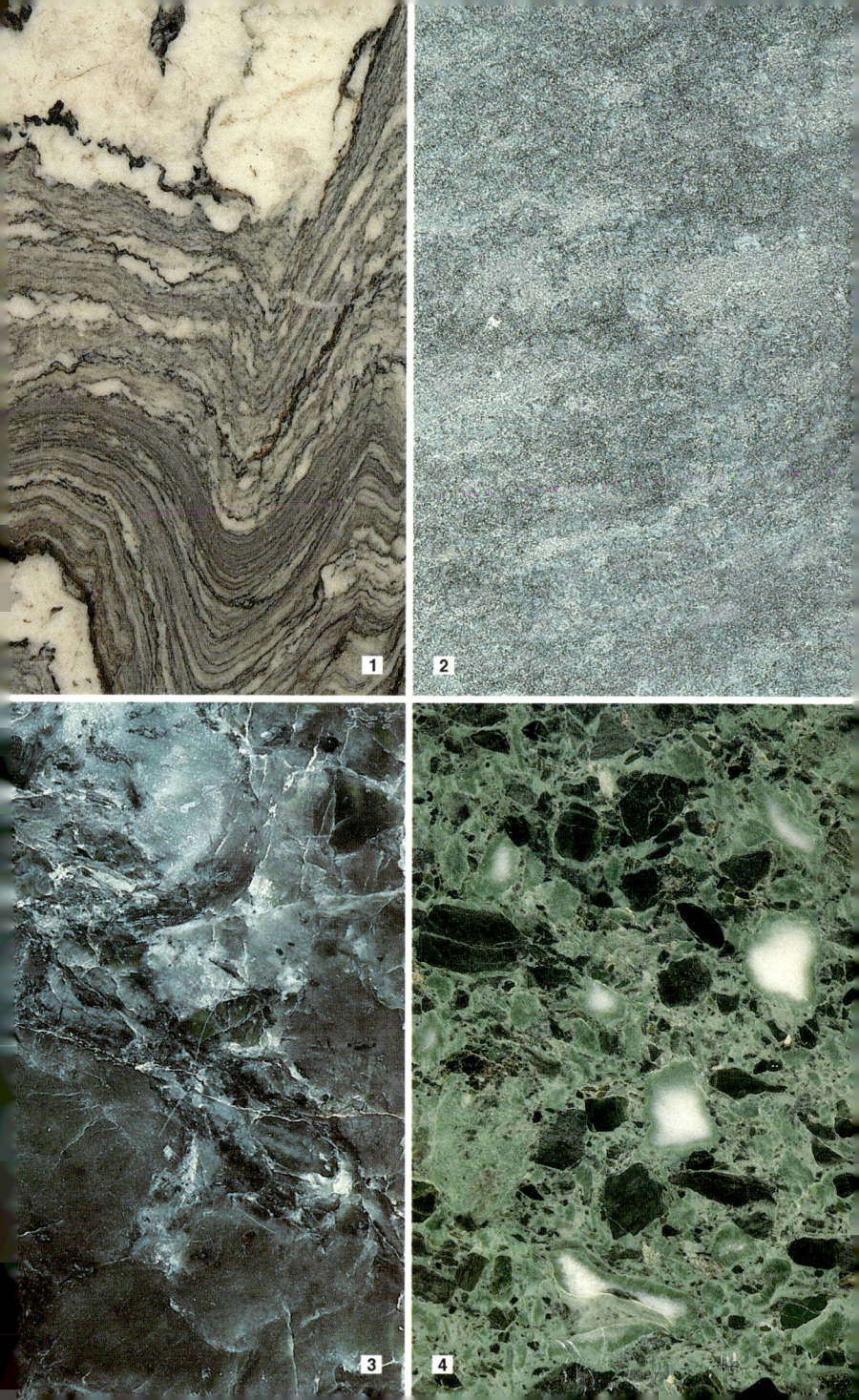

Marmor [1 und 4 sowie Nr. 1–3, S. 327] Calcitmarmor, Kalkmarmor

Der Begriff Marmor (griech. »schimmernder Felsblock«) wird verschieden definiert. In der petrologischen Wissenschaft versteht man unter Marmor einen calcitischen Metamorphit. Das ist der »echte«, der kristalline Marmor.

Gelegentlich wird die Bezeichnung Marmor aber auch als Oberbegriff für Kalk- und Dolomitmarmor verstanden, so daß man von einem Marmor im weiteren Sinn und von einem solchen im engeren Sinn sprechen kann.

In der Bauwirtschaft, im Handel und im Volksmund wird jeder feste, polierfähige Kalkstein als Marmor bezeichnet. Teilweise werden sogar nichtkalkige Gesteine, wie Serpentinit, ebenso Marmor genannt. All diesen Gruppen ist eines gemeinsam: das Marmorierte, eine besondere Zeichnung der Oberfläche.

Gefüge Der echte Marmor ist durch Kontakt- oder Regionalmetamorphose aus Kalkstein entstanden. Er ist massig, mittel- bis grobkristallin und wie Kalkstein monomineralisch (bis zu 99%) aus Calcit aufgebaut. Die Kristalle wurden bei der Metamorphose auf Kosten anderer vergröbert, so daß sie, etwa gleichmäßig groß, mit bloßem Auge zu erkennen sind.

Als Nebengemengteile können viele Mineralien vertreten sein, u.a. Amphibole, Chlorit, Epidot, Glimmer, Granate, Graphit, Hämatit, Limonit, Plagioklas, Pyrit, Pyroxene, Quarz, Serpentin, Vesuvian, Wollastonit.

Wegen seines körnigen Gefüges ist Marmor außerordentlich kompakt. Das Porenvolumen liegt unter 1%. Bis 30 cm ist er lichtdurchscheinend. Das tiefe Eindringen des Lichts verleiht ihm den typischen Schimmer.

Farbe Rein weißer Marmor ist selten. Gewöhnlich zeigt sich auf Grund des Ausgangsmaterials oder als Folge metamorph beigemischter Fremdbestandteile ein geflammtes, geflecktes, gemasertes, durchädertes oder gestreiftes Bild. Alle Farbtöne und alle Nuancierungen sind möglich.

Unterscheidung gegenüber Kalkstein Die Grenze zwischen kristallinem Marmor und marmoriertem Kalkstein ist fließend. Einige Merkmale ermöglichen die Unterscheidung gegenüber dem häufig ähnlich aussehenden Kalkstein.

Kristalliner Marmor	Kalkstein
Grobkörnig, Kristalle mit bloßem Auge erkennbar	Feinkörnig, Kristalle mit bloßem Auge nicht auszumachen
Bruch spätig	Bruch feinkörnig unscheinbar
An Kanten lichtdurchscheinend	An Kanten nicht lichtdurchscheinend
Keine Hohlräume	Gelegentlich Hohlräume
Keine Fossilien	Häufig Fossilien

Fundorte Marmor findet man vielerorts. Infolge tektonischer Beanspruchung sind aber die meisten Lager derart zerklüftet, daß ein Abbau nicht lohnt. – Fichtelgebirge, Tirol, Kärnten/Österreich, Tessin, Wallis/Schweiz, Toskana, Laas/Südtirol/Italien, Frankreich, Spanien, Griechenland, Devonshire/England.

Verwendung Fassadenverkleidung, für Innenarchitektur, Tischplatten, Ornamente, Schalttafeln. Nimmt Politur gut an, wird im Freien jedoch rasch matt.

---

1 Marmor, Fichtelgebirge/Bayern
2 Dolomitmarmor, Steiermark/Österreich

3 Ophicalcit, Wallis/Schweiz
4 Marmor, Alentejo/Portugal

Handelssorten Während Marmore in der Wissenschaft nach charakteristischen Gemengteilen benannt werden, erfolgt Namengebung im Handel nach Farbe, Zeichnung, Gefüge oder Fundort. Auch reine Phantasiebezeichnungen.

Carrara-Marmor [1] Sammelbegriff für die bei der Stadt Carrara in der Toskana/Italien gebrochenen Marmore. Die Gewinnungsstätten liegen im Apuanischen Apennin, in einer Bergkette von 60 km Länge und 20 bis 25 km Breite. Vier Haupttäler führen von Carrara zu den zahlreichen Brüchen. Bis zu den Gipfeln hinauf findet man den schneeweißen Marmor.

Bei Carrara liegen die qualitativ und quantitativ bedeutendsten Vorkommen der ganzen Welt von weißem, kristallinem Marmor. Schon zur Römerzeit wurden die Lagerstätten ausgebeutet. Später gerieten sie in Vergessenheit. Im Hochmittelalter und zur Zeit der Renaissance wurden die Brüche wieder belebt. Die Lager scheinen unerschöpflich.

Neben einigen bunten Marmorsorten ist der allgemeine Typ der des Bianco chiaro (Blanc clair). Grundfarbe milchigweiß bis leicht bläulichweiß.

Rein weiße Sorten werden von Bildhauern bevorzugt. Michelangelo fand dieses Material für seine Skulpturen am Monte Altissimo. Solche Marmore bestehen bis zu 98% aus reinem Calciumcarbonat.

Meist sind die Bianco-Marmore leicht gewolkt und zart geadert. Je nach Zeichnung gibt es verschiedene Handelsnamen.

Onyx-Marmor (Marmor-Onyx) Handelsbezeichnung für Kalksinter (s. S. 286).

Dolomitmarmor [Nr. 2, S. 325]

Ein aus Dolomitstein metamorph entstandener Marmor. Neben Calcit ist Dolomitspat vorherrschender Gemengteil. Gefüge im allgemeinen feinkörniger als bei Kalkmarmor, an Bruchstellen zuckerkörniges Aussehen. Sonst optisch kaum von Kalkmarmor zu unterscheiden. Mit Hilfe der Salzsäureprobe (vgl. S. 290) allerdings leicht zu identifizieren.

Fundorte: Fichtelgebirge, Steiermark/Österreich, Südtirol/Italien, Norwegen, Schweden, Karelien/UdSSR, Utah/USA. Dolomitmarmor ist nicht so weit verbreitet wie Kalkmarmor. Verwendung wie jener.

Wenn schlechthin nur von Marmor gesprochen wird, ist normalerweise Kalkmarmor gemeint. Dolomitmarmor verlangt immer den Vorsatz »Dolomit«.

Ophicalcit [4 und Nr. 3, S. 325] Silikatmarmor

Ein Metamorphit, der als Hauptgemengteile Calcit und bis zu 20% Silikatmineralien enthält, vornehmlich Serpentin, Forsterit und Talk, daneben auch Amphibole, Glimmer, Feldspäte, Pyroxene und Quarz. Im Namen Ophicalcit, der soviel wie Serpentincalcit bedeutet, kommt die enge Verwandtschaft sowohl zu Marmor als auch zu Serpentinit zum Ausdruck.

Gefüge massig, ohne Richtung, körnig-kristallin. Vorkommen wie Marmor.

Fundorte: Fichtelgebirge, Wallis/Schweiz, Westalpen/Frankreich, Piemont/Italien, Estremadura/Portugal, Spanien.

Urkalk

Frühere Bezeichnung für kristallinen Marmor, weil man ihn für die älteste Kalksteinbildung hielt. Heute wissen wir, daß Marmor in jeder geologischen Epoche entstehen kann. Der Begriff Urkalk ist daher überholt.

---

1 Marmor CARRARA, Toskana/Italien 3 Marmor PASCHA, westliche Türkei
2 Marmor CALACATTA D'ORO, Toskana/Italien 4 Ophicalcit CONNEMARA, County Galway/Irland

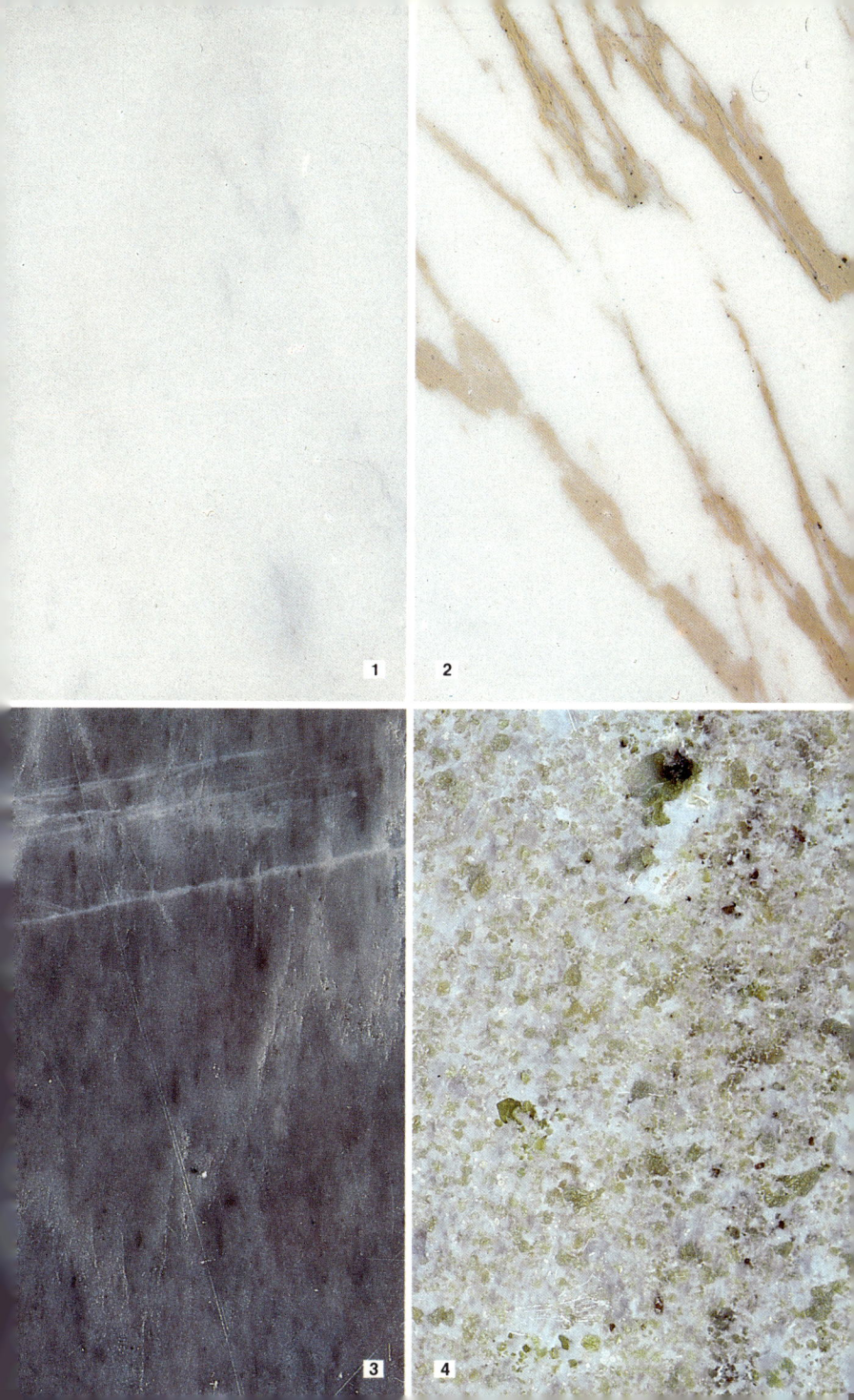

Technische Eigenschaften von Metamorphitgesteinen

	Rohwichte Rohdichte Raumgewicht Raumdichte	Reinwichte Reindichte Spez. Gewicht Korndichte Dichte	Wahre Porosität Gesamtporosität	Wasseraufnahme	Scheinbare Porosität Nutzporosität
	g/cm³	g/cm³	Raum-%	Gewichts-%	Raum-%
Gneis, Granulit	2,65–3,00	2,67–3,05	0,4–2,0	0,1–0,6	0,3–1,8
Amphibolit	2,70–3,10	2,75–3,15	0,4–2,0	0,1–0,4	0,3–1,2
Serpentinit	2,60–2,75	2,62–2,78	0,3–2,0	0,1–0,7	0,3–1,8
Dachschiefer	2,70–2,80	2,82–2,90	1,6–2,5	0,5–0,6	1,4–1,8
Marmor	2,65–2,85	2,70–2,90	0,5–2,0	0,2–0,6	0,4–1,8
Tonschiefer	2,60–2,80	2,71–2,86	0,4– 4,5	0,1–1,7	
Gneis, Glimmerschiefer	2,60–2,97	2,64–3,05	0,4– 5,5	0,1–1,9	
Granulit	2,64–3,12	2,67–3,20	0,4– 7,8	0,1–1,4	
Quarzit	2,60–2,65	2,64–2,70	0,4– 3,9	0,1–1,4	
Marmor, Ophicalcit	2,60–2,76	2,70–2,78	0,4– 4,0	0,1–1,5	
Serpentinit	2,41–2,95	2,63–3,00	0,3–10,5	0,1–3,8	

	Druckfestigkeit im trockenen Zustand kg/cm²	Biegezugfestigkeit kg/cm²	Schlagfestigkeit Schlaganzahl bis zur Zerstörung	Abriebfestigkeit Verlust auf 50 cm² in cm³	Bemerkungen	Quelle
Gneis, Granulit	1600–2800		6–12	4–10	mittlere	
Amphibolit	1700–2800		10–16	6–12	Häufig-	DIN
Serpentinit	1400–2500		6–15	8–18	keits-	52100
Dachschiefer		500–800			werte	
Marmor	800–1800	60–150	8–10	15–40		
						Peschel 1977

Meteorite

Steine aus dem Weltall

Meteorite (griech. »Himmelserscheinung«), auch Meteorsteine oder Aerolithe genannt, sind feste Bruchstücke, aus dem Weltraum der Erde zugeführt. Man kann sie als außerirdische Gesteine bezeichnen. Viele verglühen mit den bekannten Sternschnuppenerscheinungen beim Eintritt in die Atmosphäre.
Die meisten Meteorite sind kleine schwarze Kügelchen, Bruchteile eines Millimeters groß. Sie fallen ständig auf die Erde nieder. Der jährliche Zuwachs solchen kosmischen Staubes beträgt Tausende von Tonnen.
Große Meteorite sind selten. Der größte bisher gefundene Meteorit ging in vorgeschichtlicher Zeit bei der Hoba-Farm nahe Grootfontein in Namibia nieder. Er umfaßt 9 m^3 und wiegt über 50 Tonnen (Abb. S. 334).
Sehr schwere Meteorite können auf der Erde nicht weich landen. Sie werden durch die Atmosphäre kaum abgebremst, treffen mit kosmischer Geschwindigkeit von 20–70 Kilometern in der Sekunde auf die Erde, werden zertrümmert und verdampfen völlig. Aufschmelzvorgänge bei den Kratergesteinen und Bildung der Hochdruckmineralien Coesit und Stishovit sind die Folge.

Klassifikation der Meteorite

Eisenmeteorite	Hexaedrite Oktaedrite Ataxite	Stein-Eisen-Meteorite	Siderophyre Pallasite Mesosiderite	Steinmeteorite	Chondrite Achondrite

Meteorkrater

Große Meteorite sprengen beim Aufschlag auf die Erdoberfläche rundgeformte Krater aus. Etwa 50 größere Meteorkrater sind auf der Erde nachgewiesen oder werden vermutet. Viele hundert kleine Einschlagstellen wurden zusätzlich von Meteorschwärmen verursacht.
Arizona-Krater (Barringer Krater, Canyon Diablo) Bekanntester und am besten erforschter Meteorkrater bei Winslow in Arizona/USA. Durchmesser 1220 m, Tiefe 175 m. Entstanden vor 30000 Jahren. Sein Ringwall erhebt sich 35 m über dem flachen Gelände. Ein Meteorit-Hauptkörper wurde nie gefunden, aber über 20 Tonnen Meteoreisen als Trümmerstücke aufgesammelt.
Nördlinger Ries Einer der größten Meteorkrater, ein 25 km weites, ursprünglich 500 m, jetzt nurmehr 200 m tiefes Becken zwischen Schwäbischem und Fränkischem Jura. Entstanden vor 15 Millionen Jahren. Der Meteorit verdampfte beim Aufschlag völlig, kein Meteoritenstück wurde je gefunden.

Impaktite
Beim Einschlag großer Meteorite können Gesteine der Erdoberfläche schmelzen und sogar zu vulkanähnlichen Glutwolken verdampfen. Durch Erstarren dieser Schmelzprodukte bilden sich glasartige Gesteinstrümmer von wenigen Dezimetern Durchmesser, Impaktite (engl. »Zusammenstoß«) genannt. Gelegentlich zu Brekzien angehäuft. Der Suevit vom Nördlinger Ries gehört hierzu.

Große Meteorite stürzen mit auffälligem Feuerschweif zur Erde (Fotomontage)

Eisenmeteorit [1, 2, 5] Siderit, Meteoreisen

Eisenmeteorite sind kristalline Legierungen von gediegenem Eisen mit 4 bis 40% Nickel und einem geringen Gehalt an Kobalt und Kupfer. Als Erz kommt diese Zusammensetzung in der Erdkruste nicht vor.

Hexaedrit Eisenmeteorit mit 6–7% Nickel und kubischen Kristallen, die sich nach dem Würfel (Hexaeder) spalten lassen. Auf angeschliffenen und mit Salpetersäure geätzten Flächen zeigt sich eine feine, parallel gerichtete oder sich kreuzende Streifung, Neumannsche Linien genannt.

Oktaedrit [1] Eisenmeteorit mit Nickelgehalt bis 40%. Nach der Gestalt des Oktaeders kristallisiert. Auf geschliffenen und mit Salpetersäure geätzten Flächen wird ein Lamellensystem sichtbar, das man als Widmannstättensche (oder Widmannstettersche) Figuren bezeichnet. Bisher ist es nicht gelungen, ein solches Lamellensystem künstlich zu erzeugen. Drei Gefügeteile sind zu unterscheiden: Kamacit, Taenit und Plessit.

Kamacit (Balkeneisen) Dunkelgraue Nickel-Eisen-Legierung mit 6–7% Nickel in Form dicker Balken.

Taenit (Bandeisen) Silberglänzende, das Balkeneisen umsäumende Nickel-Eisen-Legierung mit etwa 30% Nickel.

Plessit (Fülleisen) Grauschwarzes Gemenge kleinster Kristalle von Kamacit und Taenit, das die Zwickel im Lamellensystem ausfüllt.

Ataxit Feinkristalliner, nickelreicher Eisenmeteorit ohne geordnete Struktur. Wahrscheinlich durch Hitzeeinwirkung aus Oktaedrit entstanden.

Steinmeteorit [3, 4] Aerolith, Meteorstein

Steinmeteorite sind den irdischen Gesteinen ähnlich. Ihre mineralische Zusammensetzung entspricht etwa den Peridotiten oder Gabbros. Außerdem geringe Mengen von Nickeleisen dabei. Häufiger als Eisenmeteorite.

Chondrit [3] Steinmeteorit mit einzelnen, kleinen, bis erbsengroßen Kügelchen (Chondren) aus Silikatmineralien (wie Bronzit, Diopsid, Olivin und Plagioklas), vereinzelt aus Chromit, Graphit, Magnetit und Spinell oder aus Gesteinsglas. Grundmasse besteht aus den gleichen Mineralien oder aus Glas. Farbe gewöhnlich hell- bis dunkelgrau, teilweise schwarz.

Achondrit [4] Steinmeteorit ohne Chondren. Besitzt gewöhnlich eine glänzende schwarze Schmelzrinde. Seltener als Chondrite.

Stein-Eisen-Meteorit

Gemäß der Zusammensetzung ein Übergangsglied zwischen Stein- und Eisenmeteorit. Besteht etwa je zur Hälfte aus Silikatmineralien und Nickeleisen. Machen weniger als 10% aller gefallenen Meteorite aus.

Siderophyr Meteorit-Varietät mit hohem Nickeleisen-Gehalt sowie großem Anteil von Bronzit in netzartigem Gefüge. Daneben Tridymit vorhanden.

Pallasit Meteorit-Varietät mit großen Olivinkristallen in oktaedritischer Grundmasse aus Nickeleisen.

Mesosiderit Meteorit-Varietät mit ungleichmäßig verteiltem Nickeleisen in silikatischer Grundmasse aus Bronzit, Olivin und Plagioklas.

---

1 Eisenmeteorit (Oktaedrit) mit Widmannstättenschen Figuren, gefallen vor 40 000 Jahren, Toluka/Mexiko

2 Eisenmeteorit, gefallen vor 30 000 Jahren, Arizona-Krater/USA

3 Steinmeteorit mit Chondren, gefallen am 8. Februar 1969, Allende/Mexiko

4 Steinmeteorit, gefallen am 8. Februar 1969, Allende/Mexiko

5 Eisenmeteorit, gefallen vor 30 000 Jahren, Arizona-Krater/USA

Der größte je gefundene Meteorit auf der Hoba-Farm in Namibia

Tektite [1-4]

Die Meinung über Entstehung der Tektite (griech. »schmelzen«) ist nicht unumstritten. Früher hielt man sie für nichtkristallisierte Meteorite. Daher auch Glasmeteorite genannt.

Heutzutage werden Tektite als terrestrische Produkte betrachtet, die im Zusammenhang mit Meteoreinschlägen entstanden. Sie kondensierten aus den Verdampfungsprodukten, die sich infolge der hohen Aufprallgeschwindigkeit von Riesenmeteoriten auf der Erde entwickelten, als tropfenartige Gebilde mit glasig-amorphem Gefüge. Dementsprechend finden wir Tektite in Streufeldern zu Meteorkratern.

Tektite haben grüne bis schwarze, selten gelbliche Farbe und mehr oder weniger narbige Oberfläche. Nur vereinzelt gibt es apfelgroße Bildungen, sonst sind sie kaum größer als 4 Zentimeter. Besitzen keine Schmelzrinde. Namen nach Fundgebiet, z. B. Australit, Georgiait (USA), Thailandit.

Moldavit [1] (Bouteillenstein, Wasserchrysolith) Dunkel- bis schwarzgrüner Tektit aus dem Land der Moldau (CSSR) mit zerrissener oder abgerollter Oberfläche. Durchsichtige Sorten von flaschengrüner Farbe wurden früher zu Schmucksteinen verschliffen. Ihre Entstehung ist auf den Meteoreinschlag, der den Rieskessel aussprengte (S. 331), zurückzuführen.

Fulgurit Blitzröhre

Fulgurite (lat. »Blitz«) haben mit Meteoriten insofern eine gewisse Verwandtschaft, als sie auf exterrestrische Ursachen zurückgehen. Fulgurite sind vom Blitz getroffene Gesteine, die infolge Schmelzvorgängen röhrenartige Formen zeigen. Sie sind wenige Zentimeter breit, manchmal einige Meter lang.

---

1 Moldavite, Böhmen/CSSR
2 Narbige Tektite, Thailand

3 Tektit (Australit), Mittel-Australien
4 Tektit (Thailandit), Thailand

Anhang

Hinweise für Sammler

Einige Hinweise, die der Steinesammler zu seiner und anderer Sicherheit, zu besserem Erfolg und zur längeren Freude an seiner Sammlung beachten sollte.

Ausrüstung bei Feld- und Bestimmungsarbeiten

Gutes Schuhwerk ist immer erforderlich. Auf Geröllhalden und in Steinbrüchen sind Gummistiefel ungeeignet, sie bieten zu wenig Schutz.
Griffige Handschuhe aus gummibeschichtetem Gewebe beim Formatisieren tragen. Bei Meißelarbeiten braucht man schwere Lederhandschuhe. Sie dämpfen den Schlag und schützen bei abgleitendem Hammer. Bei Arbeiten mit Chemikalien säurefeste Handschuhe verwenden, die auch bei Nässe griffig bleiben.
Bei allen Schlagarbeiten mit Hammer und Meißel, beim Formatisieren und bei Verwendung von Säuren unbedingt eine Brille mit splittersicheren Gläsern und seitlichem Augenschutz verwenden. Für Brillenträger gibt es Schutzvorhänger oder Vollsichtbrillen, die über die Korrekturbrille gestülpt werden können.
Überall dort, wo Steinschlag droht, einen Schutzhelm tragen. Die Steinschlaggefahr ist besonders nach Sprengungen, nach der winterlichen Frostperiode und nach Sonnenaufgang überdurchschnittlich groß.

Gebote und Verbote

Mineralien und Gesteine in der Natur zu sammeln, unterliegt in vielen Ländern mehr oder weniger großen Einschränkungen. Jeder Steineliebhaber muß sich über die einschlägigen Vorschriften vor Beginn seiner Sammeltätigkeit eingehend informieren. Bei Vergehen sind Strafen unter Umständen sehr hart. Es droht Beschlagnahme des Schürfmaterials, der Geräte einschließlich Auto, auch Geldbuße und sogar Gefängnis.
Daß man von Privatbesitz ohne Erlaubnis nichts entnehmen darf, ist selbstverständlich. Schon das Betreten muß gestattet sein. Ein fehlendes Verbotsschild bedeutet keineswegs, daß hier Steinesammeln erlaubt sei.
In der Bundesrepublik Deutschland, in Österreich und der Schweiz gibt es keine generelle Verordnung über das Suchen und Sammeln von Steinen. Einzelbeschränkungen sind jedoch vielerorts vorhanden. Zahlreiche Gemeinden haben eigene Bestimmungen erlassen. Häufig wird Schürferlaubnis nur gegen Gebühr erteilt.

Aufbewahren der Sammelstücke

Bei der Aufbewahrung der Sammelstücke muß gefährdeten und gefährlichen Steinen die besondere Aufmerksamkeit gelten. Einige Mineralien können die in der Luft befindliche Feuchtigkeit aufnehmen und zerfließen dann, andere wieder geben Wasser ab und zerfallen. Eisenmeteorite rosten, lichtempfindliche Mineralien bleichen aus. In Spezialliteratur für den Steinesammler werden Hinweise gegeben, wie gefährdete Mineralien geschützt werden können.
Radioaktive Mineralien und Gesteine nicht in Wohn-, Schlaf- und Arbeitsräumen lagern, niemals in Kinderhände gelangen lassen. Nur kleine Stücke sammeln, um Strahlengefährdung zu vermeiden.

Tabelle der chemischen Elemente

Chem. Zeichen	Name	Ordnungs- zahl	Chem. Zeichen	Name	Ordnungs- zahl
Ac	Actinium	89	Mn	Mangan	25
Ag	Silber (Argentum)	47	Mo	Molybdän	42
Al	Aluminium	13	Mv	Mendelevium	101
Am	Americium	95	N	Stickstoff	7
Ar	Argon	18	Na	Natrium	11
As	Arsen	33	Nb	Niob	41
At	Astat	85	Nd	Neodym	60
Au	Gold (Aurum)	79	Ne	Neon	10
B	Bor	5	Ni	Nickel	28
Ba	Barium	56	No	Nobelium	102
Be	Beryllium	4	Np	Neptunium	93
Bi	Wismut (Bismut)	83	O	Sauerstoff	8
Bk	Berkelium	97	Os	Osmium	76
Br	Brom	35	P	Phosphor	15
C	Kohlenstoff	6	Pa	Protactinium	91
Ca	Calcium	20	Pb	Blei (Plumbum)	82
Cd	Cadmium	48	Pd	Palladium	46
Ce	Cer	58	Pm	Promethium	61
Cf	Californium	98	Po	Polonium	84
Cl	Chlor	17	Pr	Praseodym	59
Cm	Curium	96	Pt	Platin	78
Co	Kobalt	27	Pu	Plutonium	94
Cr	Chrom	24	Ra	Radium	88
Cs	Caesium	55	Rb	Rubidium	37
Cu	Kupfer (Cuprum)	29	Re	Rhenium	75
Dy	Dysprosium	66	Rh	Rhodium	45
Er	Erbium	68	Rn	Radon	86
Es	Einsteinium	99	Ru	Ruthenium	44
Eu	Europium	63	S	Schwefel	16
F	Fluor	9	Sb	Antimon (Stibium)	51
Fe	Eisen (Ferrum)	26	Sc	Scandium	21
Fm	Fermium	100	Se	Selen	34
Fr	Francium	87	Si	Silicium	14
Ga	Gallium	31	Sm	Samarium	62
Gd	Gadolinium	64	Sn	Zinn (Stannum)	50
Ge	Germanium	32	Sr	Strontium	38
H	Wasserstoff	1	Ta	Tantal	73
He	Helium	2	Tb	Terbium	65
Hf	Hafnium	72	Tc	Technetium	43
Hg	Quecksilber (Hydrargyrum)	80	Te	Tellur	52
			Th	Thorium	90
Ho	Holmium	67	Ti	Titan	22
In	Indium	49	Tl	Thallium	81
Ir	Iridium	77	Tm	Thulium	69
J	Jod	53	U	Uran	92
K	Kalium	19	V	Vanadium	23
Kr	Krypton	36	W	Wolfram	74
La	Lanthan	57	Xe	Xenon	54
Li	Lithium	3	Y	Yttrium	39
Lu	Lutetium	71	Yb	Ytterbium	70
Lw	Lawrencium	103	Zn	Zink	30
Mg	Magnesium	12	Zr	Zirkonium	40

DIN-Vorschriften für Natursteine (Auswahl)

DIN 4022   Baugrund und Grundwasser. Benennung und Beschreibung von Boden und Fels.
Teil 1   Schichtenverzeichnis für Untersuchungen und Bohrungen ohne durchgehende Gewinnung von gekernten Proben. November 1969.
Teil 2   Schichtenverzeichnis für Bohrungen im Fels (Festgestein). März 1981.
Teil 3   Schichtenverzeichnis für Bohrungen mit durchgehender Gewinnung von gekernten Proben im Boden (Lockergestein). Mai 1982.

DIN 4023   Baugrund- und Wasserbohrungen. Zeichnerische Darstellung der Ergebnisse. März 1984.

DIN 4220   Richtlinien zur bodenkundlichen Standortbeurteilung. Entwurf September 1980.

DIN 18502   Pflastersteine. Naturstein. Dezember 1965.

DIN 18555   Prüfung von Mörteln mit mineralischen Bindemitteln.
Teil 1   Allgemeines, Probenahme, Prüfmörtel. September 1982.
Teil 2   Frischmörtel mit dichten Zuschlägen. Bestimmung der Konsistenz, der Rohdichte und des Luftgehalts. September 1982.
Teil 3   Festmörtel. Bestimmung der Biegezugfestigkeit, Druckfestigkeit und Rohdichte. September 1982.

DIN 52100   Prüfung von Naturstein. Richtlinien zur Prüfung und Auswahl von Naturstein. Juli 1939/Februar 1949.

DIN 52101   Prüfung von Naturstein. Probenahme. September 1965.

DIN 52102   Prüfung von Naturstein. Bestimmung der Dichte. Rohdichte, Reindichte, Dichtigkeitsgrad, Gesamtporosität. September 1965.

DIN 52103   Prüfung von Naturstein. Bestimmung der Wasseraufnahme. November 1972.

DIN 52104   Prüfung von Naturstein. Frost-Tau-Wechsel-Versuch.
Teil 1   Verfahren A bis Q. November 1982.
Teil 2   Verfahren Z. November 1982.

DIN 52105   Prüfung von Naturstein. Druckversuch. August 1965.

DIN 52106   Prüfung von Naturstein. Beurteilungsgrundlagen für die Verwitterungsbeständigkeit. November 1972.

DIN 52107   Prüfung von Naturstein. Schlagfestigkeit an Würfeln ermittelt (Stoffeigenschaft). März 1933/Oktober 1947.

DIN 52108   Prüfung anorganischer nichtmetallischer Werkstoffe. Verschleißprüfung mit der Scheibe nach Böhme. Schleifscheibenverfahren. August 1968.

DIN 52109   Prüfung von Naturstein. Schlagversuch an Schotter und Splitt. Entwurf März 1964.

DIN 52110   Prüfung von Naturstein. Bestimmung der Schüttdichte. Entwurf März 1976.

DIN 52111   Prüfung von Naturstein. Kristallisationsversuch mit Natriumsulfat. Dezember 1976.

DIN 52112   Prüfung von Naturstein. Biegefestigkeit. Werkstoffprüfung. September 1942.

DIN 52113   Prüfung von Naturstein. Bestimmung des Sättigungswertes. März 1965.

DIN 52114   Bestimmung der Kornform bei Schüttgütern mit der Kornform-Schieblehre. November 1972.

Gliederung der Erdgeschichte

Zeitalter	vor Mio. Jahren	Formation	Abteilung
Neozoikum oder Känozoikum (Erdneuzeit)	2	Quartär	Holozän (Alluvium) Pleistozän (Diluvium)
		Tertiär	Pliozän Miozän } Jungtertiär Oligozän Eozän } Alttertiär Paleozän
	70	Kreide	Oberkreide Unterkreide
Mesozoikum (Erdmittelalter)	135	Jura	Malm (Weißer Jura) Dogger (Brauner Jura) Lias (Schwarzer Jura)
	180	Trias	Keuper Muschelkalk Buntsandstein
	225	Perm	Zechstein Rotliegendes
	275	Karbon	Oberkarbon Unterkarbon
	345	Devon	Oberdevon Mitteldevon Unterdevon
Paläozoikum (Erdaltertum)	400	Silur	Obersilur Mittelsilur Untersilur
	440	Ordoviz (Ordovizium)	Oberordoviz Mittelordoviz Unterordoviz
	500	Kambrium	Oberkambrium Mittelkambrium Unterkambrium
Präkambrium — Algonkium (Erdfrühzeit)	580 1000	Jungalgonkium	
	1800	Altalgonkium	
Archaikum (Erdurzeit)	4000	Jungarchaikum Altarchaikum	

339

Literatur

Barth, T., Correns, C. und P. Eskola (1939/70): Die Entstehung der Gesteine. Berlin 1939, Nachdruck Berlin 1970

Bauer, J. und V. Bouska (1982): Der Kosmos-Edelsteinführer. Stuttgart

Bentz, A. und H. J. Martini (1961/69): Lehrbuch der angewandten Geologie. 2 Bde. in 3 Teilen. Stuttgart

Binnewies, B. (1979): Steinschleifen. Stuttgart

Bögel, H. (1979): Knaurs Mineralienbuch. München

Börner, R. (1980): Welcher Stein ist das? Stuttgart

Brinkmann, R. (1967/74): Lehrbuch der allgemeinen Geologie. 3 Bde. Stuttgart.

Brinkmann, R. (1977/84): Abriß der Geologie. 2 Bde. Stuttgart

Bruhns, W. und P. Ramdohr (1972): Petrographie. Slg. Göschen, Bd. 173. Berlin

Chudoba, K. F. und E. J. Gübelin (1974): Edelsteinkundliches Handbuch. Bonn

Cissarz, A. (1965): Einführung in die allgemeine und systematische Lagerstättenlehre. Stuttgart

Correns, C. W. (1968/81): Einführung in die Mineralogie. Berlin 1968, Nachdruck Berlin 1981

Dietrich R. V. und B. J. Skinner (1984): Die Gesteine und ihre Mineralien. Thun

Eppler, W. F. (1973): Praktische Gemmologie. Stuttgart

Gebhard, G. (1979): Das große Lapis-Mineralienverzeichnis. München

Goldschmidt, V. (1913/23): Atlas der Kristallformen. Heidelberg

Günther, B. (1981): Bestimmungstabellen für Edelsteine, synthetische Steine, Imitationen. Kirschweiler

Hartig, H. (1974): Edle Steine schleifen. Stuttgart-Botnang

Hochleitner, R. (1980): Fotoatlas der Mineralien und Gesteine. München

Kipfer, A. (1972): Der Micromounter. Thun

Kleber, W. (1983): Einführung in die Kristallographie. Berlin

Kukuk, P. (1960): Geologie, Mineralogie und Lagerstättenlehre. Berlin

Lexikon für Mineralien- und Gesteinsfreunde (1977). Bucher, Luzern

Lüschen, H. (1979): Die Namen der Steine. Thun

Matthes, S. (1983): Mineralogie. Berlin

Mehling, G. (1981): Naturstein-Lexikon. München

Mottana, A., Crespi, R. und G. Liborio (1979): Der große BLV-Mineralienführer. München

Müller, F. (ohne Jahr): Internationale Naturstein-Kartei. 10 Bde. Ulm

Murawski, H. (1983): Geologisches Wörterbuch. Stuttgart

Nickel, E. (1971/83): Grundwissen in Mineralogie. 3 Bde. Thun

O'Donoghue, M. (1977): Enzyklopädie der Minerale und Edelsteine. Freiburg

Parker, R. L. und H. U. Bambauer (1975): Mineralienkunde. Thun

Peschel, A. (1984): Natursteine. Leipzig

Petrascheck, W. E. und W. Pohl (1982): Lagerstättenlehre. Stuttgart

Pfeiffer, L., Kurze, M. und G. Mathé (1981): Einführung in die Petrologie. Stuttgart

Philipsborn, H. v. (1964): Erzkunde. Stuttgart

Philipsborn, H. v. (1967): Tafeln zum Bestimmen der Minerale nach äußeren Kennzeichen. Stuttgart

Ramdohr, P. und H. Strunz (1978): Klockmanns Lehrbuch der Mineralogie. Stuttgart

Roberts, W. L., Rapp, G. R. und J. Weber (1974): Encyclopedia of Minerals. New York

Rösler, H. J. (1984): Lehrbuch der Mineralogie. Leipzig

Schlossmacher, K. (1969): Edelsteine und Perlen. Stuttgart

Schneiderhöhn, H. (1962): Erzlagerstätten. Stuttgart
Scholz, W. (1980): Baustoffkenntnis. Düsseldorf
Schröcke, H. und K.-L. Weiner (1981): Mineralogie. Berlin
Schumann, H. (1975): Einführung in die Gesteinswelt. Göttingen
Schumann, W. (1982): Steine und Mineralien. Sonderausgabe. München
Schumann, W. (1982): Mein Hobby: Steine sammeln. München
Schumann, W. (1984): Edelsteine und Schmucksteine. München
Seim, R. (1981): Minerale. Melsungen
Strübel, G. (1977): Mineralogie. Stuttgart
Strübel, G. und S. H. Zimmer (1982): Lexikon der Mineralogie. Stuttgart
Strunz, H. (1982): Mineralogische Tabellen. Leipzig
Tröger, W. E. (1969/71): Optische Bestimmung der gesteinsbildenden Minerale.
    2 Bde. Stuttgart
Wagner, G. (1960): Einführung in die Erd- und Landschaftsgeschichte. Öhringen
Wendehorst, R. (1975): Baustoffkunde. Hannover
Wooley, A. R., Bishop, A. C. und W. R. Hamilton (1985): Der Kosmos-Stein-
    führer. Stuttgart

Zeitschriften für Hobbysammler

Der Aufschluß. Hrsg. Vereinigung der Freunde der Mineralogie und Geologie
    (VFMG) e. V. Heidelberg
Die Eisenblüte. Fachzeitschrift für österreich. Mineraliensammler. Graz
Der Karinthin. Beiblatt der Fachgruppe für Mineralogie und Geologie des
    Naturwissenschaftlichen Vereines für Kärnten. Klagenfurt
Lapis. Die aktuelle Monatsschrift für Liebhaber und Sammler von Mineralien
    und Edelsteinen. München
Der Mineralienfreund. Zeitschrift der Urner Mineralienfreunde. Reiden/
    Schweiz
Der Mineraliensammler. Hrsg. Vereinigte Mineraliensammler Österreichs. Linz
The Mineralogical Record. Bowie, Maryland, USA
Le Monde et les Minéreaux. Paris, Frankreich
Schweizer Strahler. Offiz. Organ der Schweiz. Vereinigung der Strahler und Mi-
    neraliensammler (SVSM). Bern

Wissenschaftliche Fachzeitschriften

Fortschritte der Mineralogie. Stuttgart
Neues Jahrbuch für Mineralogie. Stuttgart
Schweizerische Mineralogische und Petrographische Mitteilungen. Zürich
Tschermaks Mineralogische und Petrographische Mitteilungen. Wien
Zeitschrift der Deutschen Gemmologischen Gesellschaft. Idar-Oberstein

Strichfarbe weiß + farblos

Die Zahlen hinter den Mineralnamen

Mohshärte	Glasglanz Harzglanz	Seidenglanz Perlmuttglanz	Diamantglanz
1	Carnallit 1,60 Pyrophyllit 2,66–2,90	Pyrophyllit 2,66–2,90 Talk 2,7–2,8	Kalomel 6,4–6,5
1½	Carnallit 1,60 Halotrichit 1,73–1,79 Sylvin 1,99 Gipsspat 2,2–2,4 Vivianit 2,6–2,7 Pyrophyllit 2,66–2,90	Halotrichit 1,73–1,79 Gipsspat 2,2–2,4 Vivianit 2,6–2,7 Pyrophyllit 2,66–2,90	Chlorargyrit 5,5–5,6 Kalomel 6,4–6,5
2	Bernstein 1,05–1,30 Carnallit 1,60 Epsomit 1,68 Borax 1,7–1,8 Ulexit 1,96 Sylvin 1,99 Schwefel 2,0–2,1 Chrysokoll 2,0–2,2 Halit 2,1–2,2 Gipsspat 2,2–2,4 Pharmakolith 2,6 Vivianit 2,6–2,7 Muskovit 2,78–2,88 Lepidolith 2,80–2,90 Zinnwaldit 2,90–3,20 Annabergit 3,0–3,1	Ulexit 1,96 Gipsspat 2,2–2,4 Vivianit 2,6–2,7 Phlogopit 2,75–2,97 Muskovit 2,78–2,88 Lepidolith 2,80–2,90 Fuchsit 2,85 Zinnwaldit 2,90–3,20 Annabergit 3,0–3,1 Hydrozinkit 3,5–3,8	Schwefel 2,0–2,1 Senarmontit 5,50 Chlorargyrit 5,5–5,6 Phosgenit 6,0–6,3 Kalomel 6,4–6,5
2½	Epsomit 1,68 Borax 1,7–1,8 Kernit 1,91 Gaylussit 1,99 Chrysokoll 2,0–2,2 Serpentin 2,0–2,6 Schönit 2,03 Kainit 2,1–2,2 Gibbsit 2,3–2,4 Pennin 2,5–2,6 Pharmakolith 2,6 Thenardit 2,66–2,67 Biotit 2,70–3,30 Muskovit 2,78–2,88 Lepidolith 2,80–2,90 Zinnwaldit 2,90–3,20 Kryolith 2,95 Stolzit 7,9–8,2	Serpentin 2,0–2,6 Gibbsit 2,3–2,4 Pennin 2,5–2,6 Biotit 2,70–3,30 Phlogopit 2,75–2,97 Muskovit 2,78–2,88 Lepidolith 2,80–2,90 Fuchsit 2,85 Zinnwaldit 2,90–3,20 Kryolith 2,95 Hydrozinkit 3,5–3,8 Valentinit 5,6–5,8 Leadhillit 6,45–6,55	Valentinit 5,6–5,8 Phosgenit 6,0–6,3

Strichfarbe weiß + farblos

Mohs-härte	Fettglanz Wachsglanz	Metallglanz	ohne Glanz matt
1	Carnallit 1,60 Talk 2,7–2,8	Carnallit 1,60	
1½	Carnallit 1,60 Sylvin 1,99 Chlorargyrit 5,5–5,6	Carnallit 1,60 Vivianit 2,6–2,7	Chlorargyrit 5,5–5,6
2	Bernstein 1,05–1,30 Carnallit 1,60 Borax 1,7–1,8 Sylvin 1,99 Schwefel 2,0–2,1 Chrysokoll 2,0–2,2 Senarmontit 5,50 Chlorargyrit 5,5–5,6 Phosgenit 6,0–6,3	Carnallit 1,60 Vivianit 2,6–2,7 Phlogopit 2,75–2,97 Muskovit 2,78–2,88 Fuchsit 2,85 Zinnwaldit 2,90–3,20	Sepiolith 2,0 Hydrozinkit 3,5–3,8 Chlorargyrit 5,5–5,6
2½	Borax 1,7–1,8 Chrysokoll 2,0–2,2 Serpentin 2,0–2,6 Phosgenit 6,0–6,3 Leadhillit 6,45–6,55 Stolzit 7,9–8,2	Biotit 2,70–3,30 Phlogopit 2,75–2,97 Muskovit 2,78–2,88 Fuchsit 2,85 Zinnwaldit 2,90–3,20 Silber 9,6–12,0	Sepiolith 2,0 Serpentin 2,0–2,6 Hydrozinkit 3,5–3,8

Mohs-härte	Glasglanz Harzglanz	Seidenglanz Perlmuttglanz	Diamantglanz
3	Bernstein 1,05–1,30	Kurnakovit 1,86	Valentinit 5,6–5,8
	Kurnakovit 1,86	Serpentin 2,0–2,6	Phosgenit 6,0–6,3
	Chrysokoll 2,0–2,2	Laumontit 2,25–2,35	Anglesit 6,3–6,4
	Serpentin 2,0–2,6	Kakoxen 2,3	Cerussit 6,4–6,6
	Kainit 2,1–2,2	Gibbsit 2,3–2,4	Wulfenit 6,7–6,9
	Laumontit 2,25–2,35	Perlen 2,60–2,78	
	Kakoxen 2,3	Biotit 2,70–3,30	
	Gibbsit 2,3–2,4	Muskovit 2,78–2,88	
	Koralle 2,6–2,7	Lepidolith 2,80–2,90	
	Calcit 2,6–2,8	Zinnwaldit 2,90–3,20	
	Thenardit 2,66–2,67	Kryolith 2,95	
	Biotit 2,70–3,30	Coelestin 3,9–4,0	
	Polyhalit 2,77–2,78	Baryt 4,48	
	Muskovit 2,78–2,88	Valentinit 5,6–5,8	
	Lepidolith 2,80–2,90		
	Strengit 2,87		
	Zinnwaldit 2,90–3,20		
	Kryolith 2,95		
	Coelestin 3,9–4,0		
	Witherit 4,28		
	Baryt 4,48		
	Cerussit 6,4–6,6		
	Wulfenit 6,7–6,9		
	Stolzit 7,9–8,2		
3½	Chrysokoll 2,0–2,2	Serpentin 2,0–2,6	Zinkblende 3,9–4,2
	Serpentin 2,0–2,6	Stilbit 2,09–2,20	Anglesit 6,3–6,4
	Stilbit 2,09–2,20	Heulandit 2,18–2,22	Cerussit 6,4–6,6
	Heulandit 2,18–2,22	Laumontit 2,25–2,35	Pyromorphit 6,7–7,1
	Laumontit 2,25–2,35	Gibbsit 2,3–2,4	Mimetesit 7,1
	Gibbsit 2,3–2,4	Perlen 2,60–2,78	
	Wavellit 2,3–2,4	Anhydritspat 2,9–3,0	
	Kieserit 2,57	Ankerit 2,9–3,8	
	Koralle 2,6–2,7	Coelestin 3,9–4,0	
	Polyhalit 2,77–2,78	Baryt 4,48	
	Dolomitspat 2,85–2,95		
	Strengit 2,87		
	Anhydritspat 2,9–3,0		
	Ankerit 2,9–3,8		
	Aragonit 2,95		
	Rhodochrosit 3,3–3,6		
	Strontianit 3,76		
	Coelestin 3,9–4,0		
	Witherit 4,28		
	Adamin 4,3–4,5		
	Baryt 4,48		
	Cerussit 6,4–6,6		

Strichfarbe weiß + farblos

Mohs-härte	Fettglanz Wachsglanz	Metallglanz	ohne Glanz matt
3	Bernstein 1,05–1,30 Chrysokoll 2,0–2,2 Serpentin 2,0–2,6 Koralle 2,6–2,7 Polyhalit 2,77–2,78 Coelestin 3,9–4,0 Witherit 4,28 Phosgenit 6,0–6,3 Anglesit 6,3–6,4 Cerussit 6,4–6,6 Stolzit 7,9–8,2	Biotit 2,70–3,30 Muskovit 2,78–2,88 Zinnwaldit 2,90–3,20 Silber 9,6–12,0	Serpentin 2,0–2,6 Laumontit 2,25–2,35 Koralle 2,6–2,7 Witherit 4,28
3½	Chrysokoll 2,0–2,2 Serpentin 2,0–2,6 Koralle 2,6–2,7 Polyhalit 2,77–2,78 Ankerit 2,9–3,8 Aragonit 2,95 Strontianit 3,76 Coelestin 3,9–4,0 Zinkblende 3,9–4,2 Witherit 4,28 Anglesit 6,3–6,4 Cerussit 6,4–6,6 Pyromorphit 6,7–7,1 Mimetesit 7,1		Serpentin 2,0–2,6 Laumontit 2,25–2,35 Koralle 2,6–2,7 Witherit 4,28

Mohs-härte	Glasglanz Harzglanz	Seidenglanz Perlmuttglanz	Diamantglanz
4	Chrysokoll 2,0–2,2 Serpentin 2,0–2,6 Chabasit 2,08–2,16 Stilbit 2,09–2,20 Heulandit 2,18–2,22 Phillipsit 2,2 Wavellit 2,3–2,4 Colemanit 2,44 Variscit 2,52 Koralle 2,6–2,7 Dolomitspat 2,85–2,95 Magnesit 2,9–3,1 Ankerit 2,9–3,8 Aragonit 2,95 Fluorit 3,18 Rhodochrosit 3,3–3,6 Kyanit 3,53–3,65 Siderit 3,7–3,9	Serpentin 2,0–2,6 Stilbit 2,09–2,20 Heulandit 2,18–2,22 Perlen 2,60–2,78 Ankerit 2,9–3,8 Margarit 2,99–3,08 Kyanit 3,53–3,65 Siderit 3,7–3,9	Colemanit 2,44 Zinkblende 3,9–4,2 Pyromorphit 6,7–7,1 Mimetesit 7,1
4½	Chabasit 2,08–2,16 Phillipsit 2,2 Apophyllit 2,3–2,4 Colemanit 2,44 Harmotom 2,44–2,50 Variscit 2,52 Wollastonit 2,78–2,91 Magnesit 2,9–3,1 Kyanit 3,53–3,65 Siderit 3,7–3,9	Apophyllit 2,3–2,4 Wollastonit 2,78–2,91 Margarit 2,99–3,08 Kyanit 3,53–3,65 Siderit 3,7–3,9	Colemanit 2,44 Scheelit 5,9–6,1
5	Chabasit 2,08–2,16 Sodalith 2,13–2,29 Natrolith 2,20–2,26 Mesolith 2,2–2,4 Analcim 2,24–2,31 Apophyllit 2,3–2,4 Variscit 2,52 Skapolith 2,54–2,77 Türkis 2,6–2,8 Wollastonit 2,78–2,91 Wardit 2,81 Datolith 2,9–3,0 Melilith 2,95–3,05 Apatit 3,16–3,22 Augit 3,2–3,6 Bronzit 3,25–3,35 Diopsid 3,27–3,31 Hemimorphit 3,3–3,5 Hypersthen 3,35–3,84 Smithsonit 4,3–4,5 Monazit 4,6–5,7	Natrolith 2,20–2,26 Mesolith 2,2–2,4 Skolezit 2,26–2,40 Okenit 2,28–2,33 Apophyllit 2,3–2,4 Thomsonit 2,3–2,4 Wollastonit 2,78–2,91 Pektolith 2,8 Bronzit 3,25–3,35 Smithsonit 4,3–4,5	Titanit 3,4–3,6 Scheelit 5,9–6,1

Strichfarbe weiß + farblos

Mohs-härte	Fettglanz Wachsglanz	Metallglanz	ohne Glanz matt
4	Chrysokoll 2,0–2,2 Serpentin 2,0–2,6 Variscit 2,52 Koralle 2,6–2,7 Ankerit 2,9–3,8 Aragonit 2,95 Zinkblende 3,9–4,2 Pyromorphit 6,7–7,1 Mimetesit 7,1	Platin 14–19	Serpentin 2,0–2,6 Koralle 2,6–2,7
4½	Variscit 2,52 Scheelit 5,9–6,1	Platin 14–19	
5	Sodalith 2,13–2,29 Variscit 2,52 Skapolith 2,54–2,77 Türkis 2,6–2,8 Datolith 2,9–3,0 Melilith 2,95–3,05 Apatit 3,16–3,22 Titanit 3,4–3,6 Scheelit 5,9–6,1	Bronzit 3,25–3,35 Hypersthen 3,35–3,84	

Strichfarbe weiß + farblos

Die Zahlen hinter den Mineralnamen

Mohs-härte	Glasglanz Harzglanz	Seidenglanz Perlmuttglanz	Diamantglanz
5½	Opal 1,98–2,50 Sodalith 2,13–2,29 Natrolith 2,20–2,26 Mesolith 2,2–2,4 Analcim 2,24–2,31 Nosean 2,28–2,40 Hauyn 2,44–2,50 Leucit 2,45–2,50 Skapolith 2,54–2,77 Nephelin 2,60–2,65 Türkis 2,6–2,8 Datolith 2,9–3,0 Tremolit 2,9–3,1 Aktinolith 2,9–3,3 Melilith 2,95–3,05 Lazulith 3,1–3,2 Augit 3,2–3,6 Bronzit 3,25–3,35 Enstatit 3,26–3,28 Diopsid 3,27–3,31 Hypersthen 3,35–3,84 Rhodonit 3,40–3,73 Arfvedsonit 3,44–3,46 Willemit 4,0 Monazit 4,6–5,7	Natrolith 2,20–2,26 Mesolith 2,2–2,4 Hauyn 2,44–2,50 Tremolit 2,9–3,1 Aktinolith 2,9–3,3 Bronzit 3,25–3,35 Rhodonit 3,40–3,73	Titanit 3,4–3,6 Anatas 3,8–3,9 Brookit 4,1
6	Opal 1,98–2,50 Sodalith 2,13–2,29 Leucit 2,45–2,50 Kaliophilit 2,49–2,67 Mikroklin 2,53–2,56 Orthoklas 2,53–2,56 Skapolith 2,54–2,77 Nephelin 2,60–2,65 Türkis 2,6–2,8 Plagioklas 2,61–2,77 Prehnit 2,8–3,0 Tremolit 2,9–3,1 Aktinolith 2,9–3,3 Fassait 2,96–3,34 Lazulith 3,1–3,2 Zoisit 3,15–3,36 Spodumen 3,16–3,20 Augit 3,2–3,6 Sillimanit 3,22–3,25 Bronzit 3,25–3,35 Diopsid 3,27–3,31 Hypersthen 3,35–3,84 Rhodonit 3,40–3,73 Arfvedsonit 3,44–3,46 Kyanit 3,53–3,65	Opal 1,98–2,50 Kaliophilit 2,49–2,67 Mikroklin 2,53–2,56 Plagioklas 2,61–2,77 Prehnit 2,8–3,0 Tremolit 2,9–3,1 Aktinolith 2,9–3,3 Amblygonit 3,0–3,1 Zoisit 3,15–3,36 Spodumen 3,16–3,20 Sillimanit 3,22–3,25 Bronzit 3,25–3,35 Rhodonit 3,40–3,73 Kyanit 3,53–3,65	Anatas 3,8–3,9 Foyalit 4,0–4,35 Brookit 4,1

Strichfarbe weiß + farblos

Mohs-härte	Fettglanz Wachsglanz	Metallglanz	ohne Glanz matt
5½	Opal 1,98–2,50 Sodalith 2,13–2,29 Nosean 2,28–2,40 Hauyn 2,44–2,50 Leucit 2,45–2,50 Skapolith 2,54–2,77 Nephelin 2,60–2,65 Türkis 2,6–2,8 Datolith 2,9–3,0 Melilith 2,95–3,05 Lazulith 3,1–3,2 Titanit 3,4–3,6 Willemit 4,0 Perowskit 4,0–4,8	Bronzit 3,25–3,35 Hypersthen 3,35–3,84 Anatas 3,8–3,9 Perowskit 4,0–4,8	Leucit 2,45–2,50
	Opal 1,98–2,50 Sodalith 2,13–2,29 Leucit 2,45–2,50 Skapolith 2,54–2,77 Nephelin 2,60–2,65 Türkis 2,6–2,8 Lazulith 3,1–3,2 Sillimanit 3,22–3,25	Bronzit 3,25–3,35 Hypersthen 3,35–3,84 Anatas 3,8–3,9	Leucit 2,45–2,50

Strichfarbe weiß + farblos

Mohs-härte	Glasglanz / Harzglanz	Seidenglanz / Perlmuttglanz	Diamantglanz
6 ½	Opal 1,98–2,50 Cristobalit 2,20 Tridymit 2,27 Skapolith 2,54–2,77 Plagioklas 2,61–2,77 Prehnit 2,8–3,0 Zoisit 3,15–3,36 Spodumen 3,16–3,20 Forsterit 3,22 Sillimanit 3,22–3,25 Axinit 3,26–3,36 Vesuvian 3,27–3,45 Olivin 3,27–4,20 Jadeit 3,30–3,36 Diaspor 3,3–3,5 Rhodonit 3,40–3,73 Granat 3,4–4,6 Kyanit 3,53–3,65 Benitoit 3,7	Plagioklas 2,61–2,77 Prehnit 2,8–3,0 Zoisit 3,15–3,36 Spodumen 3,16–3,20 Sillimanit 3,22–3,25 Diaspor 3,3–3,5 Rhodonit 3,40–3,73 Kyanit 3,53–3,65	Zirkon 3,9–4,8 Foyalit 4,0–4,35
7	Tridymit 2,27 Cordierit 2,50–2,75 Quarz 2,65 Boracit 2,9–3,0 Turmalin 3,02–3,26 Spodumen 3,16–3,20 Sillimanit 3,22–3,25 Axinit 3,26–3,36 Olivin 3,27–4,20 Jadeit 3,30–3,36 Diaspor 3,3–3,5 Granat 3,4–4,6 Kyanit 3,53–3,65 Staurolith 3,65–3,77	Spodumen 3,16–3,20 Sillimanit 3,22–3,25 Diaspor 3,3–3,5 Kyanit 3,53–3,65	Boracit 2,9–3,0 Zirkon 3,9–4,8 Kassiterit 6,8–7,1
7 ½	Cordierit 2,50–2,75 Beryll 2,63–2,91 Boracit 2,9–3,0 Euklas 3,0–3,1 Turmalin 3,02–3,26 Andalusit 3,11–3,22 Granat 3,4–4,6 Staurolith 3,65–3,77		Boracit 2,9–3,0 Zirkon 3,9–4,8
8	Beryll 2,63–2,91 Topas 3,53–3,56 Spinell 3,58–3,61		
8 ½	Chrysoberyll 3,70–3,72		
9	Korund 3,97–4,05		

Strichfarbe weiß + farblos

Mohs-härte	Fettglanz Wachsglanz	Metallglanz	ohne Glanz matt
6½	Opal 1,98–2,50 Skapolith 2,54–2,77 Chalcedon 2,58–2,64 Jaspis 2,58–2,91 Sillimanit 3,22–3,25 Vesuvian 3,27–3,45 Olivin 3,27–4,20 Granat 3,4–4,6 Zirkon 3,9–4,8		Chalcedon 2,58–2,64 Jaspis 2,58–2,91
7	Cordierit 2,50–2,75 Chalcedon 2,58–2,64 Jaspis 2,58–2,91 Quarz 2,65 Danburit 2,9–3,0 Sillimanit 3,22–3,25 Olivin 3,27–4,20 Granat 3,4–4,6 Staurolith 3,65–3,77 Zirkon 3,9–4,8 Kassiterit 6,8–7,1		Chalcedon 2,58–2,64 Jaspis 2,58–2,91 Staurolith 3,65–3,77
7½	Cordierit 2,50–2,75 Danburit 2,9–3,0 Granat 3,4–4,6 Staurolith 3,65–3,77 Zirkon 3,9–4,8		Andalusit 3,11–3,22 Staurolith 3,65–3,77
8			
8½	Chrysoberyll 3,70–3,72		
9			

Mohs-härte	Glasglanz Harzglanz	Seidenglanz Perlmuttglanz	Diamantglanz
1			
1½			
2	Borax 1,7–1,8 Chlorit 2,6–3,4 Chamosit 3,0–3,4	Chlorit 2,6–3,4	
2½	Borax 1,7–1,8 Chlorit 2,6–3,4 Chamosit 3,0–3,4 Wismutocker 6,7–7,4	Chlorit 2,6–3,4 Thuringit 3,2 Jamesonit 5,63	
3	Chlorit 2,6–3,4 Chamosit 3,0–3,4 Tenorit 6,0 Wismutocker 6,7–7,4	Chlorit 2,6–3,4	

bezeichnen die Dichte

Mohs-härte	Fettglanz Wachsglanz	Metallglanz	ohne Glanz matt
1		Graphit 2,1–2,3 Molybdänglanz 4,7–4,8	Graphit 2,1–2,3 Patronit 2,81
1½	Covellin 4,68	Covellin 4,68 Molybdänglanz 4,7–4,8 Polybasit 6,0–6,2 Sylvanit 8,0–8,3	Patronit 2,81 Covellin 4,68
2	Borax 1,7–1,8 Covellin 4,68	Pyrolusit 4,5–5,0 Berthierit 4,6 Antimonit 4,6–4,7 Covellin 4,68 Polybasit 6,0–6,2 Stephanit 6,2–6,4 Wismutglanz 6,8–7,2 Argentit 7,2–7,4 Sylvanit 8,0–8,3 Wismut 9,7–9,8	Chlorit 2,6–3,4 Patronit 2,81 Chamosit 3,0–3,4 Pyrolusit 4,5–5,0 Antimonit 4,6–4,7 Covellin 4,68 Stephanit 6,2–6,4 Argentit 7,2–7,4
2½	Borax 1,7–1,8	Pyrolusit 4,5–5,0 Berthierit 4,6 Kupferglanz 5,5–5,8 Jamesonit 5,63 Bournonit 5,7–5,9 Boulangerit 5,8–6,2 Stephanit 6,2–6,4 Schapbachit 6,9–7,2 Argentit 7,2–7,4 Bleiglanz 7,2–7,6 Petzit 8,7–9,2 Wismut 9,7–9,8	Chlorit 2,6–3,4 Chamosit 3,0–3,4 Pyrolusit 4,5–5,0 Kupferglanz 5,5–5,8 Bournonit 5,7–5,9 Stephanit 6,2–6,4 Argentit 7,2–7,4 Bleiglanz 7,2–7,6
		Pyrolusit 4,5–5,0 Berthierit 4,6 Tennantit 4,6–4,8 Tetraedrit 4,6–5,2 Bornit 4,9–5,3 Schwazit 5,1 Arsen 5,4–5,9 Kupferglanz 5,5–5,8 Bournonit 5,7–5,9 Boulangerit 5,8–6,2 Tenorit 6,0 Antimon 6,7 Bleiglanz 7,2–7,6 Petzit 8,7–9,2	Chlorit 2,6–3,4 Chamosit 3,0–3,4 Pyrolusit 4,5–5,0 Tennantit 4,6–4,8 Tetraedrit 4,6–5,2 Schwazit 5,1 Arsen 5,4–5,9 Kupferglanz 5,5–5,8 Bournonit 5,7–5,9 Tenorit 6,0 Bleiglanz 7,2–7,6

Mohs-härte	Glasglanz Harzglanz	Seidenglanz Perlmuttglanz	Diamantglanz
3½	Dolomitspat 2,85–2,95 Ankerit 2,9–3,8 Tenorit 6,0 Wismutocker 6,7–7,4	Ankerit 2,9–3,8	
4	Dolomitspat 2,85–2,95 Ankerit 2,9–3,8 Siderit 3,7–3,9 Tenorit 6,0	Ankerit 2,9–3,8 Siderit 3,7–3,9	
4½	Siderit 3,7–3,9	Siderit 3,7–3,9	
5	Melilith 2,95–3,05 Riebeckit 3,0–3,4 Hornblende 3,02–3,27 Augit 3,2–3,6	Riebeckit 3,0–3,4 Hornblende 3,02–3,27	

Strichfarbe grau + schwarz

Mohs-härte	Fettglanz Wachsglanz	Metallglanz	ohne Glanz matt
3½	Ankerit 2,9–3,8	Cubanit 4,10 Kupferkies 4,1–4,3 Enargit 4,4 Freibergit 4,5–5,0 Pyrolusit 4,5–5,0 Tennantit 4,6–4,8 Pentlandit 4,6–5,0 Tetraedrit 4,6–5,2 Schwazit 5,1 Millerit 5,3 Arsen 5,4–5,9 Tenorit 6,0 Antimon 6,7	Pyrolusit 4,5–5,0 Tennantit 4,6–4,8 Tetraedrit 4,6–5,2 Schwazit 5,1 Arsen 5,4–5,9 Tenorit 6,0
4	Ankerit 2,9–3,8 Uranpecherz 9,1–10,6	Cubanit 4,10 Kupferkies 4,1–4,3 Manganit 4,3–4,4 Stannin 4,3–4,5 Freibergit 4,5–5,0 Pyrolusit 4,5–5,0 Magnetkies 4,6 Tennantit 4,6–4,8 Pentlandit 4,6–5,0 Tetraedrit 4,6–5,2 Psilomelan 4,7 Hollandit 4,95 Schwazit 5,1 Arsen 5,4–5,9 Tenorit 6,0 Platin 14–19	Pyrolusit 4,5–5,0 Tennantit 4,6–4,8 Tetraedrit 4,6–5,2 Psilomelan 4,7 Schwazit 5,1 Arsen 5,4–5,9 Tenorit 6,0 Uranpecherz 9,1–10,6
4½	Uranpecherz 9,1–10,6	Freibergit 4,5–5,0 Pyrolusit 4,5–5,0 Tennantit 4,6–4,8 Psilomelan 4,7 Linneit 4,8–5,8 Safflorit 6,9–7,3 Stibiopalladinit 9,5 Platin 14–19	Pyrolusit 4,5–5,0 Tennantit 4,6–4,8 Psilomelan 4,7 Uranpecherz 9,1–10,6
5	Melilith 2,95–3,05 Wolframit 7,12–7,60 Uranpecherz 9,1–10,6	Ilmenit 4,5–5,0 Pyrolusit 4,5–5,0 Psilomelan 4,7 Linneit 4,8–5,8 Gersdorffit 5,6–6,2 Safflorit 6,9–7,3 Löllingit 7,1–7,5 Wolframit 7,12–7,60 Nickelin 7,5–7,8	Kryptomelan 4,3 Ilmenit 4,5–5,0 Pyrolusit 4,5–5,0 Psilomelan 4,7 Gersdorffit 5,6–6,2 Nickelin 7,5–7,8 Uranpecherz 9,1–10,6

Strichfarbe grau + schwarz

Mohs-härte	Glasglanz / Harzglanz	Seidenglanz / Perlmuttglanz	Diamantglanz
5½	Anthophyllit 2,9–3,2 Melilith 2,95–3,05 Riebeckit 3,0–3,4 Hornblende 3,02–3,27 Augit 3,2–3,6 Arfvedsonit 3,44–3,46 Hedenbergit 3,5–3,6	Anthophyllit 2,9–3,2 Riebeckit 3,0–3,4 Hornblende 3,02–3,27	
6	Riebeckit 3,0–3,4 Hornblende 3,02–3,27 Augit 3,2–3,6 Epidot 3,35–3,38 Arfvedsonit 3,44–3,46 Hedenbergit 3,5–3,6	Riebeckit 3,0–3,4 Hornblende 3,02–3,27	
6½	Epidot 3,35–3,38		
7	Boracit 2,9–3,0 Epidot 3,35–3,38		Boracit 2,9–3,0
7½	Boracit 2,9–3,0 Gahnit 4,3–4,9		Boracit 2,9–3,0
8	Gahnit 4,3–4,9		

356

Strichfarbe grau + schwarz

Mohs-härte	Fettglanz Wachsglanz	Metallglanz	ohne Glanz matt
5½	Melilith 2,95–3,05 Wolframit 7,12–7,60 Uranpecherz 9,1–10,6	Ilmenit 4,5–5,0 Pyrolusit 4,5–5,0 Psilomelan 4,7 Linneit 4,8–5,8 Magnetit 5,2 Arsenkies 5,9–6,2 Kobaltglanz 6,0–6,4 Chloanthit 6,4–6,6 Safflorit 6,9–7,3 Löllingit 7,1–7,5 Wolframit 7,12–7,60 Nickelin 7,5–7,8	Kryptomelan 4,3 Ilmenit 4,5–5,0 Pyrolusit 4,5–5,0 Psilomelan 4,7 Magnetit 5,2 Nickelin 7,5–7,8 Uranpecherz 9,1–10,6
6	Uranpecherz 9,1–10,6	Ilmenit 4,5–5,0 Pyrolusit 4,5–5,0 Psilomelan 4,7 Markasit 4,8–4,9 Pyrit 5,0–5,2 Columbit 5,2–8,1 Arsenkies 5,9–6,2 Skutterudit 6,8 Sperrylith 10,58	Kryptomelan 4,3 Ilmenit 4,5–5,0 Pyrolusit 4,5–5,0 Psilomelan 4,7 Uranpecherz 9,1–10,6
6½		Pyrolusit 4,5–5,0 Markasit 4,8–4,9 Pyrit 5,0–5,2 Columbit 5,2–8,1 Coronadit 5,5 Sperrylith 10,58	Pyrolusit 4,5–5,0 Coronadit 5,5
7		Coronadit 5,5 Sperrylith 10,58	Coronadit 5,5
7½	Gahnit 4,3–4,9		
8	Gahnit 4,3–4,9		

Mohs-härte	Glasglanz Harzglanz	Seidenglanz Perlmuttglanz	Diamantglanz
1½	Vivianit 2,6–2,7	Vivianit 2,6–2,7 Auripigment 3,48	Realgar 3,5–3,6
2	Vivianit 2,6–2,7 Chlorit 2,6–3,4 Autunit 3,2	Vivianit 2,6–2,7 Chlorit 2,6–3,4 Autunit 3,2 Auripigment 3,48 Molybdit 4,0–4,5	Realgar 3,5–3,6
2½	Chlorit 2,6–3,4 Autunit 3,2 Uranocircit 3,5 Uranophan 3,8–3,9	Chlorit 2,6–3,4 Autunit 3,2 Uranophan 3,8–3,9 Bismutit 6,7–7,6	Krokoit 5,9–6,1
3	Kakoxen 2,3 Chlorit 2,6–3,4	Kakoxen 2,3 Chlorit 2,6–3,4 Bismutit 6,7–7,6	Krokoit 5,9–6,1 Vanadinit 6,5–7,1
3½	Descloizit 5,5–6,2 Wurtzit 4,0	Bismutit 6,7–7,6	Zinkblende 3,9–4,2 Powellit 4,3 Descloizit 5,5–6,2
4	Siderit 3,7–3,9 Wurtzit 4,0	Siderit 3,7–3,9 Carnotit 4,5–4,6	Zinkblende 3,9–4,2
4½	Siderit 3,7–3,9 Thorit 4,4–4,8 Brannerit 6,35	Siderit 3,7–3,9 Bismit 8,64–9,22	Zinkit 5,4–5,7 Bismit 8,64–9,22
5	Hornblende 3,02–3,27 Thorit 4,4–4,8 Brannerit 6,35	Hornblende 3,02–3,27 Goethit 3,8–4,3	Pyrochlor 3,5–4,6 Goethit 3,8–4,3 Lepidokrokit 4,0 Zinkit 5,4–5,7
5½	Hornblende 3,02–3,27 Neptunit 3,23	Hornblende 3,02–3,27 Goethit 3,8–4,3	Pyrochlor 3,5–4,6 Goethit 3,8–4,3 Brookit 4,1
6	Hornblende 3,02–3,27 Ägirin 3,43–3,60	Hornblende 3,02–3,27	Brookit 4,1 Rutil 4,2–4,3
6½	Ägirin 3,43–3,60		Rutil 4,2–4,3
7			Kassiterit 6,8–7,1

Strichfarbe gelb + orange + braun

Mohs-härte	Fettglanz Wachsglanz	Metallglanz	ohne Glanz matt
1½	Auripigment 3,48 Realgar 3,5–3,6	Vivianit 2,6–2,7 Sylvanit 8,0–8,3	
2	Auripigment 3,48 Realgar 3,5–3,6	Vivianit 2,6–2,7 Berthierit 4,6 Sylvanit 8,0–8,3	Chlorit 2,6–3,4 Ferrimolybdit 4,0–4,5 Molybdit 4,0–4,5
2½	Krokoit 5,9–6,1	Berthierit 4,6 Gold 15,5–19,3	Chlorit 2,6–3,4
3	Krokoit 5,9–6,1 Vanadinit 6,5–7,1	Berthierit 4,6 Tennantit 4,6–4,8 Tetraedrit 4,6–5,2 Gold 15,5–19,3	Chlorit 2,6–3,4 Tennantit 4,6–4,8 Tetraedrit 4,6–5,2
3½	Zinkblende 3,9–4,2 Powellit 4,3	Tennantit 4,6–4,8 Tetraedrit 4,6–5,2 Cuprit 5,8–6,2	Tennantit 4,6–4,8 Tetraedrit 4,6–5,2 Cuprit 5,8–6,2
4	Zinkblende 3,9–4,2 Uranpecherz 9,1–10,6	Manganit 4,3–4,4 Tennantit 4,6–4,8 Tetraedrit 4,6–5,2 Psilomelan 4,7 Cuprit 5,8–6,2	Carnotit 4,5–4,6 Tennantit 4,6–4,8 Tetraedrit 4,6–5,2 Psilomelan 4,7 Cuprit 5,8–6,2
4½	Zinkit 5,4–5,7 Brannerit 6,35 Uranpecherz 9,1–10,6	Tennantit 4,6–4,8 Psilomelan 4,7	Tennantit 4,6–4,8 Psilomelan 4,7 Uranpecherz 9,1–10,6
5	Pyrochlor 3,5–4,6 Zinkit 5,4–5,7 Brannerit 6,35 Wolframit 7,12–7,60 Uranpecherz 9,1–10,6	Ilmenit 4,5–5,0 Psilomelan 4,7 Wolframit 7,12–7,60 Nickelin 7,5–7,8	Goethit 3,8–4,3 Ilmenit 4,5–5,0 Psilomelan 4,7 Nickelin 7,5–7,8 Uranpecherz 9,1–10,6
5½	Pyrochlor 3,5–4,6 Chromit 4,5–4,8 Wolframit 7,12–7,60 Uranpecherz 9,1–10,6	Chromit 4,5–4,8 Ilmenit 4,5–5,0 Hausmannit 4,7–4,8 Wolframit 7,12–7,60 Nickelin 7,5–7,8	Goethit 3,8–4,3 Ilmenit 4,5–5,0 Psilomelan 4,7 Nickelin 7,5–7,8 Uranpecherz 9,1–10,6
6	Uranpecherz 9,1–10,6	Rutil 4,2–4,3 Ilmenit 4,5–5,0 Hämatit 5,2–5,3 Columbit 5,2–8,1	Ilmenit 4,5–5,0 Psilomelan 4,7 Hämatit 5,2–5,3 Uranpecherz 9,1–10,6
6½	Jaspis 2,58–2,91	Rutil 4,2–4,3 Hämatit 5,2–5,3 Columbit 5,2–8,1	Jaspis 2,58–2,91 Hämatit 5,2–5,3
7	Kassiterit 6,8–7,1		

Strichfarbe rot + orange

Die Zahlen hinter den Mineralnamen

Mohs-härte	Glasglanz Harzglanz	Seidenglanz Perlmuttglanz	Diamantglanz
1			
1½		Auripigment 3,48	Realgar 3,5–3,6
2	Erythrien 3,07	Erythrien 3,07 Auripigment 3,48	Realgar 3,5–3,6 Zinnober 8,0–8,2
2½			Proustit 5,57 Pyrargit 5,85 Krokoit 5,9–6,1 Zinnober 8,0–8,2
3			Pyrargit 5,85 Krokoit 5,9–6,1
3½			
4			
4½			Zinkit 5,4–5,7
5			Lepidokrokit 4,0 Zinkit 5,4–5,7
5½			
6			
6½	Piemontit 3,4		
7			

360

Strichfarbe rot + orange

Mohs-härte	Fettglanz Wachsglanz	Metallglanz	ohne Glanz matt
1			
1½	Auripigment 3,48 Realgar 3,5–3,6	Polybasit 6,0–6,2	
2	Auripigment 3,48 Realgar 3,5–3,6	Polybasit 6,0–6,2 Zinnober 8,0–8,2	
2½	Krokoit 5,9–6,1	Zinnober 8,0–8,2 Kupfer 8,3–8,7	
3	Krokoit 5,9–6,1	Tennantit 4,6–4,8 Kupfer 8,3–8,7	Tennantit 4,6–4,8
3½		Tennantit 4,6–4,8 Cuprit 5,8–6,2	Tennantit 4,6–4,8 Cuprit 5,8–6,2
4		Purpurit 3,2–3,4 Tennantit 4,6–4,8 Cuprit 5,8–6,2	Tennantit 4,6–4,8 Cuprit 5,8–6,2
4½	Zinkit 5,4–5,7	Purpurit 3,2–3,4 Tennantit 4,6–4,8	Tennantit 4,6–4,8
5	Zinkit 5,4–5,7		
5½		Hausmannit 4,7–4,8	
6		Franklinit 5,0–5,2 Hämatit 5,2–5,3	Hämatit 5,2–5,3
6½	Jaspis 2,58–2,91	Franklinit 5,0–5,2 Hämatit 5,2–5,3	Jaspis 2,58–2,91 Hämatit 5,2–5,3
7	Jaspis 2,58–2,91		Jaspis 2,58–2,91

Strichfarbe grün

Mohs-härte	Glasglanz Harzglanz	Seidenglanz Perlmuttglanz	Diamantglanz
1			
1½			
2	Chrysokoll 2,0–2,2 Chlorit 2,6–3,4 Rhipidolith 2,75–2,90 Chamosit 3,0–3,4 Torbernit 3,3–3,7	Chlorit 2,6–3,4 Rhipidolith 2,75–2,90 Daphnit 3,2 Torbernit 3,3–3,7 Aurichalcit 3,6–4,2	
2½	Chrysokoll 2,0–2,2 Pennin 2,5–2,6 Chlorit 2,6–3,4 Chamosit 3,0–3,4 Torbernit 3,3–3,7	Pennin 2,5–2,6 Delessit 2,6–2,9 Chlorit 2,6–3,4 Daphnit 3,2 Thuringit 3,2 Torbernit 3,3–3,7 Bismutit 6,7–7,6	
3	Chrysokoll 2,0–2,2 Chlorit 2,6–3,4 Chamosit 3,0–3,4 Atacamit 3,76	Delessit 2,6–2,9 Chlorit 2,6–3,4 Daphnit 3,2 Bismutit 6,7–7,6	
3½	Chrysokoll 2,0–2,2 Malachit 3,75–3,95 Atacamit 3,76 Descloizit 5,5–6,2 Mottramit 5,7–6,2	Malachit 3,75–3,95 Brochantit 3,97 Bismutit 6,7–7,6	Powellit 4,3 Descloizit 5,5–6,2
4	Chrysokoll 2,0–2,2 Malachit 3,75–3,95	Malachit 3,75–3,95 Brochantit 3,97 Carnotit 4,5–4,6	
4½	Brannerit 6,35	Bismit 8,64–9,22	Bismit 8,64–9,22
5	Hornblende 3,02–3,27 Augit 3,2–3,6 Dioptas 3,28–3,35 Omphacit 3,29–3,37 Brannerit 6,35	Hornblende 3,02–3,27	
5½	Hornblende 3,02–3,27 Augit 3,2–3,6 Hedenbergit 3,5–3,6	Hornblende 3,02–3,27	
6	Hornblende 3,02–3,27 Augit 3,2–3,6 Ägirin 3,43–3,60 Hedenbergit 3,5–3,6	Hornblende 3,02–3,27	
6½	Ägirin 3,43–3,60		

Mohs-härte	Fettglanz Wachsglanz	Metallglanz	ohne Glanz matt
1		Molybdänglanz 4,7–4,8	Patronit 2,81
1½		Molybdänglanz 4,7–4,8	Patronit 2,81
2	Chrysokoll 2,0–2,2 Garnierit 2,2–2,7		Glaukonit 2,2–2,8 Chlorit 2,6–3,4 Patronit 2,81 Chamosit 3,0–3,4 Daphnit 3,2
2½	Chrysokoll 2,0–2,2 Garnierit 2,2–2,7		Delessit 2,6–2,9 Chlorit 2,6–3,4 Chamosit 3,0–3,4 Daphnit 3,2
3	Chrysokoll 2,0–2,2 Garnierit 2,2–2,7		Delessit 2,6–2,9 Chlorit 2,6–3,4 Chamosit 3,0–3,4 Daphnit 3,2
3½	Chrysokoll 2,0–2,2 Garnierit 2,2–2,7 Powellit 4,3	Kupferkies 4,1–4,3 Millerit 5,3	Malachit 3,75–3,95
4	Chrysokoll 2,0–2,2 Garnierit 2,2–2,7 Uranpecherz 9,1–10,6	Kupferkies 4,1–4,3	Malachit 3,75–3,95 Carnotit 4,5–4,6 Uranpecherz 9,1–10,6
4½	Brannerit 6,35 Uranpecherz 9,1–10,6		Uranpecherz 9,1–10,6
5	Brannerit 6,35 Uranpecherz 9,1–10,6		Uranpecherz 9,1–10,6
5½	Uranpecherz 9,1–10,6		Uranpecherz 9,1–10,6
6	Uranpecherz 9,1–10,6	Markasit 4,8–4,9 Pyrit 5,0–5,2	Uranpecherz 9,1–10,6
6½		Markasit 4,8–4,9 Pyrit 5,0–5,2	

Strichfarbe blau

Mohs-härte	Glasglanz Harzglanz	Seidenglanz Perlmuttglanz	Diamantglanz
1			
1½	Vivianit 2,6–2,7	Vivianit 2,6–2,7	
2	Vivianit 2,6–2,7	Vivianit 2,6–2,7 Aurichalcit 3,6–4,2	
2½	Chalkanthit 2,2–2,3 Linarit 5,3–5,5		Linarit 5,3–5,5
3			
3½	Azurit 3,7–3,9		
4	Azurit 3,7–3,9		
4½			
5	Lapislazuli 2,38–242 Riebeckit 3,0–3,4	Riebeckit 3,0–3,4	
5½	Lapislazuli 2,38–2,42 Riebeckit 3,0–3,4 Arfvedsonit 3,44–3,46	Riebeckit 3,0–3,4	
6	Lapislazuli 2,38–2,42 Riebeckit 3,0–3,4 Arfvedsonit 3,44–3,46	Riebeckit 3,0–3,4	
6½			
7		Dumortierit 3,26–3,41	

Strichfarbe blau

Mohs-härte	Fettglanz Wachsglanz	Metallglanz	ohne Glanz matt
1			
1½	Covellin 4,68	Vivianit 2,6–2,7 Covellin 4,68	Covellin 4,68
2	Covellin 4,68	Vivianit 2,6–2,7 Covellin 4,68	Covellin 4,68
2½			
3			
3½			
4			
4½			
5	Lapislazuli 2,38–2,42		
5½	Lapislazuli 2,38–2,42		
6	Lapislazuli 2,38–2,42		
6½			
7			

Bestimmungshilfe für Gesteine

Bei der Bestimmung eines Gesteins zuerst die Einordnung in eine der Hauptgruppen versuchen. Dazu das Gefüge, d. h. die Anordnung der Mineralien des unbekannten Gesteins untersuchen und feststellen, ob sich eine und gegebenenfalls welche Richtung im Gefüge erkennen läßt. In der folgenden Übersicht sind die 4 möglichen Gefügeordnungen skizziert: Gefüge ohne Richtung, Fließgefüge, Schichtung und Schieferung. Dann jeweils in den weiter unten stehenden Kästchen die zum Fremdgestein passende Gefügedarstellung suchen.

Möglichst mehrere Proben der gleichen Fundstelle betrachten, damit eine Zufälligkeit ausgeschaltet und das Typische erfaßt wird. Große Gesteinsbrocken vermitteln mehr Einzelheiten als kleine Teile. Bei Feinschichtung Lupe benutzen.

Den Gesteinsverband des Fremdstücks im Steinbruch oder an steiler Wand studieren; feststellen, ob das Handstück charakteristisch für die Gesamtlagerung ist.

Gefüge ohne Richtung

Die Mineralien sind durcheinandergemischt. Sie zeigen in ihrer Anordnung keinerlei irgendwie geartete Richtung.

Weitere Bestimmungshilfe siehe S. 368/369

Fließgefüge

Einzelne Mineralien oder auch Porenhohlräume zeigen als Folge des Fließens von Lava- oder Magmaströmen eine leichte richtungsgebundene Einregelung.

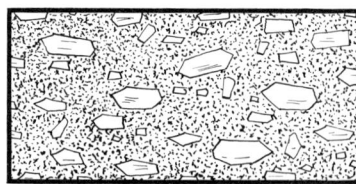

Einige Kristalle deuten durch ihre Lage im Gefüge eine Richtung an.
→Vulkanite S. 228
→Plutonite S. 195

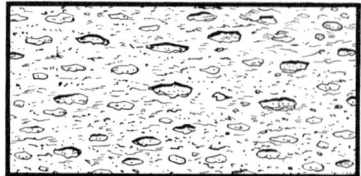

Länglich ausgezogene Poren deuten im Gefüge eine Richtung an.
→Vulkanite S. 228

Schichtung

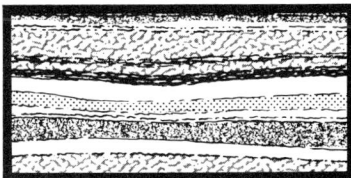

Durchgehende Schichtgrenzen. Entsteht durch Sedimentation, durch Änderung der Ablagerungsbedingungen. Beim Spalten ergeben sich glatte, ebene Flächen.

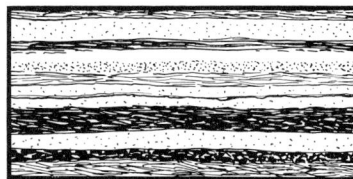

Durchgehende Grenzen mit einheitlicher Korngröße innerhalb eines Schichtbandes.
→Sedimentite S. 260
→Schiefer S. 312

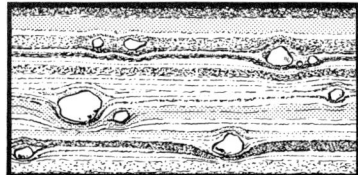

Die Schichtgrenzen sind durch einzelne große Trümmer eingedrückt oder ausgewölbt.
→Tuffstein S. 234

Schieferung

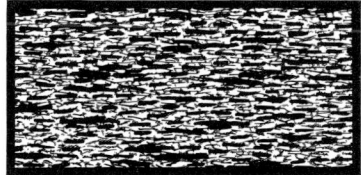

Parallelgefüge ohne durchgehende Grenzfugen. Entsteht durch Einregelung plattiger oder länglicher Mineralien. Beim Spalten ergeben sich keine glatten Flächen.

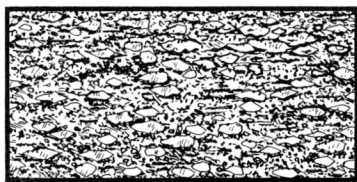

Parallelgefüge durch eingeregelte Kristalle bei sonst granitisch-körniger Grundmasse.
→Gneise S. 308

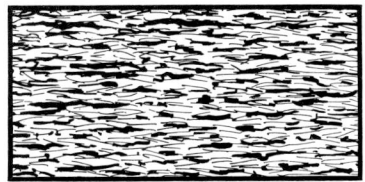

Deutliches Parallelgefüge in fein- bis mittelkörniger Grundmasse.
→Schiefer S. 312

Gesteine ohne erkennbare Richtung im Gefüge

Gefüge mit großen Einzeltrümmern

Eckige Einzeltrümmer bis Kopfgröße in unterschiedlicher Grundmasse.
→Brekzie S. 268

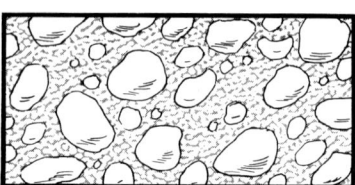

Gerundete Einzeltrümmer bis Apfelgröße in unterschiedlicher Grundmasse.
→Konglomerat S. 270

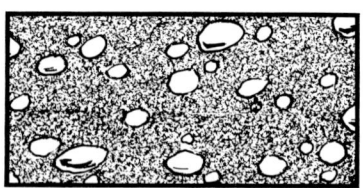

Gerundete und eckige Einzeltrümmer in lehmiger Grundmasse.
→Moräne S. 261
→Tillit S. 268

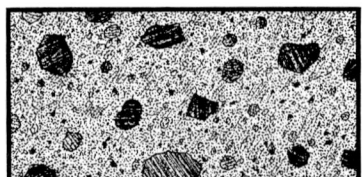

Viele eckige Einzeltrümmer bis Nußgröße in feinkörniger, porenreicher Grundmasse.
→Tuffstein S. 234

Grobe Körner im Gefüge

Vollkristalline Masse; verschiedenartige Mineralien, etwa gleich groß, mit bloßem Auge zu erkennen.
→Plutonite S. 195

Einzelne, voll entwickelte Kristalle in feinkörniger oder glasiger Grundmasse.
→Vulkanite S. 228

Einzelne große Kristalle zwischen erkennbaren kleineren Kristallen.
→Pegmatit S. 258
→Felse S. 318

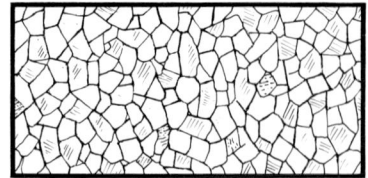

Nur eine Mineralart; zuckerkörniges Aussehen, mit Metall leicht ritzbar.
→Marmor S. 324
→Dolomitmarmor S. 326

Feinkörniges Gefüge

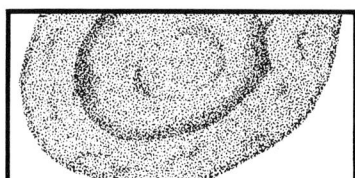

Knolliges, bis apfelgroßes Aggregat, häufig
gebändert.
→Hornstein S. 294
→Feuerstein S. 294

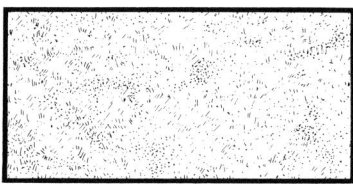

Gleichmäßig feinkörniges Gefüge, sehr hart.
→Quarzolithe S. 198
→Felse S. 318

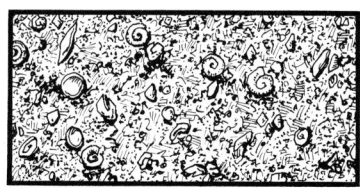

Feinkörnige Masse, mit Metall leicht ritzbar,
gelegentlich Fossilien.
→Riffkalk S. 284
→Dolomitstein S. 290

Glasiges Gefüge

Homogene glasartige Masse, muschliger
Bruch.
→Obsidian S. 238

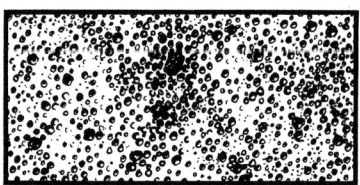

Porenreiches, sehr leichtes Gestein, gewöhnlich hell.
→Bimsstein S. 236

Alle Merkmale
der Hauptgesteinsgruppen
auf einen Blick S. 370

Erkennungsmerkmale der Hauptgesteinsgruppen

Plutonite S. 195

1. Vollkristallin, die ganze Masse auskristallisiert
2. Große Kristalle, mit bloßem Auge zu erkennen
3. Eine Richtung im Handstück gewöhnlich nicht zu erkennen, Mineralien durcheinandergemischt; selten Fließstrukturen
4. Sehr kompakt, fast keine Hohlräume
5. Niemals Fossilien
6. Klüfte stehen senkrecht aufeinander
7. Wollsackstruktur als typische Verwitterungsform
8. Gebirgige Großformen meist sanft wellig

Vulkanite S. 228

1. Nur einzelne Kristalle voll ausgebildet (porphyrische Struktur)
2. Grundmasse dicht (mikrokristallin) oder amorph (gestaltlos, glasig)
3. Zahlreiche kleine Hohlräume
4. Oft Fließstrukturen
5. Häufig Säulenbildung
6. Sehr selten Fossilien

Sedimentite S. 260

1. Meist ausgeprägte Schichtung
2. Oft fossilreich
3. Gebirgige Großformen vielfach schroff und bizarr
4. Moränen niemals geschichtet, keinerlei Kornsortierung
5. Riffkalke fast nie geschichtet

Metamorphite S. 304

1. Vollkristallin, die ganze Masse auskristallisiert
2. Meist große Kristalle, mit bloßem Auge zu erkennen
3. Häufig seidenglänzend
4. Parallelgefüge, Schieferung
5. Sehr kompakt, keine Hohlräume
6. Im allgemeinen keine Fossilien
7. Keine glatten Spaltflächen
8. Gebirgsformen sanft und wellig

Sachwortverzeichnis Fett gedruckte Seitenzahlen = Hauptverweis

Ablagerungsgestein 262
Abraumsalz 298
Abschuppung 208
Absonderung 27
Absorption 30
Absorptionsspektrum 30
Achat 38, 160, **178**, 180
Achondrit 331, **332**
Achroit 168
Achtkant 161
Adamin 33, **344**
Ader 99
Adinol 320
Adinolfels 320
Adinolit 320
Adular 40
Adularisieren 21
Ägirin 48
Aegirin 48
Aerolith (Meteorit) 331
Aerolith (Steinmeteo-
  rit) 332
Agalmatolith 84
Agricola 11
Akanthit 33, **100**
Akmit 48
Aktinolith 33, 52, 76, **86**
Aktinolithasbest 86
Aktinolithschiefer 316
Akzessorien 35
Alabaster 286, 296, **298**
Albit **40**, 42, 170
Alexandrit 164
Algarvit 224
Alkalifeldspat **40**, 193
Allanit 33
Alm 288
Almandin **80**, 166
Alphastrahlen 31
Alumogel 33, **148**
Alunit 33
Amalgam 33, **138**
Amazonit 40, **170**
Amblygonit 33, **348**
Ambroid 184
Amethyst 17, 36, **174**

Amethystquarz 174
Amiant 86
Amianth 86
amorph 13
Amphibol 52
Amphibolit 307, **320**
Amphibolit-Fazies 307
Amphibolschiefer 316
Analcim 33, **42**
Anamesit 246
Anatas 33, **348**, 349
Anatexis 304
Anatexit 310
Andalusit 33, **76**
Andesin **40**, 42
Andesit 244
Andradit 80
anflugartig 19
Anglesit 33, **128**
Anhydrit (Gestein) 298
Anhydrit (Mineral) 64
Anhydritspat 33, 62, **64**
Anhydritstein 298
Ankerit 33, 70, **72**, 152
Annabergit 33, 114, 140,
  342
Anorthit **40**, 42
Anorthoklas 40
Anorthosit 222
Anschliff 30
Anthophyllit 33, 52, 86,
  348, 356
Anthrazid 300
Anthrazit 300
Antigorit 88
Antimon 33, 144, **146**
Antimonblüte 146
Antimonfahlerz 142, **146**
Antimonglanz 144
Antimonit 33, **144**, 146
Antimonocker 146
Anyolith 82
Apachenträne 238
Apatit 22, 33, **54**
Aplit 258
Apophyllit 11, 33, **54**

Aquamarin 164
Aragonit 19, 33, **70**, 184
Archaeopteryx 284
Arfvedsonit 33, **52**
Argentit 33, **100**
Aristoteles 11
Arizona-Krater 331
Arizonit 198
Arkose 272, **274**
Arsen 33, **140**
Arsenate 32, **33**
Arsenfahlerz 142
Arsenkies 33, **140**
Arsenolith 33
Arsenopyrit 140
Asbest **86**, 88
Asbolan 33, **118**
Aschentuff 232
aschist 256
Asterismus 21
Atacamit 33, **362**
Ataxit 331, **332**
Aufschmelzung 189
Augengneis 308, **310**
Augit 28, 33, **48**, 52
Aurichalcit 33, **126**
Auripigment 20, 33, 140,
  142
ausblühartig 19
Ausfällungsgestein 280
Australit 334
Autunit 33, **150**
Avanturin (Aventu-
  rin) 176
Avanturin (Sonnen-
  stein) 170
Aventurin 21, 36, 170,
  176
Aventurin-Feldspat 170
Aventurin-Quarz 170,
  176
Aventurisieren 21
Axinit 33, **76**
Azul Bahia 218
Azur-Malachit 182
Azurit 20, 33, 70, **182**

Bändererz 294
Bänderton 276
Bahia-Topas 174
Balkeneisen 332
Balma 216
Baltik Braun 204
Bandachat 178
Bandeisen 332
Barringer Krater 331
Baryt 33, **74**
Basalt 229, **244**, 246
Basaltischer Augit 48
basaltisches Gestein 248
Basaltlava 246, **248**
Basanit (Gestein) 248, **250**
Basanit (Mineral) 178
basisch 190
Basit 190
Baumstein 180
Bauxit **148**, 300
Bavenoer 18, **40**
Beilstein 86
Belgischer Granit **206**, 282
Benitoit 33, **350**
Bentonit **276**, 300
Berggold 102
Bergholz 86, 88
Bergkork 86, 88
Bergkristall 36, **174**
Bergleder 86, 88
Bergzinn 134
Bernstein 33, **184**
Berthierit 33, 144, **146**
Bertrandit 33
Beryll 33, **164**
Beryllonit 33
Betastrahlen 31
Bianco Aurinia 214
Bianco chiaro 326
Bildstein 84
Bims 236
Bimsstein **236**, 238
Biolith 280
Biotit 46
Bismit 33, **136**, 358, 362
Bismuthin 136
Bismuthinit 136

Bismutit 33, **136**, 358, 362
Bittersalz 66
Bitterspat (Dolomit-spat) 72
Bitterspat (Magne-sit) 148
Bixbyit 33
Blätterserpentin 88
Blanc clair 326
Blauasbest 86
Blaueisenerde 74
Blauerde 74
Blauquarz 36, **176**
Blauschiefer 316
Bleierde 128
Bleiglanz 33, **128**, 132
Bleihornerz 130
Blende 132
Blenden 95
Blitzröhre 334
Blockmeer 208
Blockwerk 265
Blutjaspis 180
Blutstein 104
Bodafors 248
Boden 261
Böhmischer Granat 80
Böhmit 33, **148**
Bohnerz 98, **106**
Bombe 232
Bonebed 294
Boracit 33, 62, **68**
Borate 32, **33**
Borax 33, 62, **68**
Bornit 33, 124, **126**
Boronatrocalcit 68
Bort 162
Boulangerit 33, **144**, 146
Bournonit 33, **144**
Bouteillenstein 334
Brannerit 33, 150, 358, 359, 362, 363
Brasilianer 18, **36**
Brasilianit 33
Braunbleierz 130
Brauneisenerz 106
Brauneisenoolith 106
Brauner Glaskopf 106
Braunit 33

Braunkohle 300
Braunspat 72
Breccie 268
Brekzie 264, **268**
Brillant 161
Brillant-Schliff 160
Brillant-Vollschliff 161
Brochantit 33, **362**
Brocken 264, **266**, 268
Bronzit 33, 48, **50**
Bronzitit 224
Brookit 33, 348, **358**
Bruch 27
Buergerit 168
Buntbleierz 130
Buntkupferkies 126
Buntsandstein 274
Byssolith 86
Bytownit **40**, 42

Cabochon 161
Cabochonschliff 160
Calacatta d'Oro 326
Calanca 206
Calcit 22, 25, 33, **70**
Calcitmarmor 324
Calomel 138
Cancrinit 33
Canyon Diablo 331
Carat 158
Carbonado 162
Carbonate 32, **33**
Carnallit 33, 62, **66**
Carnallitit 298
Carnotit 33, **120**, 150
Carrara 326
Carrara-Marmor 326
Cassiterit 134
Cerussit 33, 70, **128**
Ceylanit 166
Chabasit 33, **58**
Chalcedon 36, **38**, 178
Chalkanthit 33, 124, **364**
Chalkopyrit 124
Chalkosin 124
Chalkotrichit 126
Chalzedon **38**, 178
Chamosit 33, 84, 104, **106**

Charnockit 310
Chatoyieren 21
Chiastolith 76
Chiastolithschiefer 314
Chloanthit 33, **114**
Chlorargyrit 33, **102**
Chlorit 33, 62, 76, **84**
Chloritschiefer 307, **316**
Chloromelanit 168
Chlorsilber 102
Chondren 332
Chondrit 331, **332**
Christophit 132
Chromate 32, **33**
Chromdiopsid 48, 50, **90**
Chromeisenerz 116
Chromeisenstein 116
Chromglimmer 46
Chromit 33, **116**
Chrysoberyll 33, **164**
Chrysoberyll-Katzen-
auge 164
Chrysokoll 33, 124, **182**
Chrysolith **52,** 170
Chrysopras 38, **178**
Chrysotil 86, **88**
Chrysotilasbest 88
Cinnabarit 138
Cipollino 322
Citrin 36, **174**
Clair du Tarn 206
Cleiophan 132
Cobaltin 118
Cobaltit 118
Cölestin 74
Coelestin 33, **74**
Coesit 33, **36,** 331
Colemanit 33, 62, **68**
Columbit 33, **122**
Conchyn 184
Connemara 326
Cordierit 33, 76, **90**
Coronadit 33, 108, **357**
Covellin 33, **124**
Cristobalit 33, **36,** 38,
180, 350
Cubanit 33, **355**
Cuprit 33, 124, **126**
Curling-Stein 222
Cyanit 78

Dachschiefer 314
Dacit 240
Danburit 33, 54, **351**
Daphnit 33, 84, **362,** 363
Datolith 33, **54**
Dauphinéer 18, **36**
Dazit 240
Delessit 33, 84, **362,** 363
Demantoid 80
Dendriten 108, **180,** 284
Dendritenachat 38, **180**
dendritisch 19
derb 17
Descloizit 33, **120**
Desmin 60
Deutsch-Rot 282
Diabas 246, **248**
Diagem 159
Diagenese 189, **261,** 304
Diallag 48, **50**
Diamant 22, 23, 33, 160,
162, 272
Diamant-Schliff 161
Diamonair 159
diaschist 258
Diaspor 33, **148**
Diatomeenerde 292
Diatomit 292
Dichroismus 30
Dichroit 90
dicht 19
Dichte 26
Diopsid 33, 48, **50**
Dioptas 33, **182**
Diorit **220,** 222
Diskordanz 260
Dispersion 30
Disthen 78
Djevalith 159
Dolerit 246, 248
Dolomit (Gestein) 290
Dolomit (Mineral) 72
Dolomitisierung 290
Dolomitmarmor 324,
326
Dolomitspat 33, 70, **72**
Dolomitstein 280, **290**
Doppelbrechung 25
Doppelender 36
Doppelspat 25, **70**

drahtförmig 19
Dravit 168
Drilling 18
Druse 17
Dublette 159
Dünnschliff 30
Dumortierit 33, **364**
Dunit 224
Dunkles Rotgültig-
erz 100
Durchsichtigkeit 25

Edelberyll 164
Edelopal 21, 38, **180**
Edelsalz 298
Edelspinell 166
Edelstein 8, **157**
Edelsteinhärte 22
Edelsteinkunde 8
Edeltopas 166
Edler Korund 162
Edler Serpentin 88
Effusivgestein 229
Egeran 78
Eigentlicher Chalce-
don 38
Eigentlicher Ortho-
klas 40
Eilatstein 182
Eindampfungs-
gestein 280
Eis 33, **62**
Eisenblüte 70
Eisendolomit 72
Eisengestein 104, **294**
Eisenglanz 104
Eisenglimmer 104
Eisenglimmer-
schiefer 104
Eisenkies 154
Eisenkiesel 36
Eisenmeteorit 331, **332**
Eisennickelkies 114
Eisenrose 104
Eisenspat 106
Eiserner Hut **97,** 154
Eisernes Kreuz 18
Eisstein 56
Eklogit 307, **320**

Eklogit-Fazies 307
Eläolith 44
Eläolithsyenit 218
Elbait 168
Elektrum 102
Elemente 32, **33**
Enargit 33, 124, **126**
Enhydros 178
Enstatit 33, 48, **50**
Enstatitit 224
Epidot 33, 76, **82**
Epidotschiefer 316
Epizone 304
Epprechtstein 200
Epsomit 33, 66, 72, **342**
Erbsenstein 288
Ergußgestein 229
Erlan 318
Erlanfels 318
Erstarrungsgestein 190
Eruptivgestein 190, 229
Erythrin 33, **118**
Erz 8, **95**
Erzlagerstätte 96
Esboit **204,** 220
Essexit 220, **222**
Estrichgips 298
Euklas 33, **350**
Evaporat 280, **296**
Evaporit 296
Extrusivgestein 229

Fabulit 159
Facettenschliff 160
Fahle 95
Fahlerz 142
Falkenauge 36, 86, **176**
Fanglomerat 268
Farbedelstein 157
Farbstein **157,** 160
Farbzahl 244
Fasergips 296, **298**
Faserquarz 36
Faserserpentin 88
Fassait 33, 48, 76, **90**
Fayalit 33, 52, **348,** 350
Fazies 306
Federerz 146
Feldspat 33, **40**

Feldspatoid 42
Feldspatvertreter 42
Fels 188, 306, **318**
Felsberg 206
Felsenmeer 208
felsisch 193
Felsit 193
Felsquarzit 318
femisch 193
Fernsehstein 68
Ferrimolybdit 112, **359**
Festgestein 188
Festungsachat 178
Feueropal 38, **180**
Feuerstein 187, **294**
Fianit 159
Fischerit 74
Flammenfärbung 31
Fleckenschiefer 314
Fließgefüge 228, **229**
Fließstruktur 229
Flint 294
Flöz 98
Fluoreszenz 29
Fluorit 22, 33, **54**
Flußspat 54
Flußtrübe 276
Foid **42,** 193
Foid-Syenit 218
Foidit 248, **252**
Foidolith 224
Forellenstein 222
Forsterit 33, 52, **350**
Fossil 261
Fossilkalk 284
Foyait 216, **218**
Franklinit 33, 132, **361**
Fraueneis 62
Freibergit 33, 142, **355**
Friedersdorfer 216
Fruchtschiefer 304, **314**
Fuchsit **46,** 176, 342, 343
Fülleisen 332
Fulgurit 334

Gabbro **220,** 222
Gagat 300
Gahnit 33, **356,** 357
Galenit 128

Galliant 159
Galmei 132
Gammastrahlen 31
Gang 99
Ganggestein 193, **256**
Gangquarz 36
Garbenschiefer 314
Garnierit 33, **114**
Gaylussit 33, **342**
Geburtsstein 157
Geiger-Zähler 31
Gekrösegips 298
Gelbbleierz 112
Gemeine Hornblende 52
Gemeiner Augit 48
Gemeiner Beryll 164
Gemeiner Granat 80
Gemeiner Korund 162
Gemeiner Opal 21, **38,**
  180
Gemeiner Orthoklas 40
Gemeiner Quarz 36
Gemeiner Serpentin 88
Gemme 160
Gemmologie **8,** 158
Geode 17
Georgiait 334
Geröll 264, **266,** 268
Gersdorffit 33, **140**
Geschiebe **266,** 268
Geschiebelehm 276
Geschiebemergel 278
Gestein 8, **188**
Gesteinsglas 236
gestrickt 19
Geyserit 294
Geysirit 294
Gibbsit 33, **148**
Gips (Gestein) 296
Gips (Mineral) 62
Gipshut 298
Gipsrose 62
Gipsspat 18, 19, 22, 33,
  62
Gipsstein 296
Glanz 25
Glanze 95
Glanzkohle 300
Glas 236
Glaskopf 106

glaskopfig 19
Glasmeteorit 334
Glasopal 38
Glattschliff 160
Glaukonit 46, **363**
Glaukophan 33, **52**
Glaukophanit 316
Glaukophanschiefer
  307, **316**
Glaukophanschiefer-
  Fazies 307
Glimmer 33, **46**
Glimmerschiefer 307,
  312
Glockenberg 208
Glyptik 160
Gneis 306, **308**
Gneisglimmer-
  schiefer 310
Goethit 33, 104, **106**
Gold 33, **102**
Goldberyll 164
Goldtopas **166,** 174
Goshenit 164
Grammatit 86
Granat 33, 76, **80,** 166
Granatfels 304
Granatoeder 80
Grand 265
Granit 200
Granit de Rocq 206
Granitaplit 258
Granitgneis 308
Granitmarmor 206
Granito Azul 206
Granito Dorato 206
Granito Nero 206
Granito Preto Tijuca 206
Granito Verde 206
Granito Verde Ubatuba
  206
Granitoid 200
Granitpegmatit 256, **258**
Granitporphyr 256, **258**
Granodiorit 214
Granulit 307, 308, **310**
Granulit-Fazies 307
Graphit 33, 76, **88,** 300
Grauspießglanz 144
Grauwacke 272, **274**

Greisen 198
Grenzland 248
Griffelschiefer 314
Grossular 80
Grün-Porphyr 248
Grünbleierz 130
Grünschiefer 307, **316**
Grünschiefer-Fazies 307
Grünstein 248
Guano 294
Guilt Palacios 206
Gyrolith 11, **33,** 92

Habitus 16
Hälleflinta 310
Hämatit 19, 20, 33, **104**
Härte 22
Halbedelstein 8, **157**
Halit 13, 28, 33, 62, **64**
Halitit 296
Halogenide 32, **33**
Halotrichit 33, **342**
Halyseritenschiefer 278
Hambergit 33
Harmotom 33, 58, **60**
Hartgestein 188
Hartmanganerz 108
Hartsalz 298
Harzburgit 224
Haselgebirge 296
Hauptgemengteil 35
Hausmannit 33, 108, **110**
Hauyn 33, 42, **44**
Hedenbergit 33, 48, 76,
  90
Helioder 164
Heliotrop 38, **180**
Hemimorphit 33, **132**
Hermesit 138
Hessisch-Neugrün 248
Hessischer Diabas 248
Hessonit 80
Heterogenit 33, **118**
Heulandit 33, 58, **60**
Hexaedrit 331, **332**
Hiddenit 168
Himbeerspat 110
Hohlspat 76
Hollandit 33, 108, **355**

Holzstein 36, **38**
Holzzinn 134
Honigblende 132
Honigopal 38
Hornblende 28, 33, **52**
Hornblendeschiefer
  314
Hornblendit 224
Hornfels 304, 307, **320**
Hornfels-Fazies 307
Hornquecksilber 138
Hornsilber 102
Hornstein **294,** 320
Hyacinth 166
Hyazinth 166
Hydrargillit 148
Hydrogrossular 80
hydrostatische Waage 26
Hydroxide 32, **33**
Hydrozinkit 33, 70, 132,
  134
Hypersthen 33, 48, **50**
Hypersthenit 224

Idealkristall 16
Idokras 78
Ignimbrit 232, **234**
Ijolith 224
Illit 33, **62**
Ilmenit 33, **122**
Ilvait 33
Imitation 158
Impaktit 331
Impala 220
Imprägnation 99
Indigolith 168
Industriediamant
  162
Inkohlung 300
Intaglio 160
intermediär 190
Intersertalgefüge 250
Intrusivgestein 195
Iolith 90
Isergebirge 206
Itabirit 104, **294**
Italit 224
Itoaca 220
IUGS 187

Jade 168
Jadeit 33, **168**
Jamesonit 33, 144, **146**
Japaner 18, **36**
Jargon 166
Jarosit 33
Jaspis 38, 176, **178**
Jordanit 33
Juwel 158

Kämmererit 84
Kännelkohle 300
Kainit 33, 62, **66**
Kainitit 298
Kakoxen 33, 344, **358**
Kalifeldspat 40
Kaliophilit 33, **44**, 348
Kalisalpeter 33, **62**
Kalkgestein 280
Kalkglimmer 92
Kalkmarmor 324
Kalknatronfeldspat 40
Kalkoolith 284
Kalksandstein 274
Kalksilikatfels 307, **318**
Kalksilikatschiefer 307
Kalksinter 280, **286**
Kalkspat 70
Kalkstein 187, **280**, 324
Kalktuff 232, **286**
Kalkuranglimmer 150
Kallait 172
Kalomel 33, **138**
Kamacit 332
Kamee 160
Kammkies 154
Kaneelstein 80
Kaolin 276, **278**, 300
Kaolinit **33**, 62
Kaprubin 80
Kapustino 212
Karat 158
Karbonatit 224
Kardinal 216
Karlsbader 18, **40**
Karneol 38, **180**
Karneol-Onyx 180
Kassiterit 33, **134**
Katazone 304

Katzenauge **21**, 164, 176
Katzenaugen-Quarz 176
Katzengold 46
Katzensilber 46
Kaustobiolith 300
Kerargyrit 102
Keratophyr 242
Kernit 33, 76, **92**
Kersantit 258
Kies 265
Kiese 95
Kiesel 266
Kieselgestein 292
Kieselgur 292
Kieselkalk 266
Kieselkupfer 182
Kieselkupfer-
    smaragd 182
Kieselmalachit 182
Kieselschiefer 292
Kieselsinter 294
Kieselzinkerz 132
Kieserit 33, 62, **66**
Kimberlit **252**, 258
Kinzigit 310
Kittquarzit 274
klastische Sedi-
    mentite 264
Klastit 264
Klebschiefer 292
Klinochlor 33, **84**
Klinozoisit 82
Knotenschiefer 307, **314**
Kobaltblüte 118
Kobaltglanz 33, **118**
Kobaltkies 118
Kobaltschwärze 118
Kochsalz 64, **296**
Kösseine 206
Kohlegestein 300
Konglomerat 264, 268,
    270
Konkordanz 98, **260**
Kontakthof 304
Kontaktmetamor-
    phose 304
Kontaktschiefer 314
Koralle 184
Korallenkalk 284
Kornerupin 33

Korsit **204**, 220
Korund 22, 33, **162**
Kreidekalk 280, 282, **284**
Kreuzschichtung 260
Krinoidenkalk 280, **284**
Kristall 8
Kristallgitter **13**, 28
kristallin 13
kristalliner Marmor 324
kristalliner Schiefer 305
kristalliner Tonschiefer
    314
Kristallographie 8
Kristallstufe 17
Kristallsystem 16
Krokoit 33, **128**
Krokydolith **86**, 176
Kryolith 33, **56**
Kryptomelan 33, 108,
    357
Kugeldiorit 220
Kugelgranit **204**, 220
Kulturperle 184
Kunststein 188
Kunzit 168
Kupfer 19, 33, **124**
Kupferblüte 126
Kupferglanz 33, **124**
Kupferindig 124
Kupferkies 33, **124**
Kupferlasur 182
Kupfernickel 114
Kupferpecherz 126
Kupferschiefer 278
Kupfersmaragd 182
Kupferuranglimmer 150
Kupfervitriol 124
Kurnakovit 33, **344**
Kyanit 22, 33, 76, **78**
Kymophan 164

Labrador (Gestein) 216
Labrador (Mineral) 42
Labradorisieren 21
Labradorit 21, **40**, 42,
    170
Labradorstein 42
Lager 98
Lagerstätte 95

Lamprophyr 248, **258**
Langbeinit 64
Lapidarium 11
Lapilli 232
Lapis 172
Lapislazuli 33, **172**
Larvikit 216
Lasurit 172
Lasurstein 172
Laterit 148
Latit 242
Laumontit 33, **58**
Lausitzer 206, 216
Lausitzer Grüner
  Granit 248
Lava 228
Lavagestein 231
Lavezstein 316
Lazulith 33, 346, **348,**
  349
Leadhillit 33, **342,** 343
Leberblende 132
Leberkies 154
Leberopal 38
Lehm 276
Lehmstein 276
Lepidokrokit 33, 104,
  106
Lepidolith 46, **48**
Leptit 310
Leptitgneis 310
Letten 276
Leucit 33, **42**
Leucitit 252
Leucitoeder 42
Leuko- 194
Leukogranat 80
Leukosaphir 162
Lherzolith 224
Lichtes Rotgültigerz 100
Limburgit 234, **250**
Limonit 106
Linarit 33, **130**
Linda vista 272
Linneit 33, **118**
Linse 99
Lithiumeisenglimmer 48
Lithographieschiefer 284
Lobensteiner 248
Lockergestein 188

Löllingit 33, **140**
Löß 276, **278**
Lößkindel 276, **278**
Lößlehm 276
Lötrohr 31
Lötrohrprobierkunde 31
Lumineszenz 29
Lydit 292

Madeira-Topas 174
Mächtigkeit 98
mafisch 193
Mafit **193,** 194
Mafitit 224, 248, **252**
Mafitolith 224
Magma 189
magmatische Abfolge 12
magmatisches Ge-
  stein 190
Magmatit 188, **190**
Magnesit 33, 70, **148**
Magneteisenerz 104
Magnetismus 30
Magnetit 30, 33, **104**
Magnetkies 30, 33, **152**
Mainsandstein 274
Malachit 20, 33, 124, **172**
Mandelstein 246, **248**
Manebacher 18, **40**
Manganit 33, 108, **110**
Manganknolle 108
Manganomelan 108
Manganspat 110
Margarit 46, 76, **92**
Marienglas 62
Markasit 33, 152, **154**
Marmatit 132
Marmor 284, 304, 307,
  324
Marmor-Onyx **286,** 326
Massengestein 190, 195
Massenkalk 284
Matildit 136
Meerschaum 88
Meissen 206
Mela- 194
Melanit 80
Melaphyr 246, **248**
Melilith 33, 42, **44**

Melilithit 252
Melilitholith 224
Mellit 33
Mergel 278
Mergelstein 276, **278**
Mesolith 33, **58**
Mesosiderit 331, **332**
Mesozone 304
Messingblüte 126
Meta- 305
metamorphe Abfolge 12
metamorphes
  Gestein 305
Metamorphit 188, **304**
Metamorphose 189, **304**
Metaquarzit 318
Metasomatose 97
Meteoreisen 332
Meteorit 8, **331**
Meteorkrater 331
Meteorstein 331, 332
Micromounts 8
Migmatit 308, **310**
Mikrogranit 258
Mikroklin 40
Mikroplutonit 256
Milarit 33
Milchopal 38
Milchquarz 36
Millerit 33, 355, **363**
Mimetesit 33, **130**
Mineral **8,** 13
Mineral-Aggregat 19
Mineralogie 8, **11**
Mineralsystem 32
Minette (Erz) 98, **294**
Minette (Gestein) 258
Mischgestein 310
Mischkristall 13
Missourit 224
Modifikation 13
Mohs 22
Mohshärte 22
Mohssche Härteskala 22
Mokkastein 180
Moldavit 334
Molybdänglanz 33, **112**
Molybdänit 112
Molybdänocker 112
Molybdate 32, **33**

377

Molybdit 33, **112**
Monatsstein 157
Monazit 33, 150, **152**
Monchiquit 258
Mondgestein 9
Mondstein 21, 40, **170**
Montmartrezwilling 62
Montmorillonit 33, 62
Monzonit 216, **218**
Moosachat 38
Morganit 164
Morion 36, **174**
Moroxit 54
Moskauer Glas 46
Mottramit 33, **362**
Mühlsteinlava 250
Mühlsteintrachyt 250
muglig 160
Muschelkalk 284
Muskovit 46

Nadeleisenerz 106
Nadelzinn 134
Nagelfluh 270
Natrolith 33, **58**
Natronglimmer 92
Natronsalpeter 33,
  62
Naturstein 188
Nebengemengteil 35
Nephelin 33, 42, **44**
Nephelinit 252
Nephelinsyenit 218
Nephrit **86**, 168
Neptunit 33, **358**
Nest 99
Neuhaus 214
Neumannsche
  Linien 332
neutral 190
Niccolit 114
Nickelblüte 114
Nickelin 33, **114**
Nigrin 56
Niobit 33, **122**
Nitrate 32, **33**
Nördlinger Ries 331
Norit 222
Nosean 33, 42, **44**

Nugget 102
Nystad Grey 310

Obsidian 27, **238**
Ocker 106
Odenwälder 216
Odontolith 74, **172**
Ölsand 274
Ölschiefer 278
Okenit 33, **92**
Oktaedrit 331, **332**
Oligoklas **40**, 42, 170
Olivenit 33
Olivin 33, **52**, 170
Omphacit 33, 48, 76, **90**,
  346, 362
Onyx 38, **180**, 286
Onyx-Marmor 180, **286**,
  326
Ooid **284**, 288
Oolith **98**, 104
oolithisch 19
opak 25
Opal 33, 36, **38**, 180
Opaleszieren 21
Opalisieren 21, 38, **180**
Ophicalcit 324, **326**
Ophiolith 322
Orbicul 204
Orbiculit 204
organische Verbindun-
  gen 32, **33**
Orthogestein 305
Orthogneis 308
Orthoklas 18, 22, **40**
Oxide 32, **33**
Ozokerit 33

Padparadscha 162
Pagodit 84
Paläoandesit 244
Paläobasalt 248
Paläodacit 240
Paläorhyolith 240
Palingenese 304
Pallasit 331, **332**
Palmyra-Topas 174
Paragenese 12

Paragestein 305
Paragneis 308
Paragonit 46, **92**
Pascha 326
Patronit 33, **120**
Pechblende 33, **150**
Pechkohle 300
Pechstein 238
Pegmatit 96, **258**
Pektolith 33
Pelit 264, **276**
Pennin 33, 84, 342, **362**
Pentlandit 33, **114**, 152
Peracidit 198
Peridot 52, **170**
Peridotit 224
Periklin 40
Perle 29, **184**
Perlglimmer 92
Perlit 236
Perlmutt 184
Perlstein 236
Perowskit 33, **349**
Perthit 40
Petalit 33
Petit Granit 206
Petrographie 8
Petrologie 8
Petzit 33, **102**
Pfahl 256
Pfahlquarz 198
Phantomquarz 36
Pharmakolith 33, **342**
Phenakit 33
Phianit 159
Phillipsit 33, 58, **60**
Phlogopit 46
Phonolith 242
Phosgenit 33, **130**
Phosphate 32, **33**
Phosphatgestein 294
Phosphoreszenz 29
Phosphorit 294
Phyllit 307, **312**
Piemontit 33, **82**, 360
Pikrit 248, **252**
Pikromerit 64
Pipe **162**, 252
Pisolith 288
pisolithisch 19

Pistazit 82
Plagioklas 40, **42**
Plagioklasfeldspat 193
Plasma 178
Plateaubasalt 246
Platin 33, **102**
Plattenkalk 280, **284**
Pleochroismus 30
Pleonast 166
Plessit 332
Plumosit 144
plutonisches Gestein 195
Plutonit 195
Polianit 108
Polierschiefer 292
Polybasit 33, **102**
polyedrischer Quarz 38
Polyhalit 33, 62, **66**
Polymorphie 13
Porfido Verde Antico 248
porphyrisch 228
Porphyrit 244
Porphyroblast 312
Posidonienschiefer 278
Powellit 33, 112, **358**, 359
Präzipitat 280
Prasem 36, **176**
Prasinit 316
Prasiolith 174
Prasopal 38
Prehnit 33, 76, **82**
Preßbernstein 184
Prismenquarz 36
Prochlorit 84
Proustit 33, **100**
Psammit 264, **272**
Psephit 264, **266**
Pseudoachat 38
Pseudomorphose 17
Psilomelan 33, **108**
Puddingstein 270
Pulaskit 216
Pulverfarbe 20
Purpurit 33, **361**
Pyralspit 80
Pyrargyrit 33, **100**
Pyrit 19, 20, 21, 33, 152, **154**
Pyrochlor 33, **122**

Pyroklastit 228, **232**
Pyrolusit 33, **108**
Pyromorphit 33, 128, **130**
Pyrop **80**, 166
Pyrophyllit 33, 76, **84**
Pyroxen 48
Pyroxenit 224
Pyrrhotin 152

Quarz 11, 22, 28, 33, **36**
Quarz-Katzenauge 36, **176**
Quarzdiorit 214
Quarzgang 256
Quarzit 274, 307, **318**
Quarzolith 198
Quarzphyllit 312
Quarzporphyr 240
Quarzporphyrit 240
Quarzsand 272
Quecksilber 33, **138**
Quecksilberfahlerz **138**, 142
Quecksilberhornerz 138

Radioaktivität 31
Radiolarit 292
Rädelerz 144
Rapakivi 204
Raseneisenerz 98, **106**
Rauchquarz 36, **174**
Rauchwacke 290
Rauhwacke 290
Rauschgelb 142
Rauschrot 142
Realgar 33, **142**
Realkristall 16
Regionalmetamorphose 304
Residualgestein 300
Rhipidolith 33, 84, **362**
Rhodochrosit 33, 70, 108, **110**
Rhodolith 80
Rhodonit 33, 108, **172**
Rhyolith 240
Riebeckit 33, 52, 76, **86**
Riebeckitasbest 86

Riffkalk 284
Rio Grande-Topas 174
Ritzbesteck 24
Röhrenachat 178
Römischer Travertin 286
Rönne 214
Rötel 104
Rogenstein 284
Rose 161
Rosenquarz 36, **174**
Rotbleierz 128
Roteisenerz 104
Roter Glaskopf 104
Rotgültigerz 100
Rotkupfererz 126
Rotnickelkies 114
Rotzinkerz 132
Rubellit 168
Rubin 21, **162**
Rubinblende 132
Rubinglimmer 106
Rückstandsgestein 300
Rundiste 161
Rutil 33, **56**, 122

Safflorit 33
Sagenit 56
salisch 193
Salmiak 33
Salpeter 296
Salzgarten 296
Salzgestein 296
Samtblende 106
Sand 265, **272**
Sandkristall 62
Sandrose 62
Sandstein 272
Sandtuff 232
Sanidin 40
Saphir 21, **162**
Saphirquarz 176
Sard-Onyx 180
Sarder 38, **180**
Sardstein 178
Sassolin 33
sauer 190
Schalenablösung 208
Schalenblende 132
Schapbachit 33, **136**

Scheelbleierz 116
Scheelit 33, **116**
Scherbenkobalt 140
Scherenschliff 161
Schichtgestein 262
Schichtung **260**, 312
Schiefer 306, **312**
Schiefergneis 310
Schieferton 278
Schieferung 305
Schillkalk 284
Schipaio 218
Schlacke 232, **236**
Schlamm 276
Schlangengips 298
Schleifhärte 23
Schlick 276
Schliere 99
Schluff 265
Schmelzbasalt 246
Schmelzflußgestein 190
Schmelztuff 234
Schmirgel 162
Schmuckstein 8, **157**
Schneeflocken-
  Obsidian 238
Schönit 33, 62, **64**
Schörl 168
Scholzit 33
Schotter 264, **266**, 268
Schreibkreide 284
Schremser 216
Schrifterz 102
Schriftgranit 256, **258**
Schutt 264, **266**, 268
Schwalbenschwanzzwil-
  ling 18, **62**
Schwarz-Schwedisch
  248
Schwarzbleierz 128
Schwarzer Glaskopf 108
Schwarzer Opal 180
Schwarzer Porphyr 248
Schwazit 33, **138**, 142
Schweb 276
Schwefel 33, **152**
Schwefelkies 154
Schwerspat 74
Sediment 262
sedimentäre Abfolge 12

Sedimentärquarzit 272,
  274, 318
Sedimentation 260
Sedimentgestein 262
Sedimentit 188, **260**
See-Erz 106
Seekalk 280, **288**
Seekreide 288
Seife 97, **99**, 272
Seifengold 102
Seifenlagerstätte 26
Seifenstein 316
Seifenzinn 134
Selbergit 234
Selenit 62
Senarmontit 33, **144**
Senefelder 284
Sepiolith 33, 76, **88**
Septarie 278
Serizit **46**, 312
Serizitphyllit 312
Serizitschiefer 312
Serpentin 33, 76, **88**, 322
Serpentinasbest 88
Serpentinfels 322
Serpentinisierung 322
Serpentinit 307, **322**
Shandong 206
Shonkinit 218
sialisch 193
Siderit 33, 70, 104, **106**,
  332
Siderophyr 331, **332**
Silber 33, **100**
Silberfahlerz 142
Silberglanz 100
Silberschwärze 100
Silberwismutglanz 136
Silex 178
Silexit 198
Silikate 32, **33**
Silikatmarmor 326
Silikatstruktur 9
Sillimanit 33, **76**
Silt 265
Sinhalit 33
Skapolith 33, **56**
Skarn 318
skelettartig 19
Skelettquarz 36

Skolezit 33, 58, **346**
Skutterudit 33, **118**
Smaltin 118
Smaragd 164
Smaragdquarz 176
Smaragdschliff 161
Smithsonit 33, 70, 132,
  134
Soda 33
Sodalith 33, 42, **44**
Sognefjord 214
Solnhofener Platten-
  kalk 280, **284**
Solnhofener Schiefer
  284
Solothurn 282
Solvag 248
Sonnenbrenner 250
Sonnenbrenner-
  basalt 248, **250**
Sonnenstein 21, 40, **170**,
  176
spätig 19
Spaltbarkeit 28
Spaltgranit 206
Spargelstein 54
Spateisenstein 106
Speckstein 84, **316**
Specularit 104
Speerkies 154
Speiskobalt 118
Spektrolith 220, **222**
Sperrylith 33, **102**
Spessartin 80
Spessartit 258
spezifisches Gewicht 26
Sphärolith 238
Sphalerit 132
Sphen 122
Spinell 33, **166**
Spodumen 33, 48, **168**
Sprödglimmer 92
Sprudelstein 288
SS-Granit 206
Stalagmit 286
Stalaktit 286
stalaktitisch 19
Stannin 33, **134**
Stannit 134
Starlit 166

Staßfurtit 68
Staubtuff 232
Staurolith 18, 33, 76, **78**
Steatit 84, **316**
Stein 8, 265
Stein-Eisen-Meteorit 331, **332**
Steingravur 160
Steinkohle 300
Steinmeteorit 331, **332**
Steinsalz 64, **296**
Stephanit 33, **102**
Sternquarz 36
Sternrubin 162
Sternsaphir 162
Stibiopalladinit 33, **355**
Stibnit 144
Stilbit 33, 58, **60**
Stishovit 33, **36**, 331
Stock 99
Stockwerk 99
Stolzit 33, **116**
Strahlkies 154
Strahlstein 86
Straß 158
Strasser 158
Streckeisen-Diagramm 187, **191**, 192, 196, 230
Strengit 33, **344**
Streß 305
Strich 20
Strichfarbe 20
Strichtafel **20**, 21
Strontianit 33, 70, **72**
Stuckgips 298
Stufe 17
Succinit 184
Süßwasserkalk 288
Suevit 331
Sulfate 32, **33**
Sulfide 32, **33**
Syenit **216**, 220
Syenodiorit 218
Sylvanit 33, **102**
Sylvin 33, 62, **66**
Sylvinit 298
Symmetrieklassen 9
Synthese 159

synthetischer Edelstein 159
Systematiker 32

Taconit 294
Taenit 332
Tafelschliff 161
Tafoni 208
Talk 22, 33, 76, **84**
Talkschiefer 307, **316**
Talkum 84
Tansanit 82, **170**
Tantalit 33, **122**
Tawmawit 82
Teersand 274
Tektit 8, **334**
Televisionsstein 68
Tellur 33
Tenazität 30
Tennantit 33, 140, **142**
Tenorit 33, 352, **353**, 354, 355
Tephra 232
Tephrit 244, 248, **250**
Terra rossa 148
Terrazzo 268
Tertiärquarzit 274
Tetraedrit 33, 142, 144, **146**
Thailandit 334
Thenardit 33, 62, **64**
Theralith 222
Tholeiit 246, **248**
Thomsonit 33, 58, **346**
Thorianit 33
Thorit 33, 150, **358**
Thulit 82, **170**
Thuringit 33, 84, 104, 352, **362**
Tiberias 248
Tiefengestein 195
Tigerauge 21, 36, 86, **176**
Tillit 268
Tinkal 68
Titaneisen 122
Titaneisenerz 122
Titanit 33, **122**
Ton 265, **276**
Tonalit 214

Toneisenstein 278
Tonmineralien 62
Tonschiefer 278, 305, 307, **314**
Tonstein 276
Topas 22, 33, **166**
Topazolith 80
Topfstein 84, **316**
Torbernit 33, **50**
Torf 300
Tracht 16
Trachyt 242
Trachytandesit 242
Tranas 206
Transparenz 25
Trapp 246
Traß 234
Travertin 286
Tremolit 33, 52, 76, 86, **86**
Treppenschliff 161
Trichroismus 30
Tridymit 33, 36, 38, **350**
Tripel 292
Triplette 159
Troktolith 222
Trondhjemit 214
Tropfstein 286
Trümmerachat 178
Trümmererz 294
Trümmergestein 264
Tsavolith 80
Tsavorit 80
Tsilaisit 168
Türkis 33, **172**
Tuff **232**, 234, 286
Tuffgestein 232
Tuffit 232, **234**
Tuffstein 232, **234**, 286
Tungstein 116
Turmalin 33, **168**

Übergangsmagmatit 193, **256**
Übergemengteil 35
Ugrandit 80
Ulexit 33, 62, **68**
ultrabasisch 190
Ultramafit 224

Umwandlungs-
    gestein 305
Untersberg 282
Uraninit 33, **150**
Uranocircit 33, 150, **358**
Uranophan 33, **150**
Uranotil 150
Uranpecherz 33, **150**
Uranschwärze 150
Urgestein 188
Urkalk 326
Utahlith 182
UV 29
Uvit 168
Uwarowit 80

Valentinit 33, 144, **146**
Vanadate 32, **33**
Vanadinit 33, **120**
Vanga 310
Varietät 13
Variscit 33, **182**
Verde Antico 322
Verde Giada 322
Verde India 248
Verde Pellegrino 218
Verde Spriana 310
Verde Varzea 322
Verde Verzasca 310
Verdelith 168
Vergrünung 248
verkieseltes Holz 38
Verneuil 159
Verona-Rot 282
Versilia 322
versteinertes Holz 38
Verwitterung 189
Verwitterungsrest-
    bildung 264
Verzerrung 16
Vesuvian 33, 76, **78**
Vielling 18
Vierling 18

Viitasaari 220
Villon 282
Violan 50
Visiergraupen 18
Vivianit 33, **74**
Vogesit 258
vulkanische Asche 232
vulkanischer Tuff 232
vulkanisches Gestein
    229
Vulkanit 228

Wachsopal 38
Wad 108
Wardit 33, **346**
Warv 276
Wasserchrysolith 334
Wasseropal 38
Wasserstein 178
Wavellit 33, **74**
Wehrlit 224
Weichgestein 188
Weichmanganerz 108
Weißbleierz 128
Weißer Opal 180
Weißspießglanz 146
Werkstein 188
Werner 11
Whewellit 33
Widmannstättensche
    Figuren 332
Widmannstettersche
    Figuren 332
Wildes Ei 238
Willemit 33, 132, **348**,
    349
Wiluit 78
Windkanter 266
Wismut 33, **136**
Wismutglanz 33, **136**
Wismutocker 136
Witherit 33, **56**
Wölsauer 216

Wolframate 32, **33**
Wolframit 33, **116**
Wollastonit 33, 76, **92**
Wollsackstruktur 208
Wüstenrose 62
Wulfenit 33, **112**
Wurtzit 33, 132, **358**

Xylit 300

YAG 159
Yellow Juparana Gra-
    nite 206

Zähigkeit 30
Zahntürkis 74, **172**
Zelldolomit 290
Zeolith 58
Zeolith-Fazies 307
Zepterquarz 36
Ziegelerz 126
Zimtstein 80
Zinkblende 33, **132**
Zinkblüte 134
Zinkit 33, **132**
Zinkspat 134
Zinnkies 134
Zinnober 20, 33, **138**
Zinnstein 134
Zinnwaldit 46, **48**
Zirkon 33, **166**
Zirkonia 159, 162,
    166
Zitrin 174
Zölestin 74
Zoisit 33, 76, **82**,
    170
Zuchtperle 29, **184**
Zuckerhutberg 208
Zwilling 18
Zwitter 198

Alles über Edel- und Schmucksteine der Welt

BLV Bestimmungsbuch 17

Walter Schumann

Edelsteine und Schmucksteine

1500 Edel- und Schmucksteine der Welt werden als Rohsteine und mit verschiedenen Schliffen auf Farbfotos vorgestellt. Den Abbildungen gegenüber findet der Sammler und Liebhaber die genaue Beschreibung der Steine. Die Einleitungskapitel informieren über Entstehung, Aufbau, Härte, Gewicht, Lagerstätten, Gewinnung und Bearbeitung der Edelsteine, aber auch über synthetische Steine, Fälschungen und Imitationen. Edelstein-Bestimmungstabellen vervollständigen dieses praktische Handbuch.
4. Auflage, 255 Seiten, 19 Farbfotos, 74 Farbtafeln, 17 s/w-Fotos,
157 Zeichnungen

BLV Verlagsgesellschaft München

BLV – der Wegweiser in die Natur

BLV Bestimmungsbücher

- erschließen jedem Interessierten die Vielfalt der Tiere und Pflanzen, Steine und Mineralien.
- behandeln auch spezielle Themen für den fortgeschrittenen Naturfreund.
- ermöglichen sicheres Bestimmen durch hervorragende farbige Fotos oder Zeichnungen und fundierte, ausführliche Texte kompetenter Fachautoren.
- sind klar gegliedert, übersichtlich gestaltet und lassen sich unterwegs wie zu Hause gut nutzen.

Bisher sind erschienen:

Amphibien und Reptilien · Aquarienfische · Bäume + Sträucher · Bäume und Sträucher Europas · Blumen am Mittelmeer · Edelsteine und Schmucksteine · Farbige Pflanzenwelt · Farne – Moose – Flechten · Fossilien · Foto-Pflanzenführer · Gräser · Heilpflanzen · Die Höhlen Europas · Hunderassen der Welt · Insekten + Weichtiere · Katzenrassen der Welt · Meeresfische · Muscheln + Schnecken · Orchideen Europas · Pferderassen der Welt · Pflanzen der Tropen · Pflanzen Europas · Pflanzen- und Tierwelt der Alpen · Pilze · Pilzführer · Säugetiere · Säugetiere Afrikas · Steine + Mineralien · Sterne + Planeten · Süßwasserfische · Tiere und Pflanzen an Mittelmeerküsten · Tierspuren · Vögel · Wetterkunde für alle

Weitere BLV Bücher zum Bestimmen

BLV Vogelführer · Der große BLV Mineralienführer · Der große BLV Naturführer · Der große BLV Pflanzenführer · Der große Pilzführer, Band 1–4 · Heilpflanzen in Farbe · Das neue BLV Pilzbuch · Der neue BLV Steine- und Mineralienführer · Stimmen der Vögel Europas

Weitere BLV Naturbücher

BLV Bildatlas der Bäume · Das farbige BLV Hausbuch der Natur · Korallenriffe · Tiere in der Landschaft · Wie Tiere denken

In unserem Verlagsprogramm finden Sie Bücher zu folgenden Sachgebieten: **Garten und Zimmerpflanzen · Natur · Haus- und Heimtiere · Angeln, Jagd, Waffen · Sport und Fitness · Pferde und Reiten · Wandern und Alpinismus · Auto und Motorrad · Essen und Trinken, Gesundheit · Basteln, Handarbeiten, Werken.**
Wünschen Sie Informationen, so schreiben Sie bitte an:
BLV Verlagsgesellschaft mbH, Postfach 40 03 20, 8000 München 40.

BLV Verlagsgesellschaft München